OVERCOMING

A SYSTEMATIC APPROACH TO GYMNASTICS

GRAVITY

AND BODYWEIGHT STRENGTH

AUTHOR

STEVEN
LOW

蒂文‧洛

總校閱

★

國立清華大學
體育系教授

林貴福

超越重力

徒手肌力系統訓練&體操聖經 上

Commonly referred to by readers as an "exercise Bible," Overcoming Gravity is a comprehensive guide that provides a gold mine of information for gymnastics and bodyweight strength training within its nearly 600 pages.

超越重力 —— 上

出　　　版／楓書坊文化出版社

地　　　址／新北市板橋區信義路163巷3號10樓

郵 政 劃 撥／19907596　楓書坊文化出版社

網　　　址／www.maplebook.com.tw

電　　　話／02-2957-6096

傳　　　真／02-2957-6435

作　　　者／史蒂文‧洛

總　校　閱／林貴福

翻　　　譯／劉錦謀、王玉青、林育槿、徐志翔、
　　　　　　郭林璇、蔡雅淳、林怡瑄、
　　　　　　陳著、王洪丹、陳竑廷、蔡政霖、
　　　　　　沙部‧魯比、邱詩涵

企 劃 編 輯／陳依萱

總　經　銷／商流文化事業有限公司

地　　　址／新北市中和區中正路752號8樓

網　　　址／www.vdm.com.tw

電　　　話／02-2228-8841

傳　　　真／02-2228-6939

港 澳 經 銷／泛華發行代理有限公司

定　　　價／650元

初 版 日 期／2018年10月

國家圖書館出版品預行編目資料

超越重力 / 史蒂文‧洛作；林貴福譯. -- 初版
. -- 新北市：楓書坊文化，2018.10
面；　公分

譯自：Overcoming gravity : a systematic
approach to gymnastics and
bodyweight strength

ISBN 978-986-377-416-7（上冊：平裝）

1. 運動訓練　2. 體能訓練　3. 體適能

528.923　　　　　　　　107012680

免責聲明

使用《超越重力：徒手肌力系統訓練與體操聖經》（以下簡稱為本書），表示你（以下簡稱為讀者）同意以下條款和條件。如果不同意本頁列出的條款，請勿使用本書！

- 讀者使用本書中的任何內容，均須自行承擔風險，包括建議的訓練、訓練動作、營養訊息及所有其他資訊。

- 在任何情況下，作者、插圖畫家、編輯、出版商、供應商或任何其他協力廠商，均不對任何損害承擔責任（現在和將來）。包含讀者改變習慣、行為、飲食、動作和生活方式的過程中或之後發生的身體任何部位或多重部位的傷害；非身體的損害，如情緒痛苦和財物損失等；肌肉拉傷或撕裂傷、患病和疾病、心臟病發、死亡等。

- 本書中的材料僅用於教育目的。本書作者、出版商和其他代理人沒有責任藉助本書獲得的內容，進行任何健康保健方面的管理。

- 有關運動和體能的所有忠告，以及建議的運動計畫，皆應諮詢專業醫療人員後，在合格訓練員的指導下進行。

- 書中提供的營養建議並不能替代專業醫療建議、診斷或治療，在改變飲食或開始運動計畫之前，請徵詢醫生的醫療建議。

目錄

part2 打造訓練計畫

作者序

我從未想過2010年3月份為「Eat. Move. Improve」所寫的文章「徒手肌力訓練的基礎」會大受歡迎，並在2011年11月出版個人第一本書《超越重力：徒手肌力系統訓練與體操聖經》。在此前後，我深刻感受到許多支援，也了解必需出第二版，因為第一版並未完全達成我預想的設定。第一版的主要目標是為初學者建立綜合資源、學習人體如何運作，並輔助讀者建立自己的運動計畫。你一定聽過這句格言「授人以魚不如授人以漁」，我想為企圖心強烈的運動員提供終身受用的資訊基礎。但如同以往常見的結果，書籍一旦出版，就會產生許多衍生問題，所以我在Eat. Move. Improve.上發表了好幾篇文章，希望釐清書中的內容。此版本的肌力訓練，皆建立在經過驗證的成功基礎之上。

第一版發行之後，我學到許多教學的方法，希望第二版能用更簡明的方式引導讀者學習到全部所需，以達成個人目標。

掌握自己身體需要超乎尋常的努力與堅持，但成效驚人。徒手運動幾乎不需要任何器材，且能在任何地方實行。若單純想和身邊同好快樂地玩，享受訓練肌力帶來的視覺效果也無妨。透過正確的徒手肌力訓練獲得的肌力水準，會轉移到所有其他類型的肌力表現，包括重量訓練，因此徒手肌力訓練是非常有利的運動基礎。

有價值的事物總要經過辛勤努力，並伴隨一定程度的挫折才能得來，徒手肌力訓練也不例外。這種方式不像槓鈴，進步的範圍很少，運動員可能會停留在某個肌力漸進階段好幾週，甚至好幾個月，幾乎都看不到有突破高原期的跡象。停滯是非常真實的問題，但好好規劃可以對抗這種趨勢。運動計畫說穿了就是指規劃這件事，而好的計畫有助於縮短高原期，並讓我們持續邁向個人巔峰。

肌力與體能訓練幾乎在所有主要運動中都持續不斷地被提升與修正，像是田徑、足球、籃球、游泳與其他許多項目，但少有人知道在徒手肌力中如何有效地實施漸進計畫。簡單來說，健身房沒有財務資源聘請肌力與體能專家協助消費者調整身體，同樣地也不會要求教練多了解肌力與體能訓練的相關知識。也因此，「真正的」徒手肌力訓練計畫資源相當有限，多數資訊都藏在高級體操教練的腦海裡，但他們沒有時間或意願將專業記錄下來。再說，就算了解漸進這概念，也不代表具備可實施有效計畫的知識。

另外，所面對的群眾也是考量要點，同樣的材料，訓練專業體操運動員和有興趣的成人，方法會截然不同。

《超越重力》是想促成改變的一項嘗試，本書的主要目標是讓初級及中級運動員探索徒手肌力訓練的世界、有效且安全地進步。本書將賦予你相關知識，建立安全有效的運動計畫，並步步高升。此外，還會探討與一般動作相關的主題，如耐力、代謝訓練、心臟及營養等等，來增加計畫與後續訓練的成效與穩定性。

為提供正確的工具，我節錄出「基礎知識」的部分，如果你是私人訓練員或教練，可用它作為你為客戶規劃課程的知識基石。

基礎知識

基礎知識有三層目的：

- 提供一般訓練知識。
- 強調不同族群間的差異。
- 整併一般訓練知識及特殊族群的差異，建構各種能力水準的訓練動作範例。

前兩類裡的資訊會拆成獨立章節：

一般訓練知識

- 肌力與肌肥大訓練背後的生理概念。
- 如何設定正確的目標。
- 如何建立訓練動作。
- 計畫／規劃訓練動作的方法。

不同族群的差異

不同技能水準的訓練——初級、中級、高級與菁英；坐式與動態生活族群的訓練；年輕人與老年人的訓練；運動目的是為競技運動或其他原因的訓練；對受傷或傷後恢復者的考量。

如果對某章裡特定資訊的重要性有所混淆，章節摘要會將各個段落拆成2個主要重點，讓你在基本架構下學習正確運用概念。

- 基礎知識
- 應用

1

基礎知識
FUNDAMENTAL KNOWLEDGE BASE

CHAPTER 1

徒手訓練的原則

PRINCIPLES OF
BODYWEIGHT TRAINING

SAID 原則與漸進式超負荷

對身體來說，可以用SAID原則來規範一切。SAID原則很簡單：強加負荷的特定適應性。
（Specific Adaptation to Imposed Demands）。Franklin Henry在他關於動作學習的假說中提出了這個
概念。它適用於身體所有的系統，包括肌肉、神經系統與結締組織。概念很簡單——如果你透過
劇烈運動對肌肉和神經系統施加足夠的壓力，肌力將會提升並產生肌肥大——也就是肌肉會變得
厚實。隨著時間的推移，身體各個系統會逐漸適應所施加的壓力，使肌力大幅提升、肌肥大及結
締組織適應——這就是所謂的漸進式超負荷（progressive overload）。

第二次世界大戰後，Thomas Delorme從事士兵的復健工作時，首創「漸進式超負荷」的概念。
漸進式超負荷是所有肌力和肌肥大訓練的重要概念，包括槓鈴與徒手訓練。一般來說，你必需逐
步增加槓鈴的重量，以增加肌力並使肌肥大。同樣地，徒手訓練也必需設法提高動作的難度。徒
手訓練主要運用「槓桿作用」來改變負荷大小，使身體承受漸增的負荷，達到提升肌力與肌肥大
的成效。

槓鈴訓練和徒手訓練有些許的差異。然而，肌肉的力量本身需負載身體的重量，因此透過漸
進式徒手訓練讓肌肉和神經系統達到超負荷這目的，就可以看到肌力和肌肉質量增加。對於上半
身而言，正確地應用徒手訓練，肌力和肌肥大的成效與一般的重量訓練相當。不過，徒手訓練對
於下肢的訓練成效則略遜於重量訓練。在評估和設定訓練目標時，這是個要牢記的重要概念。

槓桿作用

槓桿作用是指透過槓桿獲得機械效率。舉例來說，翹翹板即是一種簡單的槓桿作用。假如將
一位成人和一位小孩放在翹翹板上，翹翹板必定會向成人那邊傾倒。然而，若成人向翹翹板的中

心移動——重心的改變將會降低其機械優勢——槓桿作用將會使翹翹板開始上下擺動。進階的徒手肌力訓練目的，是降低槓桿的作用，減少肌肉在運動時的機械優勢，從而增加肌肉執行某些姿勢或動作的肌力需求。這就是為什麼能在不使用外在重量的情況下，發展出令人稱羨的肌力。

我們主要透過兩種不同的方法減少漸進式徒手訓練的槓桿作用：改變身體姿勢和改變肌肉長度。

一、改變體姿勢來減少槓桿作用

改變俄式撐體和前槓桿姿勢，會使這項動作更困難。下圖可看到不同的俄式撐體漸增強度動作。

當延展身體時——由屈體的姿勢開始，進階到分腿部動作，直到直體的姿勢——動作會變得越來越困難。骨頭為槓桿，關節為支點，肌肉則施以肌力。肌肉將肌力施加到關節（支點），旋轉的骨頭（槓桿）來抵抗重力、移動身體，或操作外部物體。

在上述漸進式俄式撐體的例子中，透過延展身體，能使身體的重心逐漸遠離肩部。這樣會增加肩部的力矩，即是旋轉軸所負荷的肌力。在物理學中，力矩＝肌力×距離。因此，移動重心使其遠離肩部，會增加力矩。站在生物力學的基礎概念上，我們的身體構造即是以槓桿作用為基礎，所有肌力都可以被視為特定關節角度所產生的肌肉力矩。

二、肌肉處於休息狀態下的長度時最強壯

肌肉在休息狀態時最強壯，是因為此時形成的肌肉橫橋數量最多。最基本的解釋，是因為當肌肉的收縮成分——肌凝蛋白與肌動蛋白——重疊時形成橫橋，肌凝蛋白牽動肌動蛋白使肌肉產生縮短。因此，如果我們縮短或延展肌肉，並使身體承受輕微負荷，也可以產生和承受更重負荷一樣的效果。

無論施加在肌肉上的力量大小為何，最大或接近最大的肌肉收縮都會刺激類似的神經和肌肉

適應。例如，在操作斜板肱二頭肌彎舉時背部倚靠著，會比一般立姿肱二頭肌彎舉或托臂彎舉更加困難。在斜板肱二頭肌彎舉過程中，手臂會稍微向身後位移，此時肱二頭肌被拉長。在被拉長的狀態下，肌肉的收縮蛋白重疊較少，這代表在這個動作中，你可能無法以其他彎舉動作相同的重量來訓練。然而，因為前述的原理，即使以較輕的重量訓練，仍可以獲得類似的肌力和肌肉量的適應效果。

許多徒手訓練也有類似的現象發生。引體向上就是個典型的例子。在很多的影片中，引體向上的動作並沒有操作完整的動作範圍；僅在上拉時下巴高過單槓，而下放完成動作時，手臂並非處於完全伸直的狀態。大家之所以會縮小動作的範圍，是因為接近動作範圍末端經常會變得更困難。因此，縮小運動範圍能讓他們反覆操作更多次，看起來更厲害。然而，縮小運動範圍其實是欺騙自己，無法達成強化運動表現、提升肌力和肌肥大等效益。

在動作範圍末端，肌肉處於縮短或延展狀態的現象，分別稱為主動不足（active insufficiency）或被動不足（passive insufficiency）。這可以由下圖肌肉長度──張力曲線來說明。

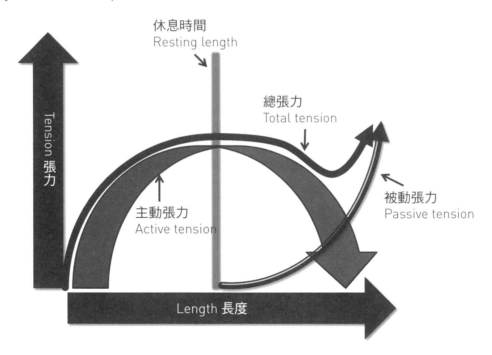

主動張力為自主（voluntarily）使肌肉收縮而產生的肌力；被動張力則是將肌肉延展到最長，動作範圍最末端所產生的肌力，此時如韌帶和關節囊等結締組織會承受所產生的張力。肌肉內的受器（稱為肌梭）會向神經系統提出回饋，告訴它肌肉被過度的延展。這會提醒神經系統啟動肌肉，使身體產生非自主（involuntarily）的肌肉收縮。這就是為何在操作如伸展等柔軟性運動時，若將肌肉延展到最大長度的臨界點時，肌肉會產生收縮的原因。

使肌肉處於較短或較長的狀態。此時你可以產生的肌力會最小──讓我們不需要增加額外的

重量也能產生足夠的肌力訓練刺激。在雙環上使手臂保持完全筆直（如體操的十字懸垂）的高強度動作就是一個完美的例子。手臂伸直時，肱二頭肌幾近最大延展，因此需要極大的肌力跟肌肉質量，才能安全地執行這個動作。

相較於槓鈴上舉，操作俄式撐體時，前三角肌（主要的肩部肌肉）處於較為延展的狀態，從而減少了機械優勢，身體也為適應壓力而發展肌力和肌肉量。因此，能夠完成俄式撐體動作的體操選手，往往擁有較大的肩部肌群和優異的肌力。曾有幾個體操運動員的趣聞，當能夠完成俄式撐體時，就有能力完成2倍體重的仰臥推舉——就算從未做過仰臥推舉動作！

一般訓練概念

深入了解一般訓練概念對後續的章節相當重要。以下是針對設計訓練內容時最重要的一般性概念。

- **反覆次數**——單一組動作反覆操作的次數。例如在休息之前連續反覆做10次伏地挺身，那這組就是10次反覆。
- **組數**——單次訓練中，重複一組動作的次數。例如，你可以做3組10次反覆的伏地挺身，各組間休息一段時間。而組間的休息時間通常都是固定的。

- **組間休息**——單次訓練中,各組間的休息時間長短。較短的休息時間通常有利於肌耐力,較長的休息時間則對發展肌力較有幫助。有益於肌肥大的休息時間,與發展肌耐力和肌力的休息時間皆有部分重疊。
- **節奏**——操作每次反覆動作的速度,這可以影響肌力和肌肥大的效果。一般來說,節奏以「××××」的型式來表示,例如10×0。每個×代表各個運動期的秒數。

  ◦ 第一個×——起始動作的秒數;
  ◦ 第二個×——維持最後動作的秒數;(有時候只有兩個數字)
  ◦ 第三個×——反向動作的秒數;
  ◦ 第四個×——在下次反覆前維持起始動作的秒數。

- **強度／負荷**——在一組動作中,以最大1次反覆(RM)的百分比為負荷。換句話說,這會告訴你訓練的難度。每組動作會在固定的強度或負荷下進行;例如,90%1RM的強度,僅能夠讓你成功完成3至4次的反覆動作,此時的90% 1RM即是指這個動作的強度。
- **訓練量**——一次訓練課程的運動總量。這裡可以指特定肌群的訓練量,例如拉肌群(前臂、肱二頭肌與背部)的訓練量,抑或是整個課程的訓練總量。二者對於不同族群的訓練課程安排都很重要。
- **頻率**——單位期間內安排訓練或運動的次數。
- **屬性**——訓練的特質。主要的屬性,也就是先前已經討論過的肌力、肌肥大與肌耐力。但還有其他屬性,包括柔軟性、移動性、技術性、心血管及耐力等。了解不同屬性有不同的訓練頻率是很重要的。
- **失敗**——執行反覆動作直到無法再操作。本書提到的失敗指技術性失敗(technical failure),即無法以正確動作再次執行反覆。
- **作業量**——在適應訓練計畫後能夠進行更多運動的能力。
- **減量**——在訓練計畫中為了某些因素而規劃一段期間減少訓練量,以達到讓身體恢復,並且提升作業量、肌力、肌肥大或其他屬性目的。減量可以從下列其中之一或全部的因素加以調整:反覆次數、組數、休息時間、節奏、強度、訓練量、頻率、失敗及作業量。
- **高原期**——當運動員持續從事特定的例行訓練,但運動表現卻停滯不前,即是處於高原期(plateau)或停滯點(stagnation),無論是在肌力、肌耐力、肌肥大或其他因素上的表現。

反覆次數的連續關係

　　反覆次數是一種連續頻譜關係,一端為肌力,另一端則為肌耐力。肌力端以低反覆、高負荷或強度來實施,而一次的最大反覆次數(1RM)即是指最大肌力。肌耐力則是以較輕的重量或較低的強度,以及較高的反覆次數來達成。針對反覆次數的連續關係,以下3點非常重要:

1. 肌力和肌耐力無法同時有理想的發展成效，因為他們分別在頻譜的兩端。然而，若你想同時進行兩種訓練，仍可以從中獲得一些成效。

2. 若最大肌力提升，同時也會增加肌耐力的潛能。肌力上升使肌耐力增加的原因，是因為運動時肌肉收縮的效率提升。例如，若耐力型跑者的肌力增加，就可以延遲疲勞產生，因為僅需以較低的肌力百分比去跑每一步。這就是為什麼耐力型跑者會用重量訓練來改善運動表現。

3. 發展肌力比發展肌耐力和體能需要更長的時間。

據此，我們得到幾個結論。對於以肌力為主的運動項目，肌力訓練應優先於能量代謝與肌耐力的訓練。對於耐力為主的運動項目，可以同時訓練肌力與耐力；對於肌力與耐力混合的運動項目，需要兩種不同領域的訓練同時進行，但訓練的比例會因人而異。然而，這不代表若你想讓訓練成效最大化，就100％只進行某一種特定領域的訓練。過度的專項化訓練反而會使成效不彰。

一般而言，如果想要交叉訓練肌力與肌耐力，但其中一項的比例較高，建議的比例是80／20。代表訓練的80%應致力於你想要發展的特定領域，另外的20%訓練其他部分。對於肌力型的運動選手來說，肌力訓練與耐力訓練的比例應該是80：20或4：1。對於耐力型的運動選手來說，耐力訓練與肌力訓練的比例為4：1。

你可以從這個訓練比例當中發現，如此的訓練成效應比100%專注於一種特定領域的訓練更有幫助。例如，肌力型的運動選手透過一些低強度的有氧訓練來幫助身體恢復，讓下次的訓練能維持運動表現。同樣地，耐力型的運動員可以透過肌力訓練來提高訓練的效率。這些概念將在交叉訓練的章節中進一步解釋。

Chapter 1　摘要

徒手訓練的原則

基礎知識

- SAID原則——強加負荷的特定適應性——管理所有訓練中身體內發生的變化。
- 漸進式超載是將SAID原則應用於訓練，以達不斷進步的方式。
- 達成徒手訓練漸進式超載的2個主要因素為：改變運動的身體姿勢，以及延長或縮短肌肉，使其處於劣勢。
- 一般訓練概念包括如何應用反覆數、組數、組間休息、節奏、強度／負荷、訓練量、頻率、屬性、失敗、作業量、減量及高原期等方面的知識。
- 從訓練的觀點，持續、反覆是相當重要的，因為無法同時對肌力和耐力進行最佳訓練。事實上，發展肌力比發展肌耐力更花時間。
- 當無法達到最佳效果時，訓練的焦點不需要求每一個動作都達到100%的理想。

應用

接下來構建運動背後的知識等章節，很大程度是以本章的概念為基礎。你可以考慮將訓練課程視為由許多不同碎片組成的「拼圖」。你的訓練目標則是提供拼圖的線索，並且將這些碎片組合在同一個框架中。

CHAPTER 2

肌力與肌肥大的生理學

PHYSIOLOGY OF STRENGTH
AND HYPERTROPHY

何謂肌力？

首先，讓我們假設你正在閱讀這本書，是因為想要知道如何訓練身體的肌力，而不是耐力。至少，目標是提高肌力以完成像俄式撐體或前槓桿等體操的等長動作，或者你希望能夠將身體的肌力應用在跑酷、摔跤、武術或綜合格鬥等各種專業領域中。這些目標非常重要，因為當你開始規劃訓練課程時，了解身體如何對壓力做出反應，將會非常有幫助。總而言之，肌力是根據一個簡單的方程式來預測的：

肌力＝神經適應×肌肉橫斷面積

肌肉力量輸出取決於肌肉的橫斷面積、肌肉牽動關節角度、個體肢段長度，以及最重要的神經因素。遺憾的是，我們無法控制肌肉連結骨骼的角度或肢段長度，這也是他們被排除在上述方程式之外的原因。發展肌力時，把焦點放在神經因素及增加肌肉質量，會有更快的成效。在下面的章節中，我們將介紹一些構成這個方程式基礎的基礎生理學和原理。神經適應（neural adaptation）是大部分肌力訓練的重點。然而，在發展神經適應和肌肉橫斷面積（muscle cross-sectional area）之間存在一些重疊的部分。實質上來說，這就是所謂的肌肥大（hypertrophy；肌肉大小增加）。肌肉越大，它就會越強壯。

當開始重量訓練時，所發生的主要問題之一，是直覺過高的體重會對其能力產生負面影響。特別是額外的肌肉重量似乎不利於體重與肌力的比例。這種恐懼大部分是毫無依據的。大多數的肌力型（如體操）和體重分級運動員，都有著與其體型相當的肌肉量。只有當你想要開始變得非常壯碩時，過多的肌肉質量才會傾向有負面影響，比如健美運動員的肌肉大小。通常這也意味著，除非你正在服用增強表現的藥物，否則永遠不會有過多的肌肉量。在體重分級的運動中，你常常會看到較矮的運動員，比較高的運動員有更大的肌肉質量。若將時間軸拉長來看，為了發展最大肌力和體重肌力比，針對肌力和肌肥大進行訓練並沒有問題，因為這兩個屬性是相互關聯的。

中樞神經系統、運動單位和肌肉纖維類型

運動單位由運動神經元和它支配的所有肌肉纖維組成。神經支配是指從大腦中的運動神經元到肌肉纖維的路徑。神經訊號透過電性的神經衝動發送到肌肉。單一個運動單位可以支配肌肉內許多不同的肌纖維，但僅能支配三種肌纖維類型中的一種。

運動單位被分類成與肌纖維類型相似的連續體。其中一端，你擁有低閾值運動單位（low threshold motor units; LTMUs）；另一端，你擁有高閾值電機單位（high threshold motor units; HTMUs）。LTMUs對應於支配第I型慢收縮纖維的運動單位，而HTMUs對應於支配第IIx型快收縮纖維的運動單位。在二者之間是支配第IIa型肌纖維的中閾值運動單位（medium threshold motor units; MTMUs）。被稱為低閾值和高閾值的原因，是使其活化所需的活動電位（大腦中的電性訊號）的高低。理解這個概念最簡單的方法，就是參考前一章所提到的肌力——肌耐力連續頻譜關係的概念。LTMUs較類似**肌耐力**，而HTMUs則較像**肌力**。

LTMUs神經支配第I型肌纖維，也就是慢縮（slow-twitch）肌纖維，由於他們當中含有大量的線粒體而呈紅色。他們具有很高的耐力，是耐力運動主要發展的肌肉纖維類型。而這些肌纖維肥大的潛能最小。

MTMUs神經支配第IIa型肌纖維，也就是可適應性纖維（adaptable），外觀色澤為粉紅色。他們同時具有第I型和IIx型肌纖維的特性。因此，可透過不同訓練方式使這些肌纖維往肌力、爆發力或耐力的方向發展。這就是為什麼必需針對運動安排訓練。例如，當運動偏向短距離衝刺（需要高爆發力輸出）時，進行高反覆耐力訓練會使肌肉適應而較有耐力。針對錯誤的屬性進行訓練，會使運動表現比競爭對手差。所以專項化的競技運動訓練才是王道！

HTMUs支配第IIx型肌纖維，也就是快縮（fast-twitch）肌纖維，顏色是白色的。他們很快就會疲勞，因為他們只能使用無氧代謝來提供能量，但也能非常迅速地收縮，是肌力和爆發力運動項目中主要發展的纖維類型。這些纖維對於肌肥大有最大的潛力。

之所以被稱為慢縮肌纖維和快縮肌纖維，不僅僅是因為他們的能量來源，而是因為他們在收縮時的發力率。快縮肌纖維具有最大的肌肥大潛力，也具有最大的肌力和爆發力輸出潛力。

Henneman的大小原則聲明運動單位的徵召是從最小到最大的。基於其物理尺寸，LTMUs被認為是最小的，而HTMUs被認為是最大的。此外，也因為大小的差異，與HTMUs相比，活化LTMUs僅需要較低的活動電位。當移動物體的肌力需求很小時，所活化的運動單位由LTMUs組成。相反地，HTMUs只有在肌力需求較高時才能被啟動。例如，當我們想要舉起杯子等小物體時，LTMUs會被活化，但是HTMUs僅在我們需要用盡全力運動時才會被活化，比如舉起笨重的家具。應注意的是，在接近最大努力或最大努力運動期間，LTMUs與HTMUs會同時被活化。

這意味著，在訓練肌力和肌肥大時，通常需要使用重量較重或高強度及難度的徒手訓練。如前所述，我們希望優先提高HTMUs的生長和發展速度，因為他們對提升爆發力、肌力和肌肥大的成效最顯著。同樣地，我們希望MTMUs主要是朝向爆發力、肌力和肌肥大方面而訓練，因為其會接受加諸在他們身上的訓練類型特性，使他們適應具且有接近HTMUs特性的表現。

這種類型的訓練是透過接近最大強度的移動重物或自身體重來進行，抑或者透過以加速度快速操作較低強度的訓練。這就是訓練節奏的重要性。如果負荷過重或徒手動作過於困難而只能慢慢移動，則需要專注於以正確的方式和技術且盡可能快速地反覆操作。在較高強度的運動下，即使運動的速度很緩慢，你仍應試著使出最大的肌力。這就是為什麼我建議以快速或加速的節奏操作動作的向心階段，以確保HTMUs產生疲勞，並且使MTMUs受到像HTMUs一樣的訓練刺激，以獲得爆發力、肌力和肌肥大的提升。如果強度較輕，那麼你必需透過加速移動身體或重物的訓練動作，從中盡可能地提高肌力和爆發力。這將在建構訓練計畫的節奏部分深入地探討。

有一些新的證據顯示，只要你每隔一週從事一次高強度、高反覆訓練，也可以使肌力明顯提升。這對於有過度使用而受傷問題的人，或者想從事高反覆次數而非低反覆次數運動的人可能是有用的。

肌力的神經適應

除了肌肥大之外，神經系統還有6種主要的增強肌力的方式。這將是所有肌力計畫的主要設計要領，因此了解他們的運作方式非常重要。

- **徵召**（Recruitment）——是為了特定動作而使活化的運動單位數量增加。
- **頻率編碼**（Rate Coding）或**放電率**（Firing Rate）——是發送到相應肌肉組織的每個電氣訊號之間的時間減少，從而增加了收縮速率。
- **同步**（Synchronization）或**肌肉間協調**（Intra-muscular Coordination）——是減少運動單位放電和協同運作之間的時間。
- **貢獻**（Contribution）或**肌肉間協調**（Inter-muscular Coordination）——是指不同的肌肉如何有效地為動作做出貢獻而啟動的次數。
- **拮抗肌抑制**（Antagonist Inhibition）或**對側抑制**（Reciprocal Inhibition）——是指動作進行時，減少相對肌群所產生的阻力。
- **動作學習**（Motor Learning）——指大腦中神經的連結和程式，會影響你學習動作的發展。

我們將討論上述的內容及其對訓練的影響。你可能聽說過「肌力是一項技能」——當肌力是一項技能時，上述要素就能構成神經適應。其中一些要素具有廣泛的特殊性，但另一些則沒有。

　　徵召的數量會隨著肌力的需求而增加。神經系統對於可以產生的肌力有所限制。在我們的腱肌接合處（肌肉開始變成肌腱的地方），具有所謂高爾基肌腱器的特殊結構，會向大腦提供反饋，減少肌肉產生的肌力，以防止未經訓練的人受傷。幸運的是，透過訓練可以減少其對肌力發揮的抑制作用，增加肌纖維的徵召。這個效果會大大地增強，最多可達到85－90%1次最大反應（RM）的閾值或大約3RM。因此，如果主要目標是要藉由進階的課程強化肌力，通常會在1－3RM範圍內（或接近該反覆範圍）進行訓練編排。

　　頻率編碼或**放電率**會因為肌肉中的所有運動單位都被徵召，或者產生疲勞後開始增加。當神經系統感覺到所有可用的運動單位都被徵召時，透過向肌肉發送更快速的電氣訊號，使其更快地收縮來進一步增加肌力。對於絕大部分的大型肌肉而言，例如主要用於運動的肌肉，這種情況通常發生在約90－92%1RM（或3RM）的強度。在位於前臂的許多更精細的運動肌肉中，頻率編碼可能低至50%1RM開始產生。維持姿勢的肌肉——持續不斷運作中的核心和支持肌群，如小腿——也高度依賴頻率編碼來提高作業能力。

　　頻率編碼對於以發展肌力為主的訓練影響不大，但是對於那些追求肌肥大的人來說是非常有用的。較為依賴頻率編碼的肌肉，往往由較高比例的慢縮肌纖維組成。因此，他們善於從事較高反覆的運動。因而，當你追求肌肥大時，前臂、小腿、核心和其他有高度頻率編碼的肌群，往往僅對高反覆運動有較好的反應；另一方面，由於快縮肌纖維的優勢，腿後肌群、肱二頭肌和許多較大的肌肉（如臀大肌）等雙關節肌肉，往往對較難且反覆次數較少的運動有最佳反應。最後，如果目標是大量的肌肥大，但現行的訓練方式似乎不能有效地發揮作用，可能需要在動作反覆次數、休息時間或其他因素上做出調整。

　　同步或**肌肉內協調**指神經系統組織整合肌纖維的收縮，提高系統效能的能力。若未受過訓練，神經系統會以隨機或片斷的模式徵召運動單位，以提供運動所需的肌力。當我們進一步訓練某一個動作時，大腦的運動皮層能夠使運動單位同步激發。想像一場拔河比賽，當一個團隊同步拉動時，肌力遠遠大於每個人不同步拉動的肌力。這也是訓練後讓身體會變得更有效率的原因。重複性的技能和動作，往往會在徵召和同步的部分有最佳的改善。這與週間多次訓練技能，並在每一次課程中重複訓練多次的作法一致。

　　Mark Rippetoe在《Starting Strength》一書中，建議初學者每週進行3回的深蹲訓練。更進階的肌力訓練計畫中，比如保加利亞舉重計畫，可能讓選手每天進行2到3次奧運舉重，每週6－7天。其他許多的體育項目，包括體操、跑步、游泳等，都受益於大量的技術訓練，因為他們需要用最佳的徵召和同步來達成最高水準的運動表現。當然，每項運動皆是如此。Michael Phelps參與的競賽距離只有400公尺左右，但每天仍游泳達數英里之遠。簡而言之，如果我們想要有最好的表現，就必需經過不斷地訓練。當我們開始規劃訓練計畫時，務必將其納入考量。

貢獻或**肌肉間協調**就是指你如何有效、正確地執行某項技術。也就是針對你運動中的特定動作，安排訓練的訓練部分。例如，在進行引體向上時，你會由放鬆的肩部開始動作。而貢獻或肌肉間協調，則為身體使用肩胛骨肌群收縮的順序提供一個穩固的基礎，讓肩部得以收緊，隨後離開原點向上移動。當你嘗試一項新的運動時，大腦效率可能還很低，這就是為什麼在訓練中學習正確的技巧非常重要——為求安全且有效地進步。

拮抗肌抑制或**對側抑制**可以改善肌肉的收縮。通常可以在你計畫從事的活動前，充分地伸展相對的肌群來達成。這個機制的運作方式類似反射。例如，當醫生用反射錘敲擊髕腱時，小腿會向前踢。這稱為對側抑制——其中神經系統激發使股四頭肌活化，同時抑制腿後肌群的活化。因此，你可以利用這種現象增強特定肌群的收縮。尤其是成對的肌肉活動——在推與拉的動作之間轉換——可以有效誘發這種反應，因為肌肉在疲勞後會自然放鬆。

動作學習自動在大腦中發生，並且主要作用於反覆訓練的動作中。它發生在規劃運動的腦部皮層，主要運動皮層、小腦及參與運動的大腦其他部位。這是對運動技巧的主要適應反應，但要有意識地訓練它是不可能的，不過身體會自動從有意識的訓練中產生適應。因此，我們不需要詳細介紹它。重要的是，為了獲得動作學習的效益，必需在訓練動作時100%集中精神，以確保你能正確的執行他們，從而教導身體正確的運動模式。如果你精神渙散、不專注於訓練，身體會自動學習草率的技巧和運動模式。有人說「訓練造就完美」。但是，更確切地說，「完美的訓練造就完美」。

中樞神經系統的角色

中樞神經系統（central nervous system，CNS）透過與規劃運動、活化和本體感覺相關的各種系統來控制運動單位的活化——本體感覺為身體將身體在空間中的位置及操作結果傳向大腦的回饋機制。由於我們不會詳細討論這些細節，姑且說中樞神經系統就像肌肉一樣有一個機制，必需對這個機制施以訓練壓力才能達到適應的目的。

CNS有一定的恢復時間，它需要在完全恢復的狀態下才能運作。把它想像成一個游泳池，每次訓練時，都會失去一些水，相反地，每次你睡覺、休息一天、適當飲食，並進行放鬆或恢復，不僅可以補充一點水，而且還可以讓泳池變得稍微深一點、寬一點。隨著時間的推移，游泳池的大小及水的容量將會增加，這就是作業量（work capacity）這個詞的起源。當你消耗得太多而沒有適當地補充，就會開始發生不利的事。也就是運動員所探討的過量訓練／過度訓練的問題，此時運動員的進步和運動表現可能會停滯不前，甚至因此退步。

針對進階運動員設計的優良訓練計畫，會將過量訓練安排其中。過量訓練是將訓練安排在導致運動能力下降的停滯期後，因此在休息一段時間後，身體會適應並恢復而超越之前的水準。例如，在完成一套訓練計畫後安排一個減壓週（也稱為恢復週），運動員會因此變得更強壯／或更

快速。執行訓練計畫時，運動員的「游泳池」容量已經增加，但是在進行減壓週之前，泳池內的水並未完全回填。

這值得特別強調，因為有些運動比其他運動更困難。舉例來說，在舉重中，硬舉（deadlift）比許多運動更難，因為在動作過程中會活化大量的肌肉組織。硬舉動作是將地板上的槓鈴，以雙手抓住後站立提起。它比大多數動作容易累積疲勞。這就是為什麼在許多初級訓練計畫中，會將硬舉放在課程的最後一部分。若將其安排在訓練開始，會因為疲勞的累積影響訓練中的其他動作。

CNS疲勞（CNS　fatigue）是一個不明確的概念，因為沒有完整的生理學解釋。它可能與意志力有關，而我們對意志力所知有限。它甚至可能與神經傳導物質耗竭有關。例如，我們知道一天之內進行6小時的測試會讓精神枯竭、筋疲力盡。極劇烈的運動也是如此，它會激活大部分的大腦且造成疲勞。我們知道進階的舉重運動員不能每週多次執行高負荷的硬舉；進階的短跑運動員也不會每週多次全力衝刺。沒有任何進階的運動員會在所有時間都100%地發揮實力。這就是為什麼訓練計畫會將運動表現高峰安排在競賽期間的原因。

隨著研究發展，我們期待能夠進一步澄清其中的機制。但在此時，你應該要心存懷疑，知道中樞神經系統的疲勞仍有些不確定性——無論是神經傳導物質、細胞激素或其他因素。儘管尚缺乏科學證據，但仍然可以根據經驗得到可靠的結論。

在徒手訓練中，超負荷離心運動和等長運動的訓練相似。離心運動是指運動時肌肉被延展的動作，而等長運動（isometrics）則是身體維持在同一個位置——不產生動作——同時施出肌力的運動。超負荷（supramaximal　component）與一般的反覆動作相比，執行起來相當困難。例如，如果運動員的能力不足，無法反覆地進行完整的引體向上，可以透過跳躍並抓握單槓再緩慢下降來進行離心運動訓練。同樣地，可以在動作過程中任何較弱的動作點施以等長運動的訓練，例如維持支撐在單槓頂部的位置（如果這是一個弱點）。這些動作往往比一般的反覆向心運動更容易讓身體疲勞。因此，每週在進行這些類型的訓練時——甚至在一次訓練中——必需意識到若出現停滯期，想要再進步的最佳方式可能是多休息而非更多的訓練，這與初學者在剛開始接觸訓練時的想法往往相反。

在本書中，我們將探討運動計畫的規劃，以及如何在每4－8週安排一次減壓期，讓你可以從疲勞中完全恢復。減壓期同時也是休息期，將使結締組織（肌腱、韌帶等）有充足的時間癒合，因為他們往往是受過度使用影響的第一個組織。當你開始操作進階的徒手訓練動作時，需要考慮的兩個要素是消除疲勞和結締組織的恢復。

肌肥大的機轉

在人體中，主要有3種不同途徑可以使肌肥大。首先是物理張力；第2種是透過肌節斷裂理論和細微損傷造成的離心運動傷害。第3種是代謝累積、局部生長因素、缺氧和肝醣耗竭引起的肌肥大。

物理張力（Mechanical tension）所造成的肌肥大，傾向於透過高強度運動如重量大和速度快的動作來活化肌肉。有時被稱為HTMU或快縮肌疲勞肌肥大。當肌肉有足夠的高強度物理張力刺激時，身體會增加肌肉質量以補償。在骨折時可以看到與此相反的狀況：不運動和沒有負荷會導致神經系統和相關肌肉迅速萎縮。

離心運動傷害（Eccentric Damage）和**細微損傷**（Microtrauma）。訓練強度可以大到對肌肉造成傷害，或是用輕度負荷、反覆執行直到造成傷害。以一定的重量累積反覆次數，需要一定的時間來執行。許多訓練員將這種類型的肌肥大刺激稱作是高張時間（time under tension）——即為肌肉產生肌肥大適應所需的總時間。這就是我們提到使肌肥大的因素中，針對特定肌群訓練動作、組數和反覆次數的「訓練量」。

這種損傷會引發運動中的各種生理反應，包括衛星細胞的贈予和修復。衛星細胞可以看作是「肌肉的幹細胞」，它可以與損傷的肌肉融合以幫助修復。這也是運動員在停止訓練幾年後再次參與運動，卻仍然保有「肌肉記憶」的原因。當再次開始訓練時，會迅速恢復過去訓練期間所獲得的肌肉。相關的科學證據顯示，肌肉仍然包含以前融合的衛星細胞的細胞核，有助於快速產生肌肉細胞的收縮蛋白。

代謝物累積、局部生長因素、缺氧等（Metabolite Accumulation，Local Growth Factors， Hypoxia，and The like）。這可以說是有大量反覆和訓練量的低強度運動。長時間且維持一定強度和速度的運動，可說是這類型肌肥大的實例。比如騎自行車的人有較大的股四頭肌，而划船的人有較寬闊的背肌。另一個例子是體力勞動者，若某人執行大量的輕負荷反覆舉物，在一天內累積的量即足以刺激肌肥大。長期手持錘子的工人或手拿水管的工作者，往往會因為長時間的低強度持續操作，訓練出壯碩的前臂。

當談到肌肥大的時候，人們仍存在一些很大的誤解。數十年來流傳於健身和體育界的大謬論之一，即是肌肥大可以區分為肌漿（sacroplasmic）肥大和肌纖維（myofibrillar）肥大。認為利用更高的反覆動作可以造就所謂的肌漿肥大（sacroplasmic hypertrophy），例如每組8−20次反覆直到失敗。這種肌肥大的具體適應機轉，是肌肉細胞中的代謝累積。健美運動員就是這類型機轉的例證，擁有體積大但肌纖維密度不高的肌肉。相反地，肌纖維肥大（myofibrillar hypertrophy）是操作低反覆（如1−8次）、大負荷的運動。此肌肥大的具體適應機轉，是增加肌肉肌原纖維成分（如肌動蛋白和肌凝蛋白）的聚積，以供肌肉收縮之用。這些運動員的肌肉往往密度非常高，例如奧運會舉重運動員和體操運動員。

　　如果你是熱愛健身的俱樂部成員，可能會知道最近的研究顯示，肌原纖維和肌漿肥大可能是不恰當的名詞——他們之間幾乎沒有區別。主要的區別在於那些訓練反覆次數較高的訓練者和訓練反覆次數較低的訓練者，肌力大小的不同。不同運動員的肌肉切片檢查顯示，即使在不同類型的訓練中，肌肉細胞的成分也會等比例地增加。因此，外觀差異可能是由於個人的含水量、皮下脂肪量、肌內脂肪累積或類似因素造成的。例如，當健美運動員為比賽減少身體脂肪量時，他們肯定具有非常高密度的肌肉外觀，近似於肌力型運動員。這對我們來說是相當有用的訊息，因為它告訴我們身體會透過增加肌肉來對訓練壓力做出反應，不管用什麼方法獲得的肌肉量，都可以有效地被使用。

　　人們仍然必需考慮肌力運動員及想要最大化肌肥大的人，所使用的訓練本質並不相同。這涉及改變訓練計畫中的訓練頻率和肌肉漸增超負荷。一般來說，隨著訓練經驗的增加，訓練強度會越來越高。因此，必需根據你所參與的特定訓練原則和類型來增加或減少訓練頻率。對於體操運動員，可能每週必需安排多次的訓練，每週6甚至7天。但是，大部分都是著重於技巧的訓練，而非肌力的訓練。但因為肌力也是技巧的一種，因此你可以從中體驗到肌力的提升。另外，如果目標是肌肥大最大化，可以視個別訓練內容，增加肌肉的訓練量，迫使他們產生適應。

　　在談論到徒手訓練時，離心收縮和等長收縮顯得特別重要。後槓桿、前槓桿和俄式撐體就是等長收縮訓練的例子。而離心收縮運動的例子，是在引體向上時上拉到最頂部後緩慢下降，或者直接由最頂部位置開始緩慢下降。等長收縮特別有趣的一點，在於他們由多個不同途徑達成肌肥大。事實上，許多訓練方法會結合我們討論過的一種或兩種不同的途徑。等長收縮著重於物理張力和代謝適應；離心收縮著重於物理張力和離心肌肉損傷致使肌肥大。

　　研究指出，等長收縮和離心收縮趨於立即徵召HTMUs以維持肌肉的收縮。這是合理的，因為他們是一種非常困難的肌肉運動。離心收縮的諷刺之處在於，相關的研究表示，1秒鐘的離心運動在刺激肌肥大和肌力適應方面，比長時間離心運動的效果更好，如6秒鐘。這意味著快速離心收縮會優先活化HTMUs，因而對於爆發力、肌力和肌肥大可能有最佳的效果。人體生理學也證明這看法。較長時間的離心運動會阻斷血液流向肌肉，肌肉在緊張狀態下的時間也會較長，這也代表肌肉會趨向由代謝速度較慢的慢縮肌產生縮收而有訓練適應的效果。同樣地，太短的等長收縮持續時間，將不足以提供足夠的訓練量來使肌肉產生適應而提升肌力。然而，等長收縮的時間長，可能會使其對於肌耐力有較佳的適應反應。這對於訓練來說，意味著需要在「甜蜜點」的範圍內執行等長收縮，以最大化肌力和肌肥大的效益。我們將在後續規劃訓練計畫的章節中詳細探討。

　　隨著研究的持續演進，這些機轉才可得到進一步的驗證；導致肌肥大的因素仍然存在一些不確定性，所以對於這些機轉的看法應有所保留。

　　以下是本章的主要概念之一：儘管了解在肌肥大機制中，可能會出現某些適應現象和重要的

差異性，但實際上並不會造成多餘的肌肥大——除非肌肥大已讓體重超出運動項目或體重級數的標準。

你應該從本章獲得的第二個主要概念，是訓練頻率的總量與肌肥大有最大的關係。特定肌肉的運動量必需超過一定閾值才能促使肌肥大。這在初學者和健美運動者之間可以很輕易地區別出來。初學者可以相當少的訓練產生明顯肌肥大，而健美運動者在日常訓練中的訓練量相當高。同樣地，頻率在不同的職場中也占有一定的影響——比如建築工人和家具搬運工——搬運是他們一天之中唯一的「訓練」，但是他們的身體會因反覆移動重物造成的訓練壓力而增加肌肥大。

在學習設計自己的訓練課程時，勢必也將探索課程內容中要有多少的訓練量才足以達到肌肥大的效果。我們將概述一些安排反覆次數和組數的基本概念，以獲得適量訓練量。這就是為什麼在此我們不會具體的指出「最佳」的反覆次數範圍，僅管通常5－15次反覆的訓練量對初學者而言就足以達到肌肥大的目的。

如果你有興趣進一步鑽研這個主題，Brad Schoenfeld和Mike Zourdos曾發表了一些有關肌肥大和訓練量的優質研究。

開放式和閉鎖式動力鏈的運動

開放式動力鏈（Open Kinetic Chain，OKC）的運動方式，是讓自己的四肢可以自由移動。這些動作包含肢體在空間中的移動，無論是否加上負重。而這類型運動中所謂的負重，也就是在訓練儀器上的局部訓練動作（例如腿部伸展和腿後肌群彎舉訓練）。肱二頭肌彎舉和肱三頭肌伸展即為OKC的上肢運動實例。

閉鎖式動力鏈（Closed Kinetic Chain， CKC）運動以肢體不能自由移動的方式進行。一般情況下，這些動作是以槓鈴或徒手進行。負重變化包括蹲舉、硬舉和奧運蹲舉，人的腳固定在地板上支援身體產生動作。幾乎所有的徒手動作都是閉鎖式的——手或腳固定在地板或其他工具上。單腿深蹲、臂屈伸、引體向上、伏地挺身和手倒立伏地挺身，都是用雙手固定在地板、訓練槓或吊環上進行的。

仰臥推舉是在空間中相對穩定的槓鈴動作；這代表了OKC和CKC動作之間的混合型，因為此時你的身體是固定的（就像許多OKC動作一樣），但是當你操作動作時雙手必需穩固地支撐重量（如CKC動作）。當你留意半OKC動作——如肩上推舉——和純CKC動作——如手倒立伏地挺身——之間的強度差異時，你會發現閉鎖式動力鏈動作比半開放式動力鏈動作的強度更強。例如，如果你從手倒立伏地挺身中減去手臂重量，你會發現可以執行更多次手倒立伏地挺身。這可能是來自於共同收縮及增加身體運動覺回饋的內在因素所致。

特別要記住的是，CKC動作更適合用來強化上半身的肌力，但較難看出進步幅度，因為無法像增加槓片重量一樣，用可靠的測量工具來評估。如果目標是肌肥大，CKC和半CKC動作通常效果最好，其中包含了槓鈴訓練（如蹲舉、硬舉、仰臥推舉等）。有一個有趣的現象，過頂式槓鈴推舉比手倒立伏地挺身有更好的肌肉量訓練效果，因為手倒立伏地挺身明顯需要更多的身體穩定性，從而限制了可用於執行動作的肌力。由於少了點物理張力，由運動獲得的肌肥大總量也會跟著減少。

如果最終目標是單純的肌肥大，那麼以槓鈴訓練動作為主將會是好主意。這並不是說你無法透過徒手訓練獲得令人稱羨的體格，只是那得花更長的時間。

對於復健而言，主要使用OKC動作來進行，因為他們可以輕易地針對局部弱點、需要加強的特定結構或修正某些運動模式進行訓練。治療的目標是讓你可以回到大動作的CKC運動。例如，如果你正在接受踝關節扭傷的治療，安排大量OKC運動，有助於強化腿部肌肉並防止其萎縮。然而，當關節活動角度、肌力和其他因素改善時，可以開始執行大動作的運動模式──例如蹲跨和站立訓練──以強化腳踝，使其能夠再次進行運動。同樣地，對於像肘關節肌腱炎的問題，你將從局部訓練動作開始以恢復受傷部位，最終進行功能性的運動，例如引體向上或其他複合式的動作。我們將在本書的損傷部分進一步討論這個問題。

總而言之，閉鎖式動作強調核心和四肢的穩定性，因為身體的姿勢與地板、訓練槓或吊環之間有相互支撐的關係。也就是說徒手訓練並非依賴重量，而是以難度更進階的動作作為運動刺激。他們在肌力、本體感覺和運動覺的發展方面特別突出。當你可以增加重量時──比如使用加重背心──會使訓練的進步幅度更容易掌握。而操作開放式動力鏈運動的好處，是可以透過重量負荷來調節。如果你有受傷或局部的動作弱點，尤其可以透過這個方式專注於某些肌肉、肌腱或其他結構的訓練。

這些運動在特殊情況下都很有用。如果你正在閱讀本書，可能是對徒手肌力感興趣（包括大家熟知的一些體操等長收縮支撐動作）。此外，大多數人都希望自己的體態看起來更完美，如果以此為目標，那麼這本書很適合你。

Chapter 2　摘要

肌力與肌肥大的生理學

基礎知識

- 肌力＝神經適應×肌肉橫斷面積。
- 致力於運動強度的同時提升神經適應。包括提高運動單位的徵召、頻率編碼、同步、貢獻、拮抗肌抑制和動作學習。
- 肌肉橫斷面積的提升源自肌肥大（肌肉生長）。
- 如果目標是肌力和肌肥大，應正確且盡可能快速地執行訓練動作。有助於徵召和刺激由快縮肌纖維組成的HTMUs，這些纖維具有最大的肌力和肌肥大潛能。
- 訓練並不能造就完美；完美的訓練才能造就完美。
- 作業量會在訓練時自然增加。你可以把它看作是建造一個大游泳池來取代小游泳池。訓練和恢復同樣重要，因為訓練會從池中取水，恢復則將池子的容積擴大並將水倒入池中。訓練計畫應包括有計畫的減壓，以利適當地恢復。
- 在訓練計畫中，可以使用離心和等長收縮來訓練，但是他們不應該占據大部分的訓練計畫，因為他們對中樞神經系統的負擔相當大。
- 肌肥大透過3種機轉而發生：物理張力、離心運動傷害和細微損傷、代謝物累積、局部生長因素、缺氧等。
- 肌纖維肥大、肌漿肥大是體育界和健身界的謬論，只有單純的肌肥大。
- 初學者在5－15反覆次數範圍內表現最好。若追求肌肥大的最大化，可安排5－20反覆次數範圍，甚至更高，並對訓練內容進行各種不同的修改。
- CKC運動一般有利於提升肌力和肌肉質量。具體來說，CKC徒手運動對於肌力的提升較佳，而CKC槓鈴運動更有利於肌肥大。不過也確實有部分重疊的效果。
- OKC運動適用於針對特定弱點或傷害進行復健。

應用

　　了解生理學的概念如何在構建運動訓練計畫中發揮作用相當重要。一旦你開始執行訓練計畫，這些內容將會相當有幫助，因為你將能夠利用生理學知識解決訓練上的問題。例如，如果目標是最大化的肌肥大，則需要改變訓練中的節奏、休息時間、動作，以確保你不斷進步。在下面的引文中，把認識身體的生理反應當作「知己」，而訓練計畫，則視為敵人。

　　知己知彼，百戰不殆；不知彼而知己，一勝一負；不知彼不知己，每戰必殆。——孫子

CHAPTER 3

進度表和目標設定

PROGRESSION CHARTS AND GOAL SETTING

現在我們已經了解了發展肌力和肌肥大的徒手訓練方式和概念，讓我們開始整理有助於為特定目標設計正確訓練計畫的內容。如果你已經有了目標，很好——那麼我們將努力為此制定一套訓練計畫；如果你還沒有目標，本章將幫助你找出想要達到的目標，以及構建出能專注於相關目標的訓練課程。

進度表及如何使用

如今在網路上可輕鬆地找到徒手訓練的資訊，令人憂心的是，許多可用的進度表實際上並無法確切地提升肌力的進步幅度和水準。這就是為什麼本書內容會涵蓋一些肌力訓練進度表，它將有助於改變你對徒手訓練的看法。這些「技能和肌力進度表」就像你在角色扮演遊戲（Roleplaying Game，RPG）中看到的「技能圖表」。透過訓練使角色升級，然後使用「技能點數」來提升各種屬性和能力。這與徒手運動技能和肌力的進展類似。

在徒手肌力訓練中，有相當多拉、推、等長肌力動作要素和手支撐動作可以學習。這些都需要特定的訓練和大量努力才能確實上手。就像RPG一樣，一旦你學會技能或招式，就會有一些新的進階能力供你挑戰。訓練的一個重要特性，就是某些運動能力往往有一些重疊的技能基礎，這也像RPG一樣。如果你在手倒立和手倒立伏地挺身上投入了大量的訓練能量，伏地挺身或臂屈伸等其他推撐動作也會有所進展。

本書的進度表新穎之處在於，許多動作都取自於國際體操總會（Federation International of Gymnastics，FIG）的技術難度級別。在評分規則（code of points，COP）中，從最容易到最難的難度級別分別為A－G。FIG制訂COP並標準化所有器械上體操動作的基本難度級別——擺盪、肌力和下法動作。本書不會討論擺盪元素或下法的優點，但將著重於徒手訓練者用來發展過人肌力、柔軟度和肌肉體質的不同技術與肌力進程。

在此的目標是將動作分類，並灌輸你每個徒手動作肌力進展的難度級別概念。因此，你將更容易選擇特定的技能組合，並把訓練進度串連起來。所提供的進度表，標明每個技術和肌力動作在連續頻譜上的概略位置。這些進度表分為4個類別——基本技能、A級技能、B級技能和C級技能。每個技能級數都有4個子類別，動作難度逐級增加。

如何能持續進步是所有運動和重量訓練計畫的重點，體操、徒手肌力訓練、槓鈴或其他運動皆是如此。由於我們可以從這個概念中獲益，因此值得一再重申。當你查看進度表並記錄能力時，可能會注意到你在一個領域取得進步或在另一個領域落後，這很常見。我們每個人都有自己的優勢和弱點，取決於遺傳、肢體長度、訓練計畫、睡眠計畫、營養、壓力程度和其他因素。

把注意力集中在弱點上，將會更有益於把不足的技能和肌力進展提升到更高水準。相較於僅追求某部分肌力或一套技能的進度，不如改善某個弱點會讓你更健康。若是論及L型撐體、V型撐體和高抬臀撐體的動作進度時，拉與推的能力之間是否存在巨大的差異，或是缺乏訓練發展，則顯得相當重要。例如，即使目標是獨立操作俄式撐體，而且你不關心前槓桿、後槓桿、高抬臀撐體或其他動作，你仍然必需建立後肩的肌力，以獲得必要的肌肉質量和肌力來達成為俄式撐體規劃的進程。接下來，有必要盡可能地努力補強自己的弱點，以取得最佳的進展並預防受傷。

強烈建議製作訓練進度表的副本，因為不斷地翻閱到本書最後的實作部分實在不恰當。這些副本是達成目標的優良工具，請於完成時將動作畫叉，並持續追蹤進度。如果你沒有心力製作進度表的副本，可以在eatmoveimprove.com的Eat. Move. Improve.網站上找到他們。

資深的體操和徒手肌力訓練愛好者，可能很熟悉這張進度表上技術和肌力進展的常見縮寫和術語，但仍有許多人必需參考進度表，從中觀察並了解內容為何。因此在本書CHAPTER21有一個縮寫列表可供參考。

分級系統

這些表單分為16個不同級別的肌力和技能。當你查看每個關卡時，都會顯示類似的關卡級數。這16個級數區分成4組，每組4個。從表單左側看起，以4等分區分為先前所提到的4個類別——基本技能、A級技能、B級技能和C級技能。

* 初級：1－5級
* 中級：6－9級
* 高級：10－13級
* 菁英：14－16級

在此要留意，有些被本書歸類為高級的動作——如十字懸垂、直體俄式撐體和其他等長收縮動作——實際上是體操中的中級類別動作。獲得肌力的概念本身是一樣的。體操教練會在運動員進步時，簡單地將進度標記在這些表單上。技術在體操動作中占有極大的比例，因此某些特定的體操動作會在

肌力訓練中排除，畢竟體操訓練是一項耗時的體育項目，至少需要10－15年才能培育一名成熟的體操員。我們的目標是根據本書排定的訓練內容，求取穩定的進步。

分級系統中差異的分類

如何歸類初級、中級或高級運動員？這是我們要回答的第一個問題，因為這將告訴我們如何為不同族群中的每一個人制定訓練計畫。在評斷某人的級數時，他們的訓練資歷並不重要——我們都知道加入健身房會員好幾年的人，很少會有明顯的進展，因為他們的訓練停滯不前。因此，在確定運動員是初級、中級還是高級時，幾乎不須考慮他曾經花在訓練上的時間。

相反地，從能力水準的角度判斷技能級數較佳。可以完成手倒立嗎？是否可以用紮實的技術來執行硬拉或後槓桿？可以蹲舉2倍的體重嗎？使用能力水準作為分類運動員的基礎，主要是因為它是一個可衡量的標準。如果你有能力執行某種徒手或槓鈴運動，那麼你就有能力在中樞神經系統（CNS）的控制下運用肌力，並且應該具有承受一定訓練量所需的生理適應能力。

了解整體能力水準是重要的，因為身體處於較低水準上的進展，要比你已經擁有較高水準的肌力時更快。同樣地，如果你可以安全有效地執行某個動作，那麼肌肉和結締組織強度會建立一定的水準，以承受一定的訓練量。這些都是需要了解的重要因素，因為肌力水準不同，訓練計畫也會有所不同。進行訓練編排，也正是在應用你累積的知識，為自己打造一套有效的訓練計畫，以在數週或數個月內提升能力。

訓練編排的內容在不同肌力級數之間會有所不同，也就是說，為初級者制定的訓練計畫會與中級、高級或菁英級數肌力的人不同，因此你不能期待訓練內容和比你強或弱的人一樣。

例如，典型的槓鈴初級訓練計畫有一個非常複雜的基礎水準。其專注於主要的綜合舉重技巧，如蹲舉、硬舉和仰臥推舉。這對那些剛剛起步的人來說非常理想，因為他們可以快速地進步，通常在每個訓練期都會有所進展。當肌力和肌肥大的能力提升時，將能承受越來越大的訓練壓力，並引發類似適應的發生。因此，訓練編排的複雜性，在於必需透過改變訓練結構來調整強度、訓練量、反覆次數和頻率。根據個人訓練歷程，分為可修改的因素——如壓力、睡眠和營養，以及不可修改的因素——如遺傳和肢體長度等。即便對象肌力水準相同，也有必要針對每個人制定個別化訓練計畫。

沒有必要在不同層級之間進行轉換，因為每個人都不同；然而，當你的進步開始呈現停滯現象，就可能需要修改訓練計畫。不過總是會有少數人可以忽略這一點，因為他們夠強壯；也會有部分的人從一個層級轉換到另一個層級之前，必需開始使用更複雜的課程技術。

絕大多數初級訓練計畫都以每週進行3次全身訓練為主。另一方面，奧運舉重運動員可能每天

到健身房報到3到5次，每週只有1天或甚至不休息。奧運體操運動員可能每週在健身房進行40小時的動作訓練，不包括另外進行的肌力訓練。對比初級和菁英運動員的訓練內容，可以明顯地看出剛接觸訓練的人與有多年訓練經驗的人之間的差異。你絕對不會想讓初學者嘗試菁英體操運動員的訓練量，因為初學者可能會在數週內就會受傷。

這似乎是常識，但還是經常有沒有運動習慣的人初入健身房就想一次學習所有技巧。人們在久坐多年後，試圖同時進行跑步、舉重及參與運動競賽。他們的熱情值得嘉許，但在他們開始接受訓練時，就安排大量的訓練量是不負責任的，因為很有可能因此造成傷害。

未經訓練初學者的執行步驟：

- 介紹基本動作並熟練他們。
- 利用更高的反覆次數來鞏固運動模式並增強結締組織的肌力。
- 關注個人的弱點。例如，長時間在辦公室的工作型態，通常會造成不良的姿勢或體態，如果不加以解決，可能會增加受傷的風險。同樣地，久坐的生活方式很可能造成長期不良的機動性和柔軟度，我們需要專注這些問題，提出解決方案。
- 由一個全面性、均衡的訓練課程出發，以高反覆次數開始，然後過渡到傳統的肌力訓練。

經訓練初學者的執行步驟：

- 強調持續貫徹訓練。訓練是取得進步的最重要因素。略過訓練是不利的，除非你正面臨過度使用的傷害或緊急情況。俗話說：「最好的訓練計畫就是你正堅持執行的訓練計畫。」
- 重點放在5到15次反覆次數範圍的訓練中，以確保良好的肌肉和肌力發展。
- 經常保持推和拉動作訓練的平衡。
- 如果開始產生不平衡，則加入維持結構平衡的動作。一般情況下，這代表你大部分的訓練都著重在推的動作上，在你開始徒手訓練前，應增加更多的水平拉力訓練。而如攀登這類著重於拉攀動作的運動，可能需要額外的推力訓練。
- 讓身體適應肌力訓練，特別是結締組織和深層的結構，如骨骼和關節。

中級的執行步驟：

隨著進入中級範圍，訓練需求將根據目標開始多樣化。因為需求會變得更具有特殊性，例行的全身訓練將不太有效果。幾乎每個範圍都需要更具體的訓練，包括基本技能、專項運動技能、柔軟度、移動性、預防和復健。問問自己，訓練的主要目標是肌力、肌耐力，還是肌肥大，並根據目標調整訓練。以下為一些範例：

- 肌力——盡可能增加頻率，避免過度訓練或過度使用傷害。肌耐力——以較低的訓練量開始訓練，以保持高效率，並以高反覆次數進行特定的肌耐力訓練。肌肥大——開始分別訓練各個區塊。這將在CHAPTER5中討論。
- 為了在這個層級保持進步，要調整訓練的頻率、訓練量和強度。並學習使用更複雜的訓練課程。

高級的執行步驟：

- 訓練變得更具針對性，以符合運動項目或訓練的目的。
- 如果你希望在訓練中取得進步，針對較弱的部位進行訓練就很重要。例如體操運動員直臂動作的訓練量很大，當用單臂引體向上進行訓練時，背部往往比手臂強得多。在這種情況下，肱二頭肌彎舉或其他肱二頭肌訓練可能有助於強化較弱的部位，從而提高整體肌力。同樣地，槓鈴舉重也是如此，例如硬舉，它使用腿部、髖部和大量的背部肌力。許多具有背後鏈優勢的人，在背部或股四頭肌中會存在較弱的部位，在這種情況下，針對局部進行訓練可能會更有效果。
- 睡眠、營養和消除壓力不僅對初學者和中級者非常重要，高級階段更是如此，此時對其進行調節，將會大大提升進步幅度。當改善肌力／肌肉質量開始變得非常困難時，即使微幅的調整也能得到改善。
- 了解身體如何對訓練做出反應很重要。在這個階段，做訓練記錄非常有幫助，因為可以從中檢視身體如何對某些休息、減壓和訓練強度／訓練量做出反應。這會讓你更容易規劃每週的訓練課程。

為確保訓練朝目標邁進，請記住上述的主要概念。同時訓練多位運動員尤其是如此。在訓練時，很容易鑽入細節之中，豐富的教練經驗有助於在訓練中略過那些不太重要的事情，將焦點放在最大限度地提高你（或你正在訓練的運動員）的進步幅度，同時保持無傷病的狀態，直到達成目標。

讓我們看看進度表，然後設定和實踐目標。

設定和實踐目標

設定目標的第一步，是選擇訓練方向——肌力、肌耐力、肌肥大，或其他項目。讓我們回顧先前的內容。反覆次數的連續頻譜在一端具有肌力，而在另一端則具有肌耐力，你不能同時訓練肌力和肌耐力。本書旨在追求肌力的進步，但是我們會先介紹一些關於肌耐力和其他部分的知識。

進行徒手肌耐力訓練時，若你專注在一定時間內增加動作反覆次數或密度／作業量，這與目標一致。不建議同時訓練肌力和肌耐力。但是，對於一些運動員來說，同時設定肌力和肌耐力目標可

能對他們的運動或比賽是必要的。若以肌力為目標，則應以重量較高或難度較高，且重複次數較少的運動為主；肌耐力訓練則選擇重量輕、反覆次數高的運動，這會導致肌肉有「灼燒感」。

設定目標

人們經常遇到的問題是不知道如何設定目標，或者根本不在乎。這是錯誤的。目標是有效計畫的其中一部分，因為它可以在安排訓練計畫時提供指引。當然，沒有目標也可以取得進展，但透過設定高質量的目標，運動表現將可以快速地大幅提升。

目標通常被定義為「努力的終點」。在訓練之中，高質量（high quality）的目標是可以用數字表示的有形標的。以下是高質量目標的範例：

1. 在雙槓上以標準的動作進行10次臂屈伸。
2. 在60秒內跑400公尺。
3. 減少體脂肪至15%。
4. 增加10磅的肌肉。
5. 減掉10磅脂肪。

當大多數人第一次設定目標時，經常會設定低質量的目標。低質量的目標不明確／不能被量化。以下是低質量目標的範例：

1. 改善臂屈伸動作。
2. 跑步時變得輕鬆。
3. 減重。
4. 增加肌肉量。
5. 體態變好。

如前所述，訓練計畫應圍繞高質量目標設計。如果目標是執行10次臂屈伸，那麼你需要先有執行單次臂屈伸的能力，然後2次、然後3次，直到達到目標為止。設定高質量目標的另一種方法，是利用設定目標的SMART模型：

- 具體的（Specific）
- 可量化的（Measurable）
- 行動導向（Action-oriented）
- 可執行的（Realistic）
- 有時限性的（Time-bound）

你需要確保目標符合總體目標。以John和Alice為例。John想要「變得更強壯」，並設定了一次做150個伏地挺身的目標。這有點混淆了，因為連續150次伏地挺身是肌耐力的驚人之舉，卻和肌力無關。Alice想「執行很棒的手倒立」，如果目標定為執行30次引體向上，並不會讓她更接近最終目標。

為確保SMART目標符合總體目標，請將你期望的動作分解為單獨的獨立動作。回到John的例子，他可能會考慮追求高強度的體操技巧，比如俄式撐體，或者蹲舉兩倍體重。相對的，Alice可能想把手倒立分成兩個獨立的SMART目標，分別為倚牆手倒立2分鐘及手倒立30秒。

值得注意的警訊是，許多運動員認為可以透過持續執行低強度的徒手訓練來提高運動表現。John的最初目標就是一個例子。他想透過一次做150個伏地挺身來「變強壯」。但我們清楚的知道，連續進行150次伏地挺身並不意味著變強壯，它只是代表你在進行伏地挺身時有很好的肌耐力。如果你希望透過徒手訓練獲得肌力，則必需用更寬廣的視野和創意安排訓練動作內容。如果你是認真想要提高肌耐力，那麼有好的肌力時，提高肌耐力會變得容易許多。

缺乏肌力總是會讓你在其他領域受限——技術、耐力、技能、平衡、柔軟度——含動態和靜態——敏捷性、協調等等。為了在這些領域取得優異表現，你必需變得更強壯。僅要求其他能力的提升，而忽視肌力則是不正確的。在設定目標時務必牢記這一點。

最後要討論的是不可行的目標。説「我希望能夠做1次引體向上」很容易，因為經過足夠的訓練，執行1次引體向上相對容易。然而，人們也可以設定做10次俄式撐體的目標。由於俄式撐體在高級的肌力表現範圍內，屬於困難的運動，因此能夠執行10次動作是不切實際的目標。這相當於要能夠執行10次重達500磅的仰臥推舉，對絕大多數人來説，這是不可行的。在所有的高級或菁英動作中取得基本能力，都可能需要數年的訓練。這並不是為了阻止你，而是鼓勵你設定實際可以達到的合理目標。實現目標的感覺很好，當你設定新目標時會帶來動力。如果你永遠達不到目標，那麼它可能會成為訓練的絆腳石。

目標和動作選擇

首先，根據你一次可以執行多少訓練來分類目標非常重要。一般來説，會安排每個類別有1到2個目標，技術、推、拉、腿、核心和柔軟度。我們在本書中討論的唯一技能目標為手倒立。訓練推的動作很單純，比如：伏地挺身的變化、角度的變化、手倒立伏地挺身的變化，以及俄式撐體。訓練拉的動作也很明確：後槓桿、前槓桿、十字懸垂、引體向上的變化和划船動作的變化。訓練腿部同樣也很單純、核心和柔軟度亦是如此。

你可能有單一類別的多個目標。例如，在拉力類別，你可能會想同時訓練後槓桿、前槓桿、

十字懸垂，加100%體重的引體向上和前槓桿划船。但同時設定太多目標，將無法以最佳方式進行訓練。因此，請先從每個類別中選擇1個或2個目標訓練。

徒手訓練有一些注意事項，需要專業指導才能有良好進展、遠離運動傷害。例如，為了保護結締組織的健全，最好在操作前槓桿之前先操作後槓桿；在你使用單臂引體向上或十字懸垂之前，最好先訓練前、後槓桿動作。因此，你可能必需依據一些「排序」來操作每個動作。在動作部分，有些實用的説明有助於達成目標。多數情況下，這個建議是為了依序訓練結締組織，這樣你就不會落入傷害自己的窘境。若你決定忽略這些建議，就得承擔風險。

當你使用進度表時，動作選擇就會變得很容易。選擇1個或2個目標進行訓練，並注意到動作技巧時，就可以看到自己正朝向目標前進。你將根據主要動作逐步習得你想要的技能。別想著要做得更多。如果最終目標是俄式撐體，但還不能完成動作，你應該查看進度表，了解你可以執行的動作為何。如果你可以完成屈腿俄式撐體，那就把它放在日常訓練中吧！

如果不能完成你選擇進度中所有的動作，就針對類似的動作進行訓練，直到有足夠的肌力轉換到選擇進度。例如，如果目標是俄式撐體，而你無法完成曲體俄式撐體的進度，那就先從伏地挺身開始。俄式撐體是一項水平推撐動作，伏地挺身也是一項水平推撐動作。因此，隨著你變得更強壯，有更多的肌肉量，將可由推撐動作進度中獲得一定量的肌力。隨著伏地挺身的進步，將可以讓你獲得操作俄式撐體所需的肌力。

你可以輕鬆地從進度表中選擇適合日常訓練的目標。考量太多只會導致更多的混淆。選擇你可以在目標進度中執行的動作，或相同類別中的類似動作訓練。推的動作可能是垂直或水平的。而拉的動作亦可能是垂直或水平的。

堅持所有的目標和訓練。在接下來的幾章中，你將學習如何將他們整合到一個訓練計畫中。

對成就的承諾

在紙上寫下目標。用這種方式宣布目標是一種承諾。在心理上，你更有可能貫徹你所承諾的事情。這一概念透過心理學研究已經得到了充分證實，並且已經被銷售團隊使用了數十年。

哈佛商學院在西元1963年編寫了一本書，為職業、財務和生活提出建議。終身班長Artie Buerk為設定目標做出了很大的貢獻：幾年前，一家知名大型商學院的畢業生被問及他們是否寫過目標、未寫下目標，或沒有目標。事實證明，有3%的人寫了目標，13%沒有寫下目標，84%沒有目標。在第十年同學聚會時，班級再次被問到他們的目標和完成狀況。結果顯示那3%有書面目標的人，目標完成率是其他人的10倍，13%沒有寫下目標的人的目標完成情況是其他84%的人的2倍。

　　雖然沒有寫下目標比沒有任何目標更好，但如果你選擇寫下這些目標，將會獲得極大的成功。一旦寫下來，請定期看看他們並付出努力。訓練時查看表單所列的目標，將會有正面強化的效果，給你更多從事訓練的動力。

　　我一再強調：將目標寫在訓練日誌中。可以寫在筆記本上，也可以寫進電腦裡，任一種方式都會提高訓練成效。你可能會希望將自己的日誌呈現在眼前——黏在冰箱上、電腦旁邊，或擺在桌面上，以便整天都能看到它。如果你忘記進行訓練，這可以提醒你在吃晚餐或上網浪費時間之前把它完成。讓訓練成為一種習慣可能相當困難，但這些方法可以使其變得容易。一旦你找到生活中的運動模式，所帶來的好處將是無庸置疑的。成功是透過規律的訓練搭建而成，規律的訓練是透過具體的執行逐次累積，而具體的執行始於在紙上寫下目標。

停止閱讀，開始行動

1. 抓起4或5張空白紙。我們將透過設定一系列的目標，將其構建為一個完善的訓練計畫。

2. 寫下你想完成所有關於徒手訓練的目標。如果你不知道你想要完成什麼類型的目標，請查看本書的進度表和動作部分。其列出了許多供你學習的不同技能和訓練進度。這可能有助你決定想完成什麼目標。

3. 調整目標並將其轉化為SMART目標。

4. 印出本章中的進度表。2份就足夠了。

5. 在表單上查找每個目標的進度。記下進度是落在目標的右側或左側。將轉化良好的技能集中在一起，這些可以作為主要動作的輔助運動。你已經了解自己的能力為何，如果你有幾枝螢光筆，請在進度表中為目標標示出一個顏色，再以另一種顏色標示目前的進度。如果你不熟悉任何動作，請參閱下冊的動作部分。

6. 這些步驟為你提供了可用的準則，有助於了解能力所在位置和你想要達成的能力位置，我們將以期間的動作訓練來彌補進度的差距，這將在下個部分中討論。

進度表第1頁

手倒立進度表－強調肌肉：前三角肌、斜方肌、肱三頭肌、身體＋核心；L型撐體轉體高抬臂撐體，強調後三角肌及背部肌群。

	級別	1	2	3	4	5	6	7	8	9
欄#										
頁碼#		306	323	327	334	337	338	345	354	364
FIG		手倒立	吊環手倒立	手倒立伏地挺身	吊環手倒立挺身	推舉／過頭推舉／槓鈴推舉	屈臂手倒立	吊環屈臂手倒立	直臂手倒立	L型撐體／L型分腿撐體／V型撐體／高抬臂撐體
初級 基本技巧	1	倚牆手倒立		屈體手倒立伏地挺身						團身L坐撐體
	2	倚牆手倒立		箱下手倒立挺身		.3×體重				單腳屈膝L型撐體
	3	倚牆手倒立		倚牆手倒立離心式伏地挺身		.43×體重				L型撐體
	4	倚牆手倒立		倚手倒立伏地挺身		.55×體重				L型分腿撐體
中級 A級技巧	5	徒手倒立	吊環肩手倒立	倚牆手倒立伏地挺身		.68×體重	屈臂屈體手倒立		倚牆分腿離心手倒立	吊環L型分腿撐體
	6		環帶手倒立	頭手倒立伏地挺身		.8×體重	L型撐體屈臂屈體手倒立	椅子手倒立	墊高分腿手倒立	45度V坐撐體
	7	不同級數的單臂手倒立	吊環手倒立	徒手倒立伏地挺身	吊環寬握手倒立挺身	.9×體重	胸擺直體手倒立	錯疊椅子手倒立	分腿或屈體屈體手倒立	75度V型撐體
	8				環帶手倒立挺身（手肘在內）	1×體重	屈臂直體手倒立	吊環屈臂屈體手倒立	L型撐體分腿手倒立	100度V型撐體
中級 B級技巧	9	單臂手倒立			吊環徒手倒立挺身	1.08×體重	手倒立至肘積杆再手倒立	吊環屈臂伸手倒立	L型撐體併腿屈體手倒立	120度V型撐體
	10	單臂手倒立				1.15×體重	臂屈伸直體手倒立	吊環屈臂直體手倒立	吊環直臂L型撐體分腿手倒立	140度V型撐體
	11					1.2×體重		吊環手倒立至手肘積杆再手倒立	吊環直臂L型分腿手倒立	155度V型撐體
	12							吊環臂屈體屈體手倒立	吊環直臂屈體手倒立	170度V型撐體
高級 C級技巧	13									高抬臂撐體
	14									
	15									
菁英	16									

拉的進度表—強調肌肉：後三角肌、背部和肩胛肌、肱二頭肌及前臂肌。胸部依進程而定。

分級	技巧	級別	欄1 / 375 後槓桿	欄2 / 387 前槓桿	欄3 / 395 前槓桿划船	欄4 / 401 划船	欄5 / 408 引體向上	欄6 / 413 吊環引體向上＋單臂反握引體向上	欄7 / 421 負重引體向上	欄8 / 422 爆發引體向上	欄9 / 432 十字懸垂
初級	基本技巧	1	德式懸垂			吊環離心划船	跳式引體向上				以灰色顯示先決條件
中級	A級技巧	2	貓式懸垂			吊環划船	槓上離心引體		輔助引體向上	擺盪式引體向上	
		3	團身後槓桿			吊環寬握划船	正握引體向上		1×體重	正握引體向上	
		4	進階團身後槓桿	團身前槓桿	團身前槓桿划船	吊環拉弓划船	L型撐體引體向上	吊環L型撐體引體向上	1.18×體重	擺盪式拍掌引體向上	
		5	分腿後槓桿	進階團身前槓桿	進階團身前槓桿划船	吊環貼臂單腿划船	引體屈伸上槓	吊環寬握引體向上	1.35×體重	非擺盪式拍掌引體向上	
		6	半直體單腳單膝後槓桿	分腿前槓桿		吊環分腿單臂划船		吊環窄握L型撐體引體向上	1.50×體重	L型撐體拍掌引體向上	
		7	直體後槓桿	半直體單腳單膝前槓桿		吊環單臂划船		吊環拉弓引體向上	1.65×體重	擺盪式後拍掌引體向上	
高級	B級技巧	8	後槓桿引體倒掛	直體前槓桿	分腿前槓桿划船			單臂反握引體向上＋離心引體	1.78×體重	L型撐體拍腹引體向上	十字懸垂進程
		9	德式懸垂引體倒掛	前槓桿引體倒掛	懸垂轉前槓桿划船			單臂反握引體向上	1.9×體重	L型撐體拍腿引體向上	十字懸垂
		10	屈臂引體後槓桿	懸垂引體倒掛	直體前槓桿划船			單臂反握引體向上＋15磅	2×體重	直體拍腿引體向上	十字懸垂後槓桿
		11	手倒立轉後槓桿	前槓桿轉圈				單臂反握引體向上＋25磅	2.1×體重	非擺盪式後拍掌引體向上	
		12									
菁英	C級技巧	13									十字懸垂上拉
		14									懸吊轉後槓桿
		15									蝶式定位
		16									撐體後懸吊轉十字懸垂

推的進度表－強調肌肉：前三角肌、胸部、肩胛肌及臨三頭肌。某些肯部肌肉依進程而定。

欄#	1	2	3	4	5	6	7	8	9
頁碼#	442	457	463	468	470	484	490	497	506
FIG	俄式撐體雙積與地板地板	吊環俄式撐體	俄式撐體伏地挺身－雙積與地板	吊環俄式撐體伏地挺身	伏地挺身	單臂伏地挺身	臂屈伸	吊環撐體	負重撐體
1（基本技巧／初級）							雙積跳躍撐體	吊環撐體	
2					標準伏地挺身		雙積驅降撐體	吊環撐體	輔助撐體
3	蛙立				鑽石伏地挺身		撐體	吊環外轉撐體	撐體
4	直臂蛙立	吊環蛙立			吊環寬握挺身		L型坐姿撐體	吊環驅降撐體	1.2×體重
5（A級技巧／中級）	團身俄式撐體	吊環直臂蛙立			吊環外轉挺身	高手單臂伏地挺身	45度前傾撐體	吊環L型撐體	1.38×體重
6	進階團身俄式撐體	吊環團身俄式撐體	團身俄式撐體伏地挺身		吊環外轉拉弓挺身	分腿單臂挺身		吊環寬覽握撐體	1.55×體重
7		進階團身俄式撐體	團身俄式撐體伏地挺身		吊環外轉40度傾斜偽俄式撐體挺身	吊環分腿單臂挺身		吊環外轉45度半行撐體	1.7×體重
8	分腿俄式撐體	吊環進階團身俄式撐體	進階團身俄式撐體伏地挺身	吊環團身俄式撐體伏地挺身	吊環外轉60度傾斜偽俄式撐體挺身	直體單臂伏地挺身	單臂撐體	吊環外轉75度撐體	1.85×體重
9（B級技巧／高級）	半直體／單腳伸展俄式撐體	吊環分腿俄式撐體	分腿俄式撐體伏地挺身	吊環進階團身俄式撐體伏地挺身	吊環外轉馬爾他挺身	吊環直體單臂挺身	單臂撐體	吊環外轉90度撐體	2×體重
10	直臂俄式撐體		分腿俄式撐體伏地挺身	吊環進階團身俄式撐體伏地挺身	倚牆偽俄式伏地挺身			吊環外轉90度＋前傾30度撐體	2.13×體重
11	直臂分腿俄式撐體手倒立		直體俄式撐體伏地挺身		吊環倚牆偽俄式撐體挺身			吊環外轉90度＋前傾50度撐體	2.25×體重
12（C級技巧／菁英）	吊環直臂分腿俄式撐體手倒立	吊環半直體／單腳俄式撐體伸展	半直體俄式撐體伏地挺身	吊環分腿俄式撐體伏地挺身	倚牆馬爾他伏地挺身			吊環外轉90度＋前傾65度撐體	
13					吊環倚牆馬爾他挺身			吊環外轉90度＋前傾75度撐體	
14	吊環直臂俄式撐體手倒立	吊環直體俄式撐體	直體俄式撐體伏地挺身	吊環半直體／單腳俄式撐體伏地挺身				吊環外轉90度＋前傾82度撐體	
15	直臂直體俄式撐體手倒立							吊環外轉90度＋前傾86度撐體	
16	吊環直臂直體手倒立／吊環直臂直體俄式撐體手倒立			吊環直體俄式撐體伏地挺身				吊環外轉90度＋前傾88度撐體	馬爾他撐體（17級）

綜合進度表－推與拉合一：硬力上槓、肘撐桿、側撐、核心；蹲舉及腿部訓練股四頭肌、臀大肌及腿後肌。

級別分類	級別	欄# 1	2	3	4	5	6	7	8
	頁碼#	507	523	527	528	534	536	545	554
	FIG	硬拉與硬反拉	肘撐桿	側撐動作	腹輪	特定吊環元素	吊環擺盪技巧	吊環迴環技巧	深蹲
初級／基本技巧	1							（前迴環）	平行蹲
	2	離心硬拉			25秒棒式			（後迴環）	全深蹲
	3	擺動硬拉			60秒棒式				雙邊側蹲
	4				單臂單腳棒式				單腳深蹲
中級／A級技巧	5	硬拉	雙臂肘撐桿	團身側撐	跪姿腹輪	吊環外轉L型撐體	屈伸上	前迴環團身撐體	1.2倍體重的單腳深蹲
	6	寬握／非虛握硬拉	吊環雙臂肘撐桿	進階團身側撐	斜坡腹輪	吊環外轉分腿L型撐體	後屈伸上	屈體前迴環撐體	1.35倍體重的單腳深蹲
	7	精確的單槓硬拉	單臂分腿肘撐桿	分腿側撐	腹輪離心	後槓桿		屈體後迴環撐體	1.5倍體重的單腳深蹲
	8	分腿前撐桿硬拉至進階團身俯式撐體／L型撐體直體硬拉	單臂直體肘撐桿	直體側撐	立姿腹輪	前槓桿			1.65倍體重的單腳深蹲
高級／B級技巧	9	單手直臂硬拉			負重20磅腹輪	吊環90度V型撐體	直臂屈伸上L型撐體	直臂前迴環撐體	1.8倍體重的單腳深蹲
	10	後迴環直體支撐			單臂腹輪	十字懸垂／分腿俯式撐體	直臂後屈伸上	直臂後迴環撐體	1.9倍體重的單腳深蹲
	11	前撐桿硬拉至分腿俯式撐體					後屈伸上手倒立		2倍體重的單腳深蹲
高級／C級技巧	12	後迴環直體倒立					直臂屈伸上V型撐體／屈伸上十字懸垂或L型十字懸垂	直體後迴環手倒立	
	13	直體旋轉手倒立					後屈伸上十字懸垂或L型十字懸垂	直臂屈體前迴環十字撐垂	
	14	蝶式定立				直體俄式撐體	後屈伸上分腿俄式撐體	直臂前迴環分腿俄式撐體	
菁英	15							直臂直體前迴環手倒立	
	16	(17級)升／反硬拉手倒立				反十字懸垂			

Chapter 3　摘要

進度表和目標設定

基礎知識

你可能需要列印出訓練進度表，或從Eat. Move. Improve.網站上下載。這些進度表有許多好處：

* 顯示技術級數和肌力之間的相對關係；
* 提供如何朝向目標前進的不同進程和先決條件；
* 説明技能和肌力訓練的詳細內容，而不僅僅是一般的等長收縮動作目標——後槓桿、前槓桿、俄式撐體和十字懸垂。

不同族群的訓練編排需求會因初級、中級、高級或菁英運動員而有所不同，因此在根據目標制定訓練計畫時必需考慮到這一點。是否正處於停滯期也是一個重要的考量點。

目標應該是與時俱進的。你會希望目標既是可量化，也是可質化的。同時應該聚焦在總體目標：發展肌力。無論如何，做出承諾，實踐這些目標。把他們寫下來放在面前，這樣你就會不斷想到如何實現他們。同時保留一份訓練日誌，當你想回頭看看你已經向健身目標走了多遠時，以及發現哪些對你有好處，哪些沒有好處，都顯得非常寶貴。

當設定目標使用SMART模型時：

* 具體的
* 可量化的
* 行動導向
* 可執行的
* 有時限性的

應用

在本章結束之前執行「停止閱讀、開始行動」中的所有步驟。寫下所有目標並加以分類。你將在本書的下一部分，制定訓練計畫時使用這些內容。

CHAPTER 4

結構平衡的考量
STRUCTURAL BALANCE
CONSIDERATIONS

肩部健康的概述

在考慮選擇哪些動作來達成訓練目標之前，應該思考這些運動會如何影響身體。舉一個荒謬的例子，當我們走進一般的商業健身房，會看到很多人專注於增進所謂的「海灘肌肉（beach muscle）」，最常被使用的動作即是臥推和二頭肌屈舉。雖然這些動作強調鍛鍊身體前方的肌肉，但卻可能導致肌肉的不平衡，進而造成疼痛與傷害。

自身相似的訓練經驗，促使我思考關於結構平衡的議題。時間回到大學，當時我做許多推力系列動作的訓練，像是俄式撐體、撐體、手倒立伏地挺身，搭配微量的拉力系列動作，例如引體向上，如此導致我的肩部前側開始疼痛，卻同時引起我對物理治療及傷害預防的興趣。在研究自身的傷後，我發現自己的訓練安排是有問題的，於是經由增加拉力系列動作及搭配其他復健訓練的調整，直到肩部痊癒。因此，我總是將結構平衡放在訓練及教學的第一位。曾經有多位教練對此有過探討，像是Charles Poliquin，但在此，我要分享我個人對結構平衡的獨到見解，如果你對於其他結構平衡的方式有興趣的話，我鼓勵你做自己的研究探索。

肩部非常的獨特，因為其關節面積雖窄小，卻比其他關節允許更大範圍的活動空間，這表示肩部在任何角度下都能擁有最好的活動度。然而，較小的關節連結空間同時也代表著：任何形式的不平衡都會讓肩部處於疼痛及受傷的風險下。因此建立一個著重於肩部平衡的訓練常規，是極度重要的，畢竟在疼痛及受傷的狀況下，要如何有效地訓練呢？

說到肩部，要提到許多非常重要的概念，這些概念在之後有關傷害預防的章節中也會討論到，內容如下：

- **活動範圍**（Range of Motion）：特定關節可以產生多大的動作。
- **柔軟度**（Flexibility）：較好的解釋是，透過肌肉伸展來放鬆神經系統，增加活動範圍。增進活動範圍最簡單的例子，就是訓練至能夠大字劈腿。
- **被動式活動**（Passive Mobility）：幫助關節熟悉活動範圍，但不以增進活動範圍為目的，就像柔軟度訓練一樣。在開始運動之前，被動式活動是個不錯的熱身方式，它能活化關節，例如：將手腕放在地板上，並在上方移動身體，此舉會幫助手腕達到可動範圍邊界，卻不會引起手腕周邊肌肉的收縮，是被動式伸展很好的例子。
- **主動式活動／柔軟度**（Active Mobility／Flexibility）：這2個術語常常被交替使用，但我較常使用主動式柔軟度來稱呼。事實上，它很接近主動式活動，因為活動範圍必需在真正活動之前，透過柔軟度訓練獲得，一旦獲得活動範圍，使用新的活動度就會被稱為活動度訓練。可以拿來解釋的例子為，在屈體前彎或分腿前彎時，我們主動收縮腹部及髖部的屈肌，使臉接近膝蓋或地板而改善下壓的範圍，相同地，做一個站立式劈腿或將腳踢超過頭的高度，都是主動式活動或主動式柔軟度的例子。
- **穩定度**（Stability）：是一種強調神經肌肉再教育的訓練，意味著教導身體重新學習如何正確地移動。例如，從腳踝扭傷恢復時，其中一種找回腳及腳踝的身體意識（本體感覺）的主要方法，是進行單腳平衡訓練，這會刺激腳踝周邊肌肉在晃動下穩定腳踝及再訓練平衡感。另一個例子是使用棒式作為核心穩定運動，目的是訓練身體核心維持張力，此能力可以支撐身體對抗地心引力。

在徒手訓練中，我的第一個原則：*保持肩部及肩胛骨運作最佳化，是徒手訓練肌力成功的關鍵。*

依據解剖學，肩部是由盂肱關節與肩胛胸廓關節組成（一般分別用肩部及肩胛骨指稱）。肩膀的力量＝肩胛骨靠在身上的穩定性＋肩部活動所傳達的肌力。肩胛骨周圍的肌肉幫助其穩定在身體上，為肩膀傳達動力提供一個穩固的基礎，提供執行運動的肌力。如果訓練中忽略上述任何一部分，沒有提供肩胛骨肌肉及肩部正確的平衡，就有可能導至疼痛、傷害及訓練效果停滯。

這不代表我們就忽略手肘、手腕及上半身其餘的關節，而是專注於肩部能使我們選擇正確的動作來建立正確的訓練結構平衡，至於手肘、手腕及手臂的其他部位，就會隨之進入正確的狀態。

在徒手訓練中，我的第二個原則是：*肩部是上半身的靈魂，如同髖關節之於下半身。*

所有上半身的動作都會使用到肩部，僅僅根據這個理由，我相信大多數訓練的動作組合選擇，都必需運用肩部的不同動作來設計。徒手訓練的動作擁有獨特的品質，使其能夠和傳統的槓鈴運動做出區別，而這個特點即是：很多徒手訓練動作都需要優異的上半身柔軟度及活動度才能實施。舉個例子，正確的手倒立需要有過頭180度的肩部活動度，以及能在這個姿勢下維持穩定的肌力。

保持結構平衡

在第一版的《超越重力》裡，我提到一個簡單的方法及一個複雜的運動分類用以維持結構平衡，然而這使大眾對於動作該被歸類於何種類型產生困惑。複雜的方法必需仰賴良好的關節動作解剖學知識，這使得教導初學者變得十分不易，龐雜的資訊也會使訓練衍生不必要的複雜結構。因此，我決定化繁為簡，使概念更為清晰及易於理解。

用於維持肩部結構平衡的簡單方法，包括運用能夠抵消彼此作用的拉力系列與推力系列動作，這會讓你能夠維持肩部的肌力，且讓肌肥大有健康、平衡的發展。這個系統在絕大多數的狀況下都適用於徒手訓練。拉力系列及推力系列動作定義如下：

- 拉力系列動作是任何身體質量中心與手互相靠近或拉近的動作。
- 推力系列動作是任何身體質量中心與手互相遠離或推離的動作。

後槓桿、前槓桿及十字懸垂，這些主要的等長收縮拉力系列動作是多數徒手訓練運動員渴望學習的動作；主要的靜態推力系列動作包含俄式撐體及倒十字。馬爾他挺身及維多利亞十字這兩個動作區別了推力系列及拉力系列的界限，他們是運用全身張力的高級數動作，需要執行推及拉的肌肉同時作用來完成。

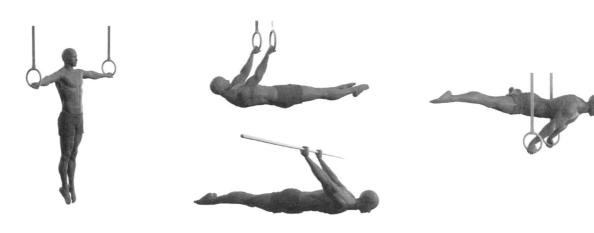

　　這些動作包含臉面向12點鐘方向的前槓桿、3點鐘方向的分腿俄挺、6點鐘方向的後槓桿到9點鐘方向的十字懸垂。從前槓桿看來，手是拉向身體活動範圍的中心，這代表它是一個拉力系列的動作，我們同時能確定它主要是動用身體拉的肌群，像是闊背肌、大圓肌及胸大肌；同樣地，在做後槓桿及十字懸垂時，整個過程中，手臂都是向身體質量的中心拉。相反地，做俄挺時手會推離身體以在吊環上穩定自己。

　　此外，推及拉的動作可以再細分為兩個類別：垂直及水平。

- **垂直推**（Vertical Pushing）：包括兩套動作，完成範圍互為相反方向，例如：手倒立、過頭肩推、手倒立伏地挺身及撐體。
- **水平推**（Horizontal Pushing）：包括多種不同的伏地挺身變化及俄挺變化。
- **垂直拉**（Vertical Pulling）：包括引體向上及倒反的上拉動作變化，而等長收縮動作如十字懸垂也是。
- **水平拉**（Horizontal Pulling）：包括任何划船動作的變化，而等長收縮動作如後槓桿及前槓桿也是。

　　一般來説，多數人看到有兩種垂直推的動作，都會疑惑該選擇哪一種，例如撐體或手倒立伏地挺身的變化，此時我會建議多數的初學者從撐體開始，直到發展出能適當運用的肌力。基本上，撐體是建立肌肉肌力最好的上肢推力系列動作之一，可以幫助建立推的肌力及增加整體肌肉量，而整體肌肉肌力的增加可為其他的運動確保良好的基礎。而對初學者來説，手倒立通常包含技術層面的訓練（為了讓運動員熟悉頭下腳上及倒轉的姿勢），所以在整體訓練來説還是不可忽視的。因此，當我們提供初學者所有肩部動作範圍的經驗時，這個例行訓練仍然是平衡的。

　　徒手訓練中直臂的技術比在槓鈴訓練中還多，在此我想釐清的是，當我們選擇動作來達成特定目標時，能夠整合不同平面之動作的方法。首先，不像我們常在槓鈴及啞鈴上推時看到的，徒手訓練僅允許一點的「手肘外開（elbows out）」，原因是這會造成許多動作失去原先可掌控的狀態。舉例來説，如果你在手倒立或手倒立伏地挺身時將手肘外開，將會導致在運動過程中的瞬間落下，因為身體是處於一個需要平衡的平面，所以手肘必需合緊來控制。

許多人會用開肘的姿勢做倚牆手倒立伏地挺身（或作為槓鈴訓練的輔助），雖然會因為需要斜方肌的參與而使強度稍微提高，但並不如一般手倒立伏地挺身可以提供正確的肌力及控制力訓練。「合緊手肘」讓身體可以努力在手倒立伏地挺身時保持平衡，而非直接失敗。

但是，在強度漸進的過程中仍有許多例外，像是開臂伏地挺身、開臂划船、開臂撐體及十字懸垂，都是將手肘或手臂向外展開。唯獨在運動中值得筆記的是，除了十字懸垂以外，在大多數的時候，其他上述的動作漸進都代表你正一步步邁向更高的強度。（十字懸垂可以被視為一個完全不同的進程，必需用特殊的方法來訓練，這項我有於進度表中強調。開臂的動作需要謹慎地鍛鍊結締組織，因為其有很高的潛在風險，不能光說不練。）

為什麼要結構平衡

就如你知道的，一般初學者的訓練動作結構經常著重於訓練「海灘肌肉」，譬如五種臥推及二頭肌屈舉的變化型組成一套訓練，這種主要由推力系列動作構成的訓練結構單一。臥推會讓胸及肩部前側增加肌力和產生肌肥大，卻疏於訓練能平衡結構的肩部背側肌群。

如果運動員持續這種單一結構的訓練過久，會導致不良姿勢、前胸過緊及旋轉肌袖或其他肩部前側組織的傷害。在徒手訓練及槓鈴訓練中，多數的訓練組缺乏正確地拉力系列動作，尤其是水平拉，其講求背側三個區域的發展，而這些區域是經常被忽略的部位，即肩胛內收肌群、後三角肌及肩外轉肌群。這些肌群在水平拉（划船）的動作中作用著，分別幫助穩定背側肩胛及肩部。

不當結構的槓鈴訓練組會造成肩部後側肌力發展不均，而形成疼痛或傷害，如果關節正經歷發出喀啦、啵或喀嚓的聲響（沒有非常明顯），這有可能指向你沒有正確地維持結構平衡，特別是當訓練組有數量不一致的拉及推力系列動作時，就會造成肩部肌肉發展不均。舉例來說，如果前側肌肉過於強壯，肱骨頭可能會開始撞擊（激烈的摩擦或擠壓）肩部前側的凹槽。在這例子裡，肩部前側的盂唇可能是發出喀啦或啵聲的位置。

盂唇是一片功能與半月板（在膝蓋裡）相似的軟骨，顯然地，我們不會希望去建立一個對盂唇有潛在高傷害風險的訓練組，不平衡的訓練結構會進一步地耗損盂唇，造成潛在的撕裂或難以處理的傷害。然而發出喀啦或啵聲不一定都代表著問題，如果你總是發出喀啦聲，那可能就不需要擔心，但若是聲響變大或伴隨著因不平衡結構的訓練而產生的疼痛，就必需要去注意。

對於肌肉或關節來說，失去平衡不是一件好事，身體比你所理解的要聰明許多，當神經系統持續接收這種感覺及本體回饋，就會造成身體的肌力發展受限，甚至產生代償。換句話說，如果身體感覺到會造成傷害的不平衡，它就會限制該區域周邊肌群及肌力的發展，也可能變成代償模式來避免受傷，而這些都可以藉由維持訓練結構的平衡來避免。

提到潛在傷害的議題，不是要讓你對運動或徒手訓練產生恐懼，而是要幫助你能夠安全又有效率地朝著目標邁進。運動及變強壯對發展健康的身體是很重要的，但若受傷了，那一切便失去意義，你必需在建構例行訓練時考慮到這點，尤其是強烈挑戰關節及結締組織的徒手訓練。

圖片中的動作是高抬臀撐體（manna），為何L型（L-sit）／V型（V-sit）高抬臀撐體進程如此重要？理由是它有效的在一個簡單的系列動作裡，抵消了過度推力系列動作訓練的影響。這個動作進程同時使用了肩胛內收肌群、後三角肌及肩外轉肌群，而不需要再透過其他動作來輔助，因此節省許多時間，再加上你會練就一身絕技。

一般建議

在徒手訓練中有非常多的訓練方式，唯一的限制只在於創意。話雖如此，還是有些動作，我高度推薦放入訓練組中，推薦這些動作都有重要原因。

手倒立與L型／V型高抬臀撐體的連結

在理想狀況下，每個人都應該將手倒立及高抬臀撐體視為一組連結的技術，我喜歡這樣做的原因如下：

- 發展動態柔軟度下的肌力度下的肌力，是主導徒手訓練動作的關鍵。這會大幅增加身體意識及所有角度下控制肌肉的能力。
- 手倒立使用到肩部過頭的活動範圍，高抬臀撐體則運用肩部向後的活動範圍極限。在活動度的邊界努力保持穩定及平衡，能夠強化其餘活動範圍下的肌力，並保護關節免於傷害。
- 訓練高抬臀撐體進程需要讓肩帶及腿部發展出多於適當範圍的柔軟度。
- 手倒立及高抬臀撐體都可以強化核心控制及肌力運用，因此可以花較少時間訓練核心，並多專注於技術及肌力的建立。
- 如同先前提到的，訓練這些技術，同時可以確保肩部可能產生的結構不平衡，所發生的機率降低。

替代方案是額外加入肩胛內收或強調將手肘拉回的水平拉動作，用以將肩胛骨靠攏在一起，能使拉及推力系列動作得到平衡。然而，相較於運用上述的配對進程所帶來的好處，這個替代方案只是個附加的訓練。

直臂慢舉手倒立

這個動作是體操的核心，它需要優異的上肢及核心控制，學習這個動作會更有助於你的訓練，而且包含在中級時期，學習這個動作會帶給你相當大的好處，它能幫助你邁向更高的階段。

對練習俄式挺身來說來說，有支撐的直臂慢舉手倒立是個很好的輔助訓練，因為它需要在大範圍的角度下使用穩固的肩帶肌力來移動身體，當手臂移動過頭時，會廣泛地使用到肩胛的穩定肌群——特別是上斜方肌、下斜方肌及前鋸肌。儘管這對外行人來說毫無意義，但這三條肌肉施加於肩胛的肌力所形成的三角形，正是過頭肩推與維持肩胛穩定（相對於胸廓）姿勢的關鍵。

　　直臂慢舉手倒立是一個延伸動作，可以幫助你精進手倒立的技術，一旦你可以控制直臂慢舉，就能輕鬆地做出手倒立，加上這個動作看起來非常酷！這個原則同時也適用於屈臂慢舉手倒立，一旦你精通直臂慢舉手倒立（至少分腿手倒立伏地挺身），多數的運動員就可以做出屈臂慢舉手倒立。但倒過來並不適用，這就是為何直臂慢舉手倒立這個技術必需早點開始訓練或同時進行。

　　手倒立伏地挺身、爬繩（如果可以取得）及後槓桿，在建立高度肌力的過程中是非常重要的。其背後的原因是，這些動作不僅幫助肌力的發展，同時也強化關節整合及結締組織，因此在建立高級技術時，他們的幫助是很顯著的。事實上，我在進度表上及運動期中將一些動作視為進入其他高級肌力進程的先決條件，而在運動期中只放入少量的爬繩動作。若是你能取得繩子，就一定要盡量利用。

　　記得要組織訓練計畫，以保持身體結構的平衡及避免受傷，其餘的部分都取決於自己本身及想要完成的目標。更重要的是——開心執行！

停止閱讀，開始行動

1. 在推及拉2個類型中建立目標，過程中我已經明確幫助你將動作放在主要進度表上。
2. 將推及拉的動作區分為水平及垂直方向。
3. 如果在任何一個類別之間有明顯的數量差距的話，我會建議你利用槓鈴運動來輔助該類別的訓練（並不會在這本書中提及）、訓練建議的進程或選擇其他動作來支撐這些較弱的部分。

Chapter 4　摘要

結構平衡的考量

基礎知識

將結構平衡的考量謹記在心。肩部是上半身肌力發展的關鍵，因此，以保持健康的肩部為考量來組織訓練計畫，是最為重要的。

應用

我偏愛使用推及拉的系統來分類徒手訓練動作，因為它既簡單又實用。這個系統的基礎，摘要如下：

- 挑出水平推及垂直推的動作。對新手來說，手倒立包含垂直上推的部分，所以必需選擇一個垂直下推的動作。
- 挑出一個垂直拉及一個水平拉的動作。
- 將L型撐體到高抬臀撐體的進程及手倒立放入訓練計畫中。

手倒立被視為過頭的技術訓練動作；L型撐體被視為核心訓練及相對於手倒立的訓練動作，用以進展為高抬臀撐體。在主要訓練中，其他推及拉的動作都必需均衡，並至少加入兩個腿部的動作，可以是徒手訓練或槓鈴訓練的動作。

上推動作從手倒立開始是最好的，因為倒立在本體感覺及身體控制能力的發展中至關重要。動作的進程代表運動員的能力級數，很少人會擁有好的徒手能力，卻不能夠手倒立。

CHAPTER 5

制定訓練計畫、屬性及層級介紹
INTRO TO PROGRAMMING, ATTRIBUTES,
AND THE HIERARCHY OF A ROUTINE

提到訓練，計畫設計（programing）最簡單的定義就是規劃（scheduling）。為可以幫自己達成目標，規劃出一個順序及時間表，因此，計畫設計代表為我們的訓練制定計畫。而計畫的類型取決於目標，同時也需考量你近期的身體能力。前面我們討論了肌力及肌肥大的機制，為了將這些概念集中，可以將計畫設計視為如何大規模地整合所有的資訊，而這些資訊在為你或客戶設計一個訓練計畫時會非常重要。

例如：你安排訓練計畫是在一定的強度下重複次數到一定的運動總量，運動量可以交替或分散到一段時間內，像是天、週、雙週或月。如果是頂尖運動員，訓練計畫可能是以年為單位，或是像奧林匹克運動員以4年為1週期。長期計畫使身體持續地進步，如果你有比賽，可以針對身體到達巔峰狀態的時間來規劃訓練。

在這個章節會討論到的主要概念，是計畫設計的基礎，以及如何將他們應用在徒手訓練上。

訓練計畫設計及線性漸進

根據CHAPTER1，我們知道漸進式負荷是持續進步的關鍵，因此，問題在於「如何執行漸進式負荷？」讓我們回歸到計畫設計的基礎單位——單一訓練——從此處建立起。

任何單一訓練計畫的關鍵，是要有足夠的強度及運動量給身體壓力，使身體能夠增加肌力及肌肥大來適應，這對初學者來說至關重要。在訓練計畫中，安排足夠的休息時間是很重要的，如此一來，身體才能恢復並變得更強壯、肌肉更發達。調整訓練計畫有多種面向，整合我們已經學到的概念——次數、組數、休息時間、節奏、強度、運動量、頻率、動作屬性、疲勞程度、運動能力、減輕負荷及高原期。在這些概念裡頭，對組織一個單一訓練計畫最重要的因素，是強度及運動量。

- **強度**可以藉由增加運動的難度來調整，根據你執行動作的次數，可以利用負重背心或其他方法來增加負荷。
- 運動量可以用3種不同方式來調整：
    ◦ 一組的次數。
    ◦ 一次運動的組數。
    ◦ 一次運動的總量。

身體透過恆定性（homeostasis）來自我調控，這個概念告訴我們，身體會嚴格地維持穩定狀態。當運動的過程有對身體施加充分壓力時，透過充足的休息可以使身體適應。然而，因為身體被迫適應這個改變，它就已經對最初運動給的壓力有耐受度，因此若要持續變強，重複相同的訓練是不合邏輯的。重複鍛鍊的重點是什麼？如果身體已經適應這樣的強度，重複同樣的訓練會讓你變得更壯、更強嗎？答案是否定的。相同地，如果你持續進行一樣的訓練——甚至進行一個會造成適應卻無法進步的鍛鍊——就可能會訓練不足。

說訓練不足通常是言過其實，只要針對主要運動的訓練計畫，按部就班地進行漸進增強——利用漸進式負荷的概念，就很難會訓練不足。但是，也可能因訓練的強度或量不夠，而導致訓練不足。訓練不足可能是你沒有朝目標進步的原因，特別是當你只專注於某些項目時。

其中一個針對初學者、最一開始的強度漸進模式——透過體重來線性漸進——是在Mark Rippetoe所著的《Starting Strength》裡建立，這個方案由舉重的動作組成——即深蹲、硬舉、爆發式上膊、推舉及臥推，在一次訓練中搭配固定的組數及次數，線性漸進增加運動的強度，根據次數來增加重量。過程中每次訓練增加新的重量——通常一次為5－10磅——強迫每次訓練都有持續適應，讓肌力及肌肉量可以顯著增加。這種類型的漸進式負荷，對初學者來說是最有效的進步方法之一。

- 星期一：深蹲3×5　45磅
- 星期三：深蹲3×5　55磅
- 星期五：深蹲3×5　65磅
- 星期一：深蹲3×5　75磅
- 星期三：深蹲3×5　85磅
- 星期五：深蹲3×5　95磅

顯而易見的是，在徒手訓練中，無法有效率地透過調整重量來增加訓練強度，除非使用負重背心或沙包，但許多人也限於金錢考量而無法取得這些器材。訓練初期的適應階段會快速發生，但也不至於快到每次訓練都會有完整的水準提升，為此，進步的最佳方式主要應是透過前述的運動量調整：

1. 增加次數。
2. 增加組數。
3. 增加運動總量。

如果你運動時能使用負重背心或滑輪器械，可以有效率地提升徒手訓練難度，相較於強度調整，運動量的調整對於肌力提升的影響略為緩慢。因為目標主要是提升肌力，有一些限制是必需堅持的，例如不能改變重複動作的速度或組間休息的量。另外的限制是，如果你只使用體重漸進，重複次數要在5－15次的範圍裡。額外的限制可能造成做太多組或太多的動作。

有非常多原因可以解釋為何不應該增加初學者訓練量。首先，很多的進階徒手訓練動作與多數人以往學過的動作大不相同，透過這些動作可讓身體習得許多動作模式，但太多的動作模式會讓身體難以有效率地學習。想像你試著一次學會10首鋼琴曲子，而非一次1或2首，這並不是有效率的方式。一般來說，你應該專注於一次學習一點，並在進階前訓練讓他們運作得更有效率。

第二，額外的動作通常需要外加2至3組，甚至是一整套訓練，事實上確實需要額外的壓力才能引起持續的適應，但不意味著需要如此多的額外運動總量。藉由加入額外的訓練來增加外加次數及組數的強度，可能會讓身體無法掌控，而導致過度使用，造成傷害。對初學者而言，少即是多，增加一組或多次的反覆次數，已足夠讓初學者進步到下一程度的訓練。

第三，制定過多的目標通常導致訓練停滯，記住，你不可能完美地同時獲得肌力及耐力，因為這2種適應會發生在重複次數頻譜的不同端。一次著眼於過多訓練目標（額外的訓練通常是個例子）會導致整體訓練質量下降，尤其是你嘗試想要去改善的部分。

壓力、適應、超補償、體適能及疲勞

第一個概念是理解恢復的自然法則，關於訓練及恢復最初的想法是交感及副交感神經系統的概念。在一般人口中，交感神經系統被稱為戰或逃系統；而副交感神經系統則被稱為休息與消化系統。訓練讓神經系統進入類似戰或逃的情況，此時身體正面對會引起適應的壓力，而適應會改進身體的性能，以持續接下來的鍛鍊。另一方面，副交感神經系統是由所有會促進恢復的身體活動所組成，包括（但不限於）：睡眠、飲食及營養、降低壓力（按摩、三溫暖與輕度的運動如走路）、身體活動、冥想、深層呼吸、補充劑等等。

一旦你無法從一個訓練進展到下一個訓練時，若你還想提升能力、變得更強壯的話，就必需考慮更進階的概念，因此，當計畫及組織一個訓練時，很重要的是不只考慮一個單一訓練。當你結束一個單一訓練後，接下來的24－48小時，你執行額外訓練的能力會下降，然而，只要身體有足夠的休息及營養補充，就會發生超補償而使身體變得更加強壯。超補償的概念，是結合少數低

於正常能力訓練而導致的一個反彈效果，這個反彈效果所帶來的進步可能是單一訓練看不到的。

訓練的刺激必需超過某個門檻才會引發好的適應，這代表你做了足夠的努力來避免訓練不足，但也不要過多，才不會造成傷害，使得你一點也沒有獲得超補償的好處。再次強調，少即是多，正確地操作訓練內容以避免訓練不足及訓練過度，這需要訓練、時間及觀察。

首先，訓練造成的正面影響，稱為身體素質提升（fitness）；負面影響則稱為疲勞（fatigue），後者會導致能力被壓抑。如下圖所示，在第一次訓練後過早訓練，意味你會在低於基準線的情況下再次訓練，這代表在後來的訓練中，能力與前一次相比是降低的，在能力下降的情況下訓練，會導致相當程度的疲勞。身體素質提升會立即反應在肌力上，就像你可以同時提高其他神經基礎能力一樣，例如平衡感，然而疲勞會掩蓋身體素質的提升。在肌肥大方面，它的適應稍微緩慢，因為使肌肉量增加的蛋白質合成過程，在訓練後約需48－72小時的時間。

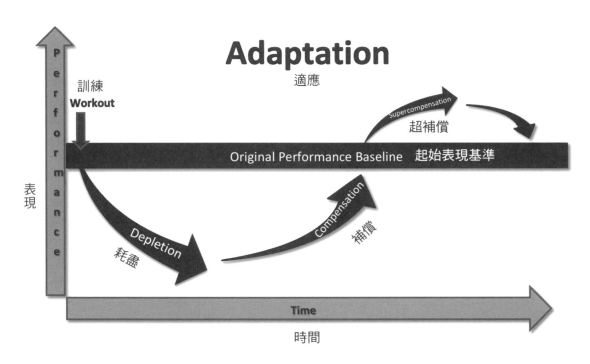

同樣地，一旦你增加訓練的頻率或總量超過某個程度，就有可能會造成一種情況，即在疲勞還未消失前就進行下一次的訓練，而這種情況接下來也會一直重複發生。有趣的是，即使疲勞累積，你仍可以看到肌力及／或肌肉量的進步，甚至可能會顯著提升，然而最後你必然會面臨進展停滯，並進入高原期。當疲勞累積等同於獲益時，相當於訓練已經到達高原期。掌握進展停滯的時間點，是衡量疲勞超越身體素質提升及超補償適應（儘管有疲勞但仍可持續進步）的一個很好的標準。

為了消除累積的疲勞，你確實應該去做在疲勞時想要做的事——休息。在初學者2次訓練間的休息時間通常為1天，休息有很多種形式，從訓練中的休息、做技術訓練，到簡單地降低運動強

度、反覆次數、組數等等。身體素質提升與疲勞在傳統模型裡是交替出現的，稱為「雙重因素」理論，在理解它有什麼不同之前，讓我們先來討論其他因素。

對初學者來說，如果想要在下次訓練中看到足夠的超恢復效應，48－72小時是一次訓練後最佳的恢復時間。如同先前所提到的，許多初學者的訓練計畫初期會採用1週3次的模式，這樣兩次訓練間會有48小時，而第3次訓練會有72小時的休息。

然而這並非增強肌力最快速的方法，回想一下，肌力包含2個元素——神經適應及肌肉適應，身體可以藉由反覆強迫自己適應訓練來抵禦壓力，這就是為何職業運動員幾乎天天訓練——有時甚至一天多次——卻不會疲痛的原因。在高級程度裡，訓練的頻率是獲得肌力最重要的因素。你可能聽過肌力是一種技術這種說法，一次又一次地重複某個動作並增加負荷，會使肌力增進，這就是為何如果你想增進肌力，就應該避免做太多種訓練的原因。

即使在某些肌肉大小上，身體會有異常能力來增進神經功能。舉例來說，奧林匹克舉重的69公斤級可以舉起驚人的重量，在這個級別最近的世界紀錄是抓舉165公斤、挺舉198公斤，這些動作意味著將那些重量的槓鈴，分別在1或2個動作中從地板移動到過頭的高度。這個例子告訴我們，變得很強壯並不一定要變得很重。

獲得肌力的最佳方法是增進神經適應，但與肌肉質量比較，相對於神經系統適應的潛力卻比較慢。如果你還記得泳池的比喻，神經系統的「泳池」會比肌肉慢填滿。原因是，當你舉大重量以及如饑荒來臨般積極進食，可以確實地「強迫」身體增加肌肉量，但神經系統無法。為了克服神經學的瓶頸，通常建議1週訓練多於3次，對多數進階運動員，這意味著少數訓練要降低強度，而非每次都將自己往前推進。這個方式可以讓你更快速地改善能力，但若訓練強度過高或降低訓練量失衡，就更有可能衰竭。

訓練時身體素質提升及疲勞對肌力增進的交互作用，是你在進入中、高級訓練後必需將訓練週期化的原因。

基本週期化與訓練間結構

週期化（periodization）的概念於1950到1970年代由Soviet Union的科學家們首創，他們的目標是主宰競技運動，而週期化是他們選擇的方法。運動中的週期化是在組織訓練時，藉由漸進式交替多種面向（例如頻率、強度、量、重複次數等）來增進身體能力，是一個在一段時間內包含多種訓練的計畫。典型的Soviet週期化包含3個部分：小週期、中週期、大週期。

小週期通常為約1週的訓練，一般來說會針對某種想專注的屬性來設計。在以前的Soviet模型裡，有使用4種小週期：準備期、肌肥大期、最大肌力期、爆發力期。

　　一個中週期是4到8個小週期的結合，小週期的數量取決於訓練計畫中包含多少階段。在上面提到的小週期裡，Soviet系統的原型包含1到2個準備期、1個肌肥大期、1個最大肌力期跟1個爆發力期，這些小週期為了消除疲勞，通常伴隨著1週的減量或休息。因此，一般中週期的長度有6週。

　　一個大週期是許多中週期的結合，訓練通常會規劃讓運動員可以在完成最後一階段的中週期時接近比賽時間，因為運動員會持續努力鍛鍊到比賽當天，使自己變得更強壯。但這個方法允許他們有足夠的休息來消除過多的疲勞，使他們能夠在比賽時到達巔峰狀態，而能舉起超越先前個人紀錄的重量。一個包含24週的「大週期」如下：

　　　　　　　　　　小週期——1週（準備）

　　　　　　　　　　小週期——1週（準備）

中週期　　　　　　小週期——1週（肌肥大）

　　　　　　　　　　小週期——1週（肌肥大）

　　　　　　　　　　小週期——1週（肌力）

　　　　　　　　　　　　　減量／休息週

　　　　　　　　　　小週期——1週（準備）

　　　　　　　　　　小週期——1週（肌肥大）

中週期　　　　　　小週期——1週（肌肥大）

　　　　　　　　　　小週期——1週（肌力）

　　　　　　　　　　小週期——1週（肌力）

　　　　　　　　　　　　　減量／休息週

　　　　　　　　　　小週期——1週（準備）

　　　　　　　　　　小週期——1週（肌肥大）

中週期　　　　　　小週期——1週（肌力）

　　　　　　　　　　小週期——1週（肌力）

　　　　　　　　　　小週期——1週（爆發力）

　　　　　　　　　　　　　減量／休息週

　　　　　　　　　　小週期——1週（準備）

　　　　　　　　　　小週期——1週（肌肥大）

中週期　　　　　　小週期——1週（肌力）

　　　　　　　　　　小週期——1週（爆發力）

　　　　　　　　　　小週期——1週（爆發力）

　　　　　　　　　　　　　減量／休息週

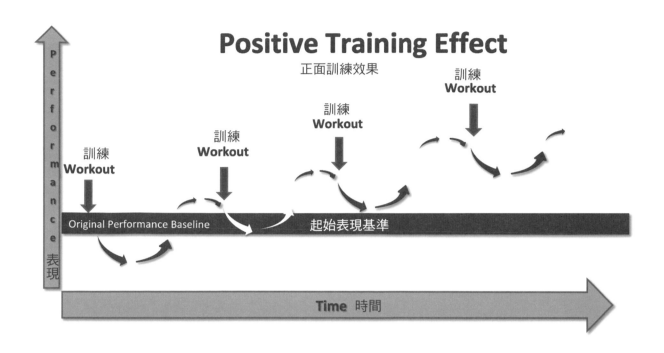

注意每個中週期都強調不同的特性，需依據特定目標而訂。像此例子中的第一個中週期強調準備、肌肥大及最大肌力，而最後一個中週期則更專注於最大肌力及爆發力。不同期代表運動強度的變化，就一個中週期的具體「屬性」而言，Soviet模型的描述如下：

- 準備期傾向在一個休息週後緩慢地增加運動量及強度。在1週的減量後，準備期是進入鍛鍊前一個基礎的「坡道」。
- 肌肥大期偏向60－80% 1RM（約5－12次）。
- 最大肌力期偏向80－100% 1RM（約1－8次）。
- 最大肌力期傾向利用較輕的重量——約40－60% 1RM（約3－6次）——並單純強調加速。

有許多其他種類的訓練專注於特殊的屬性，像來自西式槓鈴體系（Westside Barbell）的動態訓練法（Dynamic Effort，DE）。動態訓練法又稱為速度訓練（speed work），是用40－60%1RM的重量，再加上額外可提供阻力的鏈條、彈力帶或其他重量約25－30%1RM的物件。速度訓練的重點在於用較輕的重量，盡可能加快槓鈴的移動速度。附加的阻力是用以維持技巧點或減輕重量，使動作較容易控制。

我們要如何去應用這個訓練結構？運用1週的小週期計畫對多數人來說非常便利，因為世界上絕大多數的訓練規劃都是以1週為單位，因此任何中級或進階的計畫一般都會設計為1週7天。再來，小週期最重要的課題是必需考慮到整週的總運動量，而非單一訓練之間。記住，當你變得更強壯時，身體對壓力的抵抗也就更高，因此要迫使身體達到理想的適應效果會更加困難，所以專

注力必需從訓練之間轉移到整週的模式。這聽起來似乎違反常理，除非你能夠理解，一旦你超越初級的肌力水準，就很容易陷入長時間的訓練高原期。你可能會發現有些人持續上了健身房1年，卻仍在使用相同的重量，甚至身形看起來也沒有改變，代表這個人還沒有學會如何用漸近式負荷來規劃他的訓練，而漸近式負荷可以幫助他持續地進步。

當你變得足夠強壯後，可將訓練計畫換成以雙週或月為單位，頂尖的運動員利用年度的計畫來達成目標，而奧林匹克運動員則使用4年的計畫。這就是增加訓練設計複雜度的意義，會發生在當你變強壯或進入中級跟高級程度時。這需要花費多年持續努力，所以剛開始徒手訓練的一般人並不需要擔心這個問題，反而中週期才是初級訓練計畫的主要部分。一般來說，中週期應該是4到8週之間的任何時間長度，依據你何時到達高原期或感覺十分疲憊來決定，此時的中週期長度足以讓身體適應並變得更強壯。在你完成一個中週期後，通常會安排一個休息週，用以消除額外的疲勞、讓任何痠痛及疼痛消失、規劃預防訓練或復健來完全地恢復、提升目標、計畫或規劃，以及在下一個中週期開始前好好休息。

休息週在身體素質的提升中極為重要，如果你從未恰當地利用休息週，你可能並沒有進步得如訓練計畫規劃的那麼多，除非你直覺的知道如何有效率地訓練。保守估計做徒手訓練的人只有約一成知道如何正確地利用休息週，因此如果渴望能持續地提升自己，就需要學習減量及休息週的概念。

有幾本書完整介紹週期化，而本書只快速地摘錄其中的概念。這裡有3本特別推薦的書籍：Mel Siff撰寫的《Supertraining》是專業書籍，而另外兩本為Vladimir Zatsiorsky的《Science amd Practice of Strength Training》，以及Tudor Bompa的《Periodization: Theory and Methodology of Training》。

歸因於訓練

在小週期中的「期」是重要的，因為他們能發展特殊的屬性，可應用的並非僅有準備、肌肥大、最大肌力、爆發力及耐力，同時也有其他面向的訓練。所以重要的是要知道訓練計畫是由很多部分組成，而這些部分都是互相連結的。

以下有幾個主要的問題，是這個部分在提到規劃訓練時會去處理的：

- 我能每天做這個動作嗎？
- 我能在休息日時做這個動作嗎？
- 我能配合訓練計畫來做這個動作嗎？

在理解如何規劃訓練前，必需知道，構成訓練計畫的不同概念會如何影響你執行訓練的能力。每個放入訓練計畫中的動作都應該要有個目的，而那個目的可以被分類為特殊的訓練屬性。

　　以下簡短列出例行運動訓練的特性，如：最大肌力、肌肥大、耐力、心血管功能、活動度、柔軟度、穩定性、技術等等，其實還有更多，而他們可以被分類成許多方法。Jim Cawley跟Bruce Evans所著的《*Dynamax*》中列出10種身體發展的生理機能，為現今遍及各處的綜合訓練（CrossFit）在其風行前所採用，其中包含心血管／呼吸系統耐力（有氧耐力）、無氧耐力、肌力、柔軟度、爆發力、速度、協調、敏捷、平衡及精準度。

　　本書專注規劃訓練的計畫是——致力於增進最大肌力及肌肥大。一般會用增進肌力及肌肥大的訓練，當作增進力量的進程，像是等長收縮動作（俄挺、前槓桿、後槓桿）及全方位動作（伏地挺身、撐體、手倒立伏地挺身、划船、引體向上）。

　　在訓練中3個主要的元素是最大肌力、肌肥大及耐力，主要依照組中重複次數的強度來區分這些屬性，即單組內重複多少次。

- **最大肌力**（Strength）：主要落於1－8RM的範圍，最好執行到接近力竭（但非達到力竭的訓練）並有3分鐘休息時間。
- **肌肥大**（Hypertrophy）：主要落於5－15＋RM的範圍，最好執行力竭訓練並有1－3分鐘休息時間。
- **耐力**（Endurance）：主要落於15－20＋RM的範圍，最好執行力竭訓練，並預留30－90秒休息時間。

　　其他屬性的訓練內容大多迥然相異。例如，心血管耐力的訓練藉由設定運動強度來鍛鍊，但強度卻總是決定了進行多數非訓練特殊屬性的頻率，讓我們以跑步為例（但這也可以應用在騎單車、游泳及其他耐力相關的活動上），你要在肌力及肌肥大期後規劃心血管因素的訓練：

- **恢復**（Recovery）：輕量訓練，用以促進血液循環，在結束一個會議後流點小汗讓自己的身體感覺比運動前舒暢，可以每天做。
- **中強度**（Moderate）：如果你正在執行一個中強度的心血管運動，其目的並非訓練心血管功能（而是為了身體健康），可以被放入休息日。
- **高強度或有訓練目的**（High or Workout-Focused）：如果你為了在競賽中跑得更遠、更快或更久，而訓練心血管功能，這類型的訓練可能有專屬的規劃，並可能會取代訓練規劃中的最大肌力、肌肥大或耐力等屬性。

　　在這邊需要了解的是，幾乎任何用來訓練特殊屬性的高強度訓練，都會減損恢復並影響其他部分的訓練，因此回答「我能每天做這個訓練嗎？」的答案非常多樣，以下的例子能幫助理解。

　　柔軟度訓練奇怪的一點是技術上它可以每天進行，但卻同樣地會干擾規劃。這是因為柔軟度訓練為離心運動，當身體的肌肉拉長時，肌肉會因神經系統控制其收縮而使被動張力加速上升，

讓肌肉不會呈現危險的姿勢。因此柔軟度可以經常訓練，但你必需將整個訓練規劃的內容考慮進去，如果你已經放入很多腿部訓練，那再加太多腿的柔軟度訓練就不是個好主意，因為伸展導致的痠痛或疲勞可能會影響你執行動作的能力。

活動度是其中一個可以每天訓練的項目，包含讓肌肉進行全範圍的活動（主動或被動）。它不適用於改進任何的屬性，但如果追求良好的健康，每天做活動度訓練可以幫助保持好的身體活動範圍，以及確保關節在正確的位置運作而沒有僵化。這對老年人來說非常重要，因為隨年齡增長，活動度及肌力的喪失與死亡率的上升息息相關。

技術訓練取決於技術的強度。如前所述，手倒立對初學者來說，初期可能是肌力訓練，所以為一部分的訓練內容，不過，一旦平衡感成為訓練的優先目的，同時較少著重肌力時，就可以提高手倒立的練習頻率。技術訓練若是專注於平衡，則可以每天訓練，而等長收縮動作則非總歸於技術訓練，例如俄挺、後槓桿及前槓桿絕非訓練平衡而是肌力。

我們不會深入探討其他的運動屬性，如穩定性，你應該能從前述的說明中強烈地意識到一些概念，但還是要靠自己找到屬於你的方式。發展如規劃訓練內容、設計計畫的思考技能，對於學習如何有效率地訓練非常重要。下列的思考方式，可以有助於特定運動訓練特性的分類及分級：

- **訓練要素**：一週當中通常執行2到4次，因為在每次高強度訓練、力竭、或其他高運動量的訓練後，都需要明顯的恢復期。一般來說，只有擁有豐富訓練計畫設計經驗的人，才能超越這個頻率。
- **恢復及優化要素**：一週中可以進行3到無限次，透過動作、軟組織訓練或可以幫助血液流動的低強度運動，來促進身體修復。在這個分類中的項目，都應該要能讓你感覺比進行前好，並且不能損害接下來要進行的訓練，包括輕度的柔軟度運動、恢復式慢跑及走路、活動度運動、輕度技術訓練等等。
- **復健要素**：復健及預防訓練很特別，這邊主要需理解的是，強化肌力是復健的重要環節，但並非主要強調的部分。一般來說，當一個組織正處於受傷狀態時，你想要進行一套由低強度漸進展到高強度的訓練，就要在正常訓練後針對要預防或復健的身體部位，進行低強度、高反覆次數的額外訓練，當然這也可以在休息日時進行。

在第一版的《超越重力》中並沒有強調，但從這個段落裡你要帶走的主要觀念是「所有事都能成為依據」，你選擇的例行訓練範本型式，不會限制你因訓練不同特性而設定的目標數量。提到總體目標，你選擇的訓練類型範本只會和你主要想要訓練的屬性有關，這些屬性包含肌力、肌肥大及耐力，而技術、柔軟度、活動度、預防訓練、復健等等，通常較容易隨著計畫而鍛鍊，且可以在休息日時訓練，所以能有彈性地放入計畫當中。許多運動員及教練在一個無法允許過多彈性的範本下，會感到備受限制。

基礎的訓練階層

當你要建構一個訓練時，遵循幾個簡單的規則，可以讓你最大化單次訓練所能訓練到的「能力」。

如果你有一系列的目標需要完成，你會如何排序他們來最大化能力，以及提升接續的訓練表現？

接下來的部分針對這個問題來回答，列出一個1週執行3次的全身訓練，再來我們會專注於建構一個建立於此基礎上的訓練內容。

1. 暖身及活動度
2. 技術或技巧訓練（手倒立、空翻、體操翻滾、地板舞等等）
3. 爆發力、等長收縮、離心收縮、一般肌力訓練
4. 耐力、代謝適應、Tabata、間歇訓練、特殊運動等
5. 預防訓練、柔軟度、緩和

以上為建構一個訓練內容的5個主要類別，因為本書主要是學習如何變強壯，所以肌力訓練的部分會介紹得較為深入，但我們也會討論到其他的類別如何和肌力類別交互作用，以及他們在運動內容中如何被使用。你可以學習這些原理，在訓練中執行他們，並針對運動員情況概略地應用肌力與體能訓練原理。記住，並非所有上面提到的項目都必需包含在訓練中，也不是所有的項目都要在同一天執行。

「如何制定訓練計畫？」最好的介紹方式是透過實例說明，所以這裡提供一個在徒手訓練進度表中約為級數3－4的基礎初級訓練計畫。這個例子說明如何根據有效性設計例行訓練內容，其中包含的其他徒手訓練概念，是來自我的體操教練、Roger Harrell、Blair Lowe、Jim Bathurst、Ido Portal等人。如果你是Reddit（美國知名論壇）的狂熱分子，你可能知道這類似於/r/bodyweightfitness中的初級訓練計畫，Phi成功地舉起了很重的重量，而我負責訓練內容的建構，會對所有青少年及贊助者發布，內容包含：Phi、phrakture、SM、m092、iscg、antranik、kayetech跟Solfire。

讓我們以體操作為例子，畢竟它是這本書的根基，但這些概念同樣地也可以幫助千千萬萬的運動員，從跑酷／自由奔跑、攀登、地板舞、武術、游泳到其他承受自身體重的運動及不需承受自身體重的運動。

目標

10次	不倚牆手倒立
5次	硬拉上
5次	俄式撐體
5次	前槓桿
10次	單腳深蹲
10次	垂直V字
5次	十字懸垂

（以上為隨意挑選的例子）

暖身

1. 血流：10－20次波比動作（Burpees，或稱俯臥撐屈體縱身跳）；60秒爬行（或距離變化，例100公尺）
2. 活動度：各15次手腕繞圓、肩部繞圓、空蹲及其他需要被活動的身體部位或關節；60秒支撐（雙槓、吊環或椅子／圓盤）；5次貓式懸垂／德式懸垂
3. 姿勢訓練：各30－60秒棒式、側棒式、反向棒式、核心收縮（Hollow、Arch Holds）

（組織依據：動作分類、重複次數、動作類型）

技術訓練

5－10分鐘對牆手倒立

肌力訓練

引體向上：3組5次→15次間隔休息3分鐘，用10×0的節奏

撐體：3組5次→15次間隔休息3分鐘，用10×0的節奏

開臂吊環划船：3組5次→15次間隔休息3分鐘，用10×0的節奏

吊環伏地挺身：3組5次→15次間隔休息3分鐘，用10×0的節奏

深蹲（姿勢漸進／槓鈴加重）：3組5次→15次間隔休息3分鐘，用10×0的節奏

高強度登階：3組5次→15次間隔休息3分鐘，用10×0的節奏

60秒L型撐體：數量依照需求，不要做到力竭

核心內夾訓練：3組10秒

（組織依據：動作、動作順序、依據漸進式原則的組數×次數、休息時間、節奏）

預防訓練、分離訓練、柔軟度訓練及緩和運動

3×1分鐘針對手腕的掏米訓練

3×10次二頭肌屈舉

3－5×30秒前後劈腿

3－5×30秒German Holds（單槓動作）

3－5×20秒橋型

1分鐘深呼吸（鼻子吸入嘴巴吐出）

停止閱讀，開始行動

1. 寫下任何你想學會的技術動作，同時開始思考何種類型的動作是你渴望放入訓練中的，以及你要如何運用前述的資訊將他們排進訓練計畫裡。

2. 寫下舊傷及過去曾困擾你的關節、肌肉或肌腱，同時寫下你曾做過什麼復健或預防訓練來處理這些傷害。

3. 我們會思考如何將所有因素整合進訓練計畫，並避免任何禁忌動作出現在後續的訓練中。

4. 評估軟組織的狀況，透過手去按摩軟組織及確認肌群、肌腱或關節周邊的緊繃程度、激痛點、其他活動限制或慢性問題，並記錄下來。

5. 此外，確認並提升柔軟度及活動度，主要需要確認的部位有手腕、手肘、肩部、腿的開度及前彎的程度。

接下來將精心製作的記錄跟技術及進度表連結，選擇對應目標的訓練並考慮以下幾點事項：

• 任何2到7個你正在進行的基礎訓練，都至少要比能力低1到2個級數，這會是訓練的最佳方式，使你不會顯著地感到疲勞。

• 要選擇動作來漸進式地訓練任何推跟拉的目標，一般來説，1到2個目標需要設計2到3個訓練來進行。

• 你選的訓練動作必需避開任何受傷部位，例如，你應該選擇不會惡化傷害的運動。同樣地，如果你正在訓練受傷部位周邊的區域，則必需包含預防訓練或復健來促進復健進程，才不至於一直未痊癒。

• 好的柔軟度為許多進階的徒手訓練之肌力進展中所必備，大量的髖關節及肩關節柔軟度訓練，是沒有柔軟度訓練背景的運動員所需要的。

• 組合暖身、技術發展及活動度運動再開始，肌力訓練（最大肌力、爆發力）在中間，用緩和運動、柔軟度訓練及復健做結尾。

• 現在開始，根據目標或想要訓練的部位來安排訓練計畫。

Chapter 5　摘要

制定訓練計畫、屬性及層級介紹

基礎知識

規劃是透過改變強度、運動量及頻率來改變訓練計畫，形成漸進式負荷，初學者通常以增加反覆次數、組數或動作數量來進行。

一旦你更加進階，很重要的是必需理解隱藏在訓練計畫表面下的影響，這就是為何了解1週計畫中壓力及適應所帶來的整體效果如此重要，特別是知道訓練會影響身體素質提升及疲勞，如此可以規劃運用超補償來提升能力。

屬性訓練的概念是了解一個訓練如何運作，所以你可以隨時依照需求調整他們。例如，除了肌力與肌肥大訓練外，還有柔軟度、活動度、技術及其他可以放入訓練中的元素，屬性訓練讓你知道，有些東西並非一定要單獨出現在訓練中，而是可以在1週內出現好幾次。

最後，一個訓練計畫的基本要件如下：

- 目標
- 暖身：血液流動、活動度、姿勢訓練
- 技術訓練：運動專項技術或手倒立的發展
- 肌力訓練：跟隨著其他訓練，例如耐力或其他交叉訓練
- 預防訓練、分離訓練、柔軟度訓練及緩和運動

暖身由低強度運動組成，目標是提升核心溫度，讓神經系統跟肌肉能完整地運作。此外，如有助於接下來的訓練，則會加入一些預防訓練、活動度訓練或伸展。

如果受限於時間，技術發展可以合併到暖身當中，強調低強度但需大量技術的訓練。

肌力訓練包含爆發力、離心、等長收縮及動態動作，這些內容是訓練的核心，幫助你朝著目標前進，如果需要的話可以加入其他訓練。

緩和運動期由預防及復健訓練組成，還有分離訓練（用以改善特定傷害狀況或避免惡化）。相同地，移動性及柔軟度訓練也常常規劃在緩和運動中，當神經系統與肌肉因訓練而疲勞後，身體會更有反應。

應用

　　查看你的分類目標，以此範本來設計例行訓練。在下一個部分，我們會複習如何整合特定要素到你第一個執行的訓練計畫中。

CHAPTER 6

族群考慮

POPULATION CONSIDERATIONS

了解族群

族群間的不同是個值得探索的概念,因為它將影響你如何訓練你自己或運動員。我們先前已經討論過初級、中級、高級運動員的族群間不同,在這個章節,我們將探討另外4種不同的類別,來區別徒手訓練的群眾。以下是不同類型的族群:

- 重視坐式生活者與有身體活動者的訓練之差異。
- 重視年輕人與老年人的訓練之差異。
- 強調以運動作為競技表現,以及因其他理由而訓練之間的訓練差異。
- 強調傷害與從傷害中恢復的考量。

這些分類並非各自獨立,所以你可能會發現你或你訓練的運動員同時屬於多種分類,制定運動訓練計畫的考慮要素,是必需確保訓練安全、漸進且能處理任何訓練中發生的問題。

坐式生活者 VS. 身體活動者

坐式生活者與身體活動者進行徒手訓練的方式有所不同,為了了解這兩個族群間的差異,讓我們來定義一下。坐式生活者可以被區分為2類,而身體活動者可以被分成5類。

坐式生活者

- 純粹的坐式生活者
- 曾經規律運動的坐式生活者

身體活動者

- 無負擔額外重量的身體活動者
- 有負擔重量的身體活動者
- 體重運動者
- 準備徒手訓練者
- 專項運動者

這些不同類型的人基於不同原因投入徒手訓練，讓我們列出一些考慮要素的普遍原則，以協助客戶設計訓練計畫，這是為了確保在過度使用造成傷害前有適當的緩衝，我們將會在訓練歷史（特別是徒手訓練）的基礎上，紮實地介紹徒手訓練。

純粹的坐式生活者是指從未運動過的族群。這裡有2個因素需要考慮，首先，你必需緩慢地開始，因為純粹的坐式生活者肢體動作及肢體意識通常不佳，若進展太快可能導致受傷。此類型的人應該要特別花時間學習正確的動作姿勢，這意味著要降低動作的節奏，甚至在動作稍微失去正確排列的情況下，完全不增加強度。

第二點，因為他們從未適應過運動，所以身體在執行動作的同時必需重新適應，這代表從較簡單、重複次數多的運動開始，對純粹坐式生活者是較好的，這會讓他們能夠掌握運動技巧、增進血流及減少結締組織適應緩慢的壓力。較高的運動強度會較快獲得肌力及肌肉，可是一旦關節及結締組織尚未準備好，就可能導致過度使用之傷害，當你探討越多族群時，會發現這是一個進行徒手訓練常見的門檻。

多數的純粹坐式生活者會從《超越重力》進度表中的0－4級開始，雖然大多落在0－2級的範圍。給這個族群的總建議是從一組5次開始到一組12－20次。專注於技巧，而非只是快速的移動。在幾個月的高反覆次數訓練後，可逐漸進展到不需使用高反覆次數。

如果有人過重或肥胖，也請將他們列入這個族群裡。在這種情況下，需要優先控制健康飲食及攝取較低的卡路里來減輕體重，除了強度漸進（透過進度表）比其他更進階類型的族群還要慢之外，這些過重或肥胖的人通常帶有全身的慢性發炎，這對減重與運動後恢復有負面影響。因此，採取緩慢的漸進式運動會大幅地減少關節及結締組織的負擔，降低過度使用的風險。

曾經規律運動的坐式生活者包含從事不同運動的廣大運動人口，職業與業餘運動員都屬這個類別，曾經規律運動但後來變坐式生活者，代表至少已經3個月或更長的時間沒有規律活動。運動屬性如耐力會在3到5天不運動後開始下降，而肌力則是5到7天後，當然這個數值取決於許多因素，像是訓練的持續時間及是否曾經不自量力或過度訓練（可能引起代價）。但是，3個月不運動所有的能力皆會顯著下降。

　　針對曾經規律運動的族群，第一個我們需要放在心上的要素是——他們的心志可以經得起艱苦訓練，他們的訓練紀律值得讚許，而且對於長時間運動有所好處。然而回歸運動的前幾個月對他們來說是最危險的，因為他們曾經激烈地訓練，而且身體曾適應過運動，所以在一開始他們會進展神速，不過若短時間內做過多的訓練，會讓他們極度疲痛，甚至可能發展為橫紋肌溶解症（如果某種運動類型的強度提升得太快）。你可能會偶爾會在激烈的運動如綜合體能訓練（Cross-Fit）從事人口中看見，甚至體能訓練中如果放入過多的運動量也有可能發生。如果你感覺到大量的疲痛伴隨著局部的腫脹或水腫、肢體活動範圍的縮減及尿液呈現褐色，應該毫不猶豫地直接前往急診室，畢竟橫紋肌溶解症是攸關生命的情況。疲痛伴隨明顯的腫脹及肢體活動範圍下降，但沒有褐色尿液，則代表訓練過度激烈但不到引起橫紋肌溶解症，如果上述任何症狀發生，就需要去諮詢合格的醫師，因為任何刺激都可能讓你的力量流失，此時就必需緩慢地減輕訓練計畫中的刺激。針對這個曾規律運動的族群，起初的3到4個禮拜應該好好地控制他們的運動計畫。

　　第二個要注意的要素是——結締組織的完整性。這個族群通常擁有肌腱和其他結締組織受傷的風險，因為他們的肌力及肌肉量會回復得非常快速，導致訓練進展過快，但結締組織的肌力及完整性卻落後。觀察結締組織損害的徵兆對這個族群的人來說極為重要，像是身心理的疼痛及肌腱、骨頭、關節所產生的不舒適感。當上述的症狀發生時，最好停止當下引起不適的運動，轉而進行較慢的進程，及15－20次（如果無法更多）較多反覆次數的非耗竭運動。較高的反覆次數幫助血液流至需要療傷的結締組織周圍，但若在較慢的漸進中重複較高的反覆次數而造成情況惡化，則最好完全停止漸進並加入預防的訓練（使用隔離訓練及不會造成疼痛的活動度訓練）來保持受影響的區域活動性。如果運動員正確地聽從身體的警訊，許多情形都能在1或2週內解決，然後運動員就能緩慢地開始進行至少12－15反覆次數的訓練，幫助其往上漸進而非停留在低運動量。

　　無負擔額外重量的身體活動者是指那些從事如跑步、游泳、自行車競賽或休閒運動的人，以及其他無負擔額外重量或沒有進行徒手訓練的運動人士。多數來說，針對曾規律運動的坐式生活者所提出的考慮要素也適用於這個族群，無負擔額外重量的身體活動者起初因為身體活動程度的關係，也會有進展快速但沒有受傷的錯覺，然而此族群並無習慣從事任何類型的肌力訓練，卻有驅動自己積極活動的動力，使得他們可能會更快地比起純粹的坐式生活者招致結締組織的傷害。同樣建議這個族群應該持續注意身體給自己的回應。

　　針對這個族群的其他考慮要素可能是訓練的頻率，如果此族群中某人習慣1週跑步6次或1週中從事其他運動3到4次，就有可能影響訓練計畫。舉例來說，他們的身體習慣高程度的活動，所以可以在當下恢復，但若加入每週3次的額外徒手訓練，身體可能無法如預期般的恢復，特別是當他們的恢復時間已經無法再增加時。這是第一個可能需要在1週進行多少運動及幾次徒手訓練之間取得平衡的族群，針對此族群的活動計畫從1週做2次訓練及減少1至2天其他運動開始，2週後再重新提升會產生疲勞的級數及訓練進展，如果你認為身體可以承受，可以馬上或稍後加入其他的訓練。

　　這個族群好的一點是，他們一般來說都富有動機及自律性，教練可以利用這點教導正確的技巧，並在需要時使用較高的重複次數來促進動作模式及確認有好的肌力。這個族群的肌力訓練可以用來矯正訓練造成的不平衡，例如，攀岩者的拉動作肌群及背部肌群的發展較前方肌群過度，像是胸，因此需要利用推的動作來平衡肌群，如伏地挺身及撐體，在他們的自律性下可以有效率地確保進展快速且安全。任何運動都可能在過度強調某特殊區域的肌力、耐力、活動度或柔軟度的情況下，犧牲其他部分的能力。

　　有負擔重量的身體活動者是指曾有在體育場所重量訓練的經驗。重訓資歷為1個月、1年及10年有必要納入考慮，訓練得越久，身體適應就越有組織性，其中部分會轉移到徒手訓練上。依據我們的目的，如果你持續鍛鍊6個月至1年，會被歸類為這個族群。

　　有負擔重量的身體活動者可以毫無意外地轉移到徒手訓練中，這種運動類型的族群應該擔心的是直臂肌力動作，包含等長收縮動作，如俄挺、前槓桿、後槓桿等，還有直臂慢舉手倒立。因為這個族群本身擁有正確的肌力，所以多數動作對他們來說是容易的，而結締組織的強度也不是問題。然而，直臂的動作因為強度進展過快，會造成一定程度的不良影響，所以必需在進行訓練時持續監督他們的身體狀況，特別要注意關節、肌腱及韌帶周圍有無發生疼痛、痠痛、刺痛或發出聲響等症狀。

　　依據此族群先前的訓練狀況，可能會有身體不平衡的情況發生（如主要訓練海灘肌肉），因此辨識及矯正任何不平衡是重要的事。多數時候，在《超越重力》的進度表中，推類型動作程度比起拉類型動作會大約相同或高1階，如果彼此之間相差2階以上，就代表有地方需要改善。

　　體重運動者是指練過徒手訓練的人，例如，練過一般的徒手訓練動作，像是伏地挺身、撐體、手倒立伏地挺身、引體向上、划船、深蹲、單腳深蹲等，且至少持續6個月，此族群的人也可能經歷過更高級的動作，如單臂的伏地挺身、引體向上或深蹲的變化型。

　　徒手訓練者主要會遇到的問題是，他們很難堅持為他們規劃的訓練。多數這個族群的運動員，是先前專注於耐力訓練或對於自己的訓練組織毫無計畫、想到什麼動作就做的人，他們的訓練建立在高反覆次數上，並利用高組數讓自己力竭，但這並非肌力訓練的思維，他們之所以會難以持續徒手訓練計畫，是因為他們覺得徒手訓練並沒有明顯成效。

　　準備徒手訓練者是指經歷過多數直臂的等速收縮肌力動作的人，一般來說，這個族群包含已經開始進行有組織性的徒手訓練者，像是體操運動員、b-boy、跑酷運動員等等。

　　這個族群主要會遇到的問題是連貫性，事實上這是件好事，但若遇到任何過度使用的傷害時，他們並不會想要用減少訓練來照顧他們的身體，這時就是件壞事了。特別是那些需要徒手訓練的運動項目運動員，會同樣會忽視傷病持續鍛鍊，以免自己的進度落後。忽略傷害或即將受傷的徵兆，如疼痛、刺痛及關節或結締組織的痠痛，會是發展為長期損害的禍因。針對這個族群，

必需正確地安排未來時間規劃，使他們可以全面地恢復健康並持續往下一個階段訓練。

一般來說，體重運動者及準備徒手訓練者都已經適應徒手訓練，他們必需關心的是持續肌力訓練，並且能夠察覺出現在身上的問題。

專項運動者是指從事運動競技項目的人，他們可能有或沒有進行過徒手或附加重量的肌力訓練。這種族群最好能個案處理；如果你有看到任何形式的肌力動作、體能動作或旁人建議的額外活動，最好諮詢你的教練。

有些項目——如足球及籃球——較傾向重量訓練，這樣較適合參考有負擔重量的身體活動者。而在其他項目如摔角、體操或軍方可能會更廣泛地運用徒手訓練，這樣就應該參考體重運動者的部分。這個章節你應該要理解的概念並不是這些族群之間有多大的差異，而是這些族群需要更加關注他們如何運用時間來進行訓練及恢復。如果運動員正專注於訓練一個運動項目，必需注意肌力、體能及專項訓練之間的平衡，這些會在稍後於交叉訓練的章節中討論。

年輕 VS. 老年

年輕族群及老年族群之間最主要的差異是恢復能力下降，而恢復能力可以處理慢性的問題，如柔軟度及活動度的下降、先前的慢性傷害、過重或肥胖、疾病狀況（糖尿病或高血壓）、動作品質的下降或無法做出特定動作，以及其他的功能性限制。針對這個族群，訓練前的身體準備是關鍵，特別是當他們無法正確地執行動作技巧時，就會需要調整訓練的結構。

過去曾經風行體適能界的觀念是：訓練前不應該做靜態伸展，因為會造成肌力訓練時肌肉收縮的最大能力下降。然而如果靜態伸展能夠獲得訓練所需的活動度，對於執行正確動作或技巧有困難的運動員來說，就會是有益的。一般來說，在組織訓練計畫時，強調執行動作的安全性是件好事。

老年人的身體在所有的運動方面，都會自然地有較差的執行效率，這個情況可以透過熱身得到一定程度的緩解。花費10到15分鐘進行熱身，視情況還需加上歲數除以4的分鐘數，才能夠確保有足夠的時間使身體能更適應接下來的運動，同時降低受傷的風險。不同年齡族群的熱身時間如下：

- 20多歲：10＋（20／4）＝15分鐘
- 40多歲：10＋（40／4）＝20分鐘
- 60多歲：10＋（60／4）＝25分鐘

針對較年輕的運動員——特別是那些個位歲數的小孩——主要顧慮是較差的協調，因為神經路徑發展尚未完全。這個族群也會傾向隱瞞他們的技巧不足，來追求更多的反覆次數，因為他們認為做越多越好，而且自己所向無敵，顯然這對於要進行更高級的徒手訓練是不安全的，因為這

個階段的技術極為重要。如果你是個教練或監督孩童訓練的人，規劃遊戲是個好辦法，將孩子們兩兩分組並告訴他們什麼不能做，孩子就會指出其他小孩做錯的地方，使他們遵守規矩，這讓你可以進行組織的雙重確認。要好好利用資源來創造優勢。

老人家們在柔軟度及活動度上有所限制，所以通常需要增加這方面的訓練，並同時因為能力下降的關係要減少肌力訓練。可預見的是，活動度與柔軟度的部分可能要看得比肌力的部分還長遠，因為一個好的動作模式及肢體活動範圍的基礎，必需在增加肌力之前被建立起來，如果沒有做好，將容易受傷。另外，一個每週3次的全身訓練並不適合老人家，他們需要將訓練分散，避免無法從大量的訓練中恢復。除此之外，在一天當中進行所有部位的激烈訓練，會快速地導致過量的疲勞及傷害。

專項運動 VS. 休閒運動

專項運動族群與休閒運動族群之間的差異在於訓練所強調的面向。對於專項運動族群來說，肌力與體能的訓練計畫只是達成目的的一種手段，換句話說，最主要的目標是為了田徑場上的表現，而肌力與體能訓練則是用以改善運動表現的輔助。這點與休閒運動族群或因為其他因素而訓練的人並不相同，他們會平等地注重休閒運動及訓練，或是更強調訓練但不太注意運動表現。

在先前的章節中我們討論了屬性訓練，運動專項族群的肌力與體能訓練，通常都專注在依據運動專項而定的屬性訓練上。例如，如果你是一位長距離跑者，你在體育館的肌力與體能訓練多數會側重在耐力訓練的部分，再加上一點爆發力、肌力及增強式訓練；但若你是田徑短跑選手，你在體育館的肌力與體能訓練多數會著重於最大肌力、爆發力及增強式訓練，耐力訓練則占極少部分，這就是必需考慮到能量系統的地方。

這裡提出幾個例子，體操運動員與跑酷人不同的點是競技性（但未來可能會慢慢改變）。在體操中，有明確的競賽季及非競賽季，這代表也會有競賽季中的訓練及非競賽季的訓練，絕大多數的運動都有季節性——如足球、籃球、美式足球及田徑等等，競賽季中的訓練方式不同於季外，在於競賽季中的訓練要讓運動員能夠準備上場比賽及維持能力。另一方面，季外的訓練則一般用於增進運動員的多種能力，讓他們能夠在下次賽季中變得更強、更好、更快、更壯。（參考Daft Punk）

另一個專項競技者與休閒運動者的訓練之不同在於動作的選擇。在專項訓練中，你極少選擇做起來會樂在其中的動作，你需要選擇最有效的動作來增進競賽中所需的能力，例如用自由重量做深蹲跟硬舉鍛鍊肌力，而不會使用深蹲的變化型，如大腿推舉機及娘式深蹲（如高跟鞋踩地、膝蓋向前）。在某些例子中甚至不允許他們花大錢打造的運動員去做任何爆炸式的動作，像是爆發式上膊（在一個動作中將槓從地上拉至胸部），因為其潛在風險。基本上，如果你是一位肌力與體能教練，讓一位價值百萬的運動員受傷，大概會被炒魷魚。所以有效地動作會混合著安全的

動作來進行訓練，以確保運動員在競賽當天能夠達到該有的狀態。

如果訓練方向是偶爾的休閒運動、練習令人驚嘆的動作或單純想要變強壯，基本上你可以挑選想要的動作來訓練。這本書列出了一些普遍的原則——例如結構平衡方針——能夠幫助你免於受傷，然而當你決定目標並朝其前進時，必需自己決定訓練之間的休息時間。

未受傷 VS. 受傷

這個部分著重於考慮那些已經受傷，以及正從受傷狀態中回復的人們。主要的區別為：1）近期剛受傷、2）先前受傷但已完成復健。已經受傷的人需要將訓練規劃得跟未受傷的人有所不同，這個概念在先前CHAPTER5的屬性訓練部分已經有一些暗示，但我們在後續健康與受傷管理的部分會更具體地闡述。本質上，帶傷人士的訓練目標混合著確認受傷部位的復原、變得更加強壯，以及確保受傷部位周圍區域在訓練中是安全的。

在受傷時也是有變通的方式可以持續訓練，所以受傷不應該使你中止訓練。其中一個讓運動員在受傷時停止訓練的原因，就是他們認為自己不能訓練，即使事實絕非如此，但心態通常會導致運動員停止訓練並進入坐式生活，在這個例子裡，他們的飲食習慣不會改變，而這將導致他們過重或甚至肥胖。所以你會看到一個過去規律運動並保持良好身材的人，進入坐式生活並開始肥胖後，他們會回憶起過去並疑惑這一切到底是如何發生的。受傷僅僅是一連串錯誤決定的催化劑，但卻是受傷的人必需要去處理的部分，他們必需了解，即使訓練中可能會發生一些壞事，但那並非使你從訓練中鬆懈的好理由。

針對那些已經從受傷中復健的人們，經驗法則是在訓練結尾持續進行復健運動，這會確保受傷的部位持續地活動，並幫助其建立彈性以對抗進一步的傷害，這也同時持續提醒某人這個部位曾經受傷，所以未來仍需對它採取特殊照護。預測未來傷害的最佳方式就是舊傷，比起發生新的傷害，你更有可能再次傷到舊的部位。

這邊特別提及復健過後的預防，其會潛在性限制貌似痊癒之受傷部位的代償模式，而代償常常導致其他部位的過度使用，例如，如果右腳有膝傷，你可能會開始偏好在深蹲時使用左腳，這可能會導致肌肉的不均衡或是髖部、膝蓋的肌腱炎。

針對正在恢復的人們，建議進行一定時間的復健後預防訓練，至少必需有復健時間的一半長；至多則為完整的復健長度，除非過多的小問題冒出才必需延長時間。因此，如果你花費2個月才從肌腱炎中復原，你就應該在復健後持續預防訓練約4－8週，一般是在訓練結尾加入一些額外的運動。雖然量並不多，但是它會幫助你持續關注自己曾經受傷的事實，才會小心行動並避免其他的過度使用傷害。如果小問題（像是代償或其他的傷害）開始發生，你就必需持續進行預防訓練。老樣子，如果你對於訓練的執行、復健或是預復健復健的方式有所疑慮，就應該與骨科醫師或物理治療師談談。

Chapter 6 摘要

族群考慮

基礎知識

根據族群的類型做調整非常重要，因為族群的差異性有可能大幅度地影響訓練方式。重要的是，意識到自己歸於何種類型並有根據地調整訓練計劃，才能避免潛在的過度使用風險。在執行一個訓練計畫前記得諮詢專業的醫師。

以下是我們討論的不同族群：

坐式生活者

- 純粹的坐式生活者
- 曾經規律運動的坐式生活者

身體活動者

- 無負擔額外重量的身體活動者
- 有負擔重量的身體活動者
- 體重運動者
- 準備徒手訓練者
- 專項運動者

應用

如果你被歸於其中任何一類，注意此章節中所列出的細節，因為每個族群之中的個體都會對徒手訓練有不同的反應，一個族群可能會有某個特別需要調整的問題，而其他的族群則沒有，這點必需在建構訓練計畫時考慮進去。

2

打造訓練計畫

CONSTRUCTING YOUR ROUTINE

CHAPTER 7

建構日常訓練計畫

CONSTRUCTING YOUR
WORKOUT ROUTINE

全身性與分段日常計畫的頻率

訓練時經常使用的訓練計畫結構可分為3種類型：全身性、分段及身體局部分段。而關於哪一類型的訓練計畫最有效，引發了劇烈的爭議。事實上，最佳的訓練計畫類型，應該取決於你的目標。對於初學者而言，全身訓練計畫是最快速，且能有效建立全身肌力的方式。但更重要的是認識其他訓練類型的優點與缺點，所以我們應該要了解每種訓練類型的優勢與劣勢，並視情況應用。

全身訓練計畫模式能讓運動員進行更多的複合式運動，並減少孤立式的運動。相較於分段計畫，通常全身性計畫已包含複合式與獨立運動，這可以讓你在運動中有更多的肌肉參與。針對初學者而言，強烈推薦全身訓練計畫，因為肌力的非特定神經適應，如徵召、同步及頻率編碼。每週執行2至3次的全身訓練，高頻率複合式運動能力也會隨之增強，通常這樣的方式也比分段訓練計畫更能有效地提升肌力。

如果你的目標是肌肥大，實際上全身性與分段訓練計畫所提供的總肌肉量成效是相似的。

全身訓練計畫讓每一個運動肌群的使用頻率更高。而典型的分段訓練計畫則將訓練集中於單一肌群：肱二頭肌／背部、肱三頭肌／胸部、或腿部，分別用於不同的訓練日，每個肌群每週約訓練1至2次。相較之下，相同的訓練課程數量，全身訓練計畫1週內可讓每個肌群訓練3至5次。

這個道理很簡單，越頻繁地訓練你想要掌握的動作，就會進步得越快。肌肉力量的發展，部分取決於反覆用相同的運動來獲得改善。而肌力的一些神經適應，如肌肉間協調與動作學習，都是特定的動作。執行多種運動所帶來的肌力成長，並不會像反覆執行相同運動那麼有效。如果你建立一個分段訓練計畫，例如分為推／拉／腿部的運動及休息日，每種運動1週中大約可訓練2次。但如果你是進行全身訓練動作，那麼你要增加每種推、拉和腿部運動的頻率至每週3次，並隨著時間增加額外的運動次數。

讓我們來看一個實際的例子：一個初學運動員想要顯著改善俄式撐體，這是一種推類型的運動。在一個典型的推／拉分段訓練計畫中，這位運動員將1天進行推運動，1天進行拉運動，接著4天休息日。因此，如果運動員堅持每週標準4次的課表，將1週進行2次俄式撐體訓練——其他2次訓練將進行拉運動。但透過全身訓練計畫，運動員每週可以進行3次的俄式撐體訓練。這看起來可能差異不大，但在1年的時間中，執行全身訓練計畫將比分段訓練計畫進行多出50次的俄式撐體訓練。

- 52週×每週2次訓練＝一年內約100次俄式撐體訓練。
- 52週×每週3次訓練＝一年內約150次俄式撐體訓練。

選擇分段訓練計畫的運動員，每週僅進行2次推運動，1年落後其他運動員50次的俄式撐體訓練。他需要多6個月的時間，才能達到總次數150次的俄式撐體訓練。而若用全身訓練計畫，這些僅需1年即可完成。

- 50次訓練／每週2次＝25週（每個月4週＝約6個月）

聲明：1年期間，選擇傳統分段訓練計畫的人，比執行全身訓練計畫的人落後6個月！

這個數字聽起來很震撼，任何運動員都能告訴你來自練習的訓練效果不會線性累積。即使是最保守的估計，也能發現以分段訓練計畫執行俄式撐體的運動員，落後執行全身訓練計畫者3至4個月，況且在初期階段，多花費3個月訓練俄式撐體，已足以提升至另一個層級了。產生這個巨大肌力差異，只是簡單地透過每週增加1次的運動頻率。

對於初級與中級運動員而言，全身訓練計畫相較於分段訓練計畫更有效。

在訓練之間給予肌肉休息是有益的。就傳統而言，初學者以每週3次的訓練頻率進行全身訓練計畫。如果訓練結構是典型的星期一／星期三／星期五（MWF）的課表，訓練間隔大約是48小時。而最佳休息時間則根據所追求的運動類型，以及運動員的整體健康狀況而有所不同。雖然沒有研究表示對大部分初學者而言48小時是最佳休息時間，但這仍是個很好的指導方針標準。

這並不是要貶低推／拉分段訓練動作或其他分段訓練。推／拉、直臂／屈臂和上／下分段訓練，可以非常有效地應用於身體重量訓練動作。訓練動作的類型，始終與總訓練量及恢復因素有關。對於優秀運動員而言，身體局部分段訓練有時是關鍵。若訓練需要大量技巧，例如足球，每日2次的訓練是很常見的，根據恢復因素，推／拉系統或上／下分段的訓練量可能需要分開。

集中訓練最好應用於體適能兩極的對象身上：受傷或菁英運動員。如果你是一名初級或中級運動員——如進度表所示——你應該採取全身訓練動作，除了少數例外。

一般全身訓練計畫的運動者，剛開始應採取每週3次的課表，有足夠的間隔時間可以恢復。以

下第一個表格所示，應用於本書中關於訓練計畫調度每週不同日期的縮寫。其他縮寫亦可使用，如以下第二個表格所示：

- 週一，週三，週五（Monday，Wednesday，Friday，M／W／F）
- 週二，週四，週六（Tuesday，Thursday，Saturday，Tue／Thur／Sat）
- 週一，週三，週六（Monday，Wednesday，Saturday，M／W／Sat）
- 週二，週四，週日（Tuesday，Thursday，Sunday，Tue／Thur／Sun）

例子1	例子2	例子3	例子4
週一：全身	週一：休息	週一：全身	週一：休息
週二：休息	週二：全身	週二：休息	週二：全身
週三：全身	週三：休息	週三：全身	週三：休息
週四：休息	週四：全身	週四：休息	週四：全身
週五：全身	週五：休息	週五：休息	週五：休息
週六：休息	週六：全身	週六：全身	週六：休息
週日：休息	週日：休息	週日：休息	週日：全身

這些僅是每週3次全身訓練課表中幾種可能的變化。將訓練間隔48小時，每3次訓練後恢復72小時。選擇適合自己生活需求的課表。要有創意：你可以用全身訓練動作2週，代替每週課表。超過2週的期間，2週課表可以讓你每2週訓練7次，而每週訓練課表僅能每2週訓練6次。

例子1		例子2	
第一週	第二週	第一週	第二週
週一：全身	週一：休息	週一：休息	週一：全身
週二：休息	週二：全身	週二：全身	週二：休息
週三：全身	週三：休息	週三：休息	週三：全身
週四：休息	週四：全身	週四：全身	週四：休息
週五：全身	週五：休息	週五：休息	週五：全身
週六：休息	週六：全身	週六：全身	週六：休息
週日：全身	週日：休息	週日：休息	週日：全身

有些人可能因為工作、家庭或其他事務，能進健身房的時間有限，可選擇全身訓練計畫的備用方案如下：

- 週三／週六／週日課表適用於那些每週時間有限的人。
- 週一／週二／週三、週一／週二／週四或週一／週三／週四課表適用於輪班工作的人。

4 種分段類型

雖然建議初學者採用全身訓練計畫，但分段訓練計畫對於中級和高級運動員，或涉及其他因素時可能有效。探究所有可用選項非常重要，有些運動員無法分配所有的訓練對策在徒手訓練；全身訓練計畫可能過於費力或費時。以下是4種建議的分段訓練方法，每種方法都有優點和缺點，一些分段訓練也結合了特定運動。

- 推／拉
- 上／下
- 直臂／屈臂
- 推／拉／腿部

這些訓練中不包含等長／位移，因為沒有足夠靜態動作來完成刺激進步所需的完整例行訓練。相反地，直臂／屈臂分段訓練通常著重於體操直臂等長運動，但也包括基礎動作直臂運動。擴大運動量，以致有足夠大的運動量允許進步。

推／拉分段

推／拉很明顯地會將腿部和上半身分為2個訓練動作。一般的做法是每週進行2次推和拉的運動；共3天。當採取這種順序時，施加於身體的壓力被最小化（因為訓練量被分成4天，而非每週進行3至4次全身訓練動作），讓運動員可以投入其他訓練。你還能輕鬆地結合徒手運動與使用重量或槓鈴的運動，用任何自身體重推運動（如手倒立伏地挺身、俄式撐體及臂屈伸）替代器材式推運動（如平板和過頭推舉）。拉運動亦是如此。

如果你無法執行全身訓練，通常建議使用推／拉分段訓練。這種分段訓練有幾種好處，例如，透過一天所累積的推運動增加總肌肉量（當運動目標是肌力或肌肥大時）。這種分段的主要缺點是，你通常會連續2天訓練腿部，因為腿部訓練將分為推（蹲舉變化）和拉（硬舉和腿後肌變化）。蹲舉及前側鏈運動，主要集中於股四頭肌，通常與推運動一致；硬舉與後側鏈運動，主要訓練臀部與腿後肌，大部分都是拉運動。請記住，拉運動會使重量更靠近身體中心，而推運動則是將重量遠離身體中心。如果你連續進行幾天腿部訓練，可能對不是最有效的方式，因為沒有時間給予真正的恢復。

以下是幾種每週課表的例子，應用每次訓練5至6次標準訓練量：

例子1	例子2
週一：推運動	週一：推運動
週二：拉運動	週二：休息
週三：休息	週三：拉運動
週四：推運動	週四：休息
週五：拉運動	週五：推運動
週六：休息	週六：拉運動
週日：休息	週日：休息

在例子1中，週末是持續休息的。在例子2中，提供訓練之間更多的恢復時間，但這表示週末也要訓練。超過2週的訓練期，每一個例子平均分配推和拉運動，總共進行8次的分段訓練，所以可以依照個人的偏好選擇。

每個推／拉分段訓練計畫都應該有既定的訓練量。對於不同肌肉的集中訓練，選擇5至6種適當類型的運動。每次推的訓練可以包括以下運動：2種變化的蹲舉、臂屈伸、伏地挺身和手倒立伏地挺身。如果你喜歡嘗試6種運動，可以增加其他上半身運動，如俄式撐體。

將這種訓練量加載於單次訓練上，對於運動員而言可能是有效的，他們的身體已經可以對抗每次訓練執行2至3種上半身運動，但對於大部分初學者而言訓練量太大。

對於需要執行分段訓練計畫的初學者來說，每次訓練僅3至4種運動的少量訓練動作是更好的選擇。在理想情況下，請根據自己的耐力與目標，規劃雙腿和兩種上半運動、單腿和3種上半身的運動或單腿2種上半身的運動。請看以下2個例子：

例子3	例子4，第一週	第二週
週一：推	週一：推	週一：拉
週二：拉	週二：拉	週二：推
週三：推	週三：推	週三：拉
週四：拉	週四：休息	週四：休息
週五：推	週五：拉	週五：推
週六：拉	週六：推	週六：拉
週日：休息	週日：休息	週日：休息

在例子3中，第一列顯示6／1模式（7天期間內進行6次訓練，最後1天休息）。第二列顯示下週課表，3／1／2／1模式（連續3次訓練，1次休息日，2次訓練和1次休息日）。當然也可以是2／1／3／1組成，因為功能上是相等的。這會讓你在1週內訓練5次，使一個肌群額外訓練1天。可以簡單地透過顛倒第2週的順序，開始相反的訓練來加以平衡，因此在2週期間你可以進行5次推和拉的訓練。第一個例子在2週期間提供12次的訓練（6次推、6次拉），然而第二個例子同樣的期間進行了10次訓練（5次推、5次拉）。這取決於你想要多快達成訓練目標。

上面的圖表顯示，少量的分段訓練結構可以使訓練頻率增加。這是因為肌群的間隔休息。在上面例子中，每次推訓練休息間隔仍是48至72小時，因為拉運動訓練的是完全不同的肌群。

請記住：當你比較全身和傳統的推／拉分段訓練計畫的頻率時，全身訓練計畫可以輕易地勝出。全身訓練計畫中每塊肌群訓練6次，到訓練5或4次，這取決於你選擇的推／拉分段訓練課表。全身訓練計畫把所有運動集中在一天，讓訓練之間有幾天的休息日，因此可以看到運動員更快速地進步。但透過分段訓練計畫，你在每次訓練中執行較少的運動，進而縮短訓練時間。許多人會根據他們的生活時間表，在這2種選項之間進行選擇。

上／下分段

上／下分段訓練計畫將訓練分為上半身（軀幹、臂、胸部）及下半身（腿部、核心）。如果運動員的其他活動或運動項目需要大量的下半身訓練或跑步，經常會選擇分段訓練。在這樣的情況下，可以將部分下半身的運動換至其他沒有活動的日子，這樣可以減輕疲勞和加速恢復。

上／下分段訓練計畫，主要的缺點是上半身與下半身訓練日的訓練量存在顯著差異。你的上半身比下半身有更多的活動面，為了顧及全部面向，徒手訓練計畫需要更大量的上半身運動。如果你選擇上／下分段訓練動作，一般會需要增加每個訓練的運動量，來彌補運動頻率的不足。例如，如果全身訓練計畫包含2種推和拉運動，相對的上／下分段訓練計畫需要包含3至4種的推和拉運動，使整體效益對等。如果你選擇這個訓練方式，可能會沒有足夠的體力來執行所有上半身活動面所需要的反覆次數。此外，在同一天內安排過多的運動時，有時會降低其訓練效果。

直接比較上／下分段每週訓練計畫與推／拉分段訓練。由於分成2種不同的訓練，你可以依照推／拉訓練的方式來建立上／下訓練計畫。下方第一個表格中的例子，標準每週需要5至6次的運動量或每次訓練更多的運動。對於每次訓練3至4種運動較輕的運動量，請參閱第二張表格。同樣地，始終要考量生活時間表，以及想達成的訓練目標再選擇訓練計畫。

例子1

週一：上半身
週二：下半身
週三：休息
週四：上半身
週五：下半身
週六：休息
週日：休息

例子2

週一：上半身
週二：休息
週三：下半身
週四：休息
週五：上半身
週六：下半身
週日：休息

例子3

週一：上半身
週二：下半身
週三：上半身
週四：下半身
週五：上半身
週六：下半身
週日：休息

例子4，第一週

週一：上半身
週二：下半身
週三：上半身
週四：休息
週五：上半身
週六：下半身
週日：休息

第二週

週一：下半身
週二：上半身
週三：下半身
週四：休息
週五：上半身
週六：下半身
週日：休息

如果你進行密集的腿部運動或訓練（如跑酷、足球、籃球和田徑等），上／下分段訓練計畫提供一種互補的結構，如現實世界情形所述：

一名跑酷運動員應用例子1建議的訓練動作，可以看到下半身訓練動作課表安排於週二及週五，因此實際上跑酷運動專項訓練應該安排在下半身訓練之前，所以是週一及週四。這確保每一次跑酷訓練都在最佳狀態（剛剛休息完），並且可以透過評估下半身訓練，增強週二及週五的下半身訓練。這也可以在腿部訓練後提供完整的休息日。

雖然可以在腿部訓練同一天密集安排運動專項訓練，但專項訓練必需在其他訓練之前完成。當肌肉疲勞時進行運動專項訓練是一種傷害風險。在運動專項訓練前安排訓練也不是最佳的選擇。為了達到最佳的技術訓練，運動員的肌肉必需維持在最佳狀態。這可能需要在同一天進行運動專項訓練和上半身訓練，讓腿部維持最佳狀態。

直臂／屈臂分段

直臂／屈臂分段主要著重於上半身。在直臂訓練日，會執行靜態動作與手倒立訓練。在屈臂訓練日，會執行全活動範圍動作，如臂屈伸、引體向上、划船、伏地挺身和手倒立伏地挺身。腿部動作會合併至這2天的訓練日，儘管它不是此分段訓練的內容。

將所有直臂運動集中在一天，直臂／屈臂分段可以更專注於這些運動的訓練，這些運動包括直臂手倒立推舉、前槓桿引體向上、水平引體向上和俄式撐體。這是一項優勢，因為運動員有更多休息日來恢復直臂訓練對肩部、肘部和腕部結締組織所產生的大量壓力。

對於那些不喜歡反覆相同運動的人而言，這種分段訓練動作是很棒的選擇。它提供訓練更多的動作變化，但這也是分段訓練的主要缺點。肌力訓練涉及反覆執行相同運動，並在其中得到進步——在分段訓練的情況下——增加肌力訓練的變化，會降低其潛在的成效。如果你不喜歡反覆相同地運動，就要平衡兩種訓練方式。

由於直臂／屈臂分段為2部分，在相同訓練模式結構下推／拉和上半身／下半身都可以應用。

推／拉／腿部分段

推／拉／腿部分段將上半身推運動、上半身拉運動和腿部訓練計畫分成3天。這與真正的分段訓練計畫相似，很像你所見到的健美訓練。對不在意自己進步的速度、避免傷害的風險或年齡較大及不想操之過急的人而言，這是一項很棒的選擇。這種分段的成效較緩慢，但此類型對於這些人而言可以提供更穩定的進步。

認真的運動員應該注意到這點，此種分段成3部分的訓練方式較難達到足夠的訓練頻率和良好進步成效。對於肌肥大卻很有效，但每個動作的進步可能會很緩慢，並且有停滯的傾向。因此，提醒初級與中級運動員，不要選擇分為3個或更多部分的任何分段訓練。

分段為3部分可以透過多種方式組成。例子如下：

例子1（每週一次推、拉及腿部訓練）

週一：推
週二：休息
週三：拉
週四：休息
週五：腿部
週六：休息
週日：休息

例子2（每週4次訓練，每種訓練以每週1.33次的頻率進行3週）

第一週	第二週	第三週
週一：推	週一：拉	週一：腿部
週二：休息	週二：休息	週二：休息
週三：拉	週三：腿部	週三：推
週四：休息	週四：休息	週四：休息
週五：腿	週五：推	週五：拉
週六：推	週六：拉	週六：腿部
週日：休息	週日：休息	週日：休息

例子3（以3／1／2／1模式，每種訓練以每週1.67次的頻率進行3週。）

第一週	第二週	第三週
週一：推	週一：腿部	週一：拉
週二：拉	週二：推	週二：腿部
週三：腿部	週三：拉	週三：推
週四：休息	週四：休息	週四：休息
週五：推	週五：腿部	週五：拉
週六：拉	週六：推	週六：腿部
週日：休息	週日：休息	週日：休息

例子4（以6／1模式，每種訓練計畫每週訓練2次。）

週一：推
週二：拉
週三：腿部
週四：推
週五：拉
週六：腿部
週日：休息

　　越有創意，變化就越多。例如，你只想在上半身的部分訓練計畫之間安排休息日。你還可以根據工作、運動或學校課表來調整。最重要的是同時間讓這3個（或更多）肌群之間維持平衡。

Chapter 7　摘要

建構日常訓練計畫

基礎知識

只要沒有受傷的問題，頻率通常是最快達成目標的關鍵。最好選擇一個能讓你在短時間內執行最多頻率的訓練計畫模式。如果你是初學者，或目標是擁有能夠承受自身體重的肌力，那麼全身性訓練是促使你進步最好的模式，但更重要的是，要確保選擇適合生活時間表的訓練結構。除了全身訓練計畫外，還有4種分段訓練計畫結構類型——每種類型都有不同的優缺點。5種類型如下：

- 全身訓練計畫
- 推／拉分段訓練計畫
- 上半身／下半身分段訓練計畫
- 直臂／屈臂分段訓練計畫
- 推／拉／腿部分段訓練計畫

應用

在安排訓練課表時，把生活中所有因素納入考量是相當重要的——工作、學校、家庭、朋友、娛樂活動及空閒時間等。雖然本書旨在幫助你達成高水準的肌力與酷炫動作，但你不應該犧牲其他喜好的活動來達成此目標。請打造適合自己生活的訓練計畫。

CHAPTER 8

暖身與技能運動

WARM UP AND SKILL WORK

暖身運動的種類和説明

暖身的主要目的是讓身體進入訓練的最佳狀態，應付運動中任何不足之處。由於每一位運動員的身體都有不同需求，因此規劃適用於所有運動員的暖身是很困難的。暖身的3個組成部分包含血流、活動度和訓練良好的身體姿勢——在每個環節你需要花費多少時間，會根據你自己的身體需要而有所不同。

標準的暖身流程

（需要大約15－20分鐘的時間來完成）

血流

- 反覆10－20次波比
- 60秒爬行

活動度

- 10×手腕繞環
- 10×肩部繞環
- 10×身體重量蹲踞
- 任何其他需要暖身的身體部位或關節
- 持續支撐60秒（使用雙槓／吊環或椅子／櫃檯桌）
- 5×吊臂姿勢

姿勢訓練（身體流線型／身體張力）

- 30－60秒的棒式、側棒式、反向撐體、空背、拱橋

技能運動：技能運動的時間、技能運動的類型及品質

- 5－10分鐘的手倒立運動（倚牆）

血流

身體必需發生一些關鍵的生理變化，以確保良好的暖身。你必需提高核心溫度，讓肌肉內化學反應產生得更快，進而有更好的肌肉收縮功能和神經系統活性。另外，應該要提升你的心跳率及流向肌肉的血液量，以提供氧氣與養分，並清除代謝產物。其他生理變化包括：增加對肌肉、肌腱和其他結締組織血液灌流，啟動大腦和神經系統作用，以及確保軟骨在關節中充滿滑囊液。

以下為一組標準血流增加的暖身運動例子：

- 反覆10－20次波比
- 60秒爬行（或爬行一段特定距離，如100公尺）

波比是一個很好的選擇，因為它是全身運動，可以快速增加心跳率。此外，波比也容易執行並且具有較低的傷害風險。

波比是快速執行下列順序：棒式姿勢 → 伏地挺身 → 棒式 → 換至蹲踞姿勢 → 立姿 → 跳躍 → 下蹲 → 換至棒式姿勢，然後反覆整個順序。動作間不要停頓，整個運動過程要連貫。這項全身運動可以讓你練習基礎身體動作，如抬起自己、蹲下和跳躍。實際上，波比對暖身和讓血液流動功效奇佳。

根據個人需求，可以增加所建議的60秒爬行組數。爬行是以四足跪姿的姿勢進行，將手和膝蓋置於地板，接著將膝蓋離開地板幾公分，交替移動四肢，向前爬行。左臂和右腿同時移動，右臂和左腿同時移動，並應注意背部與地板保持平行。爬行非常適合活化核心肌群和穩定肩胛肌群，以及提高全身溫度，適用於多種肌群。如果想要更快地達到效果，可以選擇特定距離而非時間——25公尺即足以使大部分的初學者稍稍出汗。

其他可以讓你血流加速的全身類型暖身運動包括：滾動、熊走、蟹走、開合跳、跳繩、短跑或任何低至中強度、容易執行且傷害風險低的運動類型。

當你準備好從暖身進展至活動度階段時，可以觀察到3個主要的生理指標：1）輕微流汗，2）心跳率適度增加，3）呼吸節奏輕微至中度增加。這也是從包含波比和爬行的暖身運動進入活動度階段的額外好處。

活動度

暖身的第二個關鍵部分是活動度運動。專注於全方位的動作，以快速、簡單的動作循環來預熱關節和周圍組織是最有用的。在CHAPTER4中，我們介紹了柔軟度、被動活動度運動及主動活動度／柔軟度運動之間的差異。為了方便，這些定義包含在裡面：

- **柔軟度（Flexibility）**——透過放鬆神經系統，伸展肌肉來增加活動範圍。舉個最容易理解的例子：柔軟度會增加活動範圍，使你能夠劈腿。
- **被動活動度（Passive　Mobility）**——透過關節活動範圍進行，但目的不是增加活動範圍。被動活動度是訓練剛開始暖開關節的一個好方法。例如，將手腕放在地板上，並將身體移至上方。這讓手腕達到最大活動範圍邊緣而不會收縮肌肉。
- **主動活動度／柔軟度（Active Mobility／Flexibility）**——這兩個術語經常交替使用，也稱作動態柔軟度。事實上，應該積極應用主動活動度，因為活動範圍必需通過柔軟度訓練來改善。當達成一定活動度，進一步延展活動範圍稱為活動度訓練。例如用屈體或分腿伸展來改善壓迫；使腹肌及髖屈肌收縮讓臉靠近膝蓋或地板。相同地，用立姿劈腿或踢腿將腿抬高於頭部，是主動活動度或柔軟度的例子。我們會使用「主動柔軟度」作為通用術語。

以下為一組旨在增加活動度的標準暖身運動例子：

- 10×手腕繞環
- 10×肩部繞環
- 10×身體重量蹲踞
- 任何其他需要暖身的身體部位或關節
- 持續支撐60秒（使用雙槓／吊環或椅子／櫃檯桌）
- 5×吊臂姿勢

大多數運動員可以直接進行主動活動度運動，例如手腕繞環、肩部繞環、身體重量蹲踞等的暖身運動。但如果關節有特殊限制或僵硬者，建議在主動活動度運動前，先從被動活動度運動開始。這對老年人或傷者也有好處。例如，如果手腕疼痛或緊繃，你可以將手和膝蓋轉換成爬行姿勢，利用不同動作移動手腕，在手腕上來回緩慢地移動重量至最大活動範圍邊緣。手腕經過被動活動度幾分鐘之後，你可能需要開始進行主動活動度動作，如手腕繞環暖身。

嘗試將手腕繞環（每種方式15次）和手腕活動度組合在一起，無論用何種方式，在地板上、同時屈曲和伸展。可以利用彈力帶或長棍進行肩關節旋轉，這有助於動員肩胛和肩關節周圍的所有肌群。如果你有其他喜歡的活動度方法或動態柔軟度運動，可以隨意替換應用。這部分的暖身應該需要60－90秒。針對徒手訓練，特別是手臂伸直的姿勢，活動度運動另一方面是肘部暖身。從徒手訓練到進階至以力量為重的技能時，肘部已完整熱身是非常重要的。有必要增強肱三頭肌，以避免過度伸展。

強烈推薦1至3組的直臂支撐運動。如果你有足夠的肌力支撐1分鐘，那就夠了。嘗試在支撐時掌心轉向前——體操運動員稱之為「吊環外轉」或簡稱RTO。將吊環外轉，並長時間支撐於該姿勢，有利於訓練肱二頭肌和肘部，同時也可以預熱大部分的肩部肌群。

- 如果你無法維持直臂姿勢，請先從手倒立架或雙槓開始。
- 如果你還不能在吊環上直臂支撐，請使用彈力帶幫助你將吊環合起來或請他人協助你直到可以支撐。這對於大部分初學者而言是必需的。
- 如果剛開始訓練無吊環外轉支撐，直接跳起並嘗試支撐60－90秒。
- 如果你無法達到這個範圍，嘗試減少組數並盡可能達到停頓1分鐘的時間。
- 當開始嘗試將吊環外轉，保持動作一致——不要讓吊環轉回初始位置。
- 當吊環外轉支撐達到60－90秒並與身體呈直線時，接著讓吊環間距拉大——這將會讓動作更困難。

不僅肌肉準備要運動，肌腱、韌帶、軟骨和關節亦是如此。對某些人而言，可能需要更多反覆及／或組數。當肌肉開始劇烈震動或肱二頭肌開始感受到壓力，就應該停止。請記得，這是暖身——現在感到吃力會阻礙訓練！但請記得將這項技能加入暖身，這有助於在肌力訓練中，進步得更快速。

當完成吊環支撐，你會想要做一些吊環懸吊或稱為「吊臂姿勢」的肩部動態伸展。如果你是初學者，將吊環降低，在這個姿勢伸展5－10秒。如果你已經有經驗了，可以從團身和屈體的姿勢，將吊環向外拉做出倒掛支撐，再回到吊臂姿勢。這個目的是讓肩部伸展至最大活動範圍邊緣。這也有助於屈曲：吊臂姿勢伸展胸部、闊背肌及前肩帶。

靜態伸展不要超過15秒。長時間拉伸可能會降低訓練過程中的肌力輸出。3－4項短時間伸展應該花費1分鐘。

先前我們討論年輕運動員的暖身時間長度。請記住，暖身的組數和反覆數有些獨斷。一般來說，高齡者或傷後恢復的人需要更多暖身時間。將年齡除以4，看你可能需要加入多少分鐘的暖身計畫。此圖表僅作為指導方針——請根據個人情況與表現修正。

- **20歲**：5－10分鐘＋（20／4）＝5－10＋5分鐘＝10－15分鐘
- **40歲**：5－10分鐘＋（40／4）＝5－10＋10分鐘＝15－20分鐘
- **60歲**：5－10分鐘＋（60／4）＝5－10＋15分鐘＝20－25分鐘

請記得，當你變得更強壯的同時，暖身運動也應該要修正。舉例來說，當臂屈伸和引體向上變得不費力且已經感到習慣了，就可以將這些動作加入暖身計畫中。

總而言之，重要的是花費幾分鐘的暖身時間活動關節。在這之後，你可以開始進行比進度表

主要訓練項目低2－3個級數的運動。例如：如果俄式分腿是你其中一個主要訓練的項目，你可以執行一些俄式團身伏地挺身作為暖身，幫助肌肉準備進行更激烈的運動。

姿勢訓練

暖身的第三個關鍵部分是姿勢訓練（positional drills），也稱為身體流線型或身體張力。對於徒手訓練最有用的姿勢訓練是棒式、側棒式、反向撐體、空背、拱橋。但是，根據運動或訓練，可能會使用其他身體姿勢訓練。選擇有助於技能表現和能夠在肌力運動中維持正確身體姿勢的運動，這些運動大部分都稱為穩定運動。

- **穩定運動**（Stability Work）──主要集中於**神經肌肉再教育**（neuromuscular re-education）的訓練類型，換言之，讓身體重新學習如何正確地移動。例如，當你腳踝扭傷，正在恢復的過程，對於恢復身體覺察或本體感受，主要的方法是透過單腳和腳踝平衡。這活化了腳踝周圍的肌群，使腳踝重新訓練穩定平衡。另一個例子是使用棒式作為核心穩定運動，訓練身體核心維持張力，以保持自身不受重力影響。

穩定與身體張力訓練是作為維持鞏固你所知道的許多身體重量訓練運動姿勢，以及增加核心的穩定肌力。在這些訓練中改善得越多，你就越熟練自身體重運動的類型和技能。這可以讓你進步得更快速，並使受傷風險降到最低。

許多運動員會針對自己的特定活動度弱點設計暖身計畫。請注意，身體重量訓練對結締組織有相當高的要求，因此，如果你正在設計暖身計畫，請務必針對身體重量肌力訓練制定。

目前為止，尚未討論伸展的作用。伸展是訓練的重要組成部分，它能增加活動範圍。在訓練結束時，靜態伸展是最有效的，特別是身體已暖身且神經系統疲勞時。然而，在暖身時動態伸展是有用的，因為可以讓肌肉在整個活動範圍內預熱。不同於靜態伸展，你不會將姿勢維持在最大的活動範圍邊緣。當暖身以靜態伸展時間過長時，將會對你在運動計畫中使出最大肌力的能力產生負面影響。除非柔軟度很差，否則在訓練前伸展應被限制，因為它會阻礙你正確地執行運動技能。

暖身不需要很複雜，但重要的是做出對的選擇，以便身體準備好進行訓練計畫。一定要執行暖身運動增加血液流動量、活動度及促進身體覺察。

自《超越重力》第一版以來，在暖身運動中包含移動性練習會更具效果，而不是放在預防及柔軟度練習的最後才實施。改變的原因是活動度運動能使身體準備好進行高水準技能表現和肌力發展運動。這表示你可以組合基本的暖身運動和一般活動度運動。基本的暖身運動例子包括支撐、伏地挺身簡易變化、划船等。一般活動度運動的例子包括吊環懸吊（針對肩部）、腕部活動度運動、拱橋及類似的動作（針對背部）。有關訓練結構的具體示範，請參閱前一章節。

技能運動：技能運動的時間、技能運動的類型及品質

技能與技術運動應在暖身後進行。這是讓身體學習新技能或動作模式的最佳時機。

例如：對牆手倒立運動5－10分鐘。組間休息數與手倒立組數相同。

應始終著重良好的技能與技術練習。如果你練習較差的技能，身體會記住這種不正確的模式。例如進行手倒立時腿部放鬆。當大腦和身體記住錯誤的模式，就很難重新調整技能。從開始就注重正確模式總是最好的。如果你過於疲勞，最好的作法就是立即停止並休息。永遠不要只做一半的技術練習，因為這通常是記住錯誤模式或不良動作的開始。

俄式撐體、前槓桿和後槓桿非技能運動。雖然手倒立和L型撐體被當作技能運動，並且所有這類運動都是直臂技能，但請記住，技能運動是指非疲勞性動作，專注於發展特定能力，例如平衡。我們可以說手倒立實際上是手部平衡運動。俄式撐體、前槓桿及後槓桿被併入訓練計畫中，以發展有效執行動作的肌力，這訓練計畫的肌力部分，並非技能運動。

此外，運動技能的變化很大。正確執行手倒立和各種技能，如肘部俄式撐體，甚至L型撐體都需要體操運動員花費大量時間在這些動作或姿勢上。這些技能往往更注重平衡，但也需要不同強度的肌力。隨著逐漸強壯，執行動作也會變得更容易。

關於L型撐體的說明：這個運動已被歸類於耐力、核心及獨立動作，因為多數人將此動作作為核心運動，即使它搭配手倒立。對多數初學者而言，執行L型撐體容易疲勞，當安排在肌力運動訓練計畫中，將會導致能力降低。然而，如果想訓練L型撐體的技巧，可將它加入這部分的訓練。如果你想朝向V型撐體和高抬臀撐體，這將是最好的動作方式，在這部分的訓練你不會受到核心肌力的限制。

當你掌握了像手倒立、引體向上、臂屈伸和吊環懸吊等技能之後，且他們對你身體產生的強度變低時，可以用於替代單獨的暖身計畫。只有在這些運動變成低強度時才能將他們加入暖身計畫中。例如，如果你已經掌握徒手倒立，且開始進行徒手倒立伏地挺身，則可將基本手倒立增加至暖身中，以針對動作加強專項神經模式。你還可以利用動態動作，如手倒立碰肩（倚牆手倒立，每次抬手交替碰觸肩部），以幫助身體在暖身的同時訓練技能。

以低於目前能力2－3級的所有技能或肌力作為暖身或技能練習至為恰當，特別是明顯與平衡要素有關，如手倒立和肘部俄式撐體（利用進度表作為參考點）。例如：如果你在訓練中執行分腿前槓桿，則可加入短時間團身前槓桿作為暖身。你也可以嘗試更輕鬆的級數，以幫助維持熟練的動作模式。為了節省時間，你可以利用一些倚牆手倒立伏地挺身代替徒手倒立伏地挺身。

這不同於槓鈴訓練，你可以藉此學習複合式動作，如奧林匹克舉重抓舉、上膊及挺舉，初學

者要在短短幾個月內達到熟練的水準，在徒手訓練中是不可能的。在徒手訓練中，根據當下能力區分，需要將過去的肌力與技能發展納入考量。例如，手倒立是一種基礎技能，它具有不同的進展階段與困難度提供訓練。這些包括：

- 基礎的靜態自身支撐，從倚牆發展至自由站立
- 踢起來並基礎手倒立支撐
- 手倒立步行
- 發展正確的手倒立直臂推
- 達到徒手屈臂手倒立伏地挺身
- 達到單臂手倒立
- 控制手倒立的不同姿勢
- 單臂手倒立
- 單臂手倒立推

若果沒有教練管理，要在單純的徒手訓練中進步是非常困難的。教練知道他們在做什麼，可以指出錯誤的動作，並提供下一步訓練指示。隨著運動員的技能、肌力和運動能力的提升，過去分類為「肌力」的訓練可能成為技能運動。如果無法想像，請考慮手倒立，即使在牆的幫助下，初學者也很難支撐5－10秒。然而，隨著肌力增加，手倒立變成耐力運動，就可以支撐60秒或更久的時間。每5－6週重新評估目標和選擇運動是很重要的。隨著訓練的不斷進步，你會需要重新定義技能運動以及肌力運動由什麼組成。

在進度表上的技能不一定與肌力水準有關。當談到技能運動，可能是在肌力水準之上或之下的訓練。許多強壯的人開始進行徒手訓練，只為了做到一些令人印象深刻的靜態姿勢，像單臂手倒立的基礎技能。憑藉良好的技術，即使相對較弱的運動員也可以進行單臂手倒立。

就一般而言，你越是強壯，在技能訓練中就有越大的潛能。只要持續進行肌力訓練計畫，你會發現技能運動會隨著你逐步強壯而得到改善。技能運動的關鍵是你練習的越多——空出足夠的恢復時間——你的技術就改善的越快。你必需找到適當的平衡，以促進最佳改善效果。對於初學者而言，僅是倒立上下轉動就非常困難了。但對於那些已經可以徒手倒立支撐60秒或更久的人而言，總支撐時間10分鐘都是有可能的。一定要記住，過度的訓練可能會影響恢復，即使技巧像手倒立一樣簡單。

暖身是進入技能運動的最佳方式，但當你進入肌力訓練部分時，不應該讓自己過度流汗或疲勞——目的是得到更高的訓練品質且不感到疲勞。對於初學者而言，這可能表示技能運動要如同手倒立20秒一樣輕鬆。另一方面，那些更高階的運動員可能會花費15－20分鐘訓練技巧較困難的單臂手倒立。在技能運動中，寧願過於謹慎也不要冒險犯錯：從感覺「太少」開始，如果有需要

再增加。那些從事過多技能運動的人，如果沒有進步，可能很難發現哪裡發生錯誤。投入高質量的訓練，如果你感到疲勞或休息日，不要害怕暫停訓練。無法每天維持訓練並不可恥；我們可能都有幾天沒有照表操課。盡可能地做出高品質的訓練（當進度表及疲勞程度允許），你會進步得更快。

訓練不一定可以造就完美，完美的訓練才能造就完美。

Chapter 8　摘要

暖身與技能運動

正確的暖身應該包括3個方面：

- 血流
- 活動度
- 姿勢訓練

有效加速血流的運動包括波比和爬行，也包含開合跳、跳繩運動、短跑或其他低至中強度的動作類型，低技巧水準和低傷害風險。滾動、蹲以及其他動用四肢的動作如熊走及蟹走都是好的動作。

對於活動度，選擇可以暖開每個關節的運動。在較不靈活或過去受傷過的部位須花費更多時間。主要推薦的長期活動度運動是吊環外轉和吊環懸吊／吊臂姿勢。

姿勢訓練的目的是讓身體適應正確姿勢，並在徒手運動時維持核心張力。運動長達30－60秒。隨技能提高，最終可以排除姿勢訓練。良好的姿勢訓練是棒式、側棒式、反向撐體、空背、拱橋。

技能訓練應包括2個方面：

- 專項運動練習
- 手倒立（及其他受平衡限制的技能，而非肌力）

在訓練計畫的技能運動部分，避免過度疲勞的運動，在後續訓練部分它可能會降低能力。除此之外，可以自由地進行任何運動專項類型訓練和主要需要平衡的動作，如手倒立。

CHAPTER 9

肌力訓練

STRENGTH WORK

典型有效的全身肌力訓練計畫模式包含2種推運動、2種拉運動及2種腿部運動。

如果你要合併身體重量和槓鈴訓練，同時也有其他目標——如肌肥大和爆發力——那麼這項運動也會在這訓練部分中進行。在本章節中，肌力和肌肥大相互影響，因此涵蓋層面廣泛。但不談論爆發力運動如奧林匹克舉重（抓舉、上膊及挺舉）。

肌力訓練計畫例子（最後有2個附加運動）：

- **引體向上：**3組×5次 →12次，休息3分鐘，10×0節奏
- **屈臂伸：**3組×5次 →12次，休息3分鐘，10×0節奏
- **寬握吊環划船：**3組×5次 →12次，休息3分鐘，10×0節奏
- **吊環伏地挺身：**3組×5次 →12次，休息3分鐘，10×0節奏
- **蹲舉（單腳進階或槓鈴）：**3組×5次 →12次，休息3分鐘，10×0節奏
- **分腿蹲登階：**3組×5次 →12次，休息3分鐘，10×0節奏
- **L型撐體：**總支撐60秒，不要力竭
- **核心收縮：**3組×10秒
- **等長俄式撐體：**3組×5次 →12次，休息3分鐘
- **離心L型撐體引體向上：**3組×（3次×7秒）或3組×3次10秒離心

說明：動作、組數×反覆次數與漸進原則、運動順序、休息時間及節奏

運動的類型和運動標記

肌力運動有3種類型：向心（肌肉縮短）、等長（肌肉保持相同長度）和離心（肌肉拉長）。

- **向心運動**（Concentric Exercises）——又稱為動態運動，向心運動同時具有離心及向心部分。這些運動最困難的是向心部分。例如，伏地挺身的全活動範圍中，將身體降低使胸部及腹部靠近地面的離心收縮，以及從靠近地面推撐使身體回到起始姿勢的向心收縮。大部分的推撐動作，如臂屈伸和手倒立伏地挺身，首先你會離心收縮使身體降低，接著透過推撐完成反覆。拉的動作則相反，是以向心收縮開始，離心收縮結束。如引體向上開始時，向心收縮將身體上拉靠近單槓是較困難的部分，接著離心收縮，降低至動作起始姿勢。

- **等長運動**（Isometric Exercises）——又被稱為靜態姿勢（static positions），整個運動過程中肌肉保持相同長度。例如，體操靜態肌力姿勢如俄式撐體、前槓桿、後槓桿及十字懸垂都被分類為等長運動。手倒立也被認為是等長姿勢，儘管他們從最初的肌力等長支撐中被分類為平衡部分。那些還不是很強壯的人，可能會以手倒立作為等長肌力運動，但肌力發展相當快速，導致手倒立訓練的主要特性轉變成平衡。這就是為什麼手倒立通常被歸類為技能運動，而不是肌力運動。本書中「等長姿勢」僅描述有關肌力訓練的部分。如果明顯存在平衡部分，如手倒立或肘部俄式撐體，這些運動會被歸類為技能運動。

- **離心運動**（Eccentric Exercises）——這些運動通常由緩慢的動作控制所組成，肌肉在整個反覆動作過程中被拉長。其中一項例子就是離心引體向上。這項運動是以輔助形式進行，如透過平臺或跳躍方式至引體向上頂點，下巴位於單槓上方的位置，接著透過動作控制，緩慢地將身體降低直至底部。這些是向心的分解動作，你可能沒辦法做到向心部分的動作，但你可以透過離心部分來訓練動作模式，也有助於肌力與肌肥大的效益。

三種運動類型的訓練計畫例子：

- **向心**：臂屈伸：3組×5次 →12次，休息3分鐘，10×0節奏
- **等長**：等長俄式撐體：5組×12秒，休息3分鐘
- **離心**：離心引體向上：3組×（3次×7秒）或3組×3次10秒離心

量化這些運動類型的強度和量，有不同的方法。

- **向心運動**通常以進行組數和每組完成的反覆次數來表示。以組×反覆次數表示。如3×5，就是3組反覆5次。
- **等長運動**通常以組數和每組的總持續時間來表示。以組×持續時間表示，例如3×10秒，就是持續10秒3組。
- **離心運動**類似於額外連結反覆變化的等長運動，例如在划船動作中，完成3次10秒的離心引體向上，接續完成3組的反覆數。為了盡可能簡單，請參閱組數的術語（反覆次數×離心的時間）。例如：3組×（3次×10秒），就是持續10秒離心，反覆3次，共3組。如果離心運動之間有休息時間，請增加註解表示。另外，你可能會看到寫出來的訓練日誌是10秒離心3×3，這代表持續10秒離心，反覆3次，共3組。

舉重運動中，在紙上的標準記錄方式是重量×反覆次數×組數，所以如果你正在進行負重撐體動作，你可以說190（磅）×5（反覆次數）×3（組）或190×5×3。但在身體重量訓練中使用的格式是組數×反覆次數或組數×總持續時間。這種格式廣泛應用於一般的練習當中。

所有動作皆與肌力連續體存在關聯性。研究表示，如果我們比較向心收縮與等長收縮，會發現等長收縮的力量約大於向心收縮100－120%。同樣地，當比較向心收縮與離心收縮，會發現離心收縮力量約大於向心收縮100－150%。這些百分比有很大的差異，是根據訓練因素及身體特定肌群決定。假設等長收縮強度約大於向心收縮100－120%，離心收縮強度約大於向心收縮120－150%，我們可以因此得出關於需要多少訓練量作為刺激誘發肌力或肌肥大適應的結論。

把它放入每日格言：即使沒辦法做到引體向上，你仍舊可以執行離心引體向上（緩慢降低）。當你足夠強壯到可以在任何動作中，進行反覆多次離心或足夠長的等長支撐，這時候你應該至少可以完成一次的向心動作。因此，肌力訓練順序是離心＞等長＞向心。

向心反覆次數

當目的為增強肌力，在確定向心運動每組反覆次數時，有2個基本的經驗法則，以及追求肌肥大的第3經驗法則。

第一點：進行最大反覆次數，減去1次。最少3組

此法則背後的意涵很簡單。如果你進行第一組運動就力竭，隨後運動組的次數也會折半。例如，如果你在第一組進行反覆10次就力竭，那麼第二組你可能只能做到反覆8或9次，而第三組只有反覆7或8次。但如果你第一組進行反覆9次，3組通常能完成9－9－9反覆次，維持訓練量完成總反覆27次。這是不會力竭的訓練量例子，它比力竭訓練量更有優勢，只須執行總反覆25－27次。

最好是在不導致力竭的訓練量下進行訓練。肌力訓練本質上與最大化神經系統適應有關，如徵召、同步、頻率編碼等。你想要盡可能執行更多最大肌力輸出的反覆次數。組數訓練總量應該如9－9－9例子所述接近力竭，然後最後一組應該做到接近力竭或力竭。

研究表示，如果你主要的目標是增進肌肥大而不是肌力，你可以在訓練組中做到力竭，主要的目標是增進耐力亦是如此。力竭訓練中壓力施加於肌肉，會使肌纖維疲勞，導致機械性損傷，並產生肌肉內部代謝壓力，進而刺激肌肥大與耐力整體增加，這是非力竭訓練無法提供的。

標準的向心部分訓練計畫例子：

- **引體向上**：3組×5次 →12次，休息3分鐘，10×0節奏
- **臂屈伸**：3組×5次 →12次，休息3分鐘，10×0節奏
- **寬握吊環划船**：3組×5次 →12次，休息3分鐘，10×0節奏
- **吊環伏地挺身**：3組×5次 →12次，休息3分鐘，10×0節奏
- **蹲舉**（單腳進階或槓鈴）：3組×5次 →12次，休息3分鐘，10×0節奏
- **分腿蹲登階**：3組×5次 →12次，休息3分鐘，10×0節奏

第二點：經驗法則稱為15法則：旨在每次運動至少反覆15次。

當進行向心運動時，所有運動組的最低反覆次數是15次。如果你每個肌群進行2種運動，則每個拉、推及腿部運動加總反覆30次。反覆次數執行過少會導致總訓練量過低，而無法刺激肌力與肌肥大的適應。針對推、拉及腿部每種運動的反覆次數總量建議如下：

- **增強肌力**：總反覆25－50次
- **增加肌肥大**：總反覆40－75＋次

要找到自己每組「正確數量」的反覆次數，請記住在開始時評估自己的最大反覆次數，然後減去1次。接著找出正確的反覆次數可以讓你完成總反覆15次。例如：如每組最大反覆次數是4，則需要反覆3次進行5組，以達到期望的總反覆15次。如果最大反覆次數是5，你需要反覆4次進行4組，總反覆16次。如果最大反覆次數是6次，則需要反覆5次進行3組，總反覆15次。下列是有用的圖表：

- 目標反覆1次，6－10組。
- 目標反覆2次，5－8組。
- 目標反覆3次，5－6組。
- 目標反覆4次，4－5組。
- 目標反覆5次，3組。
- 目標反覆休息3組。

無論動作為何，當每組少於反覆3次，你必需大量增加組數，以達到總反覆15次的所需量。這可能產生一個問題，如果最大反覆次數是3，你是否要以每組反覆2次，進行8組直到達成總反覆16次呢？或者如果最大反覆次數是2次甚至是1次，你是否會以反覆1次進行15組呢？在每組這麼少的反覆次數的情況下，這樣的方法就無效了。在這種最低反覆次數水準中，目標進行4－10次的總反覆次數。透過額外的訓練補充反覆次數的不足，如等長、離心或輔助向心，直到有足夠肌力提升每組最大反覆次數。

輔助向心運動

輔助向心運動包括協同夥伴、滑輪系統、彈力帶或機械系統讓運動更容易。對於中級發展，你可以進行輔助向心運動的方法替代反覆4－10次。

以伏地挺身為例。你透過箱子或階梯將上半身抬高，這可以讓伏地挺身更輕鬆。類似像是鑽石伏地挺身的進階運動，你可以透過將手掌放在比正常伏地挺身間距更靠近的位置，但不像完全鑽石伏地挺身那麼靠近，會讓動作變得容易一點。如果你是初學者，可以透過將彈力帶放在胸前，兩端纏繞在周圍較高的位置上，或者請你的夥伴協助你，這都可以使動作變得更輕鬆。

可選的經驗法則（僅適用肌肥大）：初學者應該針對每個肌群進行10組運動。

向心運動的第3條法則僅應用於肌肥大訓練。如果這是目標，無論反覆次數範圍是多少，每種運動類型——推、拉、腿及核心——進行10組。如果你進行反覆5次引體向上和划船2種訓練且接近力竭，每個運動目標5×5，加總約反覆50次。如果你以3組×8次的訓練量進行變化伏地挺身和屈臂，你需要每個運動進行5組×8次，這相當於反覆40次，2種運動總反覆80次。

對於初學者，這個系統提供潛在最大化肌肥大反應。額外的好處是，這條法則可以讓你在任何動作下執行10組。你可能會想要進行3種不同的推運動，如伏地挺身、臂屈伸及手倒立。將這些運動總10組之間簡單地分開。建議初學者專注於基礎，而不是嘗試大量不同類型的運動。

向心運動最簡單的進步方法，就是當你建立訓練計畫時記住這3條法則。在某些情況下，當超出建議範圍時，修正是有必要的，例如預防、復健或每組過少量的反覆次數，但對於大多數情況，這些策略幾乎適用於所有初級者和中級者。

等長支撐

等長支撐是肌肉不拉長也不收縮的運動。

等長運動部分訓練計畫的例子：

- 等長俄式撐體：5組×12秒，休息3分鐘

《超越重力》以大量實證研究做為基礎，發展了更有效的公式，比較向心運動和等長支撐。該公式適用於反覆15次或30秒的等長支撐。這是在實務中最佳肌肥大範圍。當超過此範圍之後，反覆次數或支撐變得偏向於耐力，所以在肌力或肌肥大訓練上不會得到良好的進步效果。

- 1次反覆的向心運動等同於約2秒的等長支撐。
- 為了確保進步，一般的組數、訓練量及強度補充60－75%最大支撐時間是最佳的。其他教練可能會建議使用50%。

找到你自己的甜蜜點

最大支撐	支撐時間	總組數	總時間	甜蜜點（組數×支撐）
1	1	7－10	7－10秒	8×1秒
2	2	6－8	12－16秒	7×2秒
3	3	6－8	18－24秒	7×3秒
4	3	6－8	18－24秒	7×3秒
5	4	5－7	20－28秒	6×4秒
6	5	5－6	25－30秒	6×5秒
7	5	5－6	25－30秒	6×5秒
8	6	5－6	30－36秒	6×6秒
9	6	5－6	30－36秒	6×6秒
10	7	5－6	35－42秒	5×7秒
11	8	5－6	40－48秒	5×8秒
12	8	5－6	40－48秒	5×8秒
13	9	5	45秒	5×9秒
14	10	5	50秒	5×10秒
15	10	5	50秒	5×10秒
16	11	5	55秒	5×11秒
17	12	5	60秒	5×12秒
18	13	5	65秒	5×13秒
19	13	5	65秒	5×13秒
20	14	4	56秒	4×14秒
21	14	4	56秒	4×14秒
22	15	4	60秒	4×15秒
23	16	4	64秒	4×16秒
24	16	4	64秒	4×16秒
25	17	4	68秒	4×17秒
26	17	4	68秒	4×17秒
27	18	3	54秒	3×18秒
28	19	3	57秒	3×19秒
29	20	3	60秒	3×20秒
30	20	3	60秒	3×20秒

　　初學者通常會對如何使用Prilepin表建構一個最佳訓練計畫感到困惑。上圖是該表格的簡化版本，針對那些知道自己最大支撐時間的人，詳細說明確切的支撐時間及組數。無論任何運動，在第一列中找到自己的最大支撐時間，然後在圖表上橫向移動。最大支撐時間定義為你可以在一個姿勢力竭後支撐1秒的時間。例如：如果你在一個姿勢支撐8秒，但在力竭後1秒內停止，則最大支撐時間為9秒。以下是你可以在圖表中找到的特性及其定義：

- **支撐時間**——在1組中運動員1次反覆最佳支撐時間是多久。支撐時間會因運動員而異。例如：如果最大支撐時間為9秒，最佳支撐時間則是6秒。

- **總組數**——在訓練中運動員應該進行每項運動的最佳總組數。例如：如果最大支撐時間是9秒，最佳支撐時間是6秒，那麼總組數則是5－6組。如你所見，總組數可以是一個範圍，你可以選擇你想要執行的數量。

- **總時間**——當從初學者階段進階時，透過總時間可以追蹤你的改善幅度；剛開始時，注意力不需要放在這項指標上。在這說明為什麼：如果你能完成6組的6秒支撐，則總共支撐36秒的時間。如果你在下一次訓練中增加最大支撐時間，但只能以支撐7秒完成5組，這麼一來你完成35秒的訓練總量，則略少於36秒。不需要感到灰心：你在較少的組數中完成相近的訓練量，並且增加1秒的支撐時間；這是整體的進步。當從初學者階段進階時，總時間能夠讓你感到明顯進步。

- **甜蜜點**——最後，甜蜜點代表最大支撐時間的任意組數和反覆次數，這對於一般訓練族群最有效。大多數運動員都落在這個範圍。如果你處於甜蜜點範圍，並且能夠在訓練中獲得穩定的進步，那就太棒了！如果你沒有進步，並往往感到疲勞，請刪除1組。如果你覺得訓練不足，請增加1組。如果你不想嘗試不同的組數和支撐時間，「甜蜜點」是個很好的起始點。

　　提醒：要確定你的最大支撐時間，需要在達到力竭或力竭的前1秒停止動作。

60秒方法——替代方案

　　還有其他方法可以用於編排設計支撐時間、組數及等長組的總訓練量。其中之一是「60秒方法」，在這種方法中，你所有的支撐和組數總計達60秒。此方法以50%最大支撐時間作為訓練量。

- 最大支撐6秒：支撐3秒進行20組，總共60秒
- 最大支撐8秒：支撐4秒進行15組，總共60秒
- 最大支撐10秒：支撐5秒進行12組，總共60秒
- 最大支撐12秒：支撐6秒進行10組，總共60秒
- 最大支撐20秒：支撐10秒進行6組，總共60秒
- 最大支撐30秒：支撐14秒進行4組，總共60秒
- 最大支撐40秒：支撐20秒進行3組，總共60秒

　　這種方法有利有弊。其中一個優點是，當你能夠做20秒3組，最大支撐40秒時，你可能已準備好進展至下一個階段。這種方法對預防過度使用傷害也很有效，因為50%最大支撐時間的進步幅度很緩慢，目的是為了大範圍增強結締組織。然而，由於支撐時間顯著較縮短，運動員可能需要執行多達10－20組，才能達到60秒的總訓練量，這會明顯延長訓練的時間。

建議支撐60－75%的時間，可擁有組數、訓練量與強度之間極佳的相互補償，使你獲得良好的進步。例如，讓你在較短的支撐時間下，減少訓練組數，這會降低過度使用傷害的發生。假設運動員的最大支撐時間為10秒，你可以比較2種公式：

- 支撐5秒進行12組，總共60秒＝反覆30次
- 支撐7秒進行5－6組，總共35秒＝反覆17－18次

肌力目標應該為總反覆25－50次，肌肥大目標為總反覆40－75＋次。因此，如果目標是肌肥大，任何於相同肌群的額外訓練，應該從反覆30次到總反覆40－75次或反覆18次到總反覆40－75次。這樣能夠更輕鬆地將每個推、拉、腿部和核心運動編排入訓練計畫，以便提供達成目標所需的訓練量。

此方法能協助運動員成功完成後槓桿、前槓桿、俄式撐體、十字懸垂及其他高階等長支撐，當然，結果可能會因為個體狀況而有所不同。

如果你按照進度表訓練且沒有進步，請減少訓練量。讓身體有額外的恢復時間，這將使你更容易進步。如果你達到撞牆期，請增加訓練量。

這種問題排除法不僅僅適用於等長支撐，所有訓練動作皆可行。如果沒有進步，請先減少訓練量以確定是否為恢復時間的問題。同時也降低結締組織與中樞神經系統的壓力。

離心集群反覆（鏈）

離心運動通常由緩慢的動作控制組成，肌肉會在整個運動中被拉長。

離心運動部分訓練計畫的例子：
- 離心L型撐體引體向上：3組×（3次×7秒）或3組×3次10秒離心

尚未有研究直接比較離心與向心運動對肌力與肌肥大的增進效果。但根據不同運動員的觀察，此公式在實務應用中有良好效果：

- 1次反覆次數大約等同於3秒離心動作。
- 離心的集群反覆是最有效的進步方式。

研究表示，離心運動將優先活化快縮肌。換句話說，在整個活動範圍內進行快速反覆1秒所刺激肌肥大的反應，比反覆6秒還大。當採用1秒的偏心反覆時產生一個問題，運動員必需進行更多的組數，以達到足夠讓肌力與肌肥大進步的訓練量。另一方面，進行過長時間的離心動作（如20或30秒）是生理上的折磨，代謝性酸中毒——俗稱「燒」——將阻礙肌力提升或肌肥大。

為了達到良好的平衡，離心運動目標訂在3－10秒鐘之間，這就是集群反覆又稱為「鏈」的地方。先前在運動標記中提到運動分組的方法，在此重複說明：

- 3組×（3次×10秒）＝10秒離心，反覆3次，進行3組

離心運動通常用於突破高原期或針對單側動作建立肌力，如單臂引體向上。從2－3組的2或3反覆次數開始。隨著進步，在進度上會系統性降低集群反覆的組間休息時間，直到沒有休息時間。

絕大多數運動員——當有能力連續執行3次集群反覆的7－10秒離心運動，且在訓練間沒有休息——通常也可以執行反覆1次的向心運動。

所以，如果你可以……

- 執行連續3個離心
- 速度平均降低
- 每次7－10秒
- 完成整個動作範圍

例如，如果你可以完成3次離心引體向上，透過完整的動作活動範圍緩慢下降7－10秒，組間不休息，則通常可以完成1次引體向上。這甚至適用於更高階的動作，如單臂伏地挺身、單臂引體向上，甚至像使用吊環時離心等長的前槓桿（例如吊環手倒立離心下降）。當你開始以離心作為一種進步的方法時，你可以實施以下典型方法：

- 3秒離心，進行2－3組的2－3次集群反覆，休息3分鐘

這總共是4到9次離心動作——2組2次集群反覆共有4次離心，3組共3次集群反覆總共9次離心。為了進步，你可以減少休息時間或增加離心維持時間。在調整休息時間之前，建議先將離心維持時間增加到7－10秒。這樣可以增加訓練量和肌肉張力，進而更快地增加肌力和肌肥大。進程如下：

- 4秒離心，進行2－3組的2－3次集群反覆，休息3分鐘
- 5秒離心，進行2－3組的2－3次集群反覆，休息3分鐘
- 6秒離心，進行2－3組的2－3次集群反覆，休息3分鐘
- 7秒離心，進行2－3組的2－3次集群反覆，休息3分鐘
- 8秒離心，進行2－3組的2－3次集群反覆，休息3分鐘

在進入7－10秒範圍之後，以10－30秒的增加量，開始系統性減少組間休息時間。而要進展至下一步可能取決於你的能力。對於相對較低難度水準的進階方法，如反握引體向上，你甚至可以減少整整1分鐘的組間休息時間。但對於較高難度水準的進階方法，如單臂反握引體向上，你可能

只想減少10秒的休息時間。這是一個使用20秒支撐時間的進程例子：

- 8秒離心，進行2－3組的2－3次集群反覆，休息3分鐘
- 8秒離心，進行2－3組的2－3次集群反覆，休息2分鐘40秒
- 8秒離心，進行2－3組的2－3次集群反覆，休息2分鐘20秒
- （繼續執行，直到……）
- 8秒離心，進行2－3組的2－3次集群反覆，休息1分鐘
- 8秒離心，進行2－3組的2－3次集群反覆，休息40秒
- 8秒離心，進行2－3組的2－3次集群反覆，休息20秒
- 8秒離心，進行2－3組的2－3次集群反覆，不休息

組間休息時間維持不變，僅有集群反覆隨著進步而減少組數。例如，最後的進展階段會像這樣執行：

- 以8秒離心，進行1組的2－3次集群反覆，不休息。完成反覆後，立即進行另一個訓練。
- 組間休息3分鐘。
- 以8秒離心，進行1組的2－3次集群反覆，不休息。完成反覆後，立即進行另一個訓練。
- 組間休息3分鐘。
- 重複執行，直到你完成2－3組。

此時你至少能夠完成1次向心動作。如果你屬於這個類別，慢慢開始系統性地增加組數。執行3－5組的2－3次集群反覆。如果這樣的訓練量不夠，最多可以進行3－5組的3－5次集群反覆。如果你可以以10秒離心，完成5組5次集群反覆，並且不休息，那麼你至少可以完成1次反覆動作。

應該注意的是，離心運動對恢復的影響要比等長和向心運動更大，應該謹慎應用。它能有效突破撞牆期，但不應該成為日常訓練動作。在日常訓練中不要使用超過1或2個離心動作，並且每個離心動作應該處於不同的類別（推、拉、腿部或核心）。

另一個問題是單側的運動，如單臂引體向上會需要雙倍的訓練量，因此必需確保恢復時間充足。在進行大量的單側運動時，神經系統的訓練刺激總量增加1倍，這一點必需加以考慮。如果在中週期中持續使用單側運動，請注意如果恢復時間不足，可能會出現高原期。

訓練計畫中反覆次數例子

運動可分為向心、等長和離心。要確定日常訓練應該加入每組多少的反覆次數，請遵循3種不同的公式：

向心運動

- **每組反覆次數**：最大反覆次數減去1。最少3組。
- **15法則**：目標每種運動最少反覆15次。
- 對於肌力，目標總反覆25－50次；對於肌肥大，目標總反覆40－75＋次。
- **純肌肥大**：初學者應針對每個肌群進行10組運動。

等長肌力訓練

最大支撐	支撐時間	總組數	總時間	甜蜜點（組數×支撐）
1	1	7－10	7－10秒	8×1秒
2	2	6－8	12－16秒	7×2秒
3	3	6－8	18－24秒	7×3秒
4	3	6－8	18－24秒	7×3秒
5	4	5－7	20－28秒	6×4秒
6	5	5－6	25－30秒	6×5秒
7	5	5－6	25－30秒	6×5秒
8	6	5－6	30－36秒	6×6秒
9	6	5－6	30－36秒	6×6秒
10	7	5－6	35－42秒	5×7秒
11	8	5－6	40－48秒	5×8秒
12	8	5－6	40－48秒	5×8秒
13	9	5	45秒	5×9秒
14	10	5	50秒	5×10秒
15	10	5	50秒	5×10秒
16	11	5	55秒	5×11秒
17	12	5	60秒	5×12秒
18	13	5	65秒	5×13秒
19	13	5	65秒	5×13秒
20	14	4	56秒	4×14秒
21	14	4	56秒	4×14秒
22	15	4	60秒	4×15秒
23	16	4	64秒	4×16秒
24	16	4	64秒	4×16秒
25	17	4	68秒	4×17秒
26	17	4	68秒	4×17秒
27	18	3	54秒	3×18秒
28	19	3	57秒	3×19秒
29	20	3	60秒	3×20秒
30	20	3	60秒	3×20秒

離心運動

- 開始以3－5秒離心，進行2－3組的2－3次集群反覆，休息3分鐘。

- 進步至7－10秒離心，進行2－3組的2－3次集群反覆，不休息。
- 如果你需要額外增加訓練量，請先增加3－5組。當熟練時，最多增加3－5次集群反覆。

實際上比較有用的對照公式是向心反覆1次＝等長支撐2秒＝離心3秒，針對肌力目標總訓練量為反覆25－50次和肌肥大反覆40－75次。以下為動作基礎的標準：

- 引體向上：3組×5－12次，休息3分鐘，10×0節奏＝3×5→12＝反覆15－36次。
- 屈臂伸：3組×5－12次，休息3分鐘，10×0節奏＝3×5→12＝反覆15－36次。
- 寬握吊環划船：3組×5－12次，休息3分鐘，10×0節奏＝3×5→12＝反覆15－36次。
- 吊環伏地挺身：3組×5－12次，休息3分鐘，10×0節奏＝3×5→12＝反覆15－36次。
- 蹲舉（單腳進階或槓鈴）：3組×5－12次，休息3分鐘，10×0節奏＝3×5→12＝反覆15－36次。
- 分腿蹲登階：3組×5－12次，休息3分鐘，10×0節奏＝3×5→12＝反覆15－36次。

這個日常訓練包括兩個推、兩個拉和兩個腿部運動。每個肌群每組總訓練量如下：

- 推：臂屈伸及吊環伏地挺身——反覆15－36次＋反覆15－36次＝反覆30－72次。
- 拉：引體向上及划船——反覆15－36次＋反覆15－36次＝反覆30－72次。
- 腿部：蹲舉及分腿蹲登階——反覆15－36次＋反覆15－36次＝反覆30－72次。

如果你在困難的運動中進行3×5反覆，將穩定落在肌力最佳範圍反覆30次的訓練量內，但稍微超出肌肥大的最佳範圍。但3×8會是24＋24＝反覆48次，這在肌力和肌肥大的範圍內。當你開始在反覆12次範圍內進行兩種訓練時，你將達到36＋36＝反覆72次，這些反覆次數仍在肌肥大範圍內。

訓練反覆次數的範圍，顯示你產生肌力與肌肥大適應所需要的訓練量。如果你在範圍的邊緣，不要擔心，雖然不在最佳肌肥大範圍之內，但2種運動3×5的訓練量仍會刺激肌肥大。當執行2種不同運動3組反覆15次時亦是如此（45＋45＝反覆90次），儘管你可能超出肌肥大所需的總訓練量。接近力竭或力竭的組數量對於肌肥大是最重要的。

以下是就等長俄式撐體和離心L型引體向上而言，等長和離心運動轉換的反覆次數。一般情況下，你將移除其中一個推的動作，如訓練動作中的伏地挺身或臂屈伸動作，並將其替換為等長俄式撐體。同樣地，如果你正在執行離心L型引體向上，則可以取消訓練動作中引體向上動作，替代為拉的動作。

- 等長俄式撐體：5組×12秒，休息3分鐘＝等長60秒／2＝反覆30次
- 離心L型引體向上：3組×（3次×7秒）＝3組×3次×7秒＝63／3＝反覆21次

等長俄式撐體在支撐12秒5組（最大支撐時間17秒），穩定落於反覆10次3組的範圍內。如離

心段落所述，當你能夠以7－10秒離心，完成3組的集群反覆，你很可能至少能夠完成反覆1次向心動作。這與能夠完成3組反覆20次很類似，表示你已經離目標肌力與肌肥大越來越遠，逐步進入耐力訓練。這是一個很好轉變，從離心運動轉為向心運動，進而替代之。

使用這些建議範圍來設計你的訓驗計畫。當你掌握身體對特定訓練產生的反應，你就能建立更具體的訓練計畫。請切記，訓練中的應變取決於生理變化。有些人需要更大的訓練量，有些需要減少，請視情況調整。

組數

- 引體向上：3組×5次 →12次，休息3分鐘，10×0節奏
- 臂屈伸：3組×5次 →12次，休息3分鐘，10×0節奏
- 寬握吊環划船：3組×5次 →12次，休息3分鐘，10×0節奏
- 吊環伏地挺身：3組×5次 →12次，休息3分鐘，10×0節奏
- 蹲舉（單腳進階或槓鈴）：3組×5次 →12次，休息3分鐘，10×0節奏
- 分腿蹲登階：3組×5次 →12次，休息3分鐘，10×0節奏

上述例子中，應用3組的訓練量並無特別之處。其主要原因為3組反覆5－15次，總反覆次數可以達到反覆25－50次的肌力次數範圍，或者反覆40－75次的肌肥大次數範圍。你可以根據訓練量需求，增加或減少訓練組數。

在某些情況下，你可能需要更多的訓練組數。想像你的訓練計畫中，因為你目前的能力關係，大部分的運動訓練組數範圍皆設定於反覆3－6次。如果使用3種肌群的運動，且每一項主要類型（推，拉和腿部）運動訓練2次，每個肌群將完成約2項運動×3組×反覆3－6次＝反覆18－36次。這對於肌力的訓練來說是不錯的選擇，但如果你希望的是刺激肌肥大，你會希望將訓練計劃組數從3組增加到4組、5組甚至6組。經典的初學者槓鈴訓練計畫StrongLifts採用的是反覆5次×5組。而某些肌肥大計畫需要12組這麼多。對於肌力和肌肥大訓練，反覆8－10次×3組有較佳的效果。而採用低反覆次數範圍的唯一缺點，就是你可能需要完成更多的組數。在肌力訓練中，如果你在每組之間皆必需休息3－5分鐘，這表示訓練的時間會很冗長。但如果你有時間，它會是很好的訓練。

上述訓練計畫是以增進肌力與肌肥大為目標。如果你是初學者，並且希望將訓練計畫中的肌肥大部分最大化，可以嘗試額外增加1－3組，將總反覆次數增加至肌肥大範圍（每項運動完成4－6組）。

如果你選擇做這些修改，應該注意2件事。首先，在初學階段增加額外的訓練組數，可能導致過度使用傷害。如果你的關節、韌帶、肌腱或其他結締組織感到疼痛，你應該減少訓練量。再

者，增加額外的訓練組數或運動可能會讓你無法恢復，導致進步停滯。如果你了解這一點並適度減少訓練量，應該能再持續進步。

運動順序

運動順序是一個簡單的概念，但建立正確的順序需要經過深思熟慮。疲勞能夠大量地累積橫跨整個中週期，但也可以應用於個體訓練。它創造了一種運動「瓶頸」——人在運動初始階段付出最大的努力，並且在運動最後花費的努力最少。由於訓練過程中疲勞，通常組數會慢慢減少。因此，運動員首先選擇的運動應該與主要目標有關。例如，如果比起其他運動，你更希望學習俄式撐體，你可能需要先將等長俄式撐體或其他和俄式撐體相關的動作優先加入訓練。

這甚至可能發生在單次運動中。大多數徒手訓練者都熟悉在訓練過程中運動表現下降。在3組×反覆5次數中，通常能夠完成第1組且不感到力竭。如果你不斷地增加組數，你可能無法在第4組、第5組或第6組中完成5次反覆。這種疲勞累積適用於第1項運動後的所有運動。如果訓練計畫中的第2項運動是前槓桿，隨著訓練過程完成總組數增加，訓練品質將慢慢地下降。

每當你完成1組運動，最大力量百分比將會降低。當你完成總15組運動——或者5種運動完成3組——你可能只剩於90－95%的能力水準。除非你經常變換運動順序，否則不會注意到這一點。

有鑑於此，你應該優先考量所要進行的運動與你的目標相符。如果目標分別有推、拉和腿部，應該優先考量你希望達到的目標，並選擇運動。請參閱身體重量訓練動作中的順序：

- 引體向上：3組×5次 →12次，休息3分鐘，10×0節奏
- 屈臂伸：3組×5次 →12次，休息3分鐘，10×0節奏
- 寬握吊環划船：3組×5次 →12次，休息3分鐘，10×0節奏
- 吊環伏地挺身：3組×5次 →12次，休息3分鐘，10×0節奏
- 蹲舉（單腳進階或槓鈴）：3組×5次 →12次，休息3分鐘，10×0節奏
- 分腿蹲登階：3組×5次 →12次，休息3分鐘，10×0節奏
- 等長俄式撐體：5組×12秒
- 離心L型撐體引體向上：2－3組×2－3次，7秒離心

如果主要目標是促進俄式撐體和L型引體向上發展，那麼你要先排序進行這項運動。你可以選擇腿部運動作為下一個重點。因為你並沒有要強化上半身，上半身訓練的休息可能會是最後考量。在這種情況下，運動的順序如下所示：

- 等長俄式撐體：5組×12秒
- 離心L型撐體引體向上：2－3組×2－3次，7秒離心
- 蹲舉（單腳進階或槓鈴）：3組×5次 →12次，休息3分鐘，10×0節奏

- **分腿蹲登階**：3組×5次 →12次，休息3分鐘，10×0節奏
- **引體向上**：3組×5次 →12次，休息3分鐘，10×0節奏
- **屈臂伸**：3組×5次 →12次，休息3分鐘，10×0節奏
- **寬握吊環划船**：3組×5次 →12次，休息3分鐘，10×0節奏
- **吊環伏地挺身**：3組×5次 →12次，休息3分鐘，10×0節奏

　　如果你想更快地改善臂屈身和划船，只需將他們移動到訓練動作的第一項即可，這將提高臂屈伸與划船運動的訓練品質。在每次訓練期間都以100%的能力進行是不可能的，而根據目標建構訓練計畫是最佳的方式。此外，改變和修改運動順序也是突破的好方法，這能讓你持續朝特定目標前進。

　　運動順序可以在小週期或中週期的任何時候進行調整。有時候，人們會認為設定了訓練計畫，必需每天以這種方式進行6－8週。這當然很好，但在一個週期內調整運動順序也是可以接受的。如果訓練課表突然出現時間限制，甚至可能必需這樣做，優先考慮你最想改善的運動，並按照課表回到訓練計畫。

休息時間

- **引體向上**：3組×5次 →12次，休息3分鐘，10×0節奏
- **屈臂伸**：3組×5次 →12次，休息3分鐘，10×0節奏
- **寬握吊環划船**：3組×5次 →12次，休息3分鐘，10×0節奏
- **吊環伏地挺身**：3組×5次 →12次，休息3分鐘，10×0節奏
- **蹲舉**（單腳進階或槓鈴）：3組×5次 →12次，休息3分鐘，10×0節奏
- **分腿蹲登階**：3組×5次 →12次，休息3分鐘，10×0節奏

　　建構訓練計畫的其中一項因素就是組間休息時間。而徒手訓練的最大障礙之一，就是需要花費大量的時間在運動技能與肌力訓練之間的休息時間。在訓練前大約需要花費5－20分鐘來進行暖身，並完成技能運動，因此正式肌力訓練開始前，已經花費相當長的時間。

　　如果目標單純是發展肌力，你需要組間的休息，這麼一來身體就能重新恢復至較佳的狀態。平均來說，這段休息期會持續3－5分鐘，但有些人需要7分鐘或更長的時間。了解休息如何影響身體是很重要的，從長遠來看不僅節省時間，也能達到你想要的肌力、肌肥大或耐力訓練的特定生理適應。

　　ATP（三磷酸腺苷）是肌肉收縮的主要能源。當ATP用於促進肌肉收縮時，被分解為ADP（二磷酸腺苷）和P（磷酸根）。在執行1組至力竭或接近力竭後，大量的ATP轉化為ADP。接著肌細胞必需休息以再生ATP。如果不休息，肌肉就沒辦法準備好進行下一組訓練。換句話說，使用肌肉是有時間限制的。3分鐘內，肌細胞內的ATP幾乎可完全補充。概略的ATP補充生理速率如下：

- 在30秒內達到50%
- 在60秒內達到75%
- 在90秒內達到88%
- 在120秒內達到95%
- 在180秒內達到99%

有鑑於此，強烈建議在進行肌力訓練時，組間休息至少3分鐘。肌力訓練的目的是最大化肌力的神經傳導適應。當繼續訓練，沒有充分休息時，肌肉疲勞可能會成為神經系統的限制因素。因為肌肉限制了中樞神經的刺激，可能無法達到想要的肌力效益。以下為改善耐力、肌肥大和肌力的適當休息時間：

- **耐力**：組間休息30－90秒
- **肌肥大**：組間休息60－240＋秒
- **肌力**：組間休息180－300＋秒

如果你的目標是單純發展肌肥大，你應該改變組間休息時間。例如：訓練中應用輕鬆或較輕鬆的重量，組間休息60秒，接著在訓練中應用較困難的運動或較重的重量，組間休息180秒。由於只有1分鐘休息時間沒辦法完全補充ATP，因此在短暫休息會讓肌肉更快力竭。如前幾章節所述的替代方法，這將刺激肌肥大發展。如果你使用短休息時間，關鍵在於必需確保達到足夠的訓練量。為了最大化肌肥大，必需改變休息時間，同時保持足夠的訓練量作為刺激。

耐力和肌力訓練較簡單。耐力訓練利用短休息時間來讓肌肉在疲勞狀態下收縮的能力最大化。當ATP從前一組中耗盡時，刻意進行下一組運動。相反地，在進行肌力訓練時，組間休息至少應有2分鐘，以確保肌力表現不受肌肉疲勞限制。而3分鐘或更多是更好的選擇。

對於肌力和肌肥大綜合發展的訓練，反覆次數範圍部分重疊，約減少肌力與肌肥大最大休息時間1分鐘。完整的肌力與肌肥大綜合訓練，休息時間建議於180－240秒之範圍內。這麼一來，可以確保ATP幾乎完全恢復，使肌力訓練更加有效，而讓每組運動接近結束時產生的無氧會誘發肌肥大。同樣地，這樣可以在足夠訓練量下進行更劇烈的運動，以確保促進肌力和肌肥大。

配對組運動

假設你時間不夠，而選擇了最省時的全身訓練計畫，例如2項上半身的推、拉與下半身的腿部運動。如果每項運動完成3組，完整的訓練總共是18組。如果組間休息是3分鐘，總時間為54分鐘。當你將休息時間增加到5分鐘時，總時間為90分鐘。這不包括暖身、技能運動或其他的部分訓練計畫（例如額外的柔軟度／活動度運動或在最後進行的任何預防損傷的運動）。如你所見，根據選擇的組合，訓練時間可能會長達2小時。然而，大多數人都有全職工作、家庭活動或其他職

責，不可能定期進行2小時的訓練。對某些人來說這是可以被管控的。在這些情況下，最好的選擇是將訓練計畫減少到1小時或以下。我們可以透過配對運動做到這一點。

　　配對組運動可以用不同的方式實施。其中一種方法是選擇2種拮抗肌群的運動。例如，俄式撐體和前槓桿可以很好地配對使用，因為俄式撐體是推的運動，前槓桿是拉的運動。如果你選擇這兩個運動作為配對組，你會在這些運動之間交替。首先，執行俄式撐體動作。接著，不要在2組之間休息3－5分鐘，而要將休息時間減半，並進行相對的運動，即前槓桿。肌肉會在相對的運動中恢復，所以較短的休息時間是可行的。使用間隔休息5分鐘，兩種運動的配對組如下所示：

- 俄式撐體
- 休息2.5分鐘
- 前槓桿
- 休息2.5分鐘
- 反覆2次

　　這可以讓你在大約平時一半時間內完成3組的俄式撐體和前槓桿。以下顯示執行一般組和配對組的運動需要多少時間。

一般組

- 俄式撐體3組×休息5分鐘＝～15分鐘完成所有俄式撐體組
- 前槓桿3組×休息5分鐘＝～15分鐘完成所有前槓桿組
- 總時間＝15分鐘＋15分鐘＝30分鐘

配對組

- 俄式撐體1組×休息2.5分鐘＋前槓桿1組×休息2.5分鐘＝5分鐘
- 乘以3循環
- 總時間＝1組5分鐘×3循環＝15分鐘

　　這種方法唯一的問題是它可能無法提供最佳的肌力效益。短休息時間可能不足以使肌肉和神經系統充分恢復。但肌力效益仍非常相似，所以如果你不喜歡長時間的訓練，配對組是個很好的選擇。下表顯示如何在訓練計畫中應用配對組：

基本訓練計畫

- **引體向上**：3組×5次 →12次，休息3分鐘，10×0節奏
- **屈臂伸**：3組×5次 →12次，休息3分鐘，10×0節奏
- **寬握吊環划船**：3組×5次 →12次，休息3分鐘，10×0節奏
- **吊環伏地挺身**：3組×5次 →12次，休息3分鐘，10×0節奏
- **蹲舉**（單腳進階或槓鈴）：3組×5次 →12次，休息3分鐘，10×0節奏
- **分腿蹲登階**：3組×5次 →12次，休息3分鐘，10×0節奏

基本配對組訓練計畫

- **引體向上**：3組×5－12次，休息1.5分鐘，10×0節奏
- **屈臂伸**：3組×5－12次，休息1.5分鐘，10×0節奏
- **寬握吊環划船**：3組×5－12次，休息1.5分鐘，10×0節奏
- **蹲舉**（單腳進階或槓鈴）：3組×5次－12次，休息1.5分鐘，10×0節奏
- **吊環伏地挺身**：3組×5－12次，休息1.5分鐘，10×0節奏
- **分腿蹲登階**：3組×5－12次，休息1.5分鐘，10×0節奏

一位運動員曾問：「如果配對組節省了大量時間，為什麼不在訓練中設計3組，甚至用循環訓練動作來節省更多時間？」

答案是，執行2種運動配對組3循環與執行3種運動配對組2循環其實是相同的。每組之間的休息時間並不會因為是從2循環增加至3循環而改變，它仍然會增加身體的負擔，並且更多運動的循環訓練，對那些目標為增進肌力和肌肥大的人來說並無益處。特別是對於肌肥大而言是一種不良的方法。

另一個節省時間的選擇是推／拉或上／下分段訓練。如果你有時間上的限制，這種方式是有效的。除非你還參與另一項運動，或者每週進行3次重要的技能運動，需要額外的休息時間，否則不建議採用此方法。原因是運動的頻率會減少。

最後一個注意事項，配對組不應該與*超級組*或*遞減組*訓練法混淆。

- 配對組專指交替運動對拮抗肌群的時間縮短，並且仍然可以輸出最大肌力。
- 超級組包括2種運動，一個接一個的運動相同肌群，2種運動間不休息，以提供肌肥大強烈的刺激。
- 遞減組訓練法是一種技術，重複相同的運動，不休息，當感到疲勞時降低重量，以提供肌肥大刺激。

然他們名稱相似，但實際上是3種完全不同的技術。

節奏

在訓練中如何應用節奏有許多不同的觀點。首先我們會將重點放在如何應用節奏在肌力與肌肥大訓練上。同時也會描述如何應用於復健。

- **引體向上**：3組×5次 →12次，休息3分鐘，10×0節奏。
- **屈臂伸**：3組×5次 →12次，休息3分鐘，10×0節奏。
- **寬握吊環划船**：3組×5次 →12次，休息3分鐘，10×0節奏。
- **吊環伏地挺身**：3組×5次 →12次，休息3分鐘，10×0節奏。
- **蹲舉**（單腳進階或槓鈴）：3組×5次 →12次，休息3分鐘，10×0節奏。
- **分腿蹲登階**：3組×5次 →12次，休息3分鐘，10×0節奏。

節奏基本上是向心（上）和離心（下）部分的反覆速度，以及是否在反覆之間休息。節奏是以四位格式命名。例如，10×0是標準節奏。這是伏地挺身速度的例子：

- 1秒——離心階段，下降到伏地挺身的底部
- 0秒——在反覆動作的底部暫停
- ×——向心從底部上升，以正確的爆炸性方式執行
- 0秒——暫停在反覆動作的頂部

當你從向心階段開始，你會注意到拉運動（例如引體向上）的節奏是相反的。他們還是以相同的方式註記：

- 1秒——離心階段，下降到引體向上的底部
- 0秒——在反覆動作的底部暫停
- ×——向心拉至槓鈴，以正確姿勢從底部快速地向上
- 0秒——在反覆動作的頂部暫停

在訓練肌力和肌肥大時推薦標準的10×0節奏，因為它可以最大化肌力適應。這使用Henneman的肌肉大小原則。在CHAPTER2中詳細討論了這一原則，低閾值運動單位（LTMUs）在中閾值運動單位（MTMUs）與高閾值運動單位（HTMUs）之前被徵召，循序漸進。慢收縮肌纖維始終是在快收縮肌纖維之前被徵召的，因為LTMUs疲勞耐受性更高，確保身體節省能量。

在正確動作技術下以10×0節奏的身體加速度，由於反覆動作過程中將徵召所有的肌肉纖維，因此能夠最大化肌力的訓練。這增加了肌力的神經適應，如徵召、同步和頻率編碼。對於肌肥大，可能偏向徵召快收縮肌纖維的比例，大於慢收縮肌纖維，但此差異並不顯著。由於在快速反覆動作的運動組中優先徵召HTMUs，因此加速度×節奏也可能具有些微增加肌肥大的效果。這讓

他們有時間恢復再進行訓練，並且變得比執行力竭組更疲勞。即便如此，初學者也應該使用快速的反覆動作。

如果張力或訓練量的總時間相同，則所有節奏的肌肥大效果相對是相似的。無論負重後進行節奏是緩慢或快速，如果肌纖維力竭，在最後一組時肌纖維會疲勞。如果你以10×0的節奏反覆10次，或者以5050的節奏反覆5次，你仍會力竭。根據對肌肉施加的壓力，受損的肌肉會修復並變大。初學者可能會在40%1RM強度和85－90%1RM強度中發現相似的肌肥大結果。

10×0節奏的主要問題是如果動作發生得非常緩慢，例如執行高強度運動時。即使反覆動速度不快，也會很快地徵召快收縮肌纖維。因此，即使動作緩慢，動作接近1－4RM就足夠了。這並不是說緩慢的反覆動作是沒用的。你可能會選擇使用較慢的反覆動作，原因很多，其中包括：

- 緩慢的動作可以降低受傷風險。
- 在爆發力反覆動作中，減速可以讓你有效訓練整個活動範圍。
- 緩慢的反覆動作可以更專注於動作控制。
- 如果正處於復健期，在結締組織癒合時緩慢的動作可能是有利的。

在第一次教導學員動作時，採用較緩慢的節奏，如2020或2121可以產生特別好的效果。向心和離心收縮2秒鐘可以讓你在進行運動時有充足的時間思考和專注於技術層面，同時暫停動作可以讓學員喘口氣並重新集中精神。

如果你受傷了或正在復健，在一開始可以採用緩慢節奏，如4040或4141節奏，因為你需要專注於良好的動作模式，而不是追求肌力或肌肥大。在這種情況下，緩慢的動作可以讓受傷的運動員按照時間順序專注於所有肌群的收縮。這對於經常發生多種肌肉代償的肩部傷害特別有效。相同地，如果想預防肌肉拉傷，可能會發現利用緩慢的離心階段如5120，有助於身體在運動中保持控制。緩慢的離心收縮也有助於建立肌肉韌性，預防未來受傷。如果你在運動的離心過程發生肌肉拉傷，那麼有必要將離心運動當作復健的一部分。對於曾患有肌腱炎的人也可以應用緩慢離心運動。

根據整體訓練需求，決定運動節奏。本書對於所有運動建構後續的訓練動作，我們將使用10×0節奏。你有更多經驗後，可以嘗試所有的訓練節奏，並觀察自身的生理反應。

一般肌力與等長

另一項替代方案是挑選少量或沒有等長運動的訓練計畫。包括作者在內，有些人偏好於基礎動作訓練計畫大於嚴格的等長訓練。你不需要執行等長運動來熟悉等長技巧。不需要在訓練中執行很多等長運動，就可以建立十字懸垂、分腿俄式撐體、前槓桿和其他等長運動的能力。

這種訓練方式對平衡及對發展所有活動範圍的整體肌力都更有效。總之，它有助於更快的進步。同時，透過主要以動作訓練的肌力運動，還可以發展駕馭意外動作的能力，例如跑酷或武術中出現的運動。如果你感興趣的運動需要你執行意想不到的動作，或者快速適應新的狀況，那麼從訓練計畫中排除等長運動可能對你是有利的。

研究表示，等長動作只在30度的活動範圍內賦予肌力。對於肩部（上半身肌力關鍵角色），30度大約是整體旋轉動作範圍的10分之1。這也是另一項不專注於規律執行等長運動的原因。

根據排除的等長運動來編排訓練計畫很簡單。只需要以向心運動作為代替即可；而不是將等長運動，如俄式撐體、前槓桿和後槓桿編排至訓練計畫中。例如，你可以使用水平推的動作，如進階俄式撐體伏地挺身、偽俄式撐體伏地挺身、其他吊環伏地挺身變化或臂屈伸，以及手倒立伏地挺身替換俄式撐體。排除等長俄式撐體，並不表示你必需排除俄式撐體的重點訓練。前槓桿、後槓桿和其他等長支撐亦是如此。前槓桿可以替換為前槓桿引體向上、划船動作，或者甚至是槓鈴和啞鈴訓練進行俯身後拉或單臂俯身後拉。

對於那些考慮等長身體重量肌力訓練像是俄式撐體、前槓桿及後槓桿的人來說，強烈建議你在訓練動作中繼續進行等長運動。

在身體重量訓練中有3個主要的目標：1）發展具體的技能，例如俄式撐體，2）達到特定的等長目標，同時也發展全面的直臂和屈臂肌力，3）建立多種運動大量的肌力。

如果大部分的推運動都是以特定目標為基礎的話，那些專注於特定運動的人，──在這種情況下俄式撐體──就會做得越是成功。為了達到俄式挺身的目標，例如你需要發展肩部特定姿勢的等長肌力，以及肌肉質量和神經肌肉適應。在這個特殊的例子中，你會想要訓練等長俄式撐體支撐，以及上述提出的一些替代俄式撐體動作的運動：進階俄式撐體伏地挺身、偽俄式撐體伏地挺身、其他吊環伏地挺身變化，或者像是臂屈伸和手倒立伏地挺身的一些其他動作變化。本書的運動技術部分介紹了最有效地輔助動作，以幫助發展某些等長支撐，包括為停滯於撞牆期及不確定如何進展的運動員，提供的替代方案。

如果你的目標是發展直臂和曲臂的肌力，建議剛開始以等長支撐來強化結締組織。當達成目標後，將這些等長支撐安排至訓練計畫的暖身或緩和運動部分，以便維持這項能力。這也騰出更多的時間來訓練等長支撐和新動作。

最後，對於單純想要增進整體肌力的人，不需要專注於等長支撐。只有變得更強壯，你才能實現大部分的動作。其中一個例子就是透過偽俄式撐體伏地挺身、進階吊環臂屈伸，以及吊環手倒立挺身訓練來實現吊環分腿俄式撐體。可以從這些動作中有效地轉換為肌力。

對於初學者建議是：將支撐訓練、姿勢訓練、吊環懸吊和其他直臂訓練作為暖身的一部分，

然後把手倒立當作技能訓練。在開始訓練等長前，這會增強結締組織肌力。對於初學者來説，轉換他們的訓練動作從引體向上和伏地挺身至後槓桿和俄式撐體之前，透過熟練臂屈伸、划船、引體向上及伏地挺身變化（通常至5或6階）建立穩固的基礎非常重要。

核心訓練

- L型撐體總60秒，根據能力需求增加執行組數，不要力竭
- 核心收縮3組×10秒

核心訓練包含在《超越重力》基本訓練計畫的肌力部分後半部。仍然鼓勵將手倒立和高抬臀撐體配對組作為肩部的相反動作；但不需要在訓練計畫中同時進行這2種運動。在訓練開始時連續執行這2種運動，可能會導致大量不必要的疲勞產生，這會阻礙訓練的休息。伏地挺身、臂屈伸和倒立伏地挺身組特別容易受到這種疲勞的影響。這些運動有穩固的基礎相當重要，因為從這些動作所發展的技術和肌力，幾乎會影響所有推撐動作的進步。

L型撐體與核心收縮非常適合發展核心。L型撐體是測試核心肌力的基本姿勢之一，若進步得順利可以做到V型撐體和高抬臀撐體。它也是應用於手倒立和其他需要不同身體姿勢變化的前導動作。如果你想要熟練手倒立推舉和其他柔軟度類型，核心收縮訓練具有廣泛的適用性。特別的是，它可以同時發展核心肌力和主動性柔軟度。

核心收縮訓練模式與向心及等長運動相同。對於大部分的上半身肌力運動而言，運動過程中是由核心組成支撐部分和維持正確的運動技術。例如，進階前槓桿能有效地訓練核心。

以下為一些核心收縮的指導方針：

- 伸展腿後肌群30秒
- 坐姿，保持雙臂平直，雙手靠於膝蓋旁
- 雙腿伸直，收縮核心，將膝蓋拉靠近臉
- 支撐10秒。如果你開始抽筋，表示你做的是正確的
- 重複這些步驟3－5次
- 如果大部分組數可以很輕易地讓膝蓋碰到臉，就移動雙手，使其靠近腳趾

核心收縮與在肌力訓練結束時的核心運動，或訓練結束時進行的柔軟度運動幾乎相同，當你在進行L型分腿支撐和高抬臀撐體訓練時，可以安排在訓練開始時。如果你需要在訓練計畫中安排柔軟度訓練，以便進行某些特定的手倒立推舉技術或相關運動，這可能相當有用。其他不錯的核心運動包括腹輪、懸吊提腿、V型撐體、側桿運動，以及負重下斜仰臥起坐（這是肌肥大不錯的選擇）。

你可能已經注意到，本章節不包含針對背部的特定核心運動。這是根據假設你透過下半身的重量來進行充足的下背部訓練。如前幾章所述，使用下半身的重量是獲得肌力和肌肥大最有效的方法。如果你不想選擇這種方法，可以執行身體重量訓練，例如反式腿後勾、直腿上擺或其他相似的運動。重要的是你做什麼運動，因為大部分的身體重量腿部運動——例如蹲舉、手槍／單腿蹲舉、弓步、衝刺，以及相似的運動——都不能充分訓練你的背部。在許多情況下，人們花費很多時間進行腹部訓練，卻沒有強化背部，導致訓練到最後背部產生疼痛或受傷。所以一定要訓練腹部與背部兩側的核心肌群。

運動表現與停止訓練

初學者透過實際訓練使肌肉變得更加強壯，同時也是學習和加強正確技術的過程。在完成訓練計畫前，停止訓練並不是一個好主意。在訓練時總會有幾天感到不適。你可能想過出了什麼問題？「我對這項技能並不擅長」，「今天真的不舒服」。但初學者通常比他們想像中更有能力。透過訓練讓自己建立堅定的信念，能幫助你變得更加穩定。養成良好的習慣可以讓身體發揮超乎預期的表現。如果你在不適的情況下進行訓練，甚至可以記錄下來！

當你開始進展至更高的技能水準，壓力或其他因素所累積的疲勞可能會讓你想要盡早結束訓練或完全停止。大部分時候，提早休息對生理與心理能夠完成訓練計畫及排除壓力有幫助。有時候最好停止整整一天的訓練——特別是當你感到技術表現不佳的時候。

你該如何確定是否應該停止訓練？如果你的技能運動訓練品質很差，那麼至少在停止訓練前，嘗試另1種或2種運動。如果沒有改善，也不要因為提早結束訓練計畫，以及花費些許時間放鬆而感到罪惡。如果你處於訓練計畫中期，那麼訓練的品質就相當重要了，在這個時候停止訓練相當必要。總之，如何選擇，決定權在於你自己。

當你達到高階的技能水準，那時間就會更有彈性。到目前為止，你已經了解當感到疲勞和在較佳的身體狀態下進行訓練，感覺有什麼不同。你的經驗可以協助判斷自己是否會在某項運動或技巧上表現不佳，甚至在開始訓練計畫前就有預感。在這種情況下，你可能會想在開始前停止訓練。這與本能或自我調節訓練有關。你需要經驗才能有效地使用它，如果你已適應訓練，則會做得更好。少部分的人能做到停止訓練這一點，大多數人寧願做自己想做的事，也不願意聽從他們

的身體需求。這就是為什麼初學者應該要經歷過疲勞,而中級、高級,以及菁英運動員應該自己做出判斷。

有無數的因素可能會影響你安排的訓練計畫:家庭生活、新生嬰兒、大學考試、工作要求,或者生活中的壓力。制定一個維持生活和體能平衡的計畫相當重要。記住你為什麼要訓練,堅持於你的目標。希望你能享受這段過程,讓運動不成為你的麻煩。

如果訓練沒有按照預期進行,這些指導方針可以幫助你運用專業知識,做出如同運動員的正確判斷。若發生以下3種情況,建議你停止訓練:

- 生病了。
- 連續多天都睡眠不足。
- 關節、肌腱或其他結締組織會痠痛、發炎、刺痛或劇烈疼痛,如果繼續訓練可能會惡化。

前2種情況是很明顯的指標,也表示訓練的品質可能不是很好,並且可能會使狀況惡化。要對身體保持敏銳,並確保得到適當地休息。年輕時通常都不重視休息,但休息對於進步並達成目標來說相當重要。在你需要的時候休息一下,你會感到驚訝,因為這會讓運動表現改善許多。

在第3種情況下,你通常只想停止那些會加劇痠痛或疼痛的部分訓練計畫。你可以將這部分的訓練計畫轉換為復健運動,並如同往常執行組間休息。

當你受傷且應該要復健時,完全停止訓練是一個壞主意,因為這可能會讓你養成跳過訓練的習慣。跳躍練習在休閒運動中特別普遍,它會產生負面的遞延效應——不參加運動,到完全不運動,到坐在家裡「休息」。你的傷勢非但沒有恢復,而且正成為一個不活動的懶骨頭!這就是為什麼在受傷時不要跳過訓練非常重要,相反地,請修正它。

停止閱讀,開始行動

- 拿出你的筆記,看看你已經列在訓練計畫的核心運動。開始思考你可以使用的反覆次數／組數策略的類型。
- 如果當天的狀態很好,並且還有足夠的時間,進行一個快速的暖身,然後進行一些最大反覆和等長支撐的測驗,來確定自己的最大及／或能力水準。並且記錄下來。
- 現在找出你將在第一個週期開始的每個運動反覆次數及組數設計。
- 如果你已經有一個訓練計畫,你應該了解自己目前的能力。你可能希望等到當前的週期結束,才開始進行測驗和實施這些計畫。然而,如果你目前的組數和反覆次數是沒有效果的,或者可以改善的,請透過提供的進度表調整你的訓練計畫。

Chapter 9　摘要

肌力訓練

訓練計畫中建構肌力運動需要提前規劃。以下快速地帶你回顧：

1. 運動分為3種類型：向心、等長和離心。
2. 運動標記：組數×反覆次數
3. 向心反覆次數：每次運動反覆15次或以上，在力竭前停止動作，並針對肌力或肌肥大選擇反覆次數的量。
4. 使用等長圖表找到組數和支撐時間。支撐在60－70%的範圍內，持續時間為40－70秒。
5. 透過系統性的增加支撐時間和減少休息時間來建構等長運動。
6. 向心反覆1次，大約相當於2秒等長支撐和3秒離心運動。
7. 在設計訓練計畫的運動順序時，首先安排最重要的運動。
8. 組間休息時間：耐力30－90秒；肌肥大60－240秒；肌力120秒或180－300＋秒。
9. 透過配對運動使用不同的肌群縮短訓練時間。
10.節奏：標準的節奏是10×0。改變耐力、等長訓練和其他運動的節奏會產生不同結果。
11.在有動作位移的訓練vs.等長訓練，有動作位移的訓練可能會更好。
12.核心訓練（以核心收縮為例）提高了柔軟度。良好的核心訓練包括腹輪、懸吊提腿、V型撐體、側桿運動及負重下斜仰臥起坐（肌肥大的好選擇）。平衡前側與後側的核心。
13.評估訓練表現，並在必要時停止訓練。不要感到內疚，誰都有狀況不好的時候。

CHAPTER 10

漸進訓練的設計

METHODS
OF PROGRESSION

所有運動員都想看到訓練的成果，沒有一個人會希望以自身體重進行了10年的阻力訓練，卻一點進步也沒有。你可能為了讓訓練有進一步的成效，或為了確保現在正在訓練的運動員能持續地進步而翻開本書。我們在前面的章節已經說明許多訓練方式背後的理論原理，接下來要介紹的是具體的訓練內容，好讓你能更有效率地進行訓練。這些設計有的是依循自身體重負荷的原則，有的則是可以打破體重的限制，讓你可以透過更高的強度進行訓練。

關於自身體重進行的阻力訓練，可以透過2種不同的方式獲得訓練效果：單一動作訓練法及複合動作訓練法。單一動作訓練法是以一個訓練動作進行一個部位的訓練，以增加反覆次數或負荷重量，達到訓練的效果；複合動作訓練法則是透過一系列的訓練動作，同時訓練多個部位，並以增加動作的難度來提升整體能力。

單一動作訓練法能在訓練當中直接看到進步的幅度，以伏地挺身為例，當你可以從原本5次反覆次數增加至10次反覆次數，或者從原本無負重進行5次反覆次數，到負重25磅並進行5次反覆次數，都直接顯示肌力正在有效地提升當中。

複合動作訓練法則是透過多個難度不同的動作訓練，當你成功征服了一個難度動作後，再挑戰更難的動作，藉此提升訓練的強度。例如當熟悉了青蛙站立後，進一步地將腿部離開手臂，改以手臂支撐身體重量，最終的動作則是把身體伸展開呈一平面；或者是引體向上，進一步以寬握引體向上進行訓練，最終以直膝抬腿引體向上進行訓練。藉由增加動作難度，進一步增加訓練強度。

有許多訓練都可以藉由這2種方式進行，你可以把這樣的方式當作進步幅度的依據，不管訓練目的是增加肌力或促進肌肥大，都可以用這兩種方式作為你進步的指標。這些訓練計畫或漸進訓練，其中所改變的訓練因素，就如同先前提到的訓練原理一般，包含了反覆次數、訓練組數、休息時間、動作節奏、強度／負重、訓練量、訓練頻率等等。當你正確地搭配這些訓練因素，將能獲得理想的進步幅度。

簡易單一動作的漸進訓練設計

單一動作的漸進訓練，是在自身體重阻力訓練當中最容易被理解的訓練概念之一。當你從較少的反覆次數或較輕的阻力負荷開始，到能進行更多的反覆次數或更重的重量負荷時，表示已有所進步。大部分的人在訓練一開始都能直接掌握這個概念，「我原本能只進行5次反覆的引體向上，但在最後這次的訓練當中，我已經可以完成6次反覆的引體向上」。這樣的現象在你一開始進入訓練時會非常明顯，但是如果你是一位進階的訓練者，或是正處於高原期當中，成效將不會那樣明顯。所以我們得用另外的方式來判斷自己是否仍持續進步。

在訓練動作中，可以嘗試採用不同的動作節奏進行訓練，甚至同一個訓練動作，也可以採用不同的動作節奏進行訓練。把每一個訓練動作視為單一的訓練項目，即使只以不同的動作節奏進行，也視作不一樣的訓練項目，如此即使處於訓練成效的高原期，仍然可以看出些微進步的端倪。

漸增負重訓練法

漸增負重訓練法（Linear　progression）是最簡易的訓練發展方式，你可以採用任何能夠提升負重的物品，諸如背心、背包、能夠懸掛在腳踝或手腕上的重物、重量板，或任何你想得到可以加諸在身上增加負重的東西。透過增加負重提升訓練強度，以達到進一步的訓練效果。這種類型的訓練雖然源自槓鈴與啞鈴，但也可以透過自身體重有效地進行。最常見的訓練動作就是引體向上與臂屈伸，這都是有效提升肌肉肌力與增加肌肉質量的訓練方式，當然伏地挺身、划船或其他以自身體重作為重量的訓練動作也涵蓋其中。在下面的範例當中5－5－5代表進行3組5次反覆次數的訓練。

1. 5－5－5無負重　　　　2. 5－5－5負重10磅　　　　3. 5－5－5負重20磅

漸增次數訓練法

漸增次數訓練法（Linear　repetition　progression）是針對初學者在無法提升負荷重量時的最佳選擇。這個訓練方式是隨著訓練階段的增加，同時增加反覆次數，從一開始3組5次的反覆，逐漸增加至3組6次甚至7次的反覆次數。

1. 5－5－5　　　　2. 6－6－6　　　　3. 7－7－7

在這次的訓練當中，完成3組5次的反覆次數，下一次的訓練時則完成3組6次的反覆次數，之後則要完成3組7次的反覆次數。這對初學者而言，是非常推薦的漸進訓練方式，在這樣的漸進訓練當中，你將能快速地感受到訓練的成果。這也是對初學者而言較適合的反覆次數與組數的搭配（例如3×5－8、3×5－12、3×5－15）。

1. 引體向上：3 ×5 →15，以10×0的節奏進行，組間休息3分鐘
2. 臂屈伸：3 ×5 →15，以10×0的節奏進行，組間休息3分鐘

在漸進訓練的漸增次數訓練法中，→是表示反覆次數的增加，5→15表示第一次的訓練從每組5次的反覆次數開始，最終目標在一次的訓練中完成每組15次的反覆次數。因此你會在每次的訓練時，系統性地提升訓練強度，以達到漸進訓練的原則。如果訓練目標著重於肌肥大，反覆次數5→15即是最有效率的範圍，在沒有增加負重的情況下，勢必需要透過較多的反覆次數才能達到肌肥大的成效。

當你一開始進行訓練的時候，你會發現自己進步的幅度非常大，但經過幾週的訓練之後，進步的幅度會開始趨於平緩，你會發現自己進入了訓練效果的高原期，這顯示身體已經適應了訓練方式，接下來你需要做的是調整訓練計畫與漸進訓練，進一步獲得訓練成效。

漸增次數總和訓練法

漸增次數總和的訓練方式，是進步幅度較慢的訓練方法，透過每次訓練時反覆次數總和的增加，在1－2週的訓練當中，不斷提升整體反覆次數，這種方式較適用於每週3次的全身訓練模式。

1. 5－5－5	2. 6－5－5	3. 6－6－5
4. 6－6－6	5. 7－6－6	

如你所見，在你第一次的訓練時，進行3組5次反覆次數的訓練，第二次的訓練時，僅第一組增加至6次反覆次數，後面兩組維持5次反覆次數，第3次的訓練當中，則繼續增加反覆次數，前兩組皆為6次反覆次數，第三組維持5次反覆次數，依此類推，持續增加。當三組都增加至6次反覆次數後，再繼續從第一組的訓練中增加反覆次數，藉此提升每次訓練時的總反覆次數。如果你無法在每次的訓練當中，一次性地增加三組的反覆次數，一次僅增加一組的反覆次數，對你而言是較為理想的。

在開始介紹接下來的訓練計畫之前，我們先來說明一些有關這些漸進訓練設計時的基本概念。大部分的訓練會以最少3次的訓練作為一個階段，但這其中並沒有阻止你另外加入其他額外的組數，實際上，在設計漸進訓練的內容時，並不一定是有規律或制式化地增加組數或反覆次數，甚至並不需要固定訓練量，以下是兩個階段的訓練範例。

1. 5－5－5	2. 6－6－5－5	3. 6－6－6	4. 7－6－6－6
5. 8－8－8	6. 5－5－5	7. 6－6－5－5	8. 7－6－6
9. 8－8－7－7	10. 9－9－9		

你不一定要照著這個範例方式進行訓練，這只是讓你了解一些不同的漸進訓練設計的方式。實際上漸進訓練內容，可能會依據你自身在訓練時的狀況而有所不同，你可能在更少的訓練次數中就可以達到3組8次反覆次數的訓練，也有可能需要更多次的訓練才能達到這樣的強度。了解自己身體的能力也是非常重要的關鍵，這對你在制定訓練計畫及進行計畫微調時都有助益。

最終力竭訓練法

最終力竭訓練法是一種非常有趣的訓練模式，因為你在前面的組數當中可能只有感到些微的疲累，但是最後一組當中卻要做到完全力竭。由於肌力訓練的效果必需建立在一定的疲勞程度之上，因此這是讓你能有效獲得訓練效果的方式之一。除此之外，這也能讓你了解到自己身體疲勞程度與評估進步幅度的方式。如果你最後一組的反覆次數能做到比第一組時多了2次的反覆，表示你已經可以跨越至下一個階段的訓練。

1. 5－5－5   2. 5－5－6   3. 5－5－7   4. 6－6－6

這種訓練方式需要因應身體對訓練內容適應的程度改變，這個訓練的目標是在最後一組時，盡可能地增加反覆次數，如果最後一組的反覆次數，比第一組多了2次的反覆，那在下一次的訓練時，第一組的反覆次數則需增加。但是如果在最後一組中，完成比第一組多了3次以上的反覆，如5－5－8，那在下一次的訓練時，則可進行7－7－7或7－7－X的方式。最後一組的反覆次數比第一組增加得越多，則表示在下一次的訓練當中，你可以跨越越大的訓練強度；相反地，如果最後一組時一直無法超越第一組的反覆次數，表示你還沒有準備好繼續下一階段強度更高的訓練課程，在下一次的訓練時只要重複這次的訓練即可，直到最後一組的反覆次數有所突破。

這種方式對於減量訓練也是非常有效，你在一開始前面幾組的訓練不會無法完成，可以充分達到應有的訓練量，而最後一組則是可以讓你知道極限在哪裡，這樣可以在你減量訓練的過程當中，確保能執行完整的訓練課程。

在這類線性漸增的訓練當中，較難評斷是否進入了訓練進步的高原期，但是透過最終力竭的方式，你能輕易地發現自己些微的進步幅度，因此最終力竭訓練法，也是可用來了解你在訓練進步處於高原期時的理想評估方式。

漸增組數訓練法

漸增組數的訓練方式，是最直接提升訓練量的訓練方法，尤其對下拉類型的訓練動作更為有效，例如引體向上、划船等訓練動作。通常剛開始接觸訓練的運動員或戶外健身的運動者，背部肌群的訓練經常都是最弱的部分。透過增加組數的方式，讓背部肌群進行更多訓練量，以增強背部及肩胛肌群的肌力與肌肉量，同時也有助於進入下一個更高強度的訓練。

1. 6－6－6   2. 6－6－6－6   3. 6－6－6－6－6

如果你是以增加肌肉量作為訓練目標，透過增加組數的方式也能有效達到肌肥大的效果。因為對於促進肌肥大的反覆次數，最理想約為1至8次，因此要提升訓練量，以增加組數的方式將最有效果。

休息片刻訓練法

休息片刻是對於維持完整訓練的優良訓練技巧，這個訓練方式是在訓練過程當中，面臨到無法完成指定的反覆次數時，先稍微休息後再繼續完成，在組間休息之外額外的休息，讓你可以充分地完成原定的訓練，例如：

5－5－4，原定的5－5－5卻在最後一組時只能完成4次反覆次數，這時可以在做完第4次反覆後，稍微休息20秒，再接續完成第5次反覆。

5－5－4，原定的5－5－5卻在最後一組時只能完成4次反覆次數，這時可以在做完第4次反覆後，稍微休息10秒，再接續完成第5次反覆。

5－5－5，成功地完成原定5－5－5的組數與反覆次數，表示在做完第4次反覆後不需要休息即可完成第5次反覆次數。

這樣的方式可以讓你透過非常短暫的休息，達到目標的反覆次數，如此一來身體將會慢慢地適應重量負荷與反覆次數，直到最後能連續完成一組動作。

壓縮訓練法

壓縮訓練是指將原本的總訓練量（或單一組的訓練），壓縮在很短的時間內完成。在維持相同訓練的同時，訓練時間減少，將直接大幅提升訓練的質量。

1. 5－5－5組間休息4分鐘　　　　2. 5－5－5組間休息3分鐘
3. 5－5－5組間休息2分鐘　　　　4. 6－6－6組間休息4分鐘
5. 6－6－6組間休息3分鐘　　　　6. 6－6－6組間休息2分鐘

在前幾次的訓練當中，訓練時皆保持相同的反覆次數與組數即可。隨著每一次的訓練，逐漸減少組間休息的時間。在整體的漸進訓練中，雖然每次完成相同訓練量的訓練內容，但是休息時間的減少，意味著體能正在逐漸進步。

從技術上而言，在整體訓練時間不變的情況下，增加總體的訓練量也是壓縮訓練的另外一種方式。但在這個訓練方式當中，首要的應該是減少訓練時間，從上面的範例可以發現，在幾次的訓練當中，首先減少組間休息的時間，當組間休息時間縮短至2分鐘後，才開始增加訓練的反覆次數，但同時會延長組間休息時間至4分鐘。你當然可以透過任何增加訓練強度的技巧提升壓縮訓練強度，但前提是要了解各種增加訓練強度的方式在訓練上所代表的意義。

改變節奏訓練法

1. 5－5－5 以10×0動作節奏進行　　　　2. 5－5－5 以20×0動作節奏進行

3. 5－5－5以30×0動作節奏進行　　　　4. 6－6－6以10×0動作節奏進行

5. 6－6－6以20×0動作節奏進行　　　　6. 6－6－6以30×0動作節奏進行

　　改變每一次動作反覆之間的節奏，也是另外一種有效提升訓練效果的漸進訓練。在第一次的訓練中，每一次的反覆動作在動作的離心收縮期，延長1秒鐘的停留時間；在第二次的訓練中，同樣地在離心收縮期，延長2秒鐘的停留時間；第三次的訓練中，則延長3秒鐘的停留時間。延長離心收縮期的動作時間，也是有效提升訓練效果的漸進訓練。當每次離心收縮期的動作延長1秒鐘，在這次的訓練就共延長15秒離心動作期的訓練；第二次的訓練中，每次延長2秒鐘，就共延長30秒離心動作期的訓練；第三次訓練你在離心動作期總共會花費45秒的時間，接下來你要做的，就是繼續增加每一組的反覆次數了。

　　除了離心動作期之外，並沒有阻止你改變其他動作期的節奏。在上面的例子當中，舉起重量的向心收縮期並沒有延長時間，是因為這個節奏對於訓練效果而言最有效率，但是如果你想要在訓練時來點不一樣的，或是採用感覺很酷的方式（例如慢動作舉起），仍然可以改變任何動作的節奏。

　　在某些的訓練動作當中也需要改變動作的節奏，例如俄式撐體的動作，在手臂伸直之後將身體撐起，此時你會需要一些時間讓身體保持平直，以維持標準的動作，而這個停留的時間也是增加訓練強度的方式之一。此時你可以在每一次重複之間停留2秒鐘，從10×0改變成10×2，這是從併腿的俄式撐體進階到分腿俄式撐體之間的漸進訓練。另一方面，動作中間的停頓可以減少肌肉動作之間的彈性──收縮循環，透過收縮循環產生的彈性，雖然會讓動作執行得順利一些，但是也降低了訓練的強度。如果採取利用收縮循環的方式，這是在離心收縮動作之後緊接著開始向心收縮的動作，就需改以增加反覆次數的方式，如10×0增加至11×0或12×0。

　　改變動作節奏的方式是諸多漸進訓練的變化技巧之一，除了要視訓練目的有所考量之外，在訓練課程當中更應考量組數、反覆次數、組間休息時間與總訓練量之間的調整。

改變頻率訓練法

　　改變訓練頻率的方式一般不被歸類在漸進訓練的設定項目之中，因為這樣的方式通常是讓你有更多機會可以進行訓練，而一般漸進訓練的設定大多是針對每次訓練中如何調整訓練內容。增加訓練頻率最常被稱作精熟訓練法（Grease the Groove，GTG），由Pavel Tsatsouline在《Power to the People!》一書中首次被提出的訓練方式。這樣的訓練技巧在過去10年中有許多修改版本，以下是針對本書的概念所建立訓練版本：

　　GTG訓練通常是設定在精確的訓練以外的時間，並在一天當中進行多次數組的訓練，特別是只進行同一個動作，幾乎一週內的每一天都會進行這樣的訓練。這個概念是透過以非常高的頻率，反覆地進行同一個訓練動作，讓運動神經產生神經「溝」的現象（相關概念請詳閱

CHAPTER2），達到特定的神經適應效果，以增加特定動作的肌力與耐力。運用這種方式可以讓運動員快速達到一些訓練效果，例如可以提升肌力，增加引體向上的反覆次數，或者提升肌耐力，可以在訓練時進行更多反覆次數與組數的訓練。這會有點類似軍事訓練營的方式，就像是一個人被要求在一天當中進行多次的仰臥起坐訓練，但是這樣的訓練方式很快可以讓你仰臥起坐的反覆次數從2位數暴衝到3位數。

GTG訓練方式是將6－10多組的訓練分散在一天當中不同時間進行，每次訓練時只要完成最大反覆次數的60－80%即可。以臂屈伸為例，假設你最多可以完成4次的反覆動作，那麼在每一次的訓練當中，你只需要完成2至3次反覆動作即可。然後每隔1至2小時，你就會進行一次的訓練，讓你在一天當中可以完成6－10多次的訓練，這將讓你一整天下來，累積了近30次的反覆動作。相較於在一次的訓練中想要完成這樣的臂屈伸訓練，你可能只能進行5組的循環，就沒辦法繼續做下去了。但透過這樣的方式，在短短幾個星期，就可以快速提升能完成的訓練量。維持每一組時的反覆次數，可以避免產生強度過高的狀況，同時又能兼顧足夠的訓練量，也讓你在短時間內更加地精熟動作。

GTG訓練方式的主要限制在於，同類型或同肌群的訓練動作每天只能進行一種，主要是避免出現過度疲勞的狀況影響訓練的完整度。可以在精確的訓練動作中，保留一項上肢或下肢的訓練動作，改以GTG的方式進行訓練，這會是一個比較聰明的訓練方式。

如果你是需要快速獲得特定訓練動作的肌力或肌耐力，這個訓練方式將是最佳選擇。如同前面所提到的，軍方常用這種方式進行伏地挺身與仰臥起坐的訓練，以加強士兵的基本體能並通過體能測驗。當然這樣的訓練方式也適用於引體向上、屈臂伸這類向心收縮的動作，引體向上時可透過停頓動作增加訓練強度，如果反覆次數可以達到8－10次，你將可以進一步朝向更具體的訓練目標，如增加最大肌力或提升肌耐力的方向前進。但這個訓練方式並不適用於俄式撐體，所以進行GTG訓練時請不要選擇這類型的訓練動作。俄式撐體這類的訓練動作除了對主要的訓練肌群有非常大的訓練量之外，同時也會有許多小肌群加入動作以保持身體的平衡，因此會讓這些小肌群提前出現疲勞的現象，使得整體動作無法順利完成，造成無法感受到訓練的效果。雖然有些人還是可以採用這類型的訓練動作，但是除非你可以輕鬆地進行，不然極度不建議嘗試。

等長收縮與離心收縮訓練法

上述所有的訓練方式都可以搭配等長收縮與離心收縮的訓練模式，舉例來說，搭配漸增次數訓練法進行訓練時：

1. 維持15秒－15秒－15秒－15秒──4組15秒
2. 維持16秒－16秒－16秒－16秒──4組16秒
3. 維持17秒－17秒－17秒－17秒──4組17秒

除了漸增次數總和訓練法、漸增組數訓練法、最終力竭訓練法及壓縮訓練法不適合搭配漸增次數訓練法之外，其他的訓練法都可以相互搭配。舉另一個例子來說，搭配最終力竭訓練法時的漸進訓練如下：

1. 維持15秒－15秒－15秒－18秒——下次訓練時維持姿勢的時間增加至17秒
2. 維持17秒－17秒－17秒－17秒——下次訓練時維持姿勢的時間維持在17秒
3. 維持17秒－17秒－17秒－19秒——下次訓練時維持姿勢的時間增加至18秒
4. 維持18秒－18秒－18秒－22秒——下次訓練時維持姿勢的時間增加至21秒

在你日常的訓練當中，都可以採用這樣的搭配。這麼多的訓練選項，都可以讓你有效地突破訓練的高原期，儘管只是一點點的進步，都讓你有明顯的感受。

簡易複合動作的漸進訓練設計

在利用自身體重進行訓練時，複合動作的漸進訓練是最難掌握的。在體能水準較低的情況下，引體向上次數可能已經達到10次反覆，但是寬握引體向上可能只有3－5次反覆。在這種狀況之下你可以訓練動作的反覆次數為依據，來了解是否要開始進行下一階段的訓練，但是即使已經可以進入下一階段的訓練，仍會發現還有很多的進步空間，並且距離下一次進階的訓練還非常遙遠。而接下來的部分主要是讓你能在開始一個階段的訓練時，快速地跟上訓練要求的技巧，獲得大幅的訓練效果。

增加重量

透過增加負重的訓練是減少每個訓練階段落差最簡單的方式之一，例如你可以完成10次的引體向上，接著嘗試以負重50磅的方式同樣完成10次反覆的引體向上，如果挑戰成功，當你進階至下一個階段的寬握引體向上時，將不會1次反覆都無法完成，可以快速地跟上訓練課程。

1. 4×15秒 進階團身－無負重
2. 4×15秒 進階團身－雙腳腳踝各綁上1磅重量
3. 4×15秒 進階團身－雙腳腳踝各綁上2磅重量
4. 4×15秒 進階團身－雙腳腳踝各綁上3磅重量
5. 4×15秒 進階團身－雙腳腳踝各綁上4磅重量
6. 4×15秒 分腿俄式撐體

一般在進行訓練時，很難直接從進階團身的動作發展到分腿俄式撐體的動作，但可藉由在腳踝上增加少許的負重，提升肌肉的肌力與質量，同時可以完成分腿俄式撐體的訓練動作。通常透過負重的進階團身訓練，進入分腿俄式撐體的訓練，會比從無負重的方式直接進入分腿俄式撐體

訓練更容易一些，即使沒有透過負重的訓練階段，你可能也可以直接開始分腿俄式撐體的訓練，但是很可能無法完成應有的反覆次數；透過負重的訓練階段，會讓你在開始分腿俄式撐體的訓練時，可以完成一定程度的反覆次數。透過加重背心也可以取代腳踝負重，可以多利用你自己的創意達到負重的效果。

輔助器材

採用輔助器材可以讓你在開始新的階段訓練時，較輕易地完成訓練動作，減少在進入新階段訓練的落差。例如進階團身的動作，你可以在橫槓上掛上彈力帶，利用彈力帶的彈性協助支撐你的身體，輔助你完成訓練的動作。當你在原本的訓練中已經可以達到訓練目標時，但又無法完成新一個階段的訓練動作，這樣的方式可以協助你開始下一個階段的訓練，而不會停滯在原本的訓練階段。

輔助器材最好選用可以調整、衡量重量或支撐的肌力的，例如利用滑輪系統就是一種理想的輔助器材。透過滑輪另一端的重量設定，你可以知道你現在正接受多少重量的輔助，這可以讓你了解進步的幅度或距離下一個階段還有多遠。你可以把這些輔助的重量詳細地記錄在訓練日誌中，並且有計畫、有系統地減少輔助的重量，直到你可以在沒有輔助的情況下完成該項訓練動作。如果採用的是難以衡量的輔助方法或器材（例如他人的協助、彈力帶，甚至是旁人輕輕用手指協助你），就無法有效地評估訓練狀況及是否需要調整訓練的內容，因此必需盡量避免。

離心收縮訓練

如同先前所提到的，離心收縮的訓練是最常被用來銜接不同階段向心訓練動作之間的訓練方式。離心收縮的訓練最適合採用下拉類型的訓練動作，例如引體向上或單臂反握引體向上等動作。以下是我們的訓練範例：

1. 3－5 組的直膝抬腿引體向上離心收縮部分，每組3次反覆，離心期6秒
2. 3－5 組的直膝抬腿引體向上離心收縮部分，每組3次反覆，離心期7秒
3. 3－5 組的直膝抬腿引體向上離心收縮部分，每組3次反覆，離心期8秒
4. 3－5 組的直膝抬腿引體向上離心收縮部分，每組3次反覆，離心期9秒
5. 3－5 組的直膝抬腿引體向上離心收縮部分，每組3次反覆，離心期10秒

一般來說，如果你可以連續完成3次反覆的10秒離心動作，那麼應該至少可以完成該項向心收縮的動作。換句話說，你若可以完成3次反覆的10秒直膝抬腿引體向上離心收縮部分，那麼至少就可以完成1次反覆的直膝抬腿引體向上。在剛開始訓練時，會有較長的組間休息時間，隨著漸進訓練的內容，逐漸增加離心期的時間，也可以同時有系統地減少組間休息的時間。透過這樣率先進行離心動作的訓練，可以讓你減少進入下一階段訓練時的落差，較容易銜接下一階段的訓練動作。

額外的動作範圍與加速度

在水平引體向上這個動作的訓練過程當中,從團身水平引體向上至進階團身水平引體向上,或者是從水平引體向上進階至分腿水平引體向上的過程,最常被抱怨非常困難,如同前面所提到複合式動作在訓練進入下一階段動作時,時常會出現無法完成動作的狀況,而讓這些訓練階段有所銜接的其中一個方法,就是先針對2個訓練動作之間有關聯的部分進行鍛鍊。

以團身水平引體向上至進階團身水平引體向上的過程為例,可以透過以引體向上的動作開始,在向上拉起前的瞬間,雙膝彎曲上舉形成團身的動作,緊接著雙臂向上拉起至動作的頂端,再接續將雙臂伸直,回到團身水平引體向上的結束位置,也就是仍然維持團身的動作,在下一個動作開始前,將雙腳放下回復到引體向上的動作。這樣的方式會讓你在上拉之前,透過雙膝上抬及團身的肌力,獲得額外向上拉起的動力,最後在放下時一樣回到目標動作的正常位置,透過額外的動作範圍,獲得額外的動力,協助你可以完成上拉並達到團身水平引體向上應有的動作位置。當你已經熟練了這個訓練,應該可以按照正常的動作範圍與起始位置,開始進階團身水平引體向上的訓練動作。

1. 3×8 團身水平引體向上
2. 3×4 引體向上轉換至進階團身水平引體向上
3. 3×5 引體向上轉換至進階團身水平引體向上
4. 3×6 引體向上轉換至進階團身水平引體向上
5. 3×7 引體向上轉換至進階團身水平引體向上
6. 3×8 引體向上轉換至進階團身水平引體向上
7. 3×4 進階團身水平引體向上

這樣的訓練方式也可以應用在俄式撐體與手倒立伏地挺身,利用沉肩的動作降低身體的位置,再隨即向上撐起,透過更大的動作範圍獲得額外的動力。有許多種額外增加動作範圍的方式,能讓你獲得更大的動作肌力,有助於你在漸進訓練當中,降低各訓練階段之間的落差與不適。

修正式訓練動作

修正式的訓練動作,是一種彌補兩個不同階段訓練間落差的有趣方式。這樣的訓練技巧通常是採用已經可以完成的訓練動作,或增加做起來較簡單的動作的困難度,使其變得更難以完成。例如俄式撐體伏地挺身,最難的部分是將身體撐起後在最頂端的動作,一般都採用將手臂伸直鎖定的方式,才能完成在動作頂端的位置。當在修正這個訓練動作時,會讓相對比較容易的底部動作變得更困難些,讓你得付出更多的努力才能完成動作。類似的方式以俄式團身伏地挺身為例,你可以在動作底部的位置採用分腿俄式撐體伏地挺身的動作,向上撐起後再回到俄式團身伏地挺

身的動作。俄式團身伏地挺身的動作過程中，同樣是身體下降後的底部動作較為輕鬆，因此在這個動作範圍當中，改以俄式分腿伏地挺身的動作進行，增加動作的困難度與強度，透過修正式的訓練動作，額外增加原先較輕鬆的動作的強度與難度，讓你在進行下一階段的訓練時能夠減少跨越訓練階段的落差。

1. 3×8 進階俄式團身伏地挺身
2. 3×4 進階俄式團身伏地挺身，動作底部採俄式分腿伏地挺身
3. 3×5 進階俄式團身伏地挺身，動作底部採俄式分腿伏地挺身
4. 3×6 進階俄式團身伏地挺身，動作底部採俄式分腿伏地挺身
5. 3×7 進階俄式團身伏地挺身，動作底部採俄式分腿伏地挺身
6. 3×8 進階俄式團身伏地挺身，動作底部採俄式分腿伏地挺身
7. 3×3 俄式分腿伏地挺身

這類修正式的訓練動作，最理想的是在原本的訓練當中加入等長收縮。換句話說，如同上面的範例，在俄式團身伏地挺身的訓練動作中，到動作底端屈臂的時候，加入等長收縮的俄式分腿伏地挺身。一般來說，俄式撐體伏地挺身在漸進訓練中的訓練動作，會比等長收縮模式的俄式撐體慢了一個階段，所以最好的方式是結合2種動作，正如俄式分腿挺身這種等長收縮的動作，結合俄式團身伏地挺身的訓練動作。在Ido Portal這個非常受歡迎的網站中，就大量使用這種的訓練技巧提供大眾不同的訓練方式。

增加組數與減少休息時間

透過增加組數同時減少組間休息時間的訓練技巧，會提升你在該階段的能力，讓你在進入下一階段的訓練時，能夠銜接上更困難的挑戰。如果你還記得在前面所提到的：*肌力＝神經適應×肌肉橫斷面積*。減少組間休息時間的主要目的就是提升肌肥大的效果，加大肌肉橫斷面積，另外增加組數的主要作用是提升的發展，因此在增加組數的同時也減少組間休息時間。我們可以直接透過影響肌力發展的2個主要因素，獲得肌力成長。

以伏地挺身的動作為例，即使你能完成3組10次反覆的伏地挺身，組間休息3分鐘，但可能還是無法完成3次反覆動作的鑽石伏地挺身。但是如果你在這2個伏地挺身的訓練階段當中，增加了一些訓練，將訓練組數增加至5－6組，並且縮短組間休息時間至1分鐘，那麼可能就會出現2種狀況：其一，如果你已經可以直接完成這樣的訓練內容，代表你應該可以在一組當中直接完成20次反覆的伏地挺身；其二，當你完成了這樣的訓練內容，你會開始覺得伏地挺身變得非常容易，那也意味著肌肉已經準備好進入下一階段的訓練。

1. 3組10次反覆的伏地挺身，組間休息3分鐘
2. 4組10次反覆的伏地挺身，組間休息3分鐘
3. 5組10次反覆的伏地挺身，組間休息3分鐘
4. 5組10次反覆的伏地挺身，組間休息2分鐘
5. 5組10次反覆的伏地挺身，組間休息1分鐘

以上的範例是在前幾次的訓練當中，逐漸增加訓練的組數，到達一定的訓練組數後，後續的訓練中再開始減少組間休息的時間。當然在訓練計畫當中，你也可以嘗試反過來，先減少組間休息時間，再增加訓練的組數，甚至可以在減少組間休息時間的同時，增加訓練的組數。調整訓練內容的方式有很多，但最主要的是你自己必需了解自我的能力，在合理的能力範圍內，盡量地挑戰極限。

以俄式撐體這個系列的訓練動作為例，當你已經可以完成20秒的俄式團身並反覆3組，但是仍然無法完成下一階段進階俄式團身的動作，那可以將原本20秒俄式團身的訓練，增加至5組，並減少組間休息時間至1分鐘，當你能完成這樣的訓練內容後，應該可以更輕鬆地完成下一階段進階團身的動作。

混合組訓練

自從《超越重力》一版在2011年開始發行之後，混合組的訓練方式已經成為在度過不同訓練階段間（那段令人感到挫折的時期），最普遍採用的訓練方式。這個訓練方式是透過結合2個訓練階段，一個是你已經可以完成的訓練階段，另一個則是你接續要開始但目前卻無法完成的訓練階段，並在同一組中完成這2種訓練動作。在自身體重阻力訓練中的混合組訓練，是採用前一階段動作反覆次數遞減，下一階段動作反覆次數遞增的方式進行，這樣的方式除了提升訓練量之外，同時能增加肌肥大的效果。

你可能需要以下漸進訓練的範例，並且透過接下來的一些敘述，才能進一步了解如何設計混合組的訓練方式，讓你可以更快地往下一階段的訓練前進。

1. 3組10次反覆的引體向上
2. 3組1次反覆的寬握引體向上及6次反覆的引體向上
3. 3組2次反覆的寬握引體向上及4次反覆的引體向上
4. 3組3次反覆的寬握引體向上及2次反覆的引體向上
5. 3組4次反覆的寬握引體向上

在第1次的訓練中，你會進行3組引體向上訓練，每組反覆10次的動作。在第2次的訓練中，同樣進行3組的訓練，但每一組的訓練中改成進行1次反覆的寬握引體向上，再接著進行6次反覆的引體向上。接著在第3次的訓練當中，繼續增加寬握引體向上的次數至2次反覆，並減少引體向上次

數至4次反覆，同樣地進行3組的訓練。接續的訓練當中維持3組的訓練，並持續增加1次反覆的寬握引體向上，及遞減2次反覆的引體向上，這樣在第五次的訓練當中，僅需完成3組4次的寬握引體向上即可。

這種方式的漸進訓練，會在每一次的訓練當中，逐漸增加每一組當中的總反覆次數，但是你應該仍會感到辛苦，甚至無法完成訓練，尤其在最後一組，不過你也可以藉此了解自我的極限，並且在下一次的訓練中進行適度調整。當然實際上的漸進訓練一定不會像上述的範例那麼美好，現實的訓練應該會像以下的狀況：

1. 3組10次反覆的引體向上
2. 3組寬握引體向上（WG）加引體向上（第一組：1次WG＋7次引體向上；第二組：1次WG＋6次引體向上； 第三組：1次WG＋6次引體向上）
3. 3組寬握引體向上（WG）加引體向上（第一組：2次WG＋4次引體向上；第二組：2次WG＋3次引體向上；第三組：1 WG＋6次引體向上）
4. 3組寬握引體向上（WG）加引體向上（第一組：2次WG＋6次引體向上；第二組：2次WG＋6次引體向上；第三組：2 WG＋6次引體向上）
5. 3組寬握引體向上（WG）加引體向上（第一組：3次WG＋5次引體向上；第二組：2次WG＋7次引體向上；第三組：2 WG＋6次引體向上）

反覆次數的增加代表著肌力正在成長。上述的例子中儘管寬握引體向上只增加了1次的反覆次數，也代表訓練有所進展，就算寬握引體向上的反覆次數沒有增加，同樣只能進行1次反覆，但是後面接續的引體向上，能從原本的5次反覆增加至7次反覆，也代表訓練有所進展。回頭看一下上面的範例，每一組中的總反覆次數確實達到遞減，表示肌力其實正在增加，這也代表你為進入下一階段的訓練儲備了更多的能力，在開始下一階段的訓練時，你會發現很快就能達到訓練內容的要求。

混合組訓練的方式是將你目前可以完成的訓練階段內容，與下一階段的訓練內容相結合，除了動作上的訓練之外，也兼顧到肌力與肌肥大的訓練效果。這是非常實際的訓練方式，可以確保你在進入下一階段訓練時，取得足夠的能力。

如果你想進入一個新的階段訓練，卻發現一直無法達成或停滯不前，利用混合組訓練的方式能夠讓你順利地繼續進步。

離心收縮的混合組訓練

利用離心收縮的訓練模式，也是另一種在進階訓練前很受歡迎的銜接訓練，這也是多數人第一個會想到的訓練方式。這種訓練方式讓你可以在較少的訓練量之下，還是能保有一定程度的進步幅度。例如當你在能夠獨自完成引體向上訓練動作後，想要持續專注地停留在這個階段的訓練，不想進階到下一個訓練動作時，原先的訓練內容可能已無法讓你獲得進一步的提升，此時可

以採用增加離心收縮期的方式進行訓練，如此一來可以在同一個訓練動作中，持續達到肌力的發展與肌肉肥大的效果，維持足夠的訓練刺激，如同以下的範例：

1. 3組直膝抬腿引體向上，每組1次正常動作＋5次5秒離心收縮部分
2. 3組直膝抬腿引體向上，每組2次正常動作＋4次5秒離心收縮部分
3. 3組直膝抬腿引體向上，每組3次正常動作＋3次5秒離心收縮部分
4. 3組直膝抬腿引體向上，每組4次正常動作＋2次5秒離心收縮部分
5. 3組直膝抬腿引體向上，每組5次正常動作＋1次5秒離心收縮部分

在上面的例子當中，你可以依照能力，不斷增加直膝抬腿引體向上的數量，當整組中的反覆次數增加，但是你尚無法完成全部的反覆次數，就以離心收縮部分的動作來取代無法完成的反覆次數，接著就可以逐漸減少離心收縮部分的動作，同時增加正常動作的反覆次數。*當然在實際的訓練現場中，反覆次數的搭配不會像上面一樣那麼整齊。*

這樣混合組的訓練模式可以有效地搭配離心收縮動作進行訓練，同樣地也可以搭配壓縮訓練法及改變節奏訓練法等模式。

這些單一動作與複合動作的訓練法可以提供許多設計訓練內容的技巧，讓你可以更有效地獲得訓練成果。接下來我們將介紹更複雜的漸進訓練設計，讓你有更多樣的選擇，並提升自我的挑戰性。

簡易混合組訓練

如果你不希望以現階段的訓練動作結合下一階段的訓練動作進行訓練，那麼簡易混合組訓練的模式會較適合你。以下範例包含2種訓練階段，每個階段各有4次訓練，讓我們以硬拉的訓練動作為例。

1. 硬拉1－1－1＋10秒硬拉離心部分3×3。
2. 硬拉1－1－1－1－1＋8秒硬拉離心部分3×3
3. 硬拉1－1－1－1－1－1＋8秒硬拉離心部分3×3
4. 硬拉2－1－1－1－1－1＋8秒硬拉離心部分2×3
5. 硬拉1－1－1＋輔助硬拉3×5
6. 硬拉1－1－1－1－1＋輔助硬拉3×4
7. 硬拉1－1－1－1－1－1＋輔助硬拉3×3
8. 硬拉2－1－1－1－1－1＋輔助硬拉2×3

在這個簡易混合組的訓練方式中，每一次的訓練都盡你所能地增加反覆的次數。在第一次訓練

中，硬拉的訓練動作你可能只能完成3×1或者是3組1次反覆的訓練。但是當你可以完成硬拉的向心收縮部分時，這樣的訓練刺激對你而言已沒有額外的訓練效果，因此必需加強訓練的強度與內容。若你已經開始可以增加完整動作的反覆次數時，就可以減少離心部分的反覆次數，與此同時也表示你已經有所進步。隨著每次訓練的進步，當動作每次只能完成1次反覆時，我們的目標首先是增加完成的組數，直到可以提升反覆次數至2次，並逐漸減少只有單獨向心或離心收縮部分的動作。

如果你在訓練中發現執行混合組訓練時有一定的難度，因為這包含了一個新的訓練動作，那麼簡易混合組訓練應該是較理想的選擇，這也是在複合動作訓練中較被大家採用的方式，將讓你在進入下一階段訓練之前，能獲得最大程度的進步幅度，當然這對於下一階段訓練的起始相當重要。簡易混合組訓練的模式在複合動作訓練時，能夠獲得理想的進步幅度，但需要花費更多的訓練時間，對於不要求在短時間內達成訓練目標的對象而言，這將是第一首選。

進階複合動作的漸進訓練（週期化）

分散式與集中式；輕鬆／困難模式

分散式與集中式2種訓練方式，都是同時影響著許多訓練因素，雖然方式有所不同，但最終皆可以達到訓練的效果。讓我們回憶一下CHAPTER5中的俄式訓練計畫，其中的訓練分為小循環、中循環及大循環。在每個循環中專注在不同的訓練目標，例如肌肥大、提升肌肉肌力或爆發力等等，接下來幫你整理出一系列的訓練方式。

小循環——1週（準備適應期）
小循環——1週（肌肥大）
中循環　小循環——1週（肌肥大）
小循環——1週（提升肌力）
小循環——1週（提升肌力）

休息／減量訓練1週

小循環——1週（準備適應期）
小循環——1週（肌肥大）
中循環　小循環——1週（提升肌力）
小循環——1週（提升肌力）
小循環——1週（爆發力）

分散式的訓練必需同時操控多種訓練因素，例如組數、反覆次數、節奏、休息時間、總訓練量等。在每一次的訓練中，必需有系統性地透過增加組數與反覆次數，同時減少組間休息時間與

改變動作節奏等方式，讓訓練變得更加困難，並在訓練中達到過度疲勞的程度。不同的指導教練會透過不同的訓練因素，讓訓練達到上述的設計，有些可能以重複的組數為訓練重點，有些可能以努力程度或疲勞程度作為訓練課程設計的依據，並且通常在一次的訓練中都會同時調整2個以上的訓練因素，讓你感受到訓練的辛苦。相對地，這也是一種高級的訓練技巧，調整的訓練因素越多，難度將會越高。

集中式的訓練通常都會以較少的反覆次數與組數進行訓練，同時視訓練的目標調整動作的節奏與組間休息的時間，並且會增加訓練的強度與動作的難度，由此可見它與分散式的訓練方式一樣，會在同一次訓練中調整多項的訓練因素。

以小循環進行俄式體操訓練動作，就是很好的方式。如果正在針對一個特定的訓練目標進行訓練，例如正在促進肌肥大，訓練內容應該就會形成週期化的訓練課程，一般來說你會採用適中的運動強度（60－85%1RM），配合較多的反覆次數與組數（4－6＋組；8－12次反覆動作），適中的組間休息時間（2－4分鐘），同時搭配較長的動作節奏與停頓動作（51×1）。這在促進肌肥大的訓練當中是典型的訓練設置，也是屬於一個小循環的週期化訓練內容。

如果與肌力發展期的訓練內容相比較，同樣可採用週期性循環訓練的模式，但是訓練的強度會更高（80－100% 1RM），組數與反覆次數則會減少（3－8＋組；1－6次反覆動作），也會搭配較長的組間休息時間（3－5＋分鐘），以及較快的動作節奏（10×0）。你是否有注意到這樣的訓練設置與集中式的訓練方式有所相似呢？

下面是以分散式與集中式訓練交替進行的訓練設置，透過分散式的訓練提升肌肥大的訓練效果，並利用集中式的訓練強化肌肉肌力。

小循環——1週（分散式：肌肥大——8－10 RM）

小循環——1週（集中式：肌力——4－6 RM）

中循環　　　小循環——1週（分散式：肌肥大——8－10 RM）

小循環——1週（集中式：肌力——4－6 RM）

小循環——1週（分散式：肌肥大——8－10 RM）

小循環——1週（集中式：肌力——4－6 RM）

如果你在平日的訓練中遭遇到困難，訓練的效果停滯不前，可以採用這種每週交替進行的訓練方式，幫助你有所突破。每週進行不同屬性的訓練，並在下一週轉換模式通常會非常有效。可以透過相似的訓練動作交替進行訓練，並在開始時的第1週以分散式的方式進行訓練，經過1週的訓練之後再改以集中式的方式進行訓練，如此一來你會發現，不管是肌力或肌肥大，都會有明顯的訓練效果。

　　輕鬆／困難交替進行的訓練模式，也可以像分散式與集中式的方式一樣交互進行。在輕鬆訓練的那幾天，採用較低的運動強度及較少的訓練組數，但須提高反覆的次數；在輪替到困難訓練的時候，僅須進行較少的反覆次數，但是必需提升訓練的強度與組數。這樣交替進行的訓練效果，與上述分散式與集中式的訓練效果一樣，都能直接有效地讓訓練成績有所突破。

　　在輕鬆／困難交替進行的訓練方式中，有所不同的是，交替的頻率是以1週內為循環，而不是以1週為基本單位。也就是說，在1週內會交替進行輕鬆／困難2種訓練的強度，不像分散式與集中式的交替是完成1週的訓練之後才進行替換。現今對於週期化訓練的概念，也偏向在1週內進行多種訓練因素的替換，以輕鬆／困難交替進行訓練的範例如下：

第一週

1. 星期一：輕鬆（專注於肌肥大）
2. 星期三：困難（專注於肌力發展）
3. 星期五：輕鬆（專注於肌肥大）

第二週

1. 星期一：困難（專注於肌力發展）
2. 星期三：輕鬆（專注於肌肥大）
3. 星期五：困難（專注於肌力發展）

　　以輕鬆／困難交替進行訓練主要是在1週內交替轉換訓練目標，在1週內的每次訓練，所專注的訓練目標都會與上一次不同。而不是用1週的時間分散累積訓練的成效，或是集中1週的訓練所得到的效果。專注在肌肥大的那一天訓練中，你會進行較多的訓練組數與反覆次數，以達到較以往更高的訓練量；而專注在肌力發展的那一天，你會以增加訓練強度或負重重量為首要任務。透過這樣的方式同樣可以一面促進肌肉的肥大，一面維持肌力的發展，以下是以此原則擬定的訓練範例：

1. 星期一 ——肌肥大：引體向上3×10次反覆動作
2. 星期三 ——肌力發展：引體向上3×5 次反覆、負重20磅
3. 星期五 ——肌肥大：引體向上3×11次反覆動作
4. 星期一 ——肌力發展：引體向上3×5 次反覆、負重25磅
5. 星期三 ——肌肥大：引體向上3×12次反覆動作
6. 星期五 ——肌力發展：引體向上3×5 次反覆、負重30磅

　　上頁的訓練主要分為2個系列。以肌肥大為訓練目標的漸進訓練，是以反覆次數漸增的訓練因素，從3×10、3×11至3×12；而以肌力發展為訓練目標的漸進訓練，則是用負重重量提升訓練強度，從20磅、25磅增加至30磅，並將這兩個訓練混合交替進行。你可以回想一下肌力發展的公式：*肌肉肌力＝神經適應×肌肉橫斷面積*。在你專注於肌力發展的過程當中，你正一邊獲得神經適應的訓練效果，而在專注於肌肥大的訓練當中，你正在努力增加肌肉橫斷面積。

　　由於肌肉橫斷面積的提升也有助於提升肌肉肌力，因此即使是專注在肌肥大的訓練過後，你還是可以透過增加負重的重量，來進行下一次專注在肌力發展的訓練。當肌力提升之後，原先的負重重量相對而言變成較低的訓練強度，以體重為例，你應該可以進行更多的反覆次數。這些交替進行的訓練方式，形成一個訓練的循環，透過輕鬆／困難的交替，你將會獲得理想的進步幅度。

　　在這2種訓練方式交替進行之間，不需要一個明確地分隔，應該依據能力狀況彈性地調整。有時進步超乎預期，你可以在引體向上3×10次反覆動作的訓練中增加訓練的組數，或者引體向上3－5組5次反覆、負重20磅的訓練中，增加負重的重量。一般來說無負重可以進行10次反覆的動作，後續可以負重20－30磅進行5次的反覆動作，當你可以不斷提升負重重量，肌力相對地就會不斷獲得提升。

　　交替進行的方式，形成每週3次訓練的小循環，經過6週的訓練後，成為一個6週的中循環，在這期間總共會進行9次的肌肥大訓練及9次的肌力發展訓練。

	小循環——1週（肌肥大，肌力，肌肥大）
	小循環——1週（肌力，肌肥大，肌力）
中循環	小循環——1週（肌肥大，肌力，肌肥大）
	小循環——1週（肌力，肌肥大，肌力）
	小循環——1週（肌肥大，肌力，肌肥大）
	小循環——1週（肌力，肌肥大，肌力）

　　如果你在每次肌力發展的訓練中能完成目標的訓練內容，那麼你在訓練中將增加40－45磅的負重；如果你在每次肌肥大的訓練中都能完成目標的訓練內容，你在訓練中將增加9次的反覆次數。很明顯，這樣的漸進訓練並不可能一直持續下去，但是在6週的中循環週期中，這樣的訓練效果對大多數的運動員都非常有效。當然這也是過渡期時非常理想的訓練方式。

　　實際上輕鬆模式的訓練可以透過各種組合的方式，無論是總訓練量（訓練組數與反覆次數）、訓練強度或訓練頻率，相反地，困難模式的訓練也可以透過一樣的方式。甚至在這之中還有我們未提及的中等模式的訓練，也同樣地透過訓練量、訓練強度與訓練頻率的調整來設計訓練的內容。如果我們把訓練量分為3個級數（輕鬆、中等、困難），訓練強度、訓練頻率都各分為3個級數，這代表著這些訓練的模式將會有27種不同的變化，這可能僅僅是一個訓練的動作而已。這些3級的變化所形成大規模的訓練模式，我們將在接下來的部分加以說明。

新式週期化訓練

週期化訓練是指透過訓練量、訓練強度、頻率的調整與搭配，所設計出的訓練內容。主要是避免訓練成效的高原期，有效率地提升訓練的效果，其中也包含了動作節奏與休息時間，這些視狀況都需要做適度的調整。傳統的週期化訓練被認為在訓練效果上不如現在的週期化訓練，但其實兩者的基本原則與概念相同：能在平日的訓練中有更好的效率，避免出現訓練效果的高原期，以及避免在訓練過程中出現不理想的狀況時不知該如何調整。

當訓練程度到了一定的階段時，出現高原期是很正常的，在這種狀況下，持續訓練可能無法感受到訓練的效果，但是停止訓練又會開始退步，此時你需要的是調整一下訓練內容。維持訓練，但是採用其他相似的訓練動作，並依據所需調整反覆次數，雖然在這段期間你可能無法感受到任何肌肥大或肌力提升，但是你必需持續地給予肌肉足夠的訓練刺激。在這段期間內，你會發現進步幅度大幅地下降，一週比一週進步得更少，甚至有停滯不前的狀況，當你越進入到更高層次的訓練時，這樣的狀況會維持得越久，甚至長達2週以上。但是經由過渡期的調整後，肌肉將會從疲勞的狀態中恢復過來，雖然可能在肌肥大跟肌力的部分沒有任何的進展，但是你將會準備好進行接下來的訓練。

組數與反覆次數的搭配，訓練強度與訓練量的調整，這些都直接影響訓練成效，當訓練負荷越接近1RM的重量時，對神經系統可以產生更多刺激，以獲得更理想的訓練效果。當降低訓練強度及訓練量時，就無法給予神經系統這樣強而有力的刺激，但是我們可以針對肌肥大與增加肌肉量為目標進行訓練，透過2種訓練方式的交替進行，我們可以確保你獲得完整的訓練，同時又不會對神經系統造成過度的負擔。這樣的方式聽起來好像跟前面所提到的分散式與集中式及輕鬆／困難的訓練模式相同，這是因為這些訓練都遵循著一定的週期規劃，因此在概念上相似。

在以自身體重進行訓練的方式中，日常波動週期（daily undulated periodization，DUP）是非常有效的一種訓練方式。但是這種訓練方式並不適合一開始參與訓練的初學者，因為這是個破壞正常進步幅度的訓練方式，你無法在訓練中隨著漸進訓練不斷進步，這也不適合菁英運動員，對於這些運動員來說，附屬訓練與同步訓練更合適。但DUP對於進階運動員或進階健身者毫無疑問地有非常大的幫助，而且較容易確實地執行。

基本上DUP是在每次的訓練中，以訓練組數與反覆次數2種訓練因素交替搭配。較為推薦的方式是以每週3天的訓練開始，透過輕鬆／困難的訓練模式，最多可以增加到每週6天的訓練。這與傳統的週期化訓練模式類似，從較輕鬆的訓練逐漸轉換為較激烈的訓練（準備期→肌肥大期→肌力發展期→爆發力期），不一樣的是，傳統的週期化訓練是以1週為一個小循環，但在這裡的小循環是指一次的訓練。

基於CHAPTER1中所提到的SAID原則，新式週期化訓練關注於1週內的訓練週期，相較於傳

統的週期化訓練是以1週為一個訓練週期單位，新式週期化訓練的訓練效果更為卓越。在傳統的週期化訓練中，從準備期或肌肥大期的訓練，進階到肌力發展期或爆發力期需要花費數週的時間，此時身體已經逐漸失去一開始的訓練適應效果。新式週期化訓練的模式透過每次訓練的調整，修正傳統週期化訓練的缺點，並在每一次的訓練中兼顧多樣的訓練目的，透過這樣的方式，讓你可以兼顧肌肥大、肌力發展與爆發力訓練，這樣有助於每個訓練階段轉換時需要重新適應所造成的缺憾。具體的訓練內容看起來會像這樣子：

1. 星期一：3×8－10 所有訓練動作
2. 星期三：3－5×5 所有訓練動作
3. 星期五：5－8×3 所有訓練動作

星期一時，所有的訓練動作進行3組8－10次反覆的訓練；星期三時，所有的訓練動作進行3－5組5次反覆的訓練；星期五時，所有的訓練動作進行5－8組3次反覆的訓練。在完成一週的訓練之後，在下一週的訓練中你會更容易進行更多的反覆次數，接著你會開始更困難的動作與更多的訓練組數。這樣的訓練方式也可以配合自身體重之外的重量負荷，例如槓鈴或負重背心。當你進入這樣的訓練時，你對自己的能力已經有一定程度的認識，你可以依據自己的能力與感受隨時調整訓練的強度。

例如你在星期一的時候無法完成計畫中8次反覆的前槓桿引體向上，你可以選擇前一階段的訓練動作——分腿前槓桿引體向上，完成8次的反覆動作。到星期三你可能還無法完成計畫中5次反覆的前槓桿引體向上，此時一樣可以採用分腿前槓桿引體向上的訓練動作，並額外增加一些負重來增加難度。完成了這2次的訓練後，你可能會在星期五時就可以完成前槓桿引體向上的訓練動作，一開始的訓練組數可以完成4組作為目標。在這種狀況下，訓練內容會如同以下範例：

1. 星期一：3×8 分腿前槓桿引體向上
2. 星期三：4×5 分腿前槓桿引體向上＋負重10 磅
3. 星期五：4×3 前槓桿引體向上

通常在週期化訓練中的DUP訓練模式，會以每週3次的訓練進行，雖然每週4次的訓練並不常見，但也是你可以選擇的一種方式。如果你選擇的是每週4次的訓練，你可能需要採用雙重輕鬆／困難的訓練設計較合適。第一天進行3組8－10次反覆的訓練，第二天採用5組5次反覆的訓練，以輕鬆／困難的模式進行前2次的訓練，接下來的2次訓練可以採用3組6－8次反覆的方式，或是採用肌力發展的訓練模式，6組3次反覆的方式進行訓練。在這種狀況下，訓練內容會如同以下範例：

1. 星期一：3×8
2. 星期二：5×5
3. 星期四：3×7
4. 星期五：6×3

　　你也可以增加訓練的頻率達到一週5次，如此一來可採取3／1／2／1的訓練計畫（訓練3天／休息1天／訓練2天／休息1天），或者採用5／2的訓練計畫（訓練5天／休息2天），訓練組數與反覆次數的搭配為：3組8次反覆動作、3組5次反覆動作、5組3次反覆動作、3組8次反覆動作及5組3次反覆動作。個人偏好與訓練的內容，是決定你訓練頻率的依據。如果訓練中無法透過輔助物品如負重背心或在腳踝上負重調整訓練強度，在這樣的情況下只能依據當下的限制來決定反覆次數。

　　建議反覆次數的調整範圍，還是以肌肥大的訓練目標開始，經過一週的訓練之後，再轉換成以肌力發展的訓練目標對應的反覆次數。反覆次數的範圍可初步分為8－10次反覆的高反覆次數、5－7次反覆的中反覆次數及3－4次反覆的低反覆次數等，因此上述的訓練範例讓你從一開始著重在骨骼肌肉的訓練，到後續強化神經肌肉的適應，加強了2個肌力發展的重要因素，還記得最前面所提到的：*肌力＝神經適應×肌肉橫斷面積*。

　　有些運動員會採用8－10次反覆及5－7次反覆交替進行訓練，不用到3－4次反覆的低反覆次數；有些運動員則是只採用8－10次反覆及3－4次反覆的方式，這會因為個人的訓練而有所差異。所以你可以多加嘗試，從15次反覆次數開始，逐漸減少至10次反覆，再減少至5次反覆，找出適合反覆次數範圍。根據過去的經驗，訓練程度較高或較有經驗的運動員，偏向反覆次數較低的方式，而反覆次數較多的高反覆次數，對於促進肌肥大有較佳的訓練效果。

　　適合反覆次數範圍也會因為訓練動作或訓練的肌肉而有所不同，例如維持身體姿勢的肌群——核心肌群與背部肌群，以及活動程度較低的肌群——小腿與前臂會較適合採用高反覆次數的方式，因為這些肌群大多由較多的慢縮肌纖維所組成。因此對於些肌群而言，高反覆次數可以達到15次以上的反覆次數，而低反覆次數則為5－8次反覆。另外，跨越多關節的肌群，如膕旁肌、臀肌、肱二頭肌等這類肌群，8－10次反覆即為高反覆次數，3－5次反覆則為低反覆次數。

　　在訓練了一段時間之後，你會更了解身體各部位，或是各個訓練動作適合的反覆次數範圍，請選擇適合的反覆次數範圍進行訓練。如果你是剛開始進行訓練，請採用範例中的搭配方式（如3組10次反覆、3組7次反覆、5組3次反覆、3組12次反覆、3組8次反覆、4組4次反覆），然後再依據自身的狀況加以修正。在一開始訓練的6週中週期裡可以多加嘗試適合的反覆次數範圍，以及訓練頻率與休息的搭配方式，找出最合適的組合。如果你真的非常的困惑，不知如何選擇，那就反覆地以每週3次的訓練（星期一／星期三／星期五），進行各種不同程度訓練動作，利用這樣交叉進行的方式有助於你找到合適的組合。

　　前面曾經提到週期化的附屬訓練與同步訓練相較於DUP的訓練，是更進階的訓練方式，也適合更進階的訓練對象。但諷刺的是，這類進階的訓練方式多為菁英運動員或高級訓練者所採用，這些對象的肌肉發展與肌肉量皆已達到一定的程度，因此以相同訓練時間而言，因為少了摸索許多訓練因素的過程，所以似乎有更佳的訓練效率。

週期化同步訓練

　　週期化同步訓練的優勢，就是加強了恢復休息的管理。舉例來說：在進行輕鬆／困難的訓練模式時，會經歷在同一天的訓練中，進行強度較高的推舉、後拉及蹬腿的訓練動作，這表示這些訓練都朝向肌力發展的訓練目的。當然這樣的訓練非常有效，因為它給予身體很大的訓練刺激，但是這對身體來說卻是很難恢復的。因此可以透過循環交錯的方式，將高強度的推舉、後拉及蹬腿等訓練動作，分散在不同的訓練日中，透過以下的2個範例，你能更清楚兩者的不同：

1. 星期一： 輕鬆推舉、輕鬆後拉、輕鬆蹬腿
2. 星期三： 中等強度推舉、中等強度後拉、中等強度蹬腿
3. 星期五： 困難推舉、困難後拉、困難蹬腿

1. 星期一： 困難推舉、中等強度後拉、輕鬆蹬腿
2. 星期三： 輕鬆推舉、困難後拉、中等強度蹬腿
3. 星期五： 中等強度推舉、輕鬆後拉、困難蹬腿

　　你可以根據這些原則設計你自己的訓練順序，你將能獲得更有效率的恢復。在輕鬆訓練的時候，將訓練目標著重在肌肥大或提升肌耐力的訓練內容；中等強度訓練的時候，將訓練目標定在肌肥大／肌力發展或爆發力的訓練；最後在困難訓練中，將焦點完全放在肌力發展的訓練，並完成1週的訓練。這樣的方式比一天的訓練中都進行肌肥大的訓練、都進行爆發力的訓練或者都進行肌力發展的訓練，能獲得更充足的恢復與休息。

　　週期化同步訓練在訓練效果停頓時，或是無法繼續進入下一階段的訓練時能發揮最大的效用。在你原本的訓練計畫中，加入一次中循環的訓練。這個中循環的訓練內需包含減量訓練的部分，或者搭配分散式與集中式訓練法，如此才能在複合式動作的訓練中獲得足夠的恢復與休息。

週期化附屬訓練

　　週期化的附屬訓練是最進階的週期化訓練方式之一，西式槓鈴訓練就是一個最實際的例子。附屬訓練的方式可在一個訓練中同時兼顧肌力發展與其他面向的訓練。對於菁英運動員的肌力發展，你需要的是給予肌肉與神經大量的刺激，足夠的刺激壓力才能讓你的肌肉產生適應的訓練效果。與此同時，休息與恢復卻扮演著限制訓練效果的角色，因為你在休息與恢復的同時，必需維持著高強度的訓練與訓練量，才能為身體提供足夠的訓練刺激，但是又不能省略這個步驟，所以你必需在能完整執行訓練內容的情況下，保持最低限度的休息與恢復。因此當主要的訓練動作對你而言非常困難時，你可以在訓練中加入少量的輔助訓練來取代主要的訓練，藉此可達到輔助主要訓練動作的效果，也可以讓身體獲得些許的恢復。通常這樣的方式會些微減少訓練量，但是你可以透過增加輔助訓練的方式，增進執行主要訓練動作的能力。

　　舉例來說，主要的訓練動作（例如硬舉、深蹲、仰臥推舉等）在1週中可能只進行幾次的訓練，甚至只進行1次的訓練。因為重量非常重，所以在訓練過後身體會非常疲憊，恢復的速度會受到影響。正因為如此，你可能1週只進行1次這樣的訓練（搭配許多的輔助訓練），而不是每一次都進行這樣超高強度的訓練。例如主要進行仰臥推舉的訓練動作，在進行過一次訓練後，再進行特定的訓練動作（臂屈伸、滑輪三頭肌下壓及其他相關的訓練動作），以輔助提升完成仰臥推舉的能力。

　　此外所進行的主要訓練動作，不僅僅是為了提升肌力而已，西式槓鈴會將訓練日分為動態訓練（dynamic　effort，DE）及最大訓練（maximal　effort，ME）兩種型式，在動態訓練日（DE）那天，所採用的負重都是較輕鬆的負重，但是強調加快動作的速度，這樣的訓練有助於透過神經適應的方式獲得肌力發展，這與最大訓練獲得的肌力發展有所不同，在最大訓練日（ME）那天，將會盡你所能地壓榨出最大肌力，以非常重的負重進行訓練。

　　這樣的訓練模式讓很多的運動員成功地達到自己的訓練目標，若你想要更進一步加強自己的訓練，這是非常推薦的訓練方式。可以將這樣的訓練概念用於自身體重的訓練上，將訓練動作進階至採用吊環的方式進行，例如俄式撐體或十字手倒立。在這些訓練動作中，肩部肌群將承受非常大的負重壓力，在完成這樣的動作前，可以透過輔助支撐讓你更容易完成動作。利用手臂前推與腿部的動作維持平衡及動作的完整度，讓背部肌群透過槓桿的方式以等長收縮的形式給予肩部肌群多一點輔助支撐，如此一來，可讓肩部有足夠的肌力助你完成動作。但是當肌力有所進展，就要逐漸減少輔助支撐的比例，以正確的動作形式進行高強度訓練，當然你不需要每天都進行如此高強度的訓練，將輔助支撐的訓練模式分配在其他訓練日中，逐漸提升動作反覆次數。這樣的訓練模式較適合在剛開始進入到高級（C級）的訓練時，以及進行一些難度較高的撐體動作時。

　　新式週期化訓練是你開始將數學概念加入訓練當中的時候了，例如當你在一個訓練動作中，採用大量的負荷重量及高反覆次數，形成高強度及高訓練量的訓練內容，那麼在接下來的訓練動作中應進行輕鬆至中等強度及訓練量的訓練內容。當你已經進入高級訓練的階段時，無法每個動作都以目標的訓練量完成訓練，折衷的搭配訓練動作是必需學會的技巧，因此如何調整訓練中的負重、反覆次數及訓練量是非常重要的。

　　當訓練已經進展到這個階段時，你應該已經熟悉DUP及其他新式週期化的訓練方式了，此時此刻，訓練目標不應僅在對抗自身體重，完成訓練動作而已，你需要更加了解自己的身體，感受身體在不同負荷強度、動作反覆次數及訓練量下的反應，能夠掌握自己的訓練狀況。這也是為什麼希望你能詳細記錄訓練狀況與訓練方法的原因，它可以讓你回顧過去的訓練中，各種訓練因素發展的過程，包含負重強度、動作模式、組數與反覆次數及進步幅度。除非你有一位專門培訓菁英運動員或高級健身者的教練，他有時間並願意幫你設計獨一無二的訓練計畫（很不幸地，一般這種級數的教練都忙於訓練參加奧運的選手，如果你有幸能找到這樣的教練，千萬不要錯過），不然的話你真的非常需要這些過去的訓練記錄，以便擬定接下來的訓練計畫。

Chapter 10 摘要

漸進訓練的設計

　　這有助於你快速理解這個章節的內容，這個章節主要教你如何透過漸進超載的原則設計不同階段的訓練計畫，以及讓你突破訓練效果高原期的訓練計畫。

簡易單一動作的漸進訓練設計

- **漸增負重訓練法**：每次訓練增加負重。
- **漸增次數式訓練法**：每次訓練增加反覆次數。
- **漸增次數總和訓練法**：每次訓練中的各組數中，逐一增加反覆次數。
- **最終力竭訓練法**：訓練中的最後一組反覆動作至力竭，當最後一組進行至力竭時的反覆次數，較前一組多出2次以上的反覆次數，那在下一次的訓練時，必需增加各組訓練時的反覆次數。
- **漸增組數訓練法**：每次訓練增加訓練的組數。
- **休息片刻訓練法**：減少組間休息的時間，在最後一組的過程中，允許短暫的休息，再接續完成該組的反覆次數。
- **壓縮訓練法**：減少組間休息時間。
- **改變節奏訓練法**：原始動作節奏為10×0，延長向心收縮或離心收縮階段的動作時間。
- **改變頻率訓練法**：利用每日短暫的空檔時間，或是增加每週進行訓練的時間。
- **等長收縮與離心收縮訓練法**：搭配上述各種訓練法改變收縮時間。

簡易複合動作的漸進訓練設計

- **增加重量**：額外增加負重，讓當前的訓練動作更難執行。
- **輔助器材**：利用彈力帶或其他輔助器材讓下一階段的訓練動作較易執行。
- **離心收縮訓練**：讓你在跨越不同訓練階段時能更快跟上訓練。
- **額外的動作範圍與加速度**：利用加速度的動力讓你可以完成訓練動作。
- **修正式訓練動作**：改變原本的訓練動作，使其更難以執行，通常會因應下一階段的訓練動作來改變身體的位置。
- **增加組數與減少休息時間**：在進入下一階段的訓練前，先增加訓練的組數與減少組間休息時間，讓你在開始下一階段訓練時可以較快上手。
- **混合組訓練**：在一組的反覆次數中，由目前階段的訓練動作結合少量下階段的訓練動作，再

逐漸增加下階段動作的反覆次數。

- **簡易混合組訓練**：在進行新一個階段的訓練動作時，若無法完成指定的反覆次數，以前一階段的訓練動作補足餘下的反覆次數。

進階複合動作的漸進訓練

- **分散式與集中式**：以1週內每次的訓練調整訓練的內容，以累積更高的反覆次數與訓練量，當達到目標後再開始減少反覆次數以進行強度更高、更困難的訓練動作。
- **輕鬆／困難模式**：在1週內的數次訓練中，以輕鬆及困難的訓練強度交替進行訓練。
- **日常波動週期**：採用輕鬆／困難的訓練模式，將訓練日分為輕鬆／中等／困難3個級數，交替進行肌肥大與肌力發展的訓練。
- **同步訓練與附屬訓練**：在週期訓練計畫中，同時進行不同屬性的訓練。在這個訓練模式中，有許多的部分是為了維持或輔助主要的訓練動作，讓你可以更順利地完成主要訓練的目標，當然你也可以嘗試同時加強所有的訓練動作。

更詳細的週期化訓練分類法及相關的基本資訊，可參閱以下連結：https://www.elitefts.com/education/training/powerlifting/overview-of-periodization-methods-for-resistance-training

CHAPTER 11

預防訓練、集中訓練、
柔軟度與緩和運動

PREHABILITATION, ISOLATION, FLEXIBILITY, AND COOL DOWN

現在你應該已經了解構成訓練的眾多關鍵核心因素，接下來要談的是在訓練過後你應該要注意的部分：預防訓練、集中訓練、柔軟度訓練及緩和運動。要達到理想的訓練目標，這些訓練就顯得格外重要，尤其是預防訓練及柔軟度訓練。你應該在每次的訓練過後進行這些訓練，以幫助你達到放鬆的效果，並且避免過度訓練與運動傷害。保持關節、肌肉與肌腱良好的活動性是非常重要的，當你推壓或按摩時，健康的組織部位應該不會有疼痛的感覺，如果將手放置並碰觸在肌肉或肌腱上，它應該是具有彈性且容易移動的。不幸的是，在訓練過後你會發現這些部位常常處於僵硬、緊繃、顫抖或快要痙攣的狀況。

當你在使用身體的各個關節時，你應該要感到非常舒適，肌肉應該要柔軟、具有彈性並非常柔韌。想想像Michael Phelps這樣的運動員，在他開始比賽之前，他會先進行許多手臂繞環的動作，並來回地揮動手臂藉此放鬆肩部與手臂的肌肉。在他甩動的同時，你可以看到那具有彈性又柔韌的肌肉，毫無阻礙地來回移動，那就是目標。

以下是一套預防訓練、集中訓練、柔軟度與緩和運動的訓練範例：

- **掏米訓練**：3組1分鐘
- **分腿撐體**：3－5組30秒
- **背部拱橋**：3－5組20秒
- **二頭肌彎舉**：3組10次反覆
- **德式懸垂**：3－5組30秒
- **深呼吸**：1分鐘（從鼻子吸氣，嘴巴吐氣）

預防訓練

預防訓練是在訓練當中加入一部分的訓練，用來預防運動傷害的發生。預防訓練著重在修正訓練失衡的狀況，以及預防你在一些不熟悉或者是無法掌控的訓練動作中可能發生的運動傷害。

復健訓練可接續在預防訓練之後進行，也可以與預防訓練分開在兩個不同的訓練中。在日常訓練中，你應該會針對沒有受傷的部位加以訓練，在訓練過後這些部位最好加入預防訓練，而那些受傷的部位則應進行復健訓練，加強復原的效果。這些訓練不一定要在主要訓練結束之後，也可以擺在主要訓練開始之前，當作訓練前的熱身活動。如果關節曾經受過傷，或在活動中有刺痛、疼痛的現象，任何疑似受傷的情況，甚至是肌肉、肌腱或關節有長時間疼痛的感覺，那你真的需要考慮將預防訓練加入訓練中。

你可以將預防訓練想像成復健訓練的延伸，預防復健是在你受傷之前就先開始的復健訓練，其實就是提升容易受傷部位的能力，減少受傷的機率。也由於是復健訓練的延伸，因此是在受傷前或受傷後都可以進行的訓練。*當你在特定的關節組織與結締組織中，存在一些不舒適的感覺，並且逐步發展成影響活動的因素，那麼的確需要開始進行預防訓練，進行特定的矯正，這就是在傷害開始之前所進行的復健訓練。*

無論你是否有受傷的狀況，在訓練中或多或少經歷過這樣的階段，你需要學習判斷是否發生了運動傷害，或者處於快要受傷的階段，這樣的狀況可能是來自於訓練當中動作的不平衡、過度訓練、疲勞或其他因素。在確定狀況之後，你需要主動修正不平衡的姿勢與動作、加強較弱的部位、進行充足的休息，讓組織、肌腱與關節可以快速地恢復健康狀態。

預防訓練一般在2種不同的狀況下採用，首先是作為復健訓練的延伸，可能你先前有受過相關的運動傷害，如肌腱炎。雖然在這當下肌腱不再像當初發炎時那樣疼痛，但是當你進行訓練之後，因為訓練的強度與刺激，可能會造成再次受傷的風險。換句話說，曾經受過傷的地方仍然很容易再度受傷。在主要訓練當中，也須針對這個部位擬定特殊的訓練計畫。第二種狀況是你正處於受傷的時期，在引發更多疼痛、肌肉萎縮或其餘因傷而產生的副作用前，透過預防訓練幫助組織盡快復原，恢復到正常的狀態。如果組織過度疲勞或休息不足，你可能就會感到不適、痠痛、虛弱、緊繃甚至疼痛。此時你應該要調整訓練，先分析當時的身體狀況，再進一步針對訓練內容加以修正。

肩部一般是最常需要進行預防訓練的部位，如果肩部需要額外穩定訓練，可透過加強旋轉肌群或穩定性訓練來達成，如土耳其站立的訓練動作，就對肩關節具有直接的訓練效果。另外，如果你覺得肩胛骨周圍非常僵硬、緊張，你可能需要進行肩胛骨的後縮、下移、提升及前伸等能穩定肩關節的特定訓練動作，除了肩胛之外還需要進行胸椎相關的加強訓練。肩部周圍的許多部分，可能都需要對應的預防訓練，以加強肩關節的穩定程度。

建議在主要的訓練之後再進行這些預防訓練，主要是因為預防訓練可能也會造成疲勞，影響主要訓練。如果你想要獲得理想的訓練效果，疲勞應該是出現在主要的訓練當中，而不是出現在熱身的時候。尤其當這些穩定肌群產生疲勞時，有許多複合式動作會無法完成，這樣的結果會限制了你在主要訓練中的訓練強度與訓練量，不穩定的動作型態同時也會增加其他肌肉拉傷的機會。

以二頭肌彎舉與引體向上為例，如果在進行引體向上的訓練之前，你正進行完二頭肌彎舉的訓練，並引發了一定程度的疲勞，那麼你在進行引體向上時的反覆次數一定會受到影響，無法完成計畫中的目標。當你針對身體的某個部位先進行了預防訓練，而接下來訓練的複合式動作也包含這個部位，運動表現會受到影響而下降，這是來自於疲勞的影響，而不是能力不足的因素。

集中訓練

集中訓練可用於多種訓練目的時使用，它可用於在預防訓練中，強化結締組織；用於肌力發展的訓練中，緊實肌肉線條、促進肌肥大的效果；或當結合以上2種的訓練，在強化肌肉同時，也可預防運動傷害。透過導正不平衡的動作姿勢，了解自己能力較差的部分，補強不足的肌力並預防受傷。

在肌肥大的訓練中，組數與動作反覆次數的範圍一般設定為3組10次反覆，所以我們採用一個3組10次反覆的二頭肌彎舉作為範例。為了讓在訓練中能更快獲得肌肥大的效果，你一定會做很多針對單一肌群的訓練動作。但當你在進行引體向上的訓練動作時，卻發現二頭肌一直是你較薄弱的一環，此時你會採用3組10次反覆的訓練，加強你二頭肌的肌力，讓你可以更順利地完成引體向上，因為「*肌力＝神經適應×肌肉橫斷面積*」，因此增加二頭肌的肌肥大效果，相對地肌力也會有所提升。但是除了肌肥大的訓練，你也可以採用5組5次反覆的方式或更低反覆、更多組數的方式，讓訓練偏向神經適應的肌力發展。

不管採用以上的哪種方式，當你針對單一肌群不斷訓練，會對於該特定部位產生較大的刺激與壓力。在上面的範例中，當針對二頭肌進行強化訓練時，有些動作如後槓桿動作或其他吊環訓練的動作，都會對二頭肌的肌肉與附近肌腱產生非常大的壓力，一段時間下來，可能會造成肌肉疼痛，甚至肌腱炎的情形。因此在這種針對單一肌群的集中訓練時，應該要採用更多反覆次數的方式，強化結締組織。

在針對單一部位的集中訓練中，增加強度並不是我們的首要目標，因為通常在這種狀況下，這個部位本身可能已經有些微受傷，或是本來就是能力較差的肌群，更高的強度只會讓傷害更嚴重，健康的肌肉也有可能因此受傷。例如膕旁肌已經些微拉傷，但你卻要進行高強度的訓練，如短跑衝刺，那真的是壞主意。相反地，你應該進行一些讓它可以更加強壯的訓練，以避免潛在傷害及其他併發症。結締組織如肌腱、韌帶及關節軟骨等的生長與發展，較適合以較高反覆次數的方式進行訓練，因為局部血液流動，能增加代謝、促進傷口的癒合及受傷的組織復原。這樣的訓練刺激仍然足夠給予肌肉訓練的刺激，但並不會對於受傷的組織產生過大的壓力而導致進一步的損傷。不引發訓練損傷的訓練強度非常非常低，重量負荷會非常輕，所以需要很高的反覆次數，才能達到訓練應該有的刺激，相對地，訓練的組數就不用多。例如上面的範例中，進行二頭肌彎

舉的訓練動作，你需要採用非常低的負重（例如5磅），進行3組30－50次反覆動作的訓練，並且不會筋疲力盡或無法完成重複次數。

正如你所看到的狀況，預防訓練與集中訓練似乎有點重疊。實際上這2種訓練的概念可以合併在一起，透過修正訓練的強度與訓練量，達到加強某些較薄弱部位及加強結締組織的訓練效果。

預防訓練與集中訓練的結合

預防訓練與集中訓練非常容易在訓練計畫中結合，如果你因為進行太多手倒立訓練而使手腕感到疼痛，這時候可以針對腕部進行集中訓練，以恢復手腕的工作與動作能力，讓手腕可以再度承受手倒立時的壓力。你可以進行掏米訓練，讓手掌在米缸裡面來回抓握白米，當你會用到手腕進行伏地挺身之類的動作，都可以採用這樣的訓練來預防手腕受傷。你不會想用疼痛的手腕繼續進行手倒立訓練，更何況這樣只會讓傷勢更嚴重。

同樣地，如果肩部有痠痛或疼痛的感覺，你也需要針對肩胛骨與肩關節進行集中訓練。如同我們先前提到有關旋轉肌袖的訓練動作，透過集中訓練的方式加強這些能力較差的肌群。

無論是手腕、腳踝、手肘或膝蓋等各部位關節，不管出現何種不適與疼痛，都可能需要預防訓練與集中訓練。除此之外，靠近脊椎的關節常常會分不清到底是關節或者軀幹產生不適，這2個部位經常會混淆。肩關節就是一個明顯的例子，例如當肩關節的活動受限時，就會被認為是肩部的疼痛，肩胛骨活動範圍的限制，會導致肩部需要承受額外的負荷壓力，或導致肩部特定部位的相互摩擦，進而產生不適的現象。在這種情況下，先增加肩胛骨的活動範圍可能會比進行旋轉肌袖的集中訓練來得理想，或者是兩者合併進行。

針對特定範圍的集中訓練大致需要3－5次或歷時2週的訓練時間，如此讓你有足夠的時間從繁重的訓練中逐漸復原，並透過集中訓練加強不足的部位。如果在這樣的訓練過後情況卻沒有改善，那麼可能疼痛來自於其他的因素影響，或者一開始就錯誤地評估狀況。

我們以背部緊繃與按摩滾筒的例子來說明，運動員可能感到背部有緊繃的狀況，並持續使用按摩滾筒或其他類似的器材來按摩背部及消除疼痛，短時間內這樣的按摩可以達到一定的舒緩效果，但是緊繃的狀況卻無法因此獲得解除，主要是因為背部的緊繃是由其他因素所引起的。造成背部緊繃的3個主要原因是疼痛、脊柱不穩定及背部肌群衰弱。背部緊繃可能是這三者其中之一所造成，但常常會同時包含其中2種的狀況，甚至3種狀況同時發生。另外一個例子是踝關節扭傷，當踝關節扭傷後，在動作過程中會產生疼痛的感覺，踝關節附近的肌群為了因應這樣的傷害會讓這些肌肉變得更緊繃，尤其是在動作範圍的末端。如果在運動中需要較大關節活動範圍的動作（如柔道運動員），通常肌肉都會出現緊繃的情形，因為肌肉會反射性地利用緊繃的方式，穩定這些關節，預防受傷的情況發生。如果背部肌群衰弱，肌肉也會因此變得緊繃，以避免受傷。

　　儘管使用了按摩滾筒來按摩背部，仍然無法消除背部緊繃的狀況，這也可能是因為之前的受傷造成持續疼痛所導致。處於傷痛伴隨肌肉疼痛的人通常都有明顯的肌肉緊繃，但在他們的患處復健之後，通常都會感到「神奇的」復原，連同肌肉緊繃的感覺都不見了。脊柱不穩定也可能是背部緊張的另一個原因，在這種情況下進行穩定脊柱的訓練才是解決背部肌肉緊繃的方式，而不是一直使用滾筒按摩。另外，當你背部肌肉較衰弱時，肌肉也會緊繃以避免受傷，這時應針對背部肌肉加強鍛鍊。

　　透過高反覆次數的壺鈴擺盪訓練，有助於舒緩背部的緊繃與疼痛。為什麼呢？這是因為壺鈴在搖擺的過程中會迫使核心肌群穩定脊柱，同時提供背部肌群一個足夠的訓練刺激，讓它可以更強壯，這個方式同時解決了脊柱不穩定與背部肌群衰弱的問題。隨著這樣的訓練，背部的緊繃與疼痛會逐漸消失，背部也會變得強壯。高反覆次數的背部伸展同樣也是很好的訓練動作，與壺鈴擺盪一樣可以強化背部肌群、穩定脊柱。以上應該有助於你理解這個概念。但要注意的是，因為需要釐清造成你背部疼痛的原因，請不要在沒有專業醫療人員可諮詢下，就貿然採用高反覆次數的壺鈴擺盪或背部伸展來解決背部的問題。

　　一般來說，當你開始進行訓練後，傷勢或不適的感覺沒有獲得舒緩，甚至越來越嚴重，那就應該立即停止訓練，並盡速向專業的醫療人員尋求協助。

　　以下是一些關於預防訓練與集中訓練的建議：

- 如果你想要修飾肌肉線條，可以在肌肥大訓練之後進行集中訓練。
- 當採用集中訓練的方式達到預防訓練的效果時，訓練目的應著重在加強衰弱的肌肉、解決不穩定的情況，或糾正特定部位的其他問題。最重要的是採取低負荷高反覆的方式進行訓練，以避免二次傷害，並重新鍛鍊特定部位。
- 四肢部位的預防訓練通常都較簡單（手腕、手肘、腳踝、膝蓋等），在處理軀幹部位如脊柱、髖部及肩部時，需要考慮較多因素。可以採用中等至高反覆次數的方式進行。
- 運動訓練是一種具有潛在性危險的活動，儘管本書提供了許多的工具與概念，但你還是有可能無法正確地使用他們。如果有任何疑問或顧慮，你應該在開始訓練之前，向專業的醫療人員諮詢是否合適，根據每個人不同的狀況，可能需要向骨科醫師、運動醫學醫生或物理治療師等進行諮詢。

就預防訓練而言，訓練的注意事項如下：

- 需要較長時間的組間休息，至少2－3分鐘甚至更長的組間休息時間。
- 在預防訓練與集中訓練時，皆採用較慢的動作節奏，例如5121的方式。
- 採用高反覆動作的方式，例如15－40次的反覆動作。
- 不應在訓練中出現衰竭的情況。

在預防訓練與集中訓練時，我們不希望對結締組織產生過大的壓力，不需要快節奏的訓練，也不需要減少組間休息的時間。這些方式會對衰弱或受傷的部位產生更嚴重的傷害，所以我們一般推薦採用高反覆次數的訓練方式，但也有例外。在預防訓練中，我們希望採用更高反覆次數的方式進行訓練，尤其對於潛在肌腱發炎或損傷的對象，但是如果這又是你較弱的部位時，你會希望採用較低的反覆次數來提升訓練的強度（例如5－8次反覆動作）。

當我們提到有關上半身的訓練時，你需要考慮到5個主要的部位：髖部、脊柱、肩部、手肘、手腕。這些關節與周圍的肌肉組織都是在徒手訓練中非常重要的部位，需要好好保護。在本書的後面還有許多具體的訓練內容，如果你有發現自己喜歡的訓練方式，請好好利用他們。

柔軟度訓練與緩和運動

柔軟度訓練與緩和運動通常會放在常規訓練中的最後一部分。一般來說，柔軟度訓練是很理想的緩和運動，但緩和運動中還需要一些和緩的動態活動，例如慢跑、跳繩或活動度訓練。在常規訓練中，若有覺得不適合的訓練內容，可以移至這個部分進行。

首先，讓我們來了解為什麼要進行柔軟度訓練，當你了解訓練的原理後，就可以針對你在例行訓練中的需求進行調整。

在本書的CHAPTER1中，我們曾經談到肌肉中有關肌梭的這個結構，這是調節肌肉長度的組織，當肌肉在有限的範圍內不斷延伸至極限時，肌梭會主動傳送訊息給大腦，經由回饋讓肌肉產生收縮，造成肌肉的緊縮以避免過度伸展。這在肌肉內產生了一個被動張力，如下圖所示：

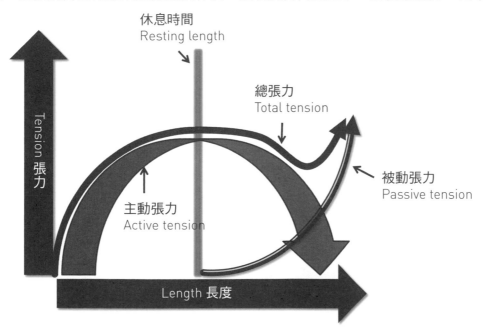

休息時間
Resting length

總張力
Total tension

被動張力
Passive tension

主動張力
Active tension

Tension 張力

Length 長度

神經系統有分為傳出纖維（efferent）與傳入纖維（afferent），傳入纖維屬於感覺神經，透過碰觸、壓力、溫度及其他身體內部變化，提供神經系統反向的回饋，傳出纖維在大腦處理訊息過後，將指令傳出提供控制的回饋。這些傳出與傳入纖維可分為 α、β 及 γ 等，不同的名稱代表著不同的傳導速度。當肌肉被延長時，肌梭內經由神經系統將訊息回傳大腦是經由 γ 神經元，在大腦處理訊息過後，將反應再度傳出時，是經由 α 及 γ 神經元傳送訊息至目標器官。經由 α 神經元傳送出的訓練，讓肌肉收縮產生張力，經由 γ 神經元控制確保肌梭回復到原有的長度，以維持對肌肉張力的監測。

- γ 神經元傳入→大腦→α 神經元＋γ 神經元共同傳出＝α 神經元傳出控制肌肉收縮＋γ 神經元調節肌梭長度。

在柔軟度與增強式訓練中，就是利用肌梭系統的活化與調節作用。肌梭系統是由 γ 神經元及 β 神經元所組成的傳出與傳入纖維，其中 γ 神經元在傳出及傳入時的過程略有不同。肌肉被伸展的訊息經由 γ 神經元傳入，神經系統透過脊髓與大腦處理這些訊息，再經由 α 神經元、β 神經元及 γ 神經元將訊息傳回至肌肉。

- 柔軟度訓練與增強式訓練→γ 神經元傳入→脊髓與大腦處理訊息→α 神經元、β 神經元及 γ 神經元傳出→α 神經元傳出控制肌肉收縮＋γ 神經元調節肌梭長度+β 神經元調節肌梭的敏感度。

柔軟度訓練的主要目的就是讓肌梭的敏感度下降，換句話說，當你在訓練中讓肌肉長度伸展到極限時，雖然會因為肌梭的回饋反應引發肌肉張力提升並收縮，但是隨後即會開始降低肌梭的敏感度，此時被動張力降低，你可以獲得更大的關節活動範圍，並透過這樣的方式反覆地增加關節活動範圍。

β 神經元對肌梭的傳出反饋可劃分為靜態與動態2種形式：

- **靜態**＝在靜置位置時肌梭的敏感度＝肌肉伸展的極限範圍時
- **動態**＝在動態動作過程中肌梭的敏感度＝肌肉長度縮短週期＝增強式訓練的效果

柔軟度訓練的主要目的是降低肌梭的敏感度，減少被動張力，藉此增加靜態或者是較慢的動作時的最大動作範圍。增強式訓練則是希望由增加在動態動作中肌梭的敏感度，提升被動張力，增加奔跑或跳躍時的肌肉收縮力。

請一定要記住，在柔軟度訓練中，肌肉的疼痛會抑制肌梭敏感度下降的訓練效果，在增強式訓練中，疼痛也會抑制敏感度增加的訓練效果。這表示在執行柔軟度訓練時，如果伸展的程度出現了疼痛的感覺，往往會適得其反。

為了清楚地說明這個現象，我們舉一個腳踝扭傷的例子。造成腳踝扭傷的原因通常是快速又大幅度的動作，並且通常都是超出關節活動的極限範圍。疼痛通常都是發生在關節的本身，而這也是大多數運動員最關心的問題。但是請你回想一下最後一次的輕微扭傷，應該會感覺到走路時踝關節非常僵硬。這是身體針對傷害性接受器（疼痛感受器）傳來訊息所做出的回饋，就如同肌梭一樣的作用。身體的負回饋機制，會使你疼痛或受傷部位附近的肌肉進行收縮，產生緊繃的狀況，以保護你受傷的部位。在這種狀況下，肌梭透過大量提升敏感度，促使肌肉變得僵硬，並抵抗進行大動作範圍的運動，限制了關節活動度，由於疼痛加上肌肉僵硬，使你扭傷的腳踝嚴重地受到動作範圍的限制。

在受傷過後的1、2週內，即使疼痛已經消失，你可能仍舊會感覺到動作範圍的限制，這是受到肌梭敏感度提升的影響，限制你進行原先可以完成的動作範圍。你可能需要透過物理治療，進行伸展與加強肌力的訓練，以增加動作範圍，使肌力恢復到原先的水準。

在經過一段時間反覆地進行伸展，可以降低肌梭的敏感度，藉此增加柔軟度。但有許多人卻用錯誤的方式進行伸展，這會導致伸展訓練的效果大打折扣。在每次的伸展訓練中，若將肌肉伸展到了疼痛的地步，將會抑制下一個階段的效果。可能在第一次的柔軟度訓練過後，可以獲得提升關節活動度的效果，但是在之後的訓練或下次訓練的熱身時，會發現無法持續地進步。這是因為疼痛抑制了肌梭敏感度的下降，頂多只能達到上次訓練時的關節活動度，無法持續地增加關節活動度，所以這不是一個長久的訓練計畫。

你已經了解了柔軟度訓練的原理，接下來我們要介紹一些不同的柔軟度訓練方式。

柔軟度訓練 —— 靜態伸展

大多數人都會採用標準的靜態伸展，作為柔軟度訓練的方式，通常都以固定的訓練組數與制式的動作時間進行訓練。

* 3－6 組，伸展後停頓30－60秒

讓我們分開來看這樣的訓練範例，當進行分腿體前彎的訓練動作時，分別會向左腿、右腿及中間向前伸展並停頓30－60秒，重複3－6次。每一次伸展的程度，應該要讓你出現些微不適、肌肉緊繃的感覺，同時你必需盡量維持放鬆。正如我們前面所提到的，產生疼痛的感覺反而會對訓練效果大打折扣。伸展時的疼痛會向神經系統發出信號，促使肌肉收縮得更強烈，並且不會減少身體對肌肉拉長時的敏感度。在你動作允許的範圍內盡力伸展，直到出現些微不適的感覺，並停頓30－60秒，利用深呼吸盡量放鬆，並在每一次吐氣時繼續多伸展一些肌肉。

這類型的伸展訓練，有點像是負荷漸增或次數漸增的訓練進程，讓你獲得肌力與肌肥大的訓

練效果。想想你在伸展時的感覺，其實就像是一個漸進的離心收縮訓練。差別在於訓練目的不是在增進肌力，而是在肌肉對抗訓練動作時，盡量延伸肌肉。當伸展幅度達到輕微不適但不到疼痛的程度時，盡量放鬆即可持續延長你伸展的程度，達到提升柔軟度的效果。

有些人不會採用標準的靜態伸展來改善柔軟度，這是很正常的，尤其是神經敏感度很高的對象。有很多運動員其實都採用了錯誤的方法進行柔軟度的訓練，當你在嘗試任何一種柔軟度訓練的時候，請給它1至2個月的時間。當柔軟度訓練出現了訓練效果的高原期，你需要知道如何調整訓練進程，就像是改變肌力發展與肌肥大的訓練進程一般。讓我們來談談其他針對伸展訓練時，簡易的漸進訓練進程，你可以採用這些技巧加強柔軟度訓練。

本體神經肌促進術

本體神經肌促進術（proprioceptive neuromuscular facilitation，PNF）是另一種針對神經系統放鬆肌肉的方式。在這個訓練方式中有許多的技巧，但最常見的是採用停頓／放鬆及收縮／放鬆的方式。這些訓練方式，是讓目標伸展的肌肉先行用力收縮，或者是透過輔助者固定動作，同樣地讓目標伸展的肌肉產生等長收縮一段時間，接著再伸展該目標肌肉，並讓肌肉放鬆。這樣的方式有助於促進肌肉邊緣的肌梭放鬆，對於肌肉長期處於緊張的對象有很大的幫助。

這類的訓練法是透過用力與放鬆的搭配，「重置」肌梭的敏感性，讓你達到放鬆肌肉的效果，增加你關節的活動範圍。在用力收縮之後，肌肉會感到是安全的，肌梭的作用降低，同時放鬆肌肉。

典型PNF訓練中，收縮／放鬆的週期如下：

- 先將肌肉伸展到動作範圍極限。
- 讓肌肉產生輕微收縮的肌力，持續約10秒鐘。採用等長收縮的方式，輕微收縮的肌力應等同於肌肉內部的被動張力，所以在外觀上不會產生動作的變化。
- 完成收縮之後讓肌肉放鬆，同時採用較輕的肌力，讓肌肉伸展至更大的動作範圍，持續約20秒。動作過程中肌肉應會出現些微不適感，但不至於到疼痛的程度。
- 每個訓練動作反覆2－5組的循環。

正常情況下2－5組循環的停頓／放鬆或收縮／放鬆的訓練效果已經足夠。根據肌肉緊張的程度，在停頓或收縮的階段，維持5－15秒的時間，在這個階段中5－10秒是最理想的。請記住，在伸展之前你必需讓肌肉產生疲勞，並且從較短的肌肉長度開始伸展。在放鬆的階段可以維持10－30秒，但一般而言10－15秒的時間已經足夠。整個訓練完成後，大約有80秒的伸展時間，用力收縮的階段每次10秒，放鬆的階段每次15秒。

呼吸的調節會與神經系統放鬆息息相關，所以在放鬆的階段，也可以透過深呼吸來協助肌肉放鬆，獲得更好的伸展效果。請記住，疼痛會增加肌梭的敏感度，所以伸展到疼痛的程度，反而會得到反效果。所以在伸展時，最好伸展至極限的範圍，有點不適的程度即可。在開始這樣的訓練時先將肌肉伸展至動作範圍的極限，然後再開始收縮肌肉，此時肌肉長度會些微縮短，接著再進行放鬆及伸展，此時再伸展至些微不適的程度。一開始的動作不要先伸展至肌肉不適的程度再開始用力收縮；收縮之後的放鬆及伸展，不要出現疼痛的感覺。

如果肌肉感覺到非常緊繃，另一個有效的方式是在肌肉放鬆的階段同時用力收縮對側的肌肉。如果你正在伸展膕旁肌，那你在放鬆階段的同時，用力收縮髖屈肌與股四頭肌，此時膕旁肌正不斷地延長。這是基於相互拮抗的原理，當你一側的肌肉正用力地進行收縮時，身體會自然地放鬆另一側的肌肉。

有許多不同的方式都能協助你放鬆緊繃的肌肉，包括利用反射弧（例如膝反射）的方式來抑制膕旁肌。就像是醫生檢查膝反射時，敲擊髕骨肌腱，經由多次的敲擊會啟動反射弧以活化或抑制膕旁肌，然後再開始PNF的伸展訓練。

負重伸展

儘管負重伸展（loaded stretching，LS）的訓練方式已經存在一段時間了，但是直到近幾年來才開始普遍地應用。在本書的第一版中，對於這個訓練採用不同的名稱。

過去透過科學的研究早已發現，當動作伸展至動作範圍極限時，採用負重的方式對於柔軟度的訓練可能會比靜態伸展具有更好的訓練效果。例如你在進行負重的蹲舉訓練時，當你下蹲到最低位置時，負荷的重量會讓你在這個動作中伸展到膕旁肌。所以當你採用負重的方式進行這個動作時，會比沒有負重時有更大的動作範圍，特別是當負重的重量越重時，你會獲得越大強度的伸展肌力。

最為典型的訓練方式就是「亞洲深蹲」，在深蹲至動作最底部的位置時，同時保持在這個位置加上你負荷的重量。這樣的方式可以讓你下蹲至更深的位置，最終獲得更佳的柔軟度。在下蹲時保持直線的下蹲，並將體重重心優先轉移至腳上，可以在蹲下的過程中，伸展小腿、膕旁肌、臀肌與股四頭肌。這樣的訓練也會增加你相關部位的柔軟度，這樣的方法就是透過在下蹲至底端時，以「負重」的方式強化不同肌肉的伸展，達到增加柔軟度的成效。如果肌肉非常地緊張，這樣的訓練方式會比PNF更有效，在下蹲至底部時你可以獲得更多的伸展效果，盡可能地利用這樣的方式，並維持5分鐘或更長的時間。

就訓練的進程而言，你可以採用肌力訓練中的漸增負重方式進行訓練，以下是一個負重伸展的訓練範例：

- 進行一組碰觸腳趾下蹲的訓練動作，並在下蹲至底部時維持10秒鐘的時間，增加膕旁肌及背部肌群的柔軟度。
- 當這樣的訓練動作無法持續讓你增加柔軟度時，額外舉起2磅的重量在身上，這樣的方式可以讓你蹲得更深。如果有必要，也可以雙手自然垂下，保持碰觸腳趾，然後向上站起。
- 一旦訓練效果停頓，你可以透過增加反覆組數、負重重量或伸展的時間來增加訓練強度。
- 當你達到目標柔軟度或活動範圍後，降低訓練組數、負重的重量及伸展的時間，此時儘管負重較輕，你仍可以完成原本的伸展範圍。

訓練的目標不是要達到更高的訓練組數、負重重量或伸展時間，而是要讓你可以完成更大的動作範圍，並且維持固定這樣的動作範圍。這意味著在增加了柔軟度與活動範圍之後，你僅需要以較低的訓練組數、負重重量及伸展時間，即可維持柔軟度與活動範圍。這有點類似於減量訓練，或是在開始另外一個週期訓練前的階段，但是訓練組數、負重重量或反覆次數不需要為了達到新的動作範圍而持續增加。當這些訓練因素不再持續增加，但活動範圍已經達到一個更好的程度時，表示你整體的柔軟度已經獲得改善。

要讓動作範圍更進步的唯一方式，是讓動作先移至動作範圍的極限，再依據身體條件確認增加的幅度。這與肌肥大訓練的概念有點相似，當你在沒有疼痛的狀態下花費越多時間來訓練伸展肌肉，身體就越能適應這種狀態。以下有2種以負重伸展增加柔軟度的方式：

- 在動作範圍極限進行等長收縮
- 通過動作範圍極限的離心收縮

以等長收縮的模式進行時，將動作維持在動作範圍極限，停頓30至60秒的時間，藉由增加反覆的組數，或是每次增加1磅的重量，也可以同時以2種方式加強訓練的強度。以離心收縮的模式進行時，可藉由增加反覆次數與負重的重量達到提升訓練強度的效果。這些方式都會有效，但效果有多理想，會依據個人的身體反應有所不同，所以請多加嘗試，找出對你最有效、最適合訓練的方式。

你可能正在採用其他比PNF、負重伸展或其他更有效的訓練方式，瑜伽就是一個很好的例子，這些都是可以讓你提升柔軟度、增加動作範圍的訓練方式。瑜伽的訓練主要針對動作的姿勢，柔軟度不是主要的訓練目標，但如果你認為這樣就沒訓練到柔軟度的話那你就錯了，正好恰恰相反。在瑜伽的訓練當中，為了完成指定的動作姿勢，許多動作都需要達到動作範圍的極限，這樣的訓練也有助於你柔軟度的提升，主動式伸展運動（active isolated stretching，AIS）也是另一個很好的訓練方式。

當你了解在動作範圍極限時的訓練概念，達到不適但不會疼痛的伸展程度，以及神經系統的放鬆過程，你就會明白這些不同訓練方式是透過何種途徑達到增加柔軟度的訓練效果，這也是為

什麼需要了解這些訓練背後生理機制的重要性。當你可以針對自己的問題擬定解決的訓練計畫或柔軟度訓練，你就會發現最合適的訓練方式。你不需要大量購買訓練課程，或是請一個專家一對一的指導，你可以依據自己的經驗與身體的感受，修正一個專屬於你的訓練計畫。

在日常訓練中加入過度的伸展訓練，會如同過度訓練一般，可能產生肌肉痠痛，並且失去訓練成效。做得更多並不一定是更好的選擇，專注在少量地增加訓練內容，並保持訓練效果，才能不斷向上提升。

一般來說，以下這些概念有助於提升柔軟度訓練的成效：

- 在動作範圍極限停頓的時間（越多的停頓時間＝越多的伸展效果）。
- 在各項伸展訓練中搭配深呼吸的方式來放鬆神經系統。
- 只伸展到些微不適的範圍，避免產生疼痛的感覺（尤其神經系統較敏感的對象）。
- 增加動作範圍極限時使用的肌力，尤其在緩慢、受控制的離心階段（無論負重或無負重）。

以活動度及柔軟度訓練維持柔軟度

通常最讓人搞不清楚的概念是如何維持訓練成效，尤其是在經由訓練之後增加了關節活動範圍。一般來說都期望能透過滾筒、按摩、動態關節運動或柔軟度訓練來增加柔軟度，但是大多都無法實現。有時候特定的肌肉出現緊繃狀況，就像前面提到當脊柱不穩定、肌肉衰落或疼痛時，都可能會抑制你在處理緊縮肌肉時的效果，但可能還有另外一個罪魁禍首。

柔軟度與活動度是非常相似的概念，但是兩者不能混為一談。柔軟度是透過伸展達到延長肌肉，增加活動的範圍。當關節附近的肌肉感到僵硬無法伸展時，關節活動度會大幅的下降，讓你無法順利活動。如果你身體向前彎曲時雙手無法碰觸到腳趾，透過柔軟度的訓練將可以伸展膕旁肌，直到你可以碰觸到腳趾為止。

活動度是涵蓋了所有你可以移動的肢體範圍的總稱，通常都是在較低負重或只有體重的條件下所進行的動作範圍。活動度的訓練有3個具體的目標：維持現有的動作範圍、改善動作學習、提升動作質量。如果在現有的動作範圍內允許增加負重或阻力，並且執行多次的反覆動作，那麼這樣的訓練即會成為肌肥大或肌力發展的訓練。

無論你在什麼時候經由訓練增加新的動作範圍，都應該以這個新的動作範圍進行主動或被動的活動度訓練。舉例來說，假如你正伸展腳踝，你會用手協助腳踝盡可能在新的動作範圍間移動，這是一種被動式的活動度訓練，可以幫助你安全又有效地達到一個新的動作範圍。一旦身體習慣了這樣的動作範圍，將不會再透過神經系統發送訊息至機械式受器（壓力／扭曲）與痛覺接受器（疼痛），讓肌梭不再引發緊縮肌肉的反應，限制活動度。

習慣的動作往往難以改變，如果長年以來你身體的柔軟度一直不理想，即使在短暫的訓練中達到訓練的效果，但在訓練過後，還是非常容易恢復到原本的樣子。即使你在訓練的過程中沒有達到疼痛的程度，但是肌梭還是會逐漸恢復它的敏感度，如果你不持續地進行活動度的訓練，這種情況勢必會發生。這個概念與修正動作姿勢是一樣的，當你長年下來的習慣動作，要改成另一個新的動作時，你一定會覺得非常不舒服。如果你想要讓自己的身體變得更柔軟靈活，你必需養成每天進行伸展與活動度訓練的習慣，甚至一天中需要進行多次的訓練。一開始可能很困難，但是一旦養成習慣，你就會更容易維持這樣的訓練模式。

如果肌肉越來越緊繃，你將無法保持身體活動度，這也是為什麼柔軟度與活動度在日常生活中那麼重要的原因。大多數擁有理想柔軟度與活動度的人，通常是每天都保持訓練，並不是只有在進行運動訓練的那天而已。如果你每天都進行活動度的訓練，並且保持每隔幾天一次的柔軟度訓練，那應該可以維持柔軟度與活動度。但是如果想要增加動作範圍及柔軟度，那麼你應該每天都要進行活動度與柔軟度的訓練。*用進廢退*這句話很適合形容這個情形，根據SAID原則，如果你不利用新的動作範圍進行活動，將會在下一次的訓練時失去不易得來的訓練效果。

要達成一個訓練目標需要多方面的配合，請牢記他們，不是僅注重訓練的當下而已，養成日常鍛鍊的習慣是非常重要的。一個增加柔軟度的訓練計畫，1週只需進行2次的訓練而已，但是你必需每天都進行活動度的訓練，才能維持活動度並增加活動範圍。這似乎有些困難，尤其是對生活繁忙的對象而言，但是有許多的方法可以讓活動度與柔軟度訓練成為日常生活的一部分。當你每天起床或就寢前，甚至在廚房裡準備晚餐時，都可以進行一點訓練，將活動與伸展當作日常生活的一部分，養成這樣的生活習慣，才不會覺得這些訓練是額外的負擔。

有些人在進行柔軟度的訓練時，1週3次的訓練已經足夠，但是有些人需要更多的訓練，甚至1週要進行7天的訓練，而且除了例行的柔軟度訓練之外，還要進行每日的活動度訓練。如果這樣的訓練模式影響了日常生活或工作，請加以修正並找出最合適的方式。另外你也可以加入PNF及LS的方式在訓練計畫中，讓訓練更加豐富。

預防訓練與柔軟度訓練的建議

- 如果關節或結締組織感到緊繃有壓力，你應該調降訓練中的高難度訓練動作，並在要進行高訓練量之前，以高反覆次數（例如12－20次反覆）的方式作為熱身。額外增加腳踝與腿部的活動性訓練，並根據需求進行特定部位的柔軟度訓練。
- 對於髖部與腿部的柔軟度訓練，你可以採用分腿、跨腿或直膝的方式進行，並在訓練中盡量讓腹部往地板靠近。
- 如果背部出現緊繃的狀況，你可以透過一些拱橋的動作及穩定胸椎的訓練動作，改善背部緊繃的狀況。

- 要改善肩部的活動性，你需要針對闊背肌、肩胛肌群、胸部肌群進行柔軟度與活動度的訓練，以便手臂可以進行高舉過頭，或過度伸展的動作。

- 手肘的活動度，只需要在一個合理的範圍，手肘完全伸直時達到180度即可。如果你想要達到過度伸展的角度，可能需要吊環外轉的支撐，或是特殊的二頭肌訓練。

- 你會想要增加手腕的活動度，因為幾乎所有的事情都需要用到他們。

關節沒有一定要達到特定的角度或活動度，每個人的柔軟度也都不一樣，但是你應該至少可以操作一些訓練動作如分腿、德式懸垂、伏地挺身、直臂過頂的手倒立動作等。

以德式懸垂的訓練動作（將你的肩膀大範圍的旋轉伸展至後方）為例，雖然整個動作範圍的肩關節角度較大，且在這個動作過程中你希望可以保持穩定至少20－30秒。但如果肩膀的角度是在120度－160度之間，這是一個適當的關節角度範圍，並不會產生疼痛的感覺，那麼你將可以舒適地持續進行動作，這也意味著在這動作範圍中可以穩定的移動，因此將可以有效的進行訓練。

如果關節疼痛，在正常的動作範圍內卻移動困難，或者在動作範圍的末端難以用力，那都需要進行預防訓練來改善這樣的狀況。這應該放在日常訓練之後，在結締組織充分地熱身與活動過後，所進行的伸展與活動度的訓練將會更有效。請不要忽視這一點，因為保持健康的身體跟肌肉是維持良好訓練效果與進步的主要關鍵之一。不經過嚴格的訓練，身體不會更強壯，所以你更應該好好關心與照顧身體，才能負荷嚴峻的訓練過程。

Chapter 11　摘要

預防訓練、集中訓練、柔軟度與緩和運動

預防訓練是只針對可能受傷的部位進行加強性的訓練，訓練的重點著重於修正現存動作或肌力不平衡的狀況，或改善較衰弱部位的肌力以防止形成傷害。預防訓練可以在日常的訓練中完成，也可以在日常訓練之外單獨執行。

集中訓練可應用於多種的訓練目的中：加強結締組織的預防訓練、肌肥大訓練中加強肌肉線條的修飾、在結合預防訓練與肌力發展的同時，導正不平衡的狀況及增強衰弱部位的肌力，藉此達到預防傷害的效果。集中訓練與預防訓練實際上有些重疊的部分，並且適用於相同的訓練目的。

柔軟度訓練與緩和運動應放在每次日常訓練中的最後階段。雖然建議採用靜態伸展的方式增加柔軟度，但是緩和運動中仍應加入一些動態性的活動，例如慢跑、跳繩、活動度訓練或其他形式的動態活動。另外，如果有一些你覺得不適合放在日常訓練中的動作，也可以在這個時候進行。

有3種不同的方式可以提升柔軟度：

* **規律伸展**——標準靜態伸展的模式；3組30－60秒的伸展動作。
* **本體神經肌促進術**——通常採用停頓／放鬆、收縮／放鬆或收縮／前推的方式，在持續地收縮與拮抗作用之後，讓主要伸展的肌肉達到放鬆的效果，進一步地增加動作的範圍。
* **負重伸展**——透過額外增加的負重，協助你進行動作的伸展。

這3種伸展訓練的方式都要配合呼吸，在放鬆的階段配合深呼吸以放鬆身體。確保你在伸展時維持在不會疼痛的範圍內，疼痛會活化肌梭，造成肌肉收縮並緊繃，會因此降低訓練的效果。要了解柔軟度的訓練效果，除了觀察關節活動度之外，可以透過一個固定的動作範圍，測量動作過程所需要花費的時間。經由柔軟度訓練你應該可以更快地達到更大的關節活動度，這樣的概念與進行肌肥大的訓練效果相似。

最後，如果你想保持長久以來的訓練效果，你必需不斷地去使用它，當你從訓練中獲得更大的動作範圍時，你必需利用這個較大的動作範圍去活動，否則將會失去這樣的訓練效果。如果想要再繼續增強動作範圍及柔軟度，你必需每天進行柔軟度與活動度的訓練，依據個人目標選擇進行柔軟度訓練的頻率。

CHAPTER 12

中週期訓練計畫
MESOCYCLE PLANNING

中週期訓練的內部影響因素

中週期的內部因素關係到個人每週訓練計畫的制定。書中的進度表將訓練水準分成4個級數。本章節將討論各個訓練階段需要注意的事項。

- **初級水準**：1－5級
- **中級水準**：6－9級
- **高級水準**：10－13級
- **菁英水準**：14－16級

典型的中週期結構如下：

小週期——1週

小週期——1週

中週期　　小週期——1週

小週期——1週

小週期——1週

休息／減量週

人們通常習慣以週為單位制定計畫。當然你也可以隨個人喜好，5天、6天甚至2週為1個週期單位都可以。

訓練通常會持續4－8週，之後是一個減量期。在這段期間你將學會如何構建自己的訓練計畫，避免運動傷害和度過高原期。同時你也會掌握不同類型的鍛鍊方法。如果你有做訓練筆記的習慣，它會幫助你找到最適合自己的訓練方案。這將有助於你了解如何制定訓練計畫，避免錯誤發生，以及學習如何成為一個好教練——即使學生只有你自己。

　　菁英級的訓練沒有包含在本章節的內容中。達到這樣的級別，你已經知道如何將訓練理論與高水準技巧相結合。這個階段的肌力訓練，更多的是克服自身弱點及掌握技巧的組合與順序。動作轉換需要有過人的身體控制能力，它會鍛鍊到那些較少動用的肌群。

初級水準：訓練與建議

　　大多數的徒手訓練都是從初級水準開始。初級水準（1－5級）包括了大部分基礎動作的訓練如倚牆手倒立、伏地挺身、臂屈伸、手倒立伏地挺身、引體向上、吊環反式划船、硬拉和其他等長收縮的基本動作。

　　也許你有良好的運動背景或接受過其他類型的肌力與體能訓練，但仍要經歷初級水準，接受大量基本技巧和等長肌力的訓練，逐漸強健結締組織。如果肌力程度已經很高，可以多一些靈活性和強化關節方面的訓練。

　　離心訓練不適合初級水準，它會對關節和結締組織造成一定的壓力。引體向上或臂屈伸這2個動作屬於例外，他們要運用離心訓練來加強肌力。相較而言，簡單的向心和等長訓練更適合初學者。

　　肌力較弱的女性或者正在減重的人適合從1－3級開始訓練。每個人的起點不同！努力完成訓練，打下堅實的基礎。當你懂得如何完善訓練時，你會驚訝於自己可實現的目標。

　　除了這2類群體，強化關節和結締組織對於其他訓練者也很重要。在持續增加肌力強度訓練的同時，也要鍛鍊柔軟度和靈活性，當你看圖時，你會發現從L型撐體到V型撐體，需要增加推撐角度（腿後肌／髖關節柔軟度）。其他技巧性肌力動作也能促進肌力發展（例如直手倒立），同時也將明顯增加推撐能力。良好的靈活性表現在屈體和跨坐／分腿部動作時胸口盡量貼近膝蓋，在立姿前彎時手盡量觸地。

　　多次重複性訓練適合沒有經驗的初學者。在最初訓練的幾個月裡，建議重複15－20次，直到你進入下一階段的訓練。這使你有足夠的基礎來培養良好的技能。高頻率的重複訓練對結締組織有很好的保護和強化作用。

　　要重視肩部、手肘、手腕和胸椎這些部位的活動性及肌力方面的訓練。相關的訓練內容可以參考CHAPTER11（預防訓練），第五部分列舉了關於活動度和柔軟度的訓練。

初級水準：每週訓練計畫

　　運用簡單週期內外的訓練來提升級數是最適合初學者（1－5級）的方法。拋開複雜的概念，初學者按計畫訓練就能獲得水準的提升。在訓練高原期則要採用不同的訓練方法。如果你有退步或倦怠的情況，則需要減量期來幫助身體進行恢復。

　　一般而言，你可以預期在每次的訓練後都有進步。要注意保護結締組織的完整性。如果訓練中遇到困難，就放緩進度，多加一些靈活性和防護性的功能訓練。身體健康是第一位！沒有健康就無進步可言，進步不應以健康為代價。

　　對於初學者來說，堅持是關鍵。缺乏持續性是指1週1次或2次訓練或幾週都不訓練。間斷的訓練是不會進步的。在初級水準花上5年或更久的時間也是常有的事情，這種情況不一定發生在你身上。開始訓練並堅持下去，不要等有了完美的計畫和時機才開始。不要讓自己執著在計畫的枝微末節上，因為這個階段的訓練並不複雜。每一次的訓練不會有太大的改變。如果你過分考慮每一件事會導致分析性癱瘓。

　　每週進行3次的全身訓練，每2次訓練中間安排1天的休息和恢復，每3次訓練後安排2天的休息。這種訓練的安排通常是週一／三／五或週二／四／六，也可以有其他不同的模式。

　　先確定訓練目標並遵照書中的相關建議來構建訓練計畫。

　　*沒有訓練經驗的初學者*可參考以下建議：

- 學習並熟練基本的訓練。
- 大多數情況下，多次重複可鞏固動作型態和強健結締組織。
- 特別注意你身體上的弱點對訓練的影響。如果你是一個伏案工作者，可能因為不良姿勢造成身體組織的損傷而導致訓練受傷的危險。大部分的久坐人士有活動能力和柔軟度差的傾向。
- 採用一個普遍的、平衡發展的訓練計畫。從多次重複性訓練開始過度到傳統的肌力訓練。

　　*有訓練經驗的初學者*可參考以下建議：

- 堅持訓練。自律是進步的關鍵。除非有過分訓練或突發事件，否則不應該省略該有的訓練步驟。正所謂「*最好的訓練計畫就是你正堅持執行的訓練計畫。*」
- 重視訓練對肌力提升和肌肉質量有益，特別是在5－8次的重複範圍內。
- 平衡訓練中推和拉的訓練比例。
- 透過增加訓練來保持結構的平衡。如果在開始徒手訓練前，訓練推的動作較多，應該相應增加橫向拉力訓練。
- 讓身體適應訓練的強度，強化結締組織和下層的組織結構（包括關節和骨骼）。

初級水準：訓練週期的結束

　　根據兩種情況來判斷是否結束一個訓練週期。因為遞增式或其他簡單的訓練方法通常會持續好幾個月，當高原期出現預示著一個週期的結束，即是經過1週的訓練都沒有任何的進展或重複次

數的增加。這是第一種情況。第二種情況是在完成4到8週的訓練後就結束這個訓練週期，讓你接下來有1週的休息恢復期。

如果你感到關節或結締組織開始痠痛或被過分使用時，建議在4－8週後結束訓練週期。不要盲目地操練身體，忽視它的感覺。開始階段是關節和結締組織方面較弱，而非神經系統的疲勞或肌肉的恢復。如果你能過保持進度，那就繼續你目前的訓練方案。

大多數情況下保持4－8週的訓練長度是很好的安排，你可以進行進度的評估和計畫的調整，並讓身體有時間休息放鬆。不要擔心放慢進度，訓練是一段長期的旅程而不是一次短暫的比賽。

中級水準：訓練與建議

中級水準（6－9級）的訓練是發展肌肉肌力和身體意識來完成一些常見的體操動作。我們會訓練雙手倒立進而發展到單臂手倒立、吊環手倒立、徒手倒立撐、直臂手倒立、直體前後槓桿、分腿俯臥撐、垂直銳角坐等一系列多平面拉／推的肌力動作。

訓練內容還包括全幅度的向心和等長肌力運動。離心運動多用來鍛鍊肌力，拉力的訓練尤為見效。離心訓練特別適用於後槓桿、前槓桿、單臂引體向上及其他類型的拉力訓練。離心式動作直手倒立也可加入推力的訓練。

你要努力鍛鍊柔軟度和靈活性才能讓屈體的動作臻至完美。在做彎體動作時胸部可以貼到膝蓋，在分腿跨坐時下巴可以觸到地板，在完成直腿體前屈時，手可以平放在地板上。如果還達不到這樣的水準，就不斷去訓練這些技巧。不掌握他們你無法從中級水準向更高層次晉級。

一旦具備了這樣的柔軟度／靈活性時，關節和結締組織要做好準備去挑戰難度更大的動作，像是十字懸吊、單臂引體上升、後槓桿和俄式撐體。如果你沒有足夠的肌力訓練或充分強化的結締組織，以上提到的這些動作很容易導致肩部、手肘或身體其他部位嚴重受傷。

進度表中用灰色標出的訓練項目可以增強與十字懸吊有關的肩部和肘部的結締組織。這些訓練讓你有充分的準備去進行十字懸吊和單臂引體向上的訓練。這種針對結締組織的強化訓練也可以放在其他動作的準備階段。

中級水準：每週訓練計畫

在這個階段你需要大約12－24個月的訓練時間來打好肌力和體能的基礎。對於體重較重的運動員（175磅或以上）所需的時間可能會更長。無論是有肌力運動背景的運動員還是有實力的重訓人士都要遵照訓練要求循序漸進。初學者在訓練直臂動作時不能操之過急，儘管他們的肌力很

大，但結締組織的肌力還不足以完成中級水準的直臂動作。這種情況下會很容易受傷。

在這個階段你可以決定每週是否要增加額外的訓練量。通常每年增加1次，但這1年你都有持續進行肌力和體能的訓練。這是一個安全保守的建議。當然你也可以提前這麼做，但會有過度訓練和體能過分消耗的風險。增加1天的訓練讓時間表變成週一／二／四／五或週二／三／六／日。另外一個方法就是在現有的週一／三／五的訓練中每次都加練各項推和拉的動作。如果是1週4天的訓練，每次訓練只安排2個推／拉力系列的動作訓練。當你的肌力和體能提升後，可以適當增加訓練量。

如果在每週訓練計畫中額外增加一次訓練，請務必留意最初幾週的身體反應。觀察是否有過量訓練的現象，如胃口變差、睡眠品質下降等等。如果身體出現這種情況，最好是恢復1週3次的訓練量直到肌力和體能做好充分的準備。

此外，你可以運用分體訓練的方式讓結締組織和身體其他部位得到更多休息。分體訓練包括推／拉，上半身／下半身或直臂／屈臂幾個部分。三分法即推／拉／腿部的分體訓練。雖然不是這個階段最佳的訓練方式，但如果它符合訓練要求，還是可以被使用的。

在中級階段，運用簡單的動作間及動作內進程，你可以期待幾次或幾週訓練的進步。如果這些方法不適合你，可以嘗試增加訓練量和強度或輕／重交替法，其中又比較推薦輕／重交替法。

訓練的質比量重要。多不代表好，在徒手訓練方面要重視技巧的學習和正確地使用。徒手訓練比器械訓練更容易有動作變形的問題出現。在增加訓練量之前，首先要考慮身體的反應。

- 你每週有持續進步嗎？
- 一次訓練後的24－48小時內身體感覺如何？
- 其他的生活品質，例如睡眠、工作和家庭關係有變化嗎？

如果睡眠品質下降或處於高度緊張狀態，又或者當你被痠痛問題困擾時，請停止增加訓練量。如果你在目前的訓練下可以持續進步，為什麼要改變它呢？要避免訓練不足，但是超量訓練會帶來更多問題。然而每隔一段時間推進運動極限卻是一件好事，讓你看到自己的進度和能力水準。不過在極限訓練後要讓身體正確地休息。在不確定是否要繼續時，再多休息一天看看身體的反應如何。

不同於初級的簡單要求。中級水準訓練計畫會根據目標的不同而有相應的調整。比如全身訓練這種常用的方法可能並不適合中級水準。依據訓練目標，有特定性地安排訓練內容。內容不僅包括提升肌力、肌量和耐力的訓練，也加入了技巧訓練、專項運動技能、柔軟度、靈活性、功能預防性的訓練。以下是一些例子：

- **耐力訓練**：維持一個較低的訓練量以確保訓練的高效性和特定性。
- **增加肌肉量**：通常用分體式訓練來代替全身訓練。具體方法請參考CHAPTER5的相關內容。

- **肌力訓練**：在確保沒有過度訓練和衍生過度使用傷害的情況下，應盡量增加運動次數。
- 在這個階段要讓訓練頻率、總量和強度達到一個足以維持進度的水準。同時你也要學習其他更複雜的訓練方法。

中級水準：訓練週期的結束

在這個階段通常你能在短時間內取得進步，至少要在重複次數或進度上有突破。但也不要因為沒有進步而意外，尤其是訓練級別到達8－9級時。如果你可以在不受傷的情況下持續8週或以上的進步，請繼續你目前的訓練計畫。

如果經過4週的訓練都看不到效果的話，就終止這個訓練週期。記住疲勞會削弱體能。身體需要長時適當和充分的運動刺激，如果你提前終止訓練（2－3週），身體會得不到足夠的刺激來產生適應。4週為一個期限，即使沒有任何的進步都要終止目前的訓練。肌力增強等進步或許不會發生在訓練中，而會在休息週之後。如果是這種情況，證明之前的訓練還是有效的。

另一方面，如果沒有任何進展的話，你可以在下一次的訓練中增加訓練量和強度來促使身體適應。可以是額外增加一天的訓練或增加動作數量和訓練組數，又或是穿著負重背心來增加訓練的強度，或者使其他的方法。

如果連續2個週期水準都沒有提高，請參考本書後面的相關內容。

如果關節和結締組織開始痠痛，也要停止訓練，這是過分訓練的表現。在開始下一輪的訓練前休息1、2週，針對受傷的關節和結締組織進行預防性的功能訓練。對於堅持訓練的人來說，停下來休息是件不容易的事。其實不需要停止一切活動，只要避免有受傷危險的動作，進行其他較容易或功能性的訓練，直到你恢復到之前的表現。

高級水準：訓練與建議

在這個階段（10到13級），你會學到十字懸垂、俄式撐體和高抬臀撐體這些動作。你也會學習關於吊環／雙槓／地板的組合動作，從平板支撐到徒手倒立。除非你天賦異稟，否則光靠堅持訓練在這個階段也不會有很大的進步。你需要運用週期訓練等相關理論來指導訓練（請參考前面的章節）。

項目選擇和訓練頻率等主要概念跟前面訓練階段相似，在這一階段你可以不定期地改變訓練組數和重複次數，從而改變訓練量和強度。但這些變化要有一致性才能產生良好的結果。

這個階段仍會運用3類肌力訓練的方法：向心、等長和離心。運用你在書中學到的理論，並結合其他證明有效的方法。《超越重力》介紹的方法讓我和我的團隊，以及第一版使用者的訓練水

準得到很大提升，但並不代表這是唯一有效的方法。本書想讓你學會如何批判性思考，根據自己的目標制定訓練計畫，而不要墨守成規。

到目前為止你已經很熟悉週期訓練的理論，像是增加訓練量和強度，以及輕／重交替等訓練方法。你需要一段時間來學習和適應更複雜的週期訓練理論像是DUP，根據已制定的訓練日程來做重複訓練的安排，特別是當之前的訓練方法常常失敗。我們以10次等長靜力訓練為例，得出的公式為*10×2秒＝20秒靜力耐力*。這樣的計算做一次就可以了，之後就根據計算出來的最大靜力耐力來進行每次的等長肌力訓練。

這樣的方法讓你容易調整訓練的難度。想要難度高一些，可以使用負重綁腿或背心。要降低難度，就用一些輔助的方法像是彈力帶、滑輪健身器或請他人協助。例如，你會選擇分腿的俄式撐體或前槓桿支撐的動作，因為直腿的難度比較高。（以5×3的組訓為例，完成3次反覆，*每次持續3×2秒＝6秒*），選擇合適的動作難度，進行連續6秒的俄式撐體或前槓桿支撐。

混合訓練法特別適合這一階段的訓練，也是用來挑戰等長肌力訓練的好方法。舉例來說，如果你無法完成6－8秒的直腿俄式撐體，可以一開始只做2－3秒，堅持不住時立即改做分腿俄式撐體，延長動作持續的時間。

以上這些訓練只適合應用在高級水準階段，不適合技巧尚未成熟的訓練者使用。對於一個有多年徒手訓練經驗且技巧嫻熟的訓練者，良好的肌肉張力讓他們可以完成高難度的動作技巧。從分腿俄式撐體進階到團身俄式撐體，並保持姿勢到位，這種技巧的運用要相當精準。初級和中級的選手通常缺乏肩部和核心的穩定性，所以很難做到這一點。

單一動作訓練通常只用來鍛鍊運動能力不足的部分，除非訓練目標是這個動作本身。大部分高水準運動員都或多或少知道自己肌力較弱的部位。例如，當你在進行拉力訓練時，你會發現相較於胸大肌和二頭肌，闊背肌有更多的收縮，因此它會比其他的肌群更強壯。二頭肌彎舉這個單一動作訓練可以幫你改善二頭肌較弱的問題。特定性地加強某個部位的肌肉肌力是單一動作訓練的目的。

如果你是一名體操選手，做大量的直臂動作，之後又訓練單臂的上拉，那麼背部肌力會強過手臂肌力。二頭肌彎舉等其他二頭肌的手臂訓練有助於平衡身體肌力的發展。同樣地，槓鈴硬舉會更多地鍛鍊到大腿、髖部和後背。身體後方肌群發達的人通常背肌或四頭肌肌力會相對較弱。單一動作訓練可以幫助平衡你全身的肌力發展。

此外，單一動作訓練有助於減輕複合型訓練對結締組織造成的壓力，避免受傷。如果肘關節在做後槓桿時有明顯的痠痛，應暫停一段時間，多一些二頭肌彎舉的訓練。在這種情況下，單一動作訓練是非常合適的。但這種方法不宜常用，畢竟複合式訓練的好處更多。當然如果單一動作訓練再加上複合訓練，對於增肌的效果會更好。

高級水準：每週訓練計畫

受到遺傳基因、努力程度、訓練方法、恢復因素（飲食和睡眠品質）的影響，通常要達到高級水準需要2到4年的持續訓練。運動員需要平均2年半到4年的時間，而體重較重的運動員（175磅以上）可能需要3到5年甚至更久的時間。

跟中級訓練階段一樣，通常也是遵循每年增加一個訓練日的規則。如果你已將最初1週3次的訓練增加到4次的話，要2年半以後才可以增加到1週5次。還記得關於影響進步和恢復的因素嗎？如果你沒有足夠的休息、良好的飲食或壓力太大的話，不建議增加額外的訓練。

如果你是1週5次的訓練模式，比較適合採用週一／二／三／五／六或週二／三／四／六／日的安排。通常3／1／2／1的模式包括了「1」天的休息日。也可以使用5／2的訓練安排（週一至五訓練，週末休息），但效果會沒那麼好。

不推薦1週5天的訓練模式，因為這樣高頻率的訓練會使得體能過分消耗。請謹慎使用「練2休1」這種高頻率訓練模式。選擇較短的訓練週期（2－4週而不是標準的4－8週），或是大幅度地降低每次的訓練量。

如果已具備很高的肌力水準，並決定嘗試每週6次以上的訓練強度，可以先從5日訓練模式開始，例如3／1／2／1的安排，將訓練安排在週一／二／三／五／六。當你適應這種模式後，可以在週六進行早晚2次的訓練。最初將一次訓練的量分成2次去完成，漸漸地你便可以在週六輕鬆完成2次完整訓練。但是不可操之過急，不然身體會受傷。你可以將訓練計畫從一週3天增加到5天，但至少每週要有2天的休息來緩解身體壓力。一週訓練6天是異常辛苦的。建議高頻率的訓練計畫使用練2休1的安排。

如果全身訓練的強度太大的話，可以進行分體訓練。這樣可以讓身體在每次重複訓練中間有足夠的休息時間。

高水準訓練要注意的事項：

- 訓練內容變得更加具體、有特定性。
- 為保持進度，一定要改善肌力不足的問題，單一動作訓練讓身體肌力得到平衡發展。
- 這一階段要更加重視睡眠、營養和壓力的影響。即使是1%的改善都會產生效力，因為這個階段要增加肌力和肌肉量的難度更大。
- 堅持寫訓練日誌，它能幫助你了解身體對於訓練的反應。這個習慣對於任何階段訓練者都很重要，它會幫助你回顧和了解身體在休息期、減量階段、對訓練量和強度的反應，讓你更容易安排訓練計畫。

高級水準：訓練週期的結束

你會發現每週訓練帶來的進步。至少每2週要增加重複次數或提高訓練難度。如果有困難，應該是訓練計畫出現了問題。請重新檢視你對週期理論的運用論並觀察結果。

因為你已到達一個較高的水準階段，可能在訓練期間或結束時甚至之後的修復期自己都沒有明顯的進步，你要學會正確運用DUP這類週期訓練理論幫助你解決問題。不必對此感到意外，對於進步你要保持耐心。在這個階段要取得肌力水準的提升，要付出很多很多的時間。

跟其他階段一樣，如果經過4週的訓練仍沒有明顯的進展，就應該終止目前的訓練。4週是一個期限，因為提前的話，身體沒有足夠刺激產生適應。進步可能會在恢復週之後才出現。同中級水準一樣，如果你結束前一個訓練週期，要在下一個週期中增加訓練量和強度來刺激身體適應。如果你連續2個週期都沒有明顯進展的話，可以嘗試輕／重強度和高／低頻率交替的組合訓練方式，或者仔細觀察一下睡眠品質、營養、壓力的狀況。

此外，你可以不用終止訓練計畫，而是做一些調整。訓練計畫可能在某些方面出現了問題，你可以查看訓練日誌找出原因，在週期中做進一步的調整，讓訓練得以繼續。這個方面你需要向有經驗的人士請教。

當關節和結締組織感到異常疼痛的話就一定要終止目前的訓練，這是過度訓練的表現，而不僅僅是因為疲勞或肌肉恢復的原因。在下一輪的訓練開始前，你可能需要1、2週的時間對結締組織和關節進行功能性預防訓練。

中週期訓練的外部影響因素

3個主要因素分別是*減量訓練、評估最大肌力和調整計畫*。適用於初級、中級和高級訓練者。

減量訓練

減量訓練是一門技藝。它的目的是透過增加休息的時間實現超量補償而無損之前的訓練效果。如果你沒有一個很好的教練來指導你，你需要積累很多這方面的經驗才能做好減量（deloading）這件事。針對不同的狀況要運用不同的方法，這取決於你可利用的時間、睡眠品質和營養補充等因素。總體而言，在恢復期進行一些訓練，會比單純的休息更有效果。以下有些方法可以幫到你：

- **降低頻率**——舉例來說：每週減少2天的訓練。如果訓練計畫是週一／二／恢復日／五，那麼恢復期的安排可能變成週一／恢復日。

- **減少訓練量**——用相同的訓練計畫，只是將總量減半。比如說，訓練時有一半是等長肌力訓練，一半是完整的肌力訓練，就只保留後者。通常在休息的1週時間裡持續全幅度肌力訓練的效果比較好。同時堅持技巧方面的訓練。如果你覺得很辛苦，那麼最好停止所有等長肌力訓練，只集中在技巧和功能性的訓練。這類的減量訓練針對手倒立和吊環支撐的動作，以及提高肩、手腕、背部、髖部和腳踝的功能和靈活性。
- **減輕強度**——將所有的訓練強度降低一個級數。休息期間進行多次重複性的簡單訓練，也起到功能性訓練的效果。這幫助你放鬆緊張的關節和結締組織，同時對關節和結締組織進行輕量訓練可防止運動傷害。
- **其他減量的方法**——用不同的方法來降低訓練的頻率、總量或強度當中的某個因素。以降低訓練量為例：可以減少組數、刪除一些動作、改變重複次數、增加休息的時間、減慢訓練的節奏等等。甚至可以同時運用這幾種方法。減量訓練的方法不拘一格。
- **休息週**——多做一些功能性訓練和伸展運動，減少肌肉組織黏連／疤痕組織的形成，提高靈活性，為下階段的訓練做好準備。
- **輕量的運動**——選擇一些你平常少接觸的運動，如籃球或慢跑。避免讓強度過大，讓你在運動的過程中可以保持交談。
- **常見的減量訓練方法**——在恢復期間只訓練1、2天，只做一組推／拉／腿訓練。完成1到2組的非力竭性訓練，在最後一組力竭。這樣既可以維持肌力水準，又能在輕量訓練中得到很好的修復。其餘時間可安排按摩、靈活性及功能性和預防性的訓練，這些都是非常不錯的選擇。休息的目的是為了讓身體得到修復並強化那些在訓練中被忽略的身體弱點。

評估最大肌力

評估最大肌力幫助你在減量週之後找到新的最大重量，因為身體在減少訓練量和增加休息時間之後會得到超量恢復，獲得肌力和肌肥大。這點很重要，因為你目前的能力水準決定了你如何開始下一個中週期的訓練，避免訓練不足的問題。

在減量週結束前評估最大肌力，並在新一輪訓練開始前的一天休息。假如你在週日結束前一個中週期，在週一開始下一階段的訓練，那麼評估最大肌力應該安排在週六。

向心、等長、離心的最大肌力測試讓你大概了解在超量恢復期之後進步的程度，期間疲勞得以緩解和體力得到恢復。在這個測試結果的基礎上開始你下一階段的訓練。

評估最大肌力前先進行熱身運動，對你要測試的技巧或肌力動作做5到8次的輕量重複訓練。接下來對測試項目用最大肌力進行幾次重複性的訓練。在休息3－5分鐘後開始評估最大肌力。動作的安排可根據你平時進行向心、等長、離心肌力訓練的習慣，或依據你之後訓練中想用的方法。

這個測試的過程相對簡單。在高級訓練階段，你通常要在超量恢復後才會看到肌力的增長。

調整計畫

調整計畫是指在訓練目標達成後或經過評估後，對之前的訓練計畫進行項目增減。制定新目標沒有硬性的規定，但要記住肌力增強的關鍵是不斷重複的訓練。如果訓練計畫混亂而且常常改變，那麼肌力的發展只會停留較低的水準，難以提高。

當你達到一個訓練目標後（以後槓桿為例），你有2個選擇：持續1週訓練1次或進階到更高難度的項目，如前槓桿支撐或其他的拉系動作。建議將訓練按推／拉／腿部進行分類訓練，他們之間常有重疊的部分。舉例來說，訓練俄式撐體伏地挺身的同時也會增強手倒立和臂屈伸的肌力。即使你不再訓練那些已掌握的動作，之後仍有機會練到他們。

如果繼續訓練那些你已掌握的動作，你可以在熱身後和訓練前做輕量的訓練。一般當你可以做到30秒的後槓桿，就會想再堅持多幾個5－10秒。如果你已經掌握了這個動作，不需要花太多訓練時間在上面，只要保持這種能力就可以了。

不要改變中週期的目標。如果你有幾個長期的目標，需要至少2到3個中週期才能看到訓練的效果。如果目標沒有實現，就暫緩一下，換下一目標，之後再回來。如果目標制定得過高，建議你先將目標暫緩，像直臂手倒立這種動作，需要良好的柔軟度和推撐能力，或許你目前沒有這樣的能力，但想發展獨特的柔軟度和推撐能力（即使肌力很大），就撐著吧。

也許你非常想改變訓練內容，重新評估和替換訓練計畫以內和以外的訓練項目，但請牢記：*不斷堅持才是成功的最好方法。*

並不建議在技巧訓練上使用兩種不同的訓練方案，或推／拉、上／下半身的分體訓練，不同於初級的全身訓練，技巧使用頻率上很難做到平衡。如果太執著於變化，收益可能會變少。

菁英訓練計畫

菁英訓練計畫更依賴個人而不是計畫本身。這並不是阻止你向這個目標邁進。有些女性經過十幾年嚴格訓練後仍無法完成像倒十字這類的高水準吊環動作。這並不代表沒有女性可以做到這一點。我們知道奧運舉重的女子選手就可以抓舉近2倍身體重量的槓鈴和挺舉2.5倍身體重量的槓鈴。根據John Gill網站中關於肌力的歷史紀錄，Lillian Leitzel曾在1918年完成了27次動態單臂引體向上。分析表示這相當於6個常規的引體向上的肌力。這樣的肌力實在很驚人。女性肌力的極限在哪裡？沒有人知道。Lillian Leitzel的肌力也許可以完成十字懸吊。

我們要考慮基因的因素。一些運動員需要10年或更久的時間達到菁英水準，而另外一些有超凡基因的選手在2年或更短的時間就可以實現這樣的目標。有些教練發現一些沒有受過精確肌力和體操訓練的夥伴一來到體操房時，還不具備有力的結締組織，但他們已經可以完成十字懸吊和前

槓桿支撐這些動作。我本人曾經在一次體操夏令營期間遇過一個8歲的小孩在做後手翻的動作，原因是他覺得自己喜歡這個動作並認為自己可以做到。他的表現好像一個在體操房裡有5年訓練經驗的訓練者。確實有一些運動員天賦異稟。

如果你經過10年嚴格的訓練，已經可以完成許多高難度的肌力動作，發現仍有進步的空間，但似乎很快就要到高原期了（這樣的情況要看個人運氣了），要盡量運用DUP和／或重／中／輕交替的訓練方法，週期配對或並行方式執行更特殊化的訓練。單一動作或專項肌力訓練也很合適。

作為菁英水準的訓練者，應該非常重視營養與睡眠的品質。他們是維持肌力增長的重要保障。

如果你沒有經過任何週期性等專業訓練就在幾年內可以達到或超越這個水準，那麼恭喜你有非常好的遺傳基因。DUP等其他上述的訓練方法會幫助你克服訓練中出現的困難。

本書中的技巧和肌力進度表沒有包括國際體操總會的評分規則（FIG　COP）中的吊環技巧動作。像是馬爾他挺身（maltese）、維多利亞十字（victorian）等組合動作，這些動作通常只出現在奧運比賽中，當然經由努力訓練你也可以掌握他們。倘若目標不在於此，你可以去指導其他人，傳授相關知識技能。

Steven Low的筆記

根據我個人的執教經驗，我很肯定無論身體類型和生理條件如何，只要堅持不懈地努力訓練，每個人都可以達到8－9級以上的肌力和技巧水準。俄式撐體可能例外，但是我相信如果配合正確地訓練、營養和休息，至少可以做到前後槓桿、分腿臥撐，甚至是單臂引體向上和十字懸吊這些動作。

體重較重的人當然會有一些劣勢，但這也不成問題。Bert　Assirati是20世紀前期一位著名的大力士，體重達到266磅。他可以完成3個單臂引體向上和十字懸垂。這當然有基因上的優勢。事實上99%比他體重輕的人，經由努力訓練也都可以掌握這樣的技術。所以我說重達200磅的運動員完成單臂引體向上和十字懸垂並非天方夜譚。這需要一段時間，但是一定會發生。同樣地，John　Gill是現代抱石運動（攀登運動的一種）之父，非常熱愛吊環。他高6呎2寸，體重達185磅（183公分、84公斤），卻可以完成馬爾他十字、到十字、十字懸垂、單臂引體向上、單臂前槓桿支撐及其他驚人的肌力動作。

最後我的結論是：努力訓練加上堅持不懈。適當地減輕訓練的負荷。注意營養、睡眠和調節壓力。如果擔心脂肪過多，減重會讓你表現得更輕鬆。不要把基因當作放棄訓練的藉口。大部分人都不知道自己的基因是好還是不好，因為他們並沒有長期堅持訓練。不要為無法控制的事情擔心。

最後我想指出的是：高級和菁英運動員應該嚴格遵照自己的訓練計畫，堅決執行訓練強度的安排。因為你需要給身體施加充分的刺激讓它適應，計畫越精準你進步得越多。此外，營養、睡眠和

壓力這些恢復因素也要考慮在內。這不是說你在初級和中級水準可以忽視這些方面，他們在任何階段都很重要。常言說：努力訓練加上充分休息。為了讓身體產生更好的適應，在訓練時要安排間歇時間，訓練之後要休息。恢復是身體適應的一種表現。好的訓練計畫和恢復策略是進步的關鍵。

其中一個比較好的經驗是來自一套奧運舉重訓練方法——保加利亞體系。他們進行一天多次的高強度訓練。但在訓練當中會穿插一些恢復方法——靈活度訓練、進食、小憩和睡眠。被稱之為：訓練、進食、睡眠、重複的訓練模式。這些主要的訓練理論是通用的，忽視這些你將會無法獲得進步。

其他訓練計畫和中週期訓練的注意事項

訓練計畫不需要包羅萬象。以上半身推力訓練為例，它包括1個伏地挺身、1.5倍體重臥推、單雙槓負重挑戰（25%體重）、俄式撐體並結合1個徒手倒立撐。

每次訓練可完成的內容有限。一個好的訓練系統包括2個推的訓練、2個拉的訓練和2個針對腿部的訓練，選擇相應的訓練內容，將他們盡可能地構建在計畫當中。如果你有很好的體能，選擇7－9個的動作來訓練。這適合1週3次的訓練模式，訓練內容的選擇取決於訓練者的體能基礎和其他運動能力等多個因素。

5年前的一個真實個案：Steven　Low進行6個月的手倒立俯臥撐和俄式撐體的訓練，每隔6到8週讓自己適量地休息。期間他也有進行其他的推力訓練，但這兩個動作是他當時訓練的重點。在他進行測試其他肌力項目時發現第二次負重撐體的測試，可以做到負重9磅並重複5次。經過更多的肌力訓練後，當他嘗試第一次推撐時，已經可以輕鬆地完成手倒立動作。

不同的推力訓練都有重疊的地方，有時某些身體部位會被大量重複訓練。因此不要一次安排所有的動作，這樣反而不利於訓練。

保持簡化、將目標分解，逐步實現、認真完成訓練週期中的任務，你會成功達成這些目標。如果你想的話，可以在週期結束時改變訓練目標或計畫，也可以測試一下其他的動作項目，不一定只是你正在訓練的動作。

如果你想改變訓練目標，可以在減量期對他們進行調整。這個時期你也可以關注其他方面的發展。關於訓練計畫，這裡有一些基本的方案供你參考：

1. **運用遞增式的訓練方法。**可能的話增加每次訓練的重複次數或難度。這是在初級水準常用的方法。
2. **簡化週期內外的訓練計畫。**可以大約每隔一次訓練增加重複次數。請在初級水準的後期和中級水準的開始時使用這種方法。

3. **接下來是運用簡單的週期訓練理論**。增加訓練量和強度或運用輕／重交替法變換訓練頻率。這些適用於中級訓練的中後期。

4. **日常波動週期（DUP）的訓練模式非常適合中高級的訓練者。**

5. **無論你在高級訓練階段還是已經晉級，都可以使用輕／重複合式的日常波動週期訓練法。**
如果訓練出現問題，可以嘗試一下週期配對訓練法。

6. **菁英水準更適合配對或並行系統。**

結論是：不要將事情複雜化。設定少量目標並圍繞這些目標制定訓練計畫，這樣完成起來比較容易。只在非常必要的情況下才提升訓練的難度——你不必透過複雜性來獲得進步。

如果「可能我應該這樣做……」或「或許這樣調整後會更好……」這類想法在你腦海出現過3、4次，說明你顧慮太多。成功確實需要大量的訓練。過多考慮計畫是否「完美」只會浪費時間。進步的關鍵是堅持，沒有什麼計畫是完美的。

另外一個不要複雜化的理由是：一次加入太多因素會影響對訓練計畫的分析，以及對下一個週期訓練的調整。少量的調整會讓你更清楚了解自己的進步程度和原因。如果太多變化因素，很難找出真正能幫助進步的是哪些？同時更難以找到那些阻礙你進步的原因。

盡量做到簡化。遵循KISS的模式——保持簡單和笨拙（keep it simple, stupid）。對訓練週期做少量的調整，以便找到那些影響訓練的因素。這會讓你制定出更快更好的訓練計畫，帶來更多的進步。

停止閱讀，開始行動

既然你已經有了訓練計畫的主要內容，那麼就可以開始確定哪些因素需要在中週期當中和之後進行評估。

收藏此頁或將它標注在訓練日誌裡。參考書中的內容（PART2　CHAPTER7－12）來重新評估訓練目標、項目和進度。初、中級的訓練者可以每週做一次評估，如果你是高級訓練者可以每2週或1個月進行一次。

《超越重力》這本書PART2內容很多，初次閱讀在理解某些內容上可能有一定的難度。如果有時間的話，再重讀這些內容。掌握並運用這些概念會有助於你改進訓練和提升水準。

Chapter 12 摘要

中週期訓練計畫

本章節我們討論了中週期訓練期間和之後不同階段的訓練計畫。我們了解到每週訓練計畫的頻率和訓練數量、強度、重複次數構成訓練總量，以及影響訓練進度的各種因素。我們發現初學者進步最快，而難度要求較低；中、高級訓練者需要漸進式或更複雜的訓練計畫。

我們學習了如何選擇訓練內容，以及何時結束一個階段的訓練週期。

我們也討論了減量訓練、評估最大肌力、調整訓練計畫、菁英水準等內容，以及如何將這些內容運用在恢復期和之後的中週期訓練中。減輕訓練負荷有助於超量恢復，在期間可以進行評估最大肌力。如果你想改變訓練目標，或在同一目標下進行其他的訓練項目時，需要對訓練計畫進行調整。最後，由於遺傳和環境因素的影響，達到菁英級水準要經過很長一段時間。

PART

3

影響訓練的因素

FACTORS THAT

INFLUENCE TRAINING

CHAPTER 13

耐力、有氧、交叉訓練，
複合式和成套動作訓練

ENDURANCE, CARDIO, CROSS TRAINING,
HYBRID TEMPLATES, AND ROUTINES

通 常運動員都不會只將徒手訓練當作肌力訓練的主要方式。無論設定目標為何，訓練都會受到許多因素影響。

耐力和有氧訓練

耐力訓練比較容易理解。它是對動作高度重複的一個統稱。儘管代謝訓練和循環訓練有別於耐力訓練，我們在本書中還是將他們歸類為耐力訓練。

飛輪、長跑和遠距離游泳，以及任何10－20分鐘以上的運動通常都被稱作心肺耐力運動。代謝體能訓練用來鍛鍊身體不同的代謝系統以提供運動所需的能量。它屬於持續性的身體活動，通常會在幾分鐘內完成，但可以持續重複較長的時間。循環訓練是指從一個舉重訓練轉換到另一個舉重訓練的訓練方式，儘管動作形式不同，但都是針對重量方面的訓練。

了解能量產生的途徑很重要。磷酸肌酸是短時間運動（0－10秒）主要能量來源，持續10－75秒的活動主要靠糖酵解供能，氧化磷酸化為長時間的身體活動（75秒以上）提供主要能量。磷酸肌酸和糖酵解統稱為無氧供能系統，氧化磷酸化被稱作有氧供能系統。下頁表格是Gastin關於能量轉換和持續時間的歸納：

持續時間	%無氧供能	%有氧供能
0－10秒	94	6
0－15秒	88	12
0－20秒	82	18
0－30秒	73	27
0－45秒	63	37
0－60秒	55	45
0－75秒	49	51
0－90秒	44	56
0－120秒	37	63
0－180秒	27	73
0－240秒	21	79

對田徑運動員的研究正好說明這個數據。男子400米的世界紀錄是43秒，無氧和有氧供能的比例是60／40。男子800米的世界紀錄是100秒，無氧和有氧供能的比例是40／60。1600米的紀錄是223秒，無氧和有氧供能的比例為20／80。

這表示身體活動要持續至少4分鐘以上才能鍛鍊到心肺耐力。研究和訓練項目指出，為了實現有效的耐力訓練，建議在次無氧閾值強度下跑20至60分鐘以上。

複合體能訓練（CrossFit）屬於「複合能量系統訓練」或代謝體能訓練一種。大部分短時間的複合體能訓練（如2到5分鐘跑步）都依靠有氧代謝供能。要最大限度地發揮無氧系統的功能，你要將運動時間控制在30－75秒，盡可能少利用磷酸肌酸和有氧供能。據說這也是人體感受到代謝性酸中毒（metabolic acidosis）的時間，它與科學研究的結果正好吻合。如果對複合體能訓練進行分析，你會發現能量系統間的交互使用。

耐力和代謝體能訓練在生物水準上的表現相似。高重複性的耐力訓練要求很強的神經適應性和很有效的能量供應來維持。代謝體能訓練也是如此，因為要完成更多的訓練項目，相較中樞神經系統的適應，它更依賴有效的能量供應（對中樞神經系統的刺激較少）。除了訓練目的以外，這些訓練最主要的功能就是提升運動整體能力。舉例來說，如果你要開始肌力訓練，肌肉和中樞神經系統在訓練的同時仍可以接受其他的訓練任務（即使你已加入耐力和代謝體能訓練）。這讓肌肉在不過度訓練的情況下受到更多的刺激而增長。

增加耐力訓練遵循的原則同肌力訓練一樣，通常採用力竭的方式。代謝體能訓練更是如此，相較於神經系統代謝訓練對肌肉系統的刺激，多項訓練消耗大量的能量而造成不斷的力竭，有著更多的刺激。因而不會造成神經系統的過度疲勞，但同時對肌肉產生刺激效應促發它的運動性適應，並形成更有效的產能，從而提升你下一次訓練的表現。代謝訓練可以「推進無氧耐受力」促

進乳酸閾值（糖酵解）的提高。另外，非力竭性訓練也適用於耐力和代謝體能訓練。在代謝訓練中運用非力竭性訓練，能提升運動表現。這意味著短時間內你可以完成更多任務，提高總能量輸出。跟高強度訓練類似（儘管不同於1RM的訓練），它可以提高整體的運動強度。這樣看來，代謝體能訓練更接近肌力訓練。

有了對能量系統的初步認識，接下來我們看一下他們在訓練當中的實際運用。

力竭訓練

很顯然耐力訓練的方法之一就是將耐力推向極限。可以選擇力竭，但盡量不要在訓練開始階段就出現力竭，這樣會減少之後的訓練次數。反之，避免很早就力竭的話，整個訓練重複的總次數通常會較多。比如說，你可以做到最多20次反式臥體撐，想將它提高到50次，可選擇3組×18次的耐力訓練。假設只能完成15次，就設定5組×15次。記住重複的組數會隨著單次完成數量的增加而減少。通常最好的訓練是重複組數的最大化，所以5組×15次比3組×18次好，因為在總量上是75和54的分別。有些人天生喜歡訓練耐力，他們身體的慢肌纖維比例較高。比起其他運動員，他們更容易發揮自己的耐力極限。這在女性選手中較多。我們要了解自己身體的特點。

精熟訓練

精熟訓練用於肌力訓練或耐力訓練。以肌力訓練為例，每天進行6－10組以上的訓練，每組完成你可最多重複量的6－8成。我們以臂屈伸的訓練為例：如果你一次最多只能做4次臂屈伸，那麼每組做2－3次。在全天安排1或2個小時的訓練，共完成6－10組。這樣下來，1天的訓練可以完成多達30次的臂屈伸。但如果進行一次性的集中訓練，那麼在你力竭之前只能完成4－5組，每組3次的臂屈伸。只需幾週你便能夠做到每回10次以上的臂屈伸。持續非最大組次的訓練可以避免過度訓練，並實現短期內的體能提升。

選擇一個可以多次重複的訓練，用它來進行耐力訓練。如果你可以在每組最多做20次的掌上壓，那麼你只需要完成12－16次（60－80%的最大重複次數），總共6－10組。因為耐力訓練的強度低於肌力訓練，你可以將比重提高到75%－90%，即15－18次。每組訓練達到力竭或接近力竭的程度，這樣可以提升耐力極限。

繩梯和金字塔訓練

繩梯很簡單。計時開始，先做一組訓練，到時間後停止，再以同樣的方式進行2組的重複訓練，一直累加直到你無法繼續。你可以選擇任意的時間長度作為計量單位，不一定要遵循「1，2，3」的計量方式，也可以從5開始，按照「5，10，15」或其他任何的遞增方式。

金字塔訓練和繩梯訓練類似，但是除了不斷遞增，也可以用遞減的方式。比如說，如果你完成7次重複的上拉訓練後出現力竭，再逐漸將次數從6遞減到1。遞增／減的計量方式可以用2或5的倍數或其他方法。

繩梯和金字塔訓練可以大幅度地提高單次訓練的重複次數。如果以20次臂屈伸的力竭訓練為例，極限是5×15，即75次的重複訓練。如果你使用金字塔訓練的話，最多可以完成20組（1＋2＋3＋4＋...＋10＋11＋12＋11＋10＋...＋3＋2＋1），總共144次的重複訓練，是之前75次的2倍。和實現增肌目的一樣，訓練量在提高耐力方面起到重要的作用。

代謝體能和循環訓練

代謝體能訓練的方法也很容易掌握，首先要了解身體的運作。複合體能訓練作為一種「不間斷」訓練方式，被廣泛地使用。選擇2－5個你經常訓練的項目，進行10組以上的重複訓練。你可以任意設定一個重複次數，通常介於最大能力的25－75%範圍。接著以最快的方式完成多次的循環訓練（例如3－5次）。另外一種方法（AMRAP）是在規定的時間內完成最多次的重複訓練。

代謝訓練很有技巧性，目標要具體，要了解重點是訓練有氧代謝還是無氧代謝。同時你要量力而為，太早力竭會減少訓練的總量，影響訓練的效果。

「白痴」是一種比較偏激的說法，通常是有些人的訓練安排雜亂無章，訓練目標不清晰，對鍛鍊常感到沮喪，也不清楚該如何提升自己的運動水準。儘管這種「白痴」的訓練方式多少有點幫助，但無法達到最佳的效果。這種方式可能會造成訓練過量。正所謂過猶不及。有效的訓練方式是讓代謝能力及肌力／耐力水準都得以提升。經過單次、每週或在重複訓練後能看到明顯的進步。

高強度間歇訓練

高強度間歇訓練（high-intensity interval training，HIIT）及其他類似的訓練方法像是法特萊克訓練（Fartlek），能夠很有效地動用身體各種能量系統來補充運動中快速消耗的能量。HIIT通常包括15－30秒的全力衝刺和30-45秒的慢跑、走路或休息。HIIT可以很快地建立有氧和無氧供能通道，從而增進代謝水準和心肺功能。

有氧和無氧能力的鍛鍊取決於你在訓練量和強度上的安排。無氧能力跟肌力一樣，最好的方式就是極限訓練加上適量的休息，比如10秒衝刺加上2－3分鐘的休息，讓肌肉有足夠的能量供應，提升最大無氧能力。相較衝刺後休息1分鐘，前者的訓練效果會更好。

Tabata是一種特殊的高強度間歇訓練方式，以它的發明者——一位日本科學家的名字命名。他在實驗測試中進行了8組飛輪循環訓練，包括20秒全力衝刺和10秒的休息。這種方法比較像代謝體

能訓練和HIIT這類的訓練，它可以快速提高無氧的供能。Tabata不同於HIIT之處是訓練中不包括跑步的項目。

你可以根據自己的需求對Tabata訓練進行調整。在30－60秒間歇訓練中安排高強度訓練和休息。例如，你進行30秒間歇式自重深蹲，在20秒內做最快速的深蹲，之後有10秒的休息，重複5次以上。60秒鐘的間歇訓練包括45秒運動和15秒休息。它實際上是另一種方式的代謝訓練，能夠快速動用全身的供能系統。

心肺功能 ── **一般性的有氧訓練**

儘管人們常認為低強度恆速有氧訓練（low-intensity steady state，LISS）效果不好，它仍是提高有氧能力最有效的方式。這也是為什麼中長跑的運動員會使用LISS的原因。這類的耐力訓練在略低於無氧閾值（5－10%）的範圍內進行。所以，無氧通道不會有負擔，主要是依靠有氧系統供能。這就是常說的保持「無肌肉灼燒感」或低強度，你能夠在運動同時仍有餘力交談。根據運動項目和想要達到的目標，進行30－60分鐘或更久的訓練。

低強度的訓練可以有效提升肌力訓練的恢復，這是使用LISS訓練法的重要原因。

要不要進行額外的有氧訓練？其他類似的訓練有哪些？（打籃球、踢足球還是其他的運動項目）弄清這些問題之前，我們要掌握一些術語：

- **被動式休息**──在休息日停止一切跟訓練或活動有關的事情。通常安排在訓練後的一天。
- **主動式休息**──從事輕量的身體活動，強度不超過無氧閾值。通常進行休閒類體育項目。
- **主動性恢復**──低強度、專注性的訓練。例如手倒立這樣的技巧性訓練或低強度的專項技能訓練。

常發生在年輕和競技選手身上的問題：主動休息和主動恢復跟平時的訓練沒有分別。如果你不能保持低強度的訓練，就無法做到主動式休息或主動式恢復。身體需要休息，休息會讓身體變得強壯，為下一次的訓練做準備。

但是，如果你能夠做到對強度的控制，你會發現它對訓練很有幫助，特別是在肌力和運動能力方面。實際上我們也發現低強度的有氧訓練對很多主要從事無氧訓練的菁英運動員也很有效。中國體操隊和一些世界頂級的健力士也都採用這種訓練方式。這也是為什麼拳手和多回合比賽項目的選手在接受了LISS的訓練後，與有氧能力相關的運動水準大大提升。

低強度訓練的確很有效。它經由增加對副交感神經系統的刺激，促進消化和營養的供應，修復肌肉和結締組織。它也會增加大腦的血流量，改善情緒和提供神經修復所需的養分。同時它還可以改善動作姿勢，降低靜止心率，並透過有效的能量恢復促進肌力水準的提升。

有氧訓練更適合中高級訓練者。由於初學者主要進行增肌和肌力方面的訓練，不涉及有氧方面的訓練。這個階段以被動式休息為主，除非有其他心肺鍛鍊需要。在中、高級水準，低強度的運動（有氧鍛鍊、主動休息和主動恢復）很重要。它有助於提升整體運動能力和恢復速度。隨著你肌力的增強，恢復期的作用會變得更重要。

環狀訓練是技術訓練搭配主動式休息，包括超過3－4個小時的技巧訓練和大量低強度的身體活動（加速身體修復）。他們能夠持續每週5到7天，每次6到8小時的訓練（包括間歇和休息）。我們也可以在生活當中加入主動的休息方式，選擇一些休閒類的運動方式，如游泳、單車、慢跑、爬山或走路。將這些運動作為一種休閒性的活動方式，對於體能恢復會有很好的效果。

相關研究表示，有氧訓練適用於菁英運動員。保持低強度的訓練有助於訓練後恢復和肌力水準的提升。

有人擔心LISS會影響速度，但如果訓練的重點是肌力或爆發力，便不必感到擔心。有氧訓練所占的比例很少。而耐力運動員則不同，他們的LISS訓練占到6－8成。此外，他們也要訓練肌力、爆發力和無氧運動能力，尤其在比賽前期。這些方面的訓練能夠加快他們最後的衝刺。而低強度訓練則可以幫助肌力型和爆發型的選手提升訓練後的恢復。

帕累托法則（或80／20法則）可以很好地幫助你做到爆發力、肌力和耐力三者之間的平衡。如果你是一個肌力和爆發型的選手，就將80%的訓練用來發展肌力和爆發力，20%的訓練用於走路或LISS等有氧訓練促進運動恢復，而耐力型選手的時間分配剛好相反。

無論採取什麼方式，都要重視身體的反應。可能一開始肌力和爆發力訓練占到80%，心肺耐力訓練占20%，但發現十分疲勞，你就要降低前者的比例，增加訓練後的恢復。如果你覺得有氧訓練會影響成績，就要減少它的訓練時間，而相應增加肌力和爆發力的比例。由於個體差異性的存在，我們要根據身體的反應來做調整。

被動式休息是不利於身體健康的。有研究表示，長時間伏案工作或久坐的人死亡率較高（即使他們有定期運動）。身體需要活動，不要整天坐在沙發上，多出去走走或慢跑，培養健康的生活方式。

交叉訓練

我們很難預估徒手訓練與肌力和體能訓練組合在一起的效果。對於非初學者，分散訓練的時間可能會影響各個項目上的進度，也會有過度訓練的風險。如果你很想從事其他運動項目，最好與教練討論一下，看看徒手訓練是否對訓練有負面的影響。可能會，也可能不會。對於摔角或功夫這樣的運動項目，徒手運動是最好的肌力和體能訓練方式。

這取決於教練的決定。有的教練說一不二，一切要聽從他們的訓練安排。而有的教練的規定不是那麼嚴格，如果你十分熟悉肌力和體能訓練，他們並不介意你加入這一部分。也有些教練對此完全不在意，那你就有更多發揮的空間。因此要具體看看教練的風格和要求。

最好是教練很重視需求，你也很信賴教練，遵循教練的指導。如果你想用徒手訓練取代其他肌力和體能訓練或傳統的器械訓練，甚至可以要求一個試練期，如果徒手訓練對你有效，便堅持下去。教練能夠給你必要的指導，因為他們經驗豐富，清楚訓練背後的原理。如果發現他們的方法不適用，幫助他們了解這一方面的研究資訊或向更資深的教練請教。自己和教練的共同進步才是最理想的結果。

其他肌力和體能訓練可能會對徒手訓練有所干擾。如果這個運動項目對你很重要，就應該把它當作訓練重點。如果手倒立這樣的徒手訓練影響了你在專項運動上的表現，就應當放棄手倒立的訓練。

作為新手，你要重點發展運動項目，不要被其他訓練任務消耗了精力。你可以在某些時候隨意加入徒手訓練的內容，但有時則不行。

如果你1週的專項訓練超過5次以上，那麼不宜再增加徒手類的肌力和體能訓練，除非你進行的是技巧性動作訓練（例如手倒立）。

若運動項目沒有專門的肌力和體能訓練，增加徒手訓練會有所幫助。但請先諮詢教練意見。

當你不確定的時候，寧可放棄額外的訓練內容。增加徒手訓練的前提是你要有時間且不會過度訓練。對於某些運動（像攀登或摔角），徒手訓練特別有效。這完全取決於運動項目和教練的要求。

你無法同一時間做太多事情。優先處理最重要的，不然你可能什麼都做不好。如有疑問，請向有經驗的人士諮詢。

下面我們來看看如何將徒手訓練與一些專項訓練相結合。

體操、跑酷和攀登運動受3個因素的影響。第1個是心理因素，參加者要能克服恐懼，不受壓力的影響。第2個是技術層面的因素，訓練者需要學習所有的專項技能。最後是身體素質的準備，通常包括肌力和體能方面的訓練，提升選手的專項運動水準。

徒手訓練也屬於肌力和體能訓練，是一種安全而有系統的鍛鍊方式。它適用於系統化訓練的各個主要階段。體操運動員除了技巧訓練，也會進行大量的肌力和體能訓練。田徑運動員練跑的同時，也會在健身房裡鍛鍊肌力或爆發力。游泳選手也不例外，他們也注重爆發力的訓練。

業餘選手對此常有誤解，他們只挑自己喜歡的項目訓練。肌力和體能的準備是專項訓練中不可缺少一部分。大多數體育項目都會搭配器械訓練，不過徒手訓練對於增強體能的效果也很好。要取得最佳的運動表現，光靠項目本身的訓練是不夠的。

　　他們的另一個誤解是認為肌力和體能訓練需要模仿某項體育動作。研究證明這是錯的。投擲較重的棒球可以提升肌力或爆發力，但不會提高投球速度。揮重的球拍跟擊球速度和爆發力並沒有關係。同樣地，訓練單腳負重半蹲也不會提高衝刺的速度。我們要將肌力和體能訓練的方法運用在發展運動能力方面，更重要的是所進行的訓練是為了提高整體的肌力（或改善較弱的部位），而不是去模仿動作。整體肌力的提升才能促進專項動作的表現。

　　菁英運動員將80／20的法則用於專項體育訓練和補充型訓練的分配上。而初、中級的訓練者則是將80%的時間用於優先發展專項技能，20%是用來鍛鍊肌力和體能。專項訓練和其他訓練的比例為80：20或4：1。80%的時間用於操練專項技能，20%的時間用來訓練肌力和體能、靈活性及防禦受傷等方面的身體準備。這樣不但可以提高身體機能，同時能減少意外傷害和過勞損傷的發生。根據80／20的法則，80%的時間用來發展專門的運動技能，16%（20%中的80%）用於肌力和體能的鍛鍊，剩下的4%（20%中的20%）用於交叉訓練方面。

　　在訓練跑酷和攀登這種新興的運動項目時，初、中級的訓練者運用80／20的法則來分配每週訓練時間。Rafe Kelley（Parkour Visions公司前創始人）和Ryan Ford（Apex Movement公司創辦人）兩人提出用3到4天進行跑酷訓練和2天進行肌力和體能訓練。具體訓練安排如下：

週一：跑酷技巧訓練

週二：肌力和體能訓練

週三：休息日

週四：跑酷技巧訓練

週五：肌力和體能訓練

週六：跑酷技巧訓練

週日：休息日

　　每次跑酷的訓練大約需要2到4個小時，肌力和體能的訓練需要1到2的小時，在增加這兩部分的訓練時間時，要相應保持80／20的比例。對於初級和中級的運動員（任何體育項目），建議進行每週2到3次的全身訓練（取決於你每次要完成的技能訓練數量），並搭配1週2天的休息日。以下列出的訓練計畫將跑酷技巧訓練安排在週末進行：

週一：全身肌力訓練

週二：休息日

週三：跑酷技巧訓練

週四：全身肌力訓練

週五：休息日

週六：跑酷技巧訓練

週日：跑酷技巧訓練

對於其他運動項目，以體操項目為例，肌力和體能訓練通常安排在每次訓練結束前。每週進行4到5次，每次4至5個小時，其中包括2到3個小時的技能訓練，其他的時間用於訓練柔軟度和靈活性，以及最後的肌力和體能訓練。類似的訓練計畫也適用於攀登運動：每週有3到4次的健身房訓練，目的是在攀登訓練結束後進行1個小時的肌力和體能訓練。技能訓練和體能訓練的比例分配為4：1。在這種情況下，每次技能訓練時間為2－4個小時。

週一：攀登＋肌力和體能訓練

週二：休息日

週三：攀登＋肌力和體能訓練

週四：休息日

週五：攀登＋肌力和體能訓練

週六：隨意日（可用於攀登、恢復或休息）

週日：休息日

不同於其他運動項目，攀登運動分為上半身和下半身2個部分的訓練。你可以安排一天做技能訓練，另外一天訓練下肢肌力和體能。具體的訓練安排如下（同上，2－4個小時的技能訓練）：

週一：攀登＋下肢肌力和體能訓練

週二：上肢肌力和體能訓練

週三：休息日

週四：攀登

週五：上肢肌力和體能訓練

週六：攀登＋下肢肌力和體能訓練

週日：休息日

除了肌力的提升，肌力和體能訓練包含很多方面的發展。柔軟度、靈活性、預防性功能訓練或單一動作訓練這些項目可以在休息日、訓練日或訓練前後進行。根據訓練的需要將他們組合搭配在一起。例如，1週訓練攀登3次，再搭配訓練瑜伽來鍛鍊柔軟度和靈活性。利用非訓練日進行靈活性、肌力和體能方面的訓練。以下列的訓練安排為例：

週一：攀登＋瑜伽

週二：肌力和體能訓練

週三：攀登＋靈活性訓練

週四：休息日

週五：攀登＋瑜伽

週六：肌力和體能訓練

週日：休息日

你不必侷限在特定的訓練方法，重點是根據自己不足的部分來調整計畫。如果完成某些動作有困難（例如攀爬時扣緊腳跟），你可能需要安排多一些的柔軟度或瑜伽訓練。如果你在跑酷時上牆有困難，多一些技巧和肌力訓練，特別像是引體向上、反式臥體撐、硬拉這類的動作。如果你肌力和柔軟度還不錯，但攀登的手力不夠，只要在訓練中增加2－3組的指力板訓練，就可以很容易地解決這個問題。要成功必需先清楚自己的弱點在哪裡。

肌力訓練是發展其他運動能力的基礎，決定了運動特性和專項技能的發展，包括有氧能力、耐力、柔軟度、爆發力、靈活性、協調性、平衡性和精準性等等。肌力是初、中級訓練者要重點發展的運動能力。

以耐力為例，馬拉松菁英運動員可以連續26次以4分半鐘的速度跑完1英里。如果沒有經過大量的肌力訓練，無法達到這樣的速度。1英里和1500公尺的世界紀錄保持者Hicham El Guerrouj，每週進行3到4次的肌力和爆發力訓練，會根據訓練狀況進行9次以上的循環跑。

要提高運動表現不能忽視體能訓練。重量訓練對提高體能很有效，其中包括徒手訓練，它特別適合某些運動項目。

複合訓練模式

複合訓練模式是提供給那些想將器械訓練和徒手訓練結合在一起的訓練者。每一種訓練方法都有可能派上用場，除非他們有安全的隱憂。

一些使用槓鈴的訓練者排斥徒手訓練，認為他們太簡單和過於重複。而另一些熱衷徒手訓練的人士又看不起器械訓練。以上兩種看法都有失偏頗。在很多情況下他們有很好的互補性，因此許多高水準運動都會同時用到兩者。

我們可將槓鈴或啞鈴訓練結合到徒手訓練當中，方法有很多。這裡我們只討論幾個最常見的方式：*替代式、互補式和補充式*。

替代式

典型的全身訓練方式為：2組上半身拉的訓練、2組上半身推的訓練和1組到2組腿的訓練。這會讓全身的肌力和肌量得到平衡的發展。通常2組上半身的訓練（包括推和拉）會按照肌肉橫向和縱向運動再進一步細分。運用這訓練方法，可以鍛鍊到全身上下的肌肉，讓肌力都得到平衡的發展。傳統的槓鈴訓練方法如下：

- **上半身推**：臥推＋推舉或反式臥體撐
- **上半身拉**：引體向上＋俯身划船
- **腿**：深蹲＋硬舉

根據動作運行的平面，我們可以找到與器械訓練相對應的徒手訓練方式：

- **上半身推**：伏地挺身或俄式撐體＋反式臥體撐
- **上半身拉**：引體向上＋反式划船或前槓桿上拉
- **腿**：深蹲或舉臂單腳深蹲＋反向腿彎舉

如果目的是增加肌力和肌量，就要增加訓練的強度，並重複5到12次。槓鈴訓練是透過增加槓鈴的重量；如果是徒手訓練，可以增加重複的次數。所以方法很簡單。這2種訓練方式也可以互相替換。假如你在槓鈴訓練加入手倒立伏地挺身，也可以用其他垂直推的動作來取代他們，例如推舉或反式臥體撐。如果是俄式撐體呢？可以用臥推來替代它。

互補式

互補式訓練法用於更有特定性的訓練。例如，有些人想同時訓練臥推和俄式撐體，兩者也有很好的互補性。臥推能夠加強推的肌力和促進肌肉增長，而俄式撐體可以加強你對上半身的控制和肌力的發展。人們會認為應該要「專心訓練俄式撐體」或「只做臥推訓練」，認為只有專注於一項訓練才能達成目標。無論是專精於一項，還是把兩者都做好，都是行得通的。

在一般的初級訓練計畫中不包括縱向的推力訓練。雖然訓練需要有特定性，但仍要注意結構上的平衡。如果將所有的訓練集中在縱向肌量的發展，就會有不平衡的問題。相較縱向拉力訓練，橫向的動作更能發展肩胛骨和肩部後方肌群的肌力和肌量。縱向拉力訓練主要刺激胸肌和闊背肌，他們是負責肩內轉的肌群。兩個方向的訓練缺一不可，不然就會造成肩部肌力的發展不平衡。大多數推的動作也可以鍛鍊到肩內轉肌。長時間保持前傾的姿勢，會導致身體結構上的問題，特別是你從事伏案工作或學習的時間太久。訓練橫拉能夠改善這樣的問題。如果你不想進行其他推力訓練，只是想加強橫向推力，那麼你要相應增加橫向拉的訓練來消除結構上的不平衡。

總之，當你發現結構上有不平衡的情況，請調整訓練計畫，讓它更有系統、更全面。

補充式

有許多相當有效的補充式訓練法，如Jim Wendler的5／3／1訓練法，透過徒手訓練或槓鈴訓練來改善肌力較弱的環節、提升體能或其他方面的運動能力。5／3／1訓練法是以某個動作訓練為主，如深蹲、硬舉、臥推或過頭推，並配合輔助式訓練。如果你訓練硬舉，補充訓練會著重在需要加強的部位。如果臀肌比較弱，可以做髖關節樞紐動作，如早安式。如果要加強後腿肌力，可以進行直腿硬舉、屈腿弓身舉這類訓練。若背肌肌力不夠，訓練直腿上擺。在進行臥推訓練時，可以選擇改善肌力的特定性訓練，或是採用反式臥體撐這類全面性的訓練。

同樣地，它也可運用在徒手訓練上。將重量訓練當作一種補充訓練。這個方面很適合高級運動員。重訓常作為徒手訓練的一種補充，以促進神經適應和肌力發展。如果在受傷期間，在不影響治療的情況下可以用重訓代替徒手訓練，這樣會有助於傷勢的恢復。

以俄式撐體為例，可運用多種肌力訓練作為輔助式訓練。史密斯健身機能夠幫助訓練強力推舉的動作。運用槓鈴反握法，槓鈴依照俄挺方向放置，讓髖部低於槓鈴。

器械訓練可以提供很多幫助。臥推椅可以讓上半身保持挺直，你不必擔心做俄式撐體伏地挺身時出現拱背發力的技術問題。也不必擔心推舉的動作會碰撞到肩部，因為器械支撐槓鈴不會傾斜。你可以透過所增加的重量來觀察肌力是否提升。另外的好處就是訓練水準達到一定程度後，重量訓練會比徒手訓練更有效地刺激肌肉的增長，特別是肩部和胸部的肌群。

啞鈴也適用於高水準自重訓練。還是以俄式撐體為例，你也可以運用啞鈴來訓練這個動作：做伏地挺身得將手保持在髖部以上的位置。利用啞鈴還能夠完成馬爾他挺身或倒十字這些高難度的動作。啞鈴是用來訓練肘關節肌力的常用器械。

- 先做2秒的俄式撐體。
- 變換成馬爾他挺身，持續2秒的時間。
- 再回到俄式撐體，重複整個動作3－5次。

當然，最好能使用吊環來訓練。啞鈴無法完全取代吊環的作用，但吊環並不是那麼地普及。

器械訓練的另一個好處是，可以調節重量，既能強化結締組織，又能避免受傷的危險。器械訓練特別適用於直臂訓練，可以減少對肘關節的壓力（像是後槓桿、俄式撐體、馬爾他挺身和倒十字）。

沒有健身室是重量訓練和徒手訓練人士經常碰到的問題。他們所在的「大型」健身房不允許在裡面進行徒手訓練，而在家又沒道具進行重量訓練。有些人只在週末的時候在家鍛鍊，平時幾乎不上健身房，所以實際訓練的時間很少。如果你面臨這種情況，一開始就要調整訓練計畫。傳統的槓鈴訓練是在健身房常用的鍛鍊方式。

- **上半身推**：臥推＋推舉或反式臥體撐
- **上半身拉**：引體向上＋俯身划船
- **腿**：深蹲＋硬舉

根據運動平面，可將徒手自重替代器械或槓鈴訓練：

- **上半身推**：一個伏地挺身或俄式撐體＋反式臥體撐或手倒立俯臥撐的變化式
- **上半身拉**：引體向上＋反式划船或前槓桿上拉
- **腿**：深蹲或舉臂單腳深蹲＋反式腿彎舉／腿彎舉

如果你可以在健身房進行地板動作（比如俄式撐體），那麼你可以2天都練俄挺，不做臥推。根據訓練所需，你也可以用健身房的設施，像是史密斯機或啞鈴來訓練俄式撐體伏地挺身。

根據目標和要求制定訓練計畫。上半身的徒手訓練可以搭配下半身的槓鈴訓練，也可以做任意的搭配組合：

槓鈴推訓練

- 上半身：臥推、啞鈴仰臥推舉、上下斜臥推、軍事肩推舉、槓鈴頸後推舉、挺舉、推舉
- 下半身：高腳杯深蹲、前深蹲、高槓後深蹲、低槓後深蹲、過頂深蹲、哈克深蹲、弓步
  注意：不包括直立划船，因為有撞擊肩部的風險。

槓鈴拉訓練

- 上半身：單臂啞鈴划船、坐姿划船、俯身划船、槓鈴划船、繩索面拉
- 下半身：硬舉、抓舉、上膊／瞬發上膊或任何奧運舉重項目的變化動作（由地板提舉上肩或懸擺上肩）

徒手推訓練

- 上半身：手倒立伏地挺身、手倒立、俄式撐體、伏地挺身、拍掌伏地挺身、臂屈伸、馬爾他挺身、倒十字懸垂
- 下半身：體重深蹲、舉臂單腳深蹲／單腳深蹲、蝦式深蹲

徒手拉訓練

- 上半身：引體向上（雙臂、不平衡、單臂）、拍掌引體向上、反式划船、反式引體向上、後槓桿、前槓桿支撐、十字懸垂
- 下半身：腿後彎、滑步划蹲舉、反式腿彎舉

其他訓練

- **複合式上半身訓練**：硬拉、反硬拉、任何在槓鈴或吊環上完成的轉換動作（從上到下或從下到上）
- **複合式下半身訓練**：衝刺、階梯跑、垂直彈跳、跳遠及其他

在Exrx.net網站上可以找到以上或更多的訓練內容，並配有GIF的動畫示範。通常腿部訓練的分類比較籠統，因為大部分的腿部動作可以鍛鍊到腿部所有的肌肉，分別只在於是推還是拉的動作，和肌肉發力主要源自膝蓋、髖部肌肉還是髖關節。訓練計畫要做到平衡發展，改善肌力較弱的方面。

成套動作

　　成套、銜接及組合動作常被人忽略，但卻是一種有趣的肌肉訓練方式。你可以連續不斷變換各種動作，這是傳統的肌力訓練所沒有的。動作轉換的難度很大，可以很好地鍛鍊向心肌力。

　　這種方式很適合高級訓練。肌力的形成是依靠神經適應，首先要不斷重複訓練，打好動作基礎。儘管複合式的訓練方式很好，也不能忽視動作本身的訓練。當你有了一定的肌力水準，就可以進行槓鈴組合訓練或快速循環訓練。

　　成套動作或組合是將不同的動作編排在一起，通常在吊環或雙槓上完成。組合的方式可以千變萬化。FIG COP的訓練圖表中列出了一些最常見的組合方式，像是手倒立 → 肘槓桿 → 手倒立。書中的PART4有示範內容。如果你訓練的時間有限，可以運用複合式進行快速訓練。將5到6個動作技巧放在一起，連續重複訓練並逐次遞減（5到1）降低訓練的強度。

　　將你學過的技巧與肌力動作整合在一起，形成一系列有趣的成套動作和組合，增加了對肌肉的刺激。這是高級運動員，特別是菁英運動常用的訓練方法。高級階段的訓練重點由等長肌肉訓練變為技巧動作轉換。動作轉換（如：前槓桿支撐銜接十字懸垂）難度遠大於靜態支撐。前槓桿是一個A組難度的動作，十字懸垂是B組動作，銜接前者到後者的動作叫做壓上成倒十字（pineda），變成為D組難度的動作。許多高級的體操運動員不再停留在單一動作的訓練上，他們的重點是成套動作訓練，給身體足夠的刺激以產生適應。

　　雖然成套動作訓練可作為全身肌力訓練，但專項動作訓練仍有它的價值，不能完全摒棄。

　　成套動作、銜接和組合訓練很具娛樂性和表演性。將你學會的一些高水準靜力體操（特別是環上動作）串連起來變成成套動作訓練。你會發現它比單一動作連起來更有趣。

　　平衡好幾組關係：單一動作和成套動作訓練；向心和等長訓練；訓練的多樣性和目的性。

　　下列是Gymkana（體操表演團體）為初學者設計的動作流程：

- 懸臂開始
- L型撐體
- 緩降支撐
- 後槓桿
- 前擺後翻下槓

- 硬力支撐
- 肩手倒立
- 後滾翻成倒掛
- 德式懸垂

　　這個例子將許多基本技巧串連起來。成套動作訓練十分適合集體訓練，很有趣味性。

Chapter 13　摘要

耐力、有氧、交叉訓練，複合式和成套動作訓練

在這個章節中，我們學習了如何運用耐力、有氧、交叉訓練，複合式和成套動作訓練等方法。

耐力訓練針對有氧耐力和局部肌肉耐力，包含很多訓練技巧。

交叉訓練也很多樣化。依據運動項目、教練要求及肌力水準來制定訓練計畫。開始徒手訓練前，請先諮詢教練的建議。

肌力和體能是運動的基礎，能避免運動傷害產生。

複合式訓練將重量訓練和徒手訓練結合在一起。

成套動作是將不同的動作串連在一起，除了健身也可作為娛樂消遣。

CHAPTER 14

過量訓練和過度訓練

OVERREACHING
AND OVERTRAINING

我們必需知道過量訓練和過度訓練之間的不同,這是非常重要的。當這樣的問題出現,我們得學習如何小心地正確處理。

- 過量訓練是能力開始下降且低於基準線的暫時性狀態,表示訓練已經超過身體負荷量。
- 過度訓練是指進行多項訓練,能力不斷下降的一種狀態,整體上是指身體功能下降。甚至在減量期或休息期之後,會有能力下降、睡眠中斷、食慾下降及永久性痠痛的症狀,並增加受傷風險。

過量訓練

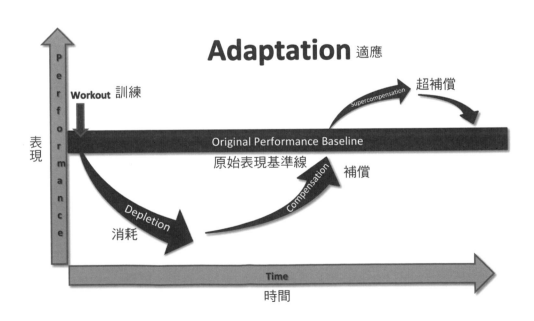

過量訓練本身不是一件壞事，但如果你持續過度伸張訓練一段時間，它將可能轉變成過度訓練。從主動面向來說，這是相當難達到的狀態。過量訓練其實是一件好事，很多運動員會計畫短期的過量訓練促進超補償，在運動競技上稱為高峰期或減量訓練，是很常應用於競技比賽中的一種方式。回顧疲勞和體能的模式，如果體能提升並適應相同的訓練刺激，基本上很難再進步，如果你提前進入中級及高級訓練強度，則需要考慮數週或2週的中週期。

累積和強化的比較最為明顯。累積階段必需小心計畫身體的超負荷，迫使能力達到特定的範圍。一旦能力達到指標，就必需調整訓練至強化狀態。在高強度狀態下完成較低量的訓練，讓身體迅速超補償，甚至可以在高強度訓練下展露成果和進一步增加強度。

「雙重因素」理論的核心是應用過量訓練計畫來提升。在這個訓練方法中，運動員會結合幾種訓練（每週或隔週）壓迫身體的能力，而且持續幾週的時間。對傑出的運動員而言，訓練計畫的週期可以延長到幾月，甚至是1年以上。

初學者最好計畫每週1次過量訓練，至少包括需要幾個白天或一整天的休息時間，才可以使身體在1週的總訓練中得到恢復。方法之一是建構過量訓練的循環計畫，1週內訓練4天休息3天，5天休息2天，或是類似的時間表。但不推薦這種方式，當你由初級晉升至中級程度時，有更簡單的訓練方法可以達到更好的成效（例如漸進與輕重的簡單方法）。如果你是一位要輪班工作或假日需要進行其他活動的人，這種方式可能是有用的。

建立過量訓練計畫時，最好考慮長期計畫。在中級或高級的訓練循環中，能力突然在一週內下降不一定是不好的事情，因為在中週期的前幾週，需擁有足夠的時間恢復、超補償和調整。在身體恢復之後的1週內，因強化循環造成能力下降是預期的目標，使得累積階段可能持續2週。這將形成3週的循環，2次循環可以合併成6週的中週期。

- 第一週──累績
- 第二週──累積
- 第三週──強化
- 第四週──累積
- 第五週──累積
- 第六週──強化

總之，因為疲勞會削弱效益，所以你可能在中週期內無法取得進步。當你完成一次中週期、休息後或減少訓練量時，身體會因進行超補償變得更強壯。

每個人是不同的個體，設計高級訓練作為日常訓練時，必需嚴謹地思考和檢驗，如果遇到問題就進行調整，無須擔心。訓練日誌會是你最好的夥伴，讓你回憶和檢視中週期之後能力是否增加或減少，也許沒有獲得進步，但是可以看到超補償的效果。而在減量週期之後，你會突然變得更強壯，這表示能力增加。身體會回應訓練頻率、強度及訓練量，你必需熟悉這些事，這是你的責任，它將自我調整日常訓練，在能力範圍內激發出最佳的發展。

　　日常波動週期（DUP）和過量訓練的差異：你不需為了能力沒進步而感到沮喪，過量訓練僅是運用疲勞和體能模式的一種訓練方法。日常波動週期和其他週期化模式會使你進步，而不會降低能力，也適用於專業運動員，因為這是最適合整體目標的方法。

　　最高級的訓練是擁有過量訓練效果的週期化方式。這可以讓一位運動員在訓練課程中進步，以及超補償邁向競賽巔峰，然而這已超過《超越重力》所涵蓋的範疇，所以需要更多計畫。在週期內，你必需如實地知道訓練的反應、進展及過量效果，重要的是不宜誇大訓練日誌。

過度訓練

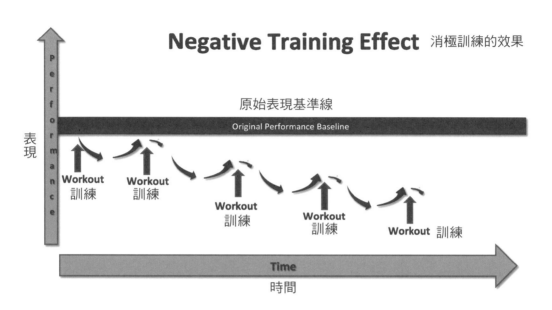

　　事實上，過度訓練是長期且恢復不全的狀態，身體無法有適當的自我修復的能力。這個狀態通常會延續幾週，甚至是幾個月，期間身體功能會嚴重下降，甚至低於基準值。長期過度訓練只有連續幾個月沒有獲得充足休息才會發生，你不會希望處於這樣的狀態，但若能適當地減少訓練量，就不需要擔心這種問題。

　　初學者的最大考驗是在單一練習中必需完成很多訓練量，又不能有過度訓練的傾向。因為沒有必要超過初學者所能承受的高訓練量，而引發過度使用的傷害，或是抑制最佳表現。切記，訓練多不代表比較好。

　　如果每次訓練都能增進身體功能，代表你並沒有過度訓練或過量訓練，可以確實執行更多或更少身體所能承受的負荷量。訓練量、強度和頻率，皆可增加訓練成果和促進恢復。

　　如果表現停滯不前、退步，或訓練中沒有休息，就可能是需要降低負荷的時候（取決於你在中週期時的情況）。觀察是否可以利用休息來改善狀況，如果沒有改善，最有可能的原因是訓

練不足；此外，你也必需檢查睡眠時間、飲食及其他生活中可能的影響因素，這些都是實際的問題。為確認發生原因，必需額外花時間進行休息。錯過1至2次的訓練，總比耗費時間在長期高原期和退步來得好。

食慾下降及睡眠品質變差是過度訓練導致的2個明顯症狀。如果增加訓練量或提升強度後發生這樣的情況，或許是好的，因為可以清除外在壓力因素，給身體適應的時間。如同前述，如果有進步，過度訓練就不是你應該關心的事情；相反地，如果沒有進步，就必需評估訓練、睡眠、飲食、壓力程度及其他影響因素。如果你想突破高原期，別猶豫，找一位比你更有經驗的人討論。

Lyle McDonald撰寫的《Body Recomposition》，內容包括一系列非常詳細的過度訓練文章。根據觀察到的症狀，過度訓練分為2種類型：一種為副交感神經所主導（艾迪生氏過度訓練，addisonic overtraining）；另一種由交感神經所主導（巴氏過度訓練，basedowic overtraining）。艾迪生和巴氏這兩個術語因為無關疾病，現在已不再使用，而概念上有助於理解自主神經系統功能障礙的症狀。其他的可能因素，包括：訓練、攝取營養熱量、補充維生素和礦物質、睡眠、壓力及其他因素。最重要的是，它會根據個人症狀反映徵兆，提醒你必需減少訓練和增加恢復時間。

艾迪生氏過度訓練

- 體力消耗時和之後，舒張壓增加（超過100毫米／汞柱）
- 協調受損
- 降低休息心跳率
- 稍微延長恢復時間
- 腎上腺功能下降／腎上腺疲勞
- 耐力下降
- 持續肌肉疼痛
- 稍微降低動機

巴氏過度訓練

- 稍微增加血壓
- 降低耐力及更容易疲勞
- 升高休息心跳率
- 增加新陳代謝和排汗
- 增加頭痛和感冒；降低免疫系統
- 增加交感神經活化（戰鬥或逃跑）
- 協調受損及增加反應時間（反應時間更長）
- 增加睡眠需求
- 增加食慾
- 在壓力下增加呼吸頻率
- 增加緊張和不安感；降低意志力和可能導致憂鬱

自覺運動強度和訓練日誌

運動強度自覺量表（Rate of perceived exertion，RPE）是一種尺規量表，用於追蹤訓練進度，對自我調整訓練特別有用。運動強度自覺量表從0－10，0表示非常輕鬆，10表示非常吃力，指數

取決於你對訓練的感受。也有很多其他類型的量表可以評估（例如：柏格自覺量表、視覺類比量表和李克特式量表），但運動強度自覺量表最簡單且被廣泛使用。

運動時，運動強度自覺量表可以很快地告訴你有哪些潛在問題。如果你在一天中進行3組5反覆的團身俄挺伏地挺身時，運動強度自覺指數為8（表示有些吃力），這代表下次訓練可以促使自己執行更困難的訓練。如果你進行3組5次反覆的團身俄挺伏地挺身時，運動強度自覺指數是10，而下一次的訓練增加至3組6次反覆，那麼就很有可能會失敗。建議以線性重複加法方式增加反覆次數，例如：5－5－5→6－5－5→6－6－5→6－6－6，這樣或許是更好的選擇。

因為運動強度自覺量表較適用於管理和避免過度／過量訓練，不適用於肌力訓練，所以討論肌力漸進方法的章節故意省略此量表。例如：你有一系列訓練，當預備進行3組5次反覆（5－5－5）的引體向上時，第一組運動強度自覺指數是10，在接下來的訓練或許只能夠進行5－5－4和5－4－3反覆次數的單臂引體向上，而指數仍保持在10。如同前述，當你減少強度而運動強度自覺指數依然偏高，這表示你或許已過量訓練或過度訓練，這是很嚴重的問題。唯一解方是減少訓練量。

應用訓練日誌和有效指標（例如：運動強度自覺量表）很重要。訓練日誌可讓你確認關於訓練的所有事情，也可以讓你回顧過往的訓練，並記錄進步歷程，讓你可以對往後訓練設計紮實的訓練進度。你也可能注意到不論好壞的模式，它都可以幫助你建構未來的訓練內容。

如果你是一位教練，保留選手個人的訓練日誌是一件很重要的事。訓練日誌可以檢視先前訓練計畫對選手表現是否有效，對某位運動員有效的訓練方式，未必適合另一位運動員。當一位教練同時指導多位選手時，很難記得每位選手接下來的訓練細節。在這樣的情況下，訓練日誌則就非常重要。

當一位運動員遭受打擊，訓練日誌可以幫助他們。訓練日誌提供大量訊息，可以使選手們排除每日訓練的問題。舉例來說，選手與教練、教練與教練、教練與選手，以及選手與選手之間的問題。當選手們告訴教練，訓練沒有進步時，教練必需利用所有可能的因素，進行有根據的推測，分析為何選手們的表現沒有任何進步。原因包括選手們每日訓練的組數、反覆次數、節奏、休息時間、總訓練量、頻率、強度、攝取營養、睡眠時間、壓力程度、任何潛在傷害，以及其他可能影響訓練效果的負面因素。這些詳細的內容和建議有助於提升選手們的訓練表現，當你盲目地嘗試計畫時，就好比對著一面牆丟泥巴球，並期待它可以黏在牆上。假如你有一本詳細的訓練日誌，它的功能就像鐳射導彈一樣，可以幫助你輕鬆消弭不足的地方。

當一位運動員答應並接受自己的訓練進度被記錄下來時，他們也會開始真正地投入訓練。相較於沒有持續記錄訓練日誌的人，他們將會詢問更多問題。另外，這也為訓練之外的生活提供了清楚明瞭的途徑。在訓練方面，訓練以外的生活最容易被忽視。很多運動員受到身體發展和競技運動的指導，但沒有得到個人生活上的指導。如果加入這部分，將使教練與選手之間的關係，以及運動員長遠的運動生涯變得更成功。

Chapter 14　摘要

過量訓練和過度訓練

對於初學者，過量訓練會導致每次訓練表現明顯停滯不前，補救建議是減少訓練量，直到回到不斷進步的時候。對於中級和高級強度水準（相較基礎訓練，在每週基礎上進步更多），可以操作有系統性的過量訓練，並且應該被用於施加身體正確壓力，強迫肌肉力量適應。

除非能力不斷地退步，否則過度訓練不是一件值得關注的事。如果持續退步的話，或許花很長時間進行恢復是不錯的方法——但你應該知道這是很嚴重事情。因此你必需注意影響恢復的因素，例如：睡眠、攝取營養和減少壓力等遠離過度訓練的關鍵，如果你需要協助，聯繫醫療專家吧！

應用運動強度自覺量表和訓練日誌，對於追蹤進步非常有幫助，除了訓練的反覆次數、組數、訓練量、強度和頻率外，更應該要注意運動強度自覺指數。即使它只是主觀的評分指數，但從長遠來看是非常有益的。

CHAPTER 15

健康與傷害管理

HEALTH AND
INJURY MANAGEMENT

運動傷害是特別難處理的議題，沒有能讓所有人回復到健康狀態的通用處方。每個人對治療的反應不同，不同恢復因素包括（但不限於）：營養、睡眠時間表、整體健康狀況和訓練進度。為特定傷害接受個別照顧是絕對重要的，某些症狀需要請教運動骨科醫師或物理治療師。

考慮到這一點，CHAPTER15和CHAPTER16的資訊能反映健康與傷害管理的一般方法。某件事情可能對某位運動員很好，卻不適合其他人，甚至有負面影響。每位運動員都是不同的，醫師及治療師將檢查個人情況，擬定復健或預防工作，讓他們恢復健康。如果醫療專業與這些章節所提供的資訊牴觸，聽他們的，因為他們了解實際情況。

> 《超越重力》CHAPTER15及16中的任何資訊，僅止於提供資訊，不該被誤解為醫療建議。利用此處的資訊之前，應該請教醫療專家。不推薦沒有醫療專家建議的自我治療，你需要為風險負責。

處理「灼熱」、疼痛和痠痛

「一分耕耘，一分收穫」這句話在運動界是至理名言。讓我們來區分「灼熱」、疼痛和痠痛，理解這些術語所代表的概念。

- **「灼熱」** 是廣泛使用的術語，指某人激烈運動時心血管及肌肉系統達到極限。灼熱來自代謝性酸中毒，當激烈運動並耗盡肌肉的氧氣供應時會產生。乳酸為代謝性酸中毒產生的副產品，而與乳酸相關的通用術語為乳酸性酸中毒或乳酸閾值。肌肉需要氧氣去分解葡萄糖並產生能量，沒有氧氣則使用酶來分解葡萄糖，而乳酸為副產品。當肌肉不堪負荷並嘗試

得到更多氧氣時，血液乳酸會變得過量，但只要休息幾分鐘就可以恢復。

- **「疼痛」**會受到生物學或生理學、心理學和社會學等因素影響，任何原因都可能導致此現象。目前習慣用生物—心理社會模型來描述疼痛經驗。急性疼痛幾乎是呈現體內的不適，像是過度使用或受傷。慢性疼痛為複雜的現象，也會因生物學、心理學或社會學的因素導致。

- **痠痛或延遲性肌肉痠痛（DOMS）**為當從事運動、伸展或身體不習慣的活動所反應出的現象。DOMS一般發生在完成活動後24小時，特徵為肌肉有淡淡、隱隱約約和類似疼痛的感覺，且隨著動作而加劇。部分痠痛可以藉由長時間動作和移動，或者透過輕量運動增加血流來降低。

運動時肌肉開始「灼熱」或完成運動後感受到的疼痛，一般不會對身體有負面影響，除非是疼痛超過負荷而持續運動的罕見情況。一定程度的肌肉壓力可以幫助肌肉適應無氧狀態，這是正面的效果，此類型的「疼痛」不會有傷害風險。

另一方面，延遲性肌肉痠痛通常發生在運動後24小時，並會持續到48－72小時，極端例子則可以持續7－10天，一般發生在運動員休息後開始運動。DOMS普遍發生在1）嘗試新的運動、2）增加運動量和頻率，或者3）執行過量離心動作。

身體也可以不必經歷痠痛和灼熱的痛苦就增加肌力和肌肉肥大。如果感到很痠痛，但是朝增加肌力、獲得肌肉質量或達成目標的方向前進，就不必改變。你如果沒有感覺到痠痛，也沒有進步，就是該改變訓練計畫的時候了。

痠痛是訓練計畫的好指標。新手訓練通常不了解疼痛和痠痛的不同，也不知道何時他們該繼續或停止運動。以下為指南：

- 如果你太痠痛以至於不能活動，請降低運動量。同時可以多補充水分、自我按摩或滾筒按摩，不管用什麼方式，只要可以緩和不適都是好方式。雖然一些方法被過往研究指出沒有幫助，但安慰劑效應仍是個強大因素，可以達到舒緩痠痛的效果。
- 如果不會痠痛，可以持續訓練，但不要過度。
- 除此之外，不用擔心痠痛。如果你訓練足夠，當訓練能力增加時，痠痛就會開始減少。
- 如果你總是在訓練後感到痠痛，訓練計畫很可能不足以使肌肉適應並消除痠痛（例如每週1－2次肌力訓練）。在這樣的情況下，痠痛就會阻礙訓練。增加全身運動頻率到每週3次，痠痛會較容易消散。

不論你將痠痛視為正面或負面，其實都不需要擔心，因為有或沒有它，你都可以進步。不過當你計畫執行大量訓練或離心動作，你可以預期之後會有痠痛的現象。

疼痛和痠痛是不同的，而追求疼痛或缺乏疼痛皆不好。你必需了解運動中疼痛最好的概念為加重訓練學說（aggravating　exercises），加重訓練比疼痛重要。如果有疼痛的狀況，運動後疼痛反而會減輕也更能活動；若沒有疼痛，傷害則可能變得更僵硬或惡化。相較以疼痛作為主要目標，減少加重訓練更重要。如果有疼痛，運動可以減少並改善傷害，請繼續保持運動。疼痛只是其中一種評定的指標，但在決定是否使用運動來進行恢復時，它並不是最重要的指標。

是否該在疼痛時持續訓練，請請教醫療專家，本書內容不能作為診斷或改善受傷的依據，只可以提供你學習並了解造成傷害的因素、預防的原理，以及如何在日常訓練中避免受傷。

影響傷害傾向的因素

以下4點主要因素，有助於讓人體擁有完整及健康的組織：

- **姿勢**：身體靜態的呈現。
- **生物力學**：身體動作。
- **可動性**：在其範圍內，關節和肌肉動作的能力。
- **肌肉長度 —— 張力關係**：力量產生動作的交互作用。

這些因素都會互相影響，姿勢和生物力學代表在環境的交互作用中，中樞神經系統的神經控制，姿勢為空間中身體靜態的呈現，而生物力學為動作的動態元素。我們的感官經由以下2種途徑接收回饋：本體感覺回饋來自靜態的元素，運動感覺回饋則來自動態的元素。本體感覺回饋能夠感覺到空間中身體在哪裡，而運動感覺回饋為空間中感覺到不同動作的能力。大腦和神經系統控制身體，每個神經元件皆會對肌肉骨骼結構發揮影響。

生物力學如同環境改變，影響著神經系統不斷重新計算，這就是為什麼運動是教導身體正確地移動及動作的最佳導師。阻力運動也是訓練神經系統和強化肌肉的有效方法。為了在運動中保持流暢技術，減少身體疲勞時產生的受傷是必要的。

其餘因素皆廣泛地適用於生物力學的動作。

如果你曾經接受背部疼痛的物理治療，那你應該已經知道許多訓練穩定性的運動動作。例如：我們會在嬰兒出生到3歲時，重複教導基本動作，但當我們長大後，因為神經系統的強化，身體就會自然地學習動作。在學校和辦公室工作為我們的文化之一，這造成身體姿勢被「**訓練**」，使我們失去有效動作能力，也增加受傷風險。我們小時候身體學習的動作，滾動、爬行、蹲下和其他基本動作，這些都會大幅減少受傷的傾向，因為由簡單到複雜的動作，身體可以自然地轉換。

良好的姿勢或身體軸線會使我們具有較佳應用骨骼肌結構的能力，並在運動時分散壓力。研

究顯示，不好的姿勢並不總是與疼痛相關，換一種說法，不是體內結構哪裡有問題，那裡就會出現疼痛。核磁共振攝影研究顯示，20－50%健康及沒有疼痛的人，依然可能有椎間盤突出、狹窄（神經貫穿的通道縮小）及其他的退化性病症。良好的身體走向與高品質動作有正向關係，並且可以減少受傷風險。因此，這就是為什麼我們需要有良好姿勢的原因。

彎腰並且使肩部向前的坐姿（俗稱**原始人姿勢**），這個姿勢會改變肌肉長度及張力，使得肩部處在不穩定狀態。這在白領階級中相當普遍，坐在電腦前好幾小時會造成很多類似的問題。由於肩膀內部旋轉，肩峰下的空間減少，這會增加衝擊受傷傾向，另外，由於後肩無力，因此前肩不穩定風險提高，可能導致半脫臼或錯位。當肩部處在移動位置時會增加肩鎖關節壓力，這會對一些動作造成負面影響，例如手倒立。這是因為姿勢不良導致受傷機率增高的案例。

姿勢也會影響思想與你做的決策。那些站得較挺的人，通常更有自信和果斷，他們在領導時更能贏得尊重，聲音也更洪亮。正確的姿勢會讓呼吸更順暢，並讓人能以冷靜的心態面對壓力。

身體會被你持續做的事情所訓練。如果你指揮身體做容易導致受傷、不好的姿勢，它將學習那些姿勢並照著它動作。因此，預防和復健計畫表必需持續地聚焦在生物力學和反覆教導正確姿勢。反覆訓練身體需要幾週、幾個月甚至更多時間，並且持之以恆地保持正確的姿勢和動作。這不是瑣事，而是為了改善人體健康和身體動作的關鍵。

可動性代表運動時隨意肌之間交互作用的範圍，姿勢和生物力學會影響動作。中樞神經系統提供動覺回饋，再經由肌梭調節肌肉長度。肌梭位於肌肉內，控制系統為 γ 運動神經元。肌肉被帶到動作範圍邊緣時產生被動張力。此外，肌肉長度－張力關係包括中樞神經系統經由高爾基腱器產生的動覺回饋，他們調節肌肉張力和隨意輸出力的能力。高爾基腱器位於肌肉－肌腱銜接處。這些回饋系統對於調整姿勢和生物力學都是不可或缺的。

姿勢、可動性及應用的肌力全都會影響你執行的技術或動作。對於建立好的基礎動作，必需專注在姿勢、可動性和肌力的應用。就傷害管理而言，有組織的方法是最佳的。如果你真的受傷了，請使用這4步驟回到正常程序：

- 復健目標設定
- 規劃復健
- 避開受傷的訓練
- 回到運動

設定復健目標

有目標的處理傷害問題很重要。物理治療師理所當然應該讓病患們擁有一套完整的基礎復建目標。這需要的不僅是保險，也是為了確定治療的類型。另外，為了達成目的，我們必需在我們的目標上設立時間軸。一般來説需要一位醫療專家幫助你設定復建目標，因為你通常不知道如何

治療受傷及多久會痊癒。你甚至可能對傷害不夠清楚，以至於不知道如何復健。不要猶豫，請教醫療專家，針對傷害提出目標——以下指南僅提供參考：

目標可以讓你分辨什麼可以訓練，什麼不可以訓練，並使你保持動機。這與訓練是一樣的，如果你沒有從這階段進步到下階段，你便會知道有個環節出錯了。那就可以為復健或預防訓練計畫做調整，才能在處理傷害這件事情上更進步。

在這個意義上，復健是正常肌力和體能計畫的必要條件。這和定期訓練沒什麼不同，但如果你停滯不前，那麼這將是關鍵。記住受傷範圍是敏感且容易再次受傷的，必需小心地照顧身體的受傷部位。

修復連鎖反應是身體組織的正常過程，給予足夠時間，它會自然地發生。最廣泛的例子為皮膚，但所有組織受傷時反應是相同的——頭腦也不例外。這個過程可預測，並分為以下3個階段：

1. **發炎期**：受傷會刺激免疫系統去清理受傷區域，許多成長因子會被釋放以開始增殖。
2. **增殖期**：新的組織會經由細胞快速的分裂來建造。
3. **成熟期**：無論什麼壓力和因素，讓組織成熟並重新調整和處理，在這時是必要的。

我們有必要了解修復連鎖反應是如何使身體組織成熟。運動時肌肉細胞損傷是基本的訓練原則，而肌肉發炎是免疫系統正在清理損傷，增殖期有新的肌肉細胞或衛星細胞去修復損傷，並放置新的收縮纖維，肌肉將因此成熟並重新塑造，變得更大及強壯。

另一個例子為手上的繭。當你舉起沉重的重量或握住拉桿，一定程度上手會開始灼熱和傷害。組織便會發炎並開始進行復原，增殖期會鑲嵌皮膚細胞，最後他們將成熟並重新塑造成繭。

發炎區域加劇會導致水泡、開放性傷口、疤痕和再次受傷，這是很常發生的情況，所以你應該能夠應用這些預防和復健的資訊。

傷害的處理方式是按照時間順序來安排的。以下時間軸可幫助你了解注意事項：這取決於你受傷復原過程的位置。

1. **確定傷害原因。**在徒手訓練中，大部分傷害是因為特定動作而加重受傷情形。例如，引體向上導致的肘部肌腱炎。
2. **停止加重傷害的運動。**沒有停止是讓受傷惡化的關鍵。即使你正在進步，也不要害怕暫時從計畫中移除一項運動。如果你沒有這麼做，受傷將容易在長時間進行中阻礙進步。
3. **得到運動醫學醫師或物理治療師的專業建議。**這和前面2點並列，專家能夠針對特定的虛弱部位、不穩定，或者其他造成傷害的問題進行身體狀況評估。並能確切地知道需要做什麼來縮短復原時間。

4. **聽從醫療專家的建議！**如果他們沒有提供建議，你應該要求他們給予你良好的建議。如果你正在接受物理治療師的治療，這是特別好的時機，你可以詢問在家適合進行哪些復健運動。

5. **復健。**了解受傷的原因，復健必需依賴確定的組織，結合重新塑造的組織。如果醫療專家給予你計畫或復健運動，要記住以下：

   。發炎是自然現象，只要不要過度，其實無礙。不要嘗試執行比建議量更多的運動，這對於降低發炎對身體的影響相當重要。

   。運動在復原過程中是重要的；對受傷者來說，只進行休息是最差的處理方式，無論急性或慢性的情況。

   。在組織發炎階段，持續運動對保持活動範圍、關節可動性及遏阻萎縮是重要的。

6. **運動。**運動復健以低重量／強度、高反覆次數、非耗竭地增加耐力、減少再次受傷的風險、讓血液流動及減少發炎區域為目標。

   。在組織增殖期與重新塑造期的臨界點之間保持平衡：

   　（1）為組織精巧的重新塑造規劃復健運動

   　（2）迫使其適應變化和重新塑造組織

   。動作必需進展到符合姿勢和／或生物力學的議題。

   。動作必需促進良好的總體運動型態。

組織復原率變化必需看是哪個組織受傷。皮膚受傷一般會在幾週復原，但如果你是軟骨受傷或肩部盂唇修復，增殖期和重新塑造期可能會持續3到4個月。這些類型的細胞由於血液供應有限，所以復原緩慢。某些正在經歷物理治療的人，在組織復原之前不應從事功能性活動，像是投擲。

了解受傷以及特定的治療方式和規劃非常重要。這是醫療專家專業診斷和治療計畫的重要性！即使你不需要物理治療並可以自己治療受傷，醫療診斷仍是必要的。你應該問問自己這些問題：

- 在可測量水準上，我可以做什麼幫助恢復？（週到週或月到月）
- 做什麼會延長我的恢復期？如果是這樣，為什麼要做？因為我做得太多或不足嗎？我需要專業意見嗎？

特別注意需使用批判性思考進行評量。不要人云亦云。有疑問時，應請教醫療專家。

組織類型	訓練性質	反覆次數	組數	強度／%一次反覆最大重量
肌肉	肌力	1—5	5	80—90%
肌肉	肌力＆速度	6—15	3—5	快節奏
肌肉	耐力＆速度	10—25	3—5	快節奏
肌肉	肌力＆耐力	15—30	3—5	70—80%
肌肉	耐力	30—50	3—5	60%
肌腱	肌腱復原	100—200	1—3	40—60%
軟骨	軟骨復原	數千	1	20%

　　上頁圖表指出最重要的建議，當結締組織過度使用時必需做什麼。雖然資訊看似有悖常理，但這圖表被巴爾的摩馬里蘭大學發表的研究及發表所支持。如果你觀賞美國職業橄欖球大聯盟，你會經常看到膝蓋韌帶或半月板受傷的球員，於訓練或比賽期間在場邊騎乘固定自行車。這是因為騎自行車，對於治療這些類型的受傷特別有效，基於以下原因：

- **沒有碰撞**。當碰撞時，將會提高韌帶和軟骨再次受傷的風險，因此必需在進行動作時維持膝蓋穩定。你不會想要抵抗受傷的最後一道防線，在修復好後就馬上被測試。
- **高反覆**。當膝蓋內關節運動時血液流動增加，可以帶動營養素修復受傷組織。
- **低強度**。當組織正在復原時，必需使用低強度壓力去協助重新塑造組織。如果你沒這麼做，結締組織可能用交叉線模式重新調整，而不是像繩子般的線性。組織錯誤地重塑，會增加再次受傷的風險。
- **更長的時間**。在一次循環訓練中，通常會花10到20分鐘或更多的時間，讓你累積數以百計的低強度反覆次數，提供適當的血流和機械壓力，並且不會惡化這個區域。
- **不會耗竭**。當你筋疲力盡時，這些訓練又沒有執行到重點，反而會干擾受傷組織，並可能再度傷害他們。

　　這些對於肌腱炎或其他潛在結締組織的預防、復健和高反覆次數是重要的。但是如果你懷疑是關節或軟骨組織受傷，請由醫療專家確認。

　　有許多針對過度使用組織的有效預防和復健方法。一般時間如同中週期，4－8週。這對預防有一點傾向保守，但在復健中卻完全正確。

- 大部分為穩定肌群，像是肩部旋轉肌群或肩胛骨周圍的肌肉，採用30－50高反覆次數範圍，每塊肌肉3－5組並且不耗竭。目的在預防並緩慢地進步，因此在最後反覆次數時，重量不會使你筋疲力盡。目標是建立穩定者的耐力，降低受傷的機會，尤其是接近耗竭時。這是重要的，因為大部分受傷傾向發生於暖身不足的訓練開始、接近訓練結束或疲勞時。
- 訓練爆發力的運動項目常需要穩定肌群，像是棒球投手的手臂。Charles Poliquin建議耐力訓練每組30－100次反覆，大約3週高頻率8－12次和6－8次反覆是較有效的。並且跟著進行特定肌力運動和爆發力訓練，去重新習慣嚴格的競技訓練。這樣的好處並不止於棒球投手，而是任何有爆發力動作的競技或訓練，例如體操、跑酷、武術和類似運動。目標是建立耐力，以減少受傷機會並增加血液流動去復原受傷部位，以及刺激組織正確地重新塑造。
- 針對過度使用傷害的結締組織或肌肉，除了穩定不動，還有更多可以進步的方法。逐漸地減少反覆次數的數目和增加強度，而不是直接將高反覆次數調整到低反覆次數範圍。例如，第一週運動40次反覆，第二週30次反覆，第三週20次反覆，以及最後第四週為10次反覆。逐漸地增加強度，以預備第5－12次肌力和肌肥大訓練。給予數週高反覆次數運動，去增加血液流動、重新塑造及促進整體組織復原，這也幫助身體學習好的動作模式。

- 從先前負荷量的40%開始，每週增加大約20%，直到回復原來的負荷量。大約需要給予受傷組織4週的時間去變強壯，達到原本強度。如果受傷復發，降低20－40%的量（取決於受傷程度），每週增加10–15%的量。

這些運動類型運用2151拍子反應最好，但隨每秒時間變化的相似拍子也很好，像1－3、0－2、4－6及0－2。唯一重要的是擁有可控制的1－3秒向心動作。為了限制反覆次數的速度，也為了確保有足夠時間集中在正確技術上。反覆次數結束稍微暫停或休息之後，4－6次的離心期（延展肌肉）將再次喚醒神經系統正確地誘發，同時防止組織傷害。

離心動作是治療任何類型疼痛或傷害中最有用的方式，特別在肌腱炎和扭傷的預防和復健。離心動作造成的肌肉損傷，會引出復原所必需的發炎反應，特別是慢性傷害。離心動作也為復原提供持續和低強度的壓力，因為高反覆次數的肌肉收縮迫使血液在組織進出。

離心動作非常重要，因為離心優先使用快縮肌纖維，它教導身體正確地再次活化肌肉。腳踝扭傷後，身體將體驗到疼痛，神經系統感覺到威脅，並反過來為了保護受傷區域而產生痙攣和緊縮。離心訓練神經系統再次降低威脅反應，和增加運動控制。如果你的特定組織受傷，當你執行復健工作時，嘗試控制動作會讓你產生顫抖，這時你可以用單一速度的離心動作去抑制顫抖。

物理治療師診療中，離心動作也被用來增加柔軟度。五十肩或內部／外部轉動受損的病患，在單一課程中使用不耗竭的慢離心動作，可以改善20－30度動作範圍。原因可能是藉由離心動作讓神經系統降低不良反應，並再次教導神經控制肌肉。降低不良反應為γ運動神經元降敏反應，增加肌梭控制動作範圍內的肌肉張力。如果降低不良反應和肌梭敏感性，你應該就能移動肌肉，產生更大的動作範圍。

這理論在實踐中作用良好。從小動作範圍到大動作範圍操作慢速離心動作，可以有效增加受傷後組織的靈活性和動作範圍。一般來說，處理特定範圍時，可以採用系統方法。以下是進步的一般指令：

1. 不要加劇特定範圍
2. 重新獲得動作範圍和可動性
3. 從全部角度慢慢地開始變強壯
4. 改善任何不平衡
5. 返回到平常的運動

針對每個期間，這裡有具體的細節。請依區域如何復原做調整。

1. 對受折磨的區域使用放鬆和鬆軟組織技術。相較於肌腱，在肌腱和結締組織間按摩肌肉是特別重要的。過度使用造成的受傷會讓肌肉緊繃，輕微動作就可能導致肌肉拉扯附著的組

職，加劇受傷區域。放鬆肌肉會有顯著的幫助。

2. 對受折磨的特定組織執行全方向輕量伸展和移動。例如，手肘肌腱炎需要伸展手腕屈肌和伸肌，加強周圍移動。伸展不能預防受傷，但可以加速受傷後恢復。

3. 使用非碰撞、高反覆次數、低強度及非耗竭的方法，訓練被影響的區域。

4. 強化相對肌群以確保關節肌力和肌肥大之間的平衡。舉例來說，如果屈肌有內部手肘肌腱炎（高爾夫球肘），你將需要執行反向手腕彎曲以訓練伸肌。針對前面肩部疼痛，則強化後面肩部和肩胛骨肌肉。

5. 從初級緩慢地訓練，建立肌力和肌肥大。

這個方法一次包含全部姿勢、生物力學、移動性，以及肌肉長度－張力關係。你可能需要依照受傷情況，另外增加別的因素。

當執行預防運動，你該考慮到一些額外因素。堅持以下項目將加速復原，但要記住復原仍需要充分的時間。以下是該考慮的項目：

- 預防和復健不應該影響你正在使用的區域。這蠻合理的，但它很重要所以要重申。

- 針對完整動作範圍執行任何預防或復健的運動，並以保持控制為目標。確定以沒有誤差的準確技術幫助受傷復原。如果重建不對的結構，復健是沒有用的。此外，在有限的動作範圍內強化不利於重新獲得原來的工作能力。

- 在向心和離心動作階段，採用平穩和好控制的均一移動速度動作。不要擔心加速動作，像是做平常標準的肌力訓練即可。專注力應放在緩慢離心動作階段，它是復健最重要的因素。

- 如果你正在接近耗竭或繼續運動會加劇受傷區域則停止動作。主要目標是回到運動，不是強迫自己，讓自己再次受到傷害。

重複不熟悉的動作會導致不穩定，而且是類似肌腱炎受傷情況發展中重要的原因。增加肌肉、肌腱和其他身體組織的衝擊，也會導致額外損傷。透過控制離心訓練恢復穩定動作是非常重要的。這將使復原發生得更快和更完全。

疼痛是另一個抑制肌肉功能的原因。無論何時，若身體感覺到有害刺激，將傳送回饋到運動皮質並抑制肌力產生。換一種說法，如果你打了某人的手臂，並馬上叫他們舉重，即使肌肉沒有顯著損傷，他們的能力也會被抑制。

如果有疼痛存在，身體會經由肌肉中的高爾基腱器來抑制動作。如果你嚴重地受傷，復原需要多少時間是可以估計的——藉由受傷組織的英文名稱字母字數，這相當好記，準確性也高。如撕裂韌帶完全地復健將花費大約8個月（ligament＝8個字母），其他組織如軟骨（cartilage＝9）、骨頭（bone＝4）、肌肉（muscle＝6）和肌腱（tendon＝6）的復原時間則不同。這個想法只提供嚴重受傷使用。若是強化組織直到可以再次運動，應該只會花一點點時間。

整體目標為回到原來的訓練計畫，在這之前，你必需從低強度運動進步到高強度。輕微到中等傷害（大約一等級扭傷或2到3個月肌腱炎）一般需要耗費1個月回到原來水平。用1個月的時間降低訓練量，讓組織冷靜和確切地恢復。

針對最小的傷害，它將花費受傷存在的1/4到1/2的時間。如果這個傷害持續4個月，它將可能花費4到8週恢復健康。但會受個人恢復因素影響——飲食、睡眠品質、壓力等級、沒有預防疼痛能力、身體如何反應及更多因素。

這是個非常保守的程序，但利用一些額外時間，降低同樣傷害發生機率是明智的。有疑問時，保守的訓練量犯錯總是最好的。如果需要，你可以增加訓練量，但如果你嘗試去做更多，很容易讓你自己重複受傷。請和醫療專家談談並放慢訓練計畫。

RICE VS. MEAT

最近關於RICE和MEAT方法有許多的討論和辯論。接下來的內容僅供資訊目的；在使用這些方法前請先和醫療專家溝通。以下是標題縮寫的定義：

RICE

- **休息**（Rest）：讓受傷部位休息。
- **冰敷**（Ice）：冰敷受傷部位，減少腫脹和發炎。
- **加壓**（Compression）：加壓受傷部位（用繃帶、袖子等包紮）以減少腫脹。
- **抬高**（Elevatation）：抬高受傷部位，讓腫脹部位的血液可以回流到心臟。

MEAT

- **移動**（Movement）：依照自身疼痛忍耐度來移動受傷區域。若為一般部分受傷，沒什麼好害怕。在受傷發生後立刻移動是很重要的步驟，甚至超過休息。
- **運動**（Exercise）：實際運動超過移動，目的為復健或預防受傷部位。但只限於非碰撞、高反覆次數、低強度及非耗竭的運動。
- **鎮痛**（Analgesia）：使用藥物控制疼痛，而不是冰敷。
- **治療**（Treatment）：相當廣泛的術語。包含醫師辦公室或物理治療診所以外其餘的方法。也包括替代藥物，像是可體松劑、水療、冷熱交替浴、超音波、針灸、針刺、增生療法、增加血小板數量、體外衝擊波療法及其他方法。

RICE方法是傳統處理受傷的方法，MEAT則是物理治療復健的替代方法。須注意的是，在

MAET方法中，物理治療從第一天，甚至第零天就被安排。你有置換膝關節嗎？有扭傷腳踝嗎？研究顯示愈早開始物理治療愈好。唯一被排除的例子是韌帶或肌腱修復手術，在開始物理治療前需要錨釘或縫合去復原，這些類型的受傷需要在無負重狀態下移動。

RICE方法很少被使用，甚至是急性傷害，像是扭傷腳踝（假設沒有嚴重問題，像是韌帶撕裂或骨折）。休息明顯地對扭傷腳踝不好，在疼痛忍受範圍內愈早移動愈好。許多例子中，緩慢程度的動作其實可以減少疼痛。固定受傷部位則傾向需要更長的恢復時間，因為肌肉會開始變硬，運動控制能力也跟著下降。是否要冰敷被激烈地討論，實際上，如果沒有腫脹發生，是不需要冰敷的。如果有腫脹，加壓其實比冰敷更有效。冰敷真的只能減輕疼痛，而鎮痛通常具有更好的效果。如果你使用加壓方法，則可不用抬高。基於這些原因，RICE方法似乎是過時的，甚至不及MEAT方法。

在行動中觀察MEAT方法，需要注意的是不能在扭傷後讓腳踝負重15－30分鐘。那些嚴重腳踝扭傷的運動員，他們是在隔天才再次跑步。針對向內扭傷（腳向內轉），進行背屈（朝頭的方向移動腳趾）和向外（和另一隻腳反向的外側）動作。蹠屈（移動腳趾）和向內（移動腳趾向另一隻腳）將是痛苦的，因為那就導致扭傷的動作。一般來說，如果你緩慢移動並持續移動成向外背屈，痛苦將在10分鐘之內平復，甚至可以走路。如果你仍然不能行走，用輕微按摩持續動動腳踝，雖然腳踝和腳會痠痛，但至少不用跛腳行走。

使用RICE步驟的人，在結束跛行或需要協助走路前，常常會有持續多達1週以上時間行走困難。另一方面，那些提早開始活動、不使用冰敷，以及整夜對受傷部位進行緩和活動的人，隔天早上醒來感覺良好。他們可以正常地走路，而且有些人甚至可以慢跑或跑步。

如果你使用MEAT方法，但沒有諮詢醫療專家，就得自行承擔風險。

避免傷害動作

避免傷害動作包含排除在訓練計畫中會加劇傷害的動作，用替代的運動取代，直到受傷被改善。最重要的是你必需保持復健，如同你避免做傷害的動作。

保持訓練的習慣。肢體內和相對肢體動作是維持曾經受傷關節肌力的工具。當你持續讓沒有受影響的肢體和其他區域正常運動，會促進血液循環，推動曾經受傷區域的復原。

在接下來的例子，這名運動員右側肩部受傷，很難移動受傷部位，而且醫師指示這個受傷部位要休息及避免運動。避免傷害動作，以下有一些類型的運動可以替代：

替代動作

- 替代動作的目的。如果很難執行臂屈伸動作，但不難執行伏地挺身，那就讓他們交換操作，如此持續訓練不會進一步刺激傷害。
- 如果特定動作會刺激身體的受傷部位，嘗試降低幾個級數。如果低等級運動不會刺激受傷並可以執行，保持低級數的運動。

有個重要的提醒：保持訓練是很重要的（注意安全！），為了維持肌力和獲得肌肥大，保持規律的運動。

肢體內動作

肌肉開始萎縮的第一原因是不動和不使用。不動造成的萎縮發生得非常快速，通常在受傷而關節不動後的1到2個禮拜開始萎縮。任何骨折打石膏的人都會深有所感。

使用肩部受傷作為例子，第一件事是檢查你是否可以用手臂其他部位來運動。如果可以，對手肘、手腕和手指做分離動作，評估萎縮的影響。請與醫生討論，在肩部不能動的期間是否能執行手臂或前臂運動。如果可以，是時候開始運動。

肩部不能動時可以讓手臂執行分離動作，像是二頭肌彎舉或三頭肌伸展。當肩部不能動，前臂運動可以維持手臂肌力，握力運動也是好選擇。應該避免會再次刺激受傷，或者為了固定而使用到肩部肌肉的運動。

利用上臂及前臂肌肉送出神經訊號到達整個手臂，神經肌肉衝動散出的熱量將對抗萎縮。運動神經元活動對肌肉健康非常重要，事實上，如果人切斷運動神經或分離脊髓，相關的肌肉在幾天之內將會開始萎縮。如果是肩部受傷，由於相關肌肉萎縮，當做引體向上或撐體時，會發現更難抓住單槓。

你應該在不刺激受傷區域的前提下，盡可能地做輕量運動或移動訓練。刺激血液流動、加速復原過程和預防肌肉萎縮，同時維持可活動範圍。

有許多持續訓練受傷肢體但不會造成受傷惡化的方法。然而，如果動作會刺激到受傷關節，這是個危險信號，應該立即去找醫療專家。如果醫師或物理治療師允許你執行復健工作，請諮詢他們如何復健。有一些利用運動減少疼痛的例子，但情況並非總是如此。注意復健目標應該是要比你開始運動時感覺更好，或者至少要在結束時，整體感覺良好。

相對肢體動作

再次參考我們的肩部受傷範例，可以維持受傷手臂肌力的事情之一是用未受傷手臂執行肌力訓練。**交叉訓練**現象是神經系統非常有趣的適應之一。當用相對肢體執行單方面訓練技巧或肌力運動，即使特定肢體沒有訓練技巧或執行任何肌力運動，肌力的效益仍會移轉。用你未受傷的左臂執行運動將造福你受傷的右臂。

做個實驗，如果你一般用左臂投球或運籃球，換用右臂訓練。單方面的訓練後，測試左臂，會發現你沒有訓練左臂卻能夠將球運得更好或投得更遠。

研究顯示，來自交叉訓練的相對肢體肌力轉移大約在5－10%。雖然不是很多，它仍然非常有利，特別是如果受傷而讓你耽擱訓練超過2週。此刻，身體處在肌肉萎縮和神經肌力快速減少的風險下。盡可能保持肌力和穩定性對快速恢復非常重要。

你特別需要確定在未受傷和受傷肢體之間有沒有不平衡的發展。類似一般肌力運動，這可以藉由維持低量和相對高強度水準來完成。如果你想要執行單方面運動，目標為使用相對肢體做3－6次反覆且少組數的運動。

未受影響肢體和其他區域

在受傷肢體和對側肢體力竭後，你仍然需要繼續訓練身體的其他部位。某些類型的全身運動，如深蹲和硬舉，可能會影響恢復過程。因此在復原之前，應避免任何刺激受傷部位的運動。

這是針對特定弱點運動的好方法，不會和你受傷的右肩相互影響（使用我們的範例）。例如，如果你的腿筋和背部很緊繃，你可以改善這些可動性的限制，同時從受傷中恢復。V型撐體、高舉腿坐或高抬臀撐體的運動技巧靈活性和可動性不好時，這是特別重要的。針對腿部，利用低強度、平衡和敏捷運動去改善心跳和血液流動可能更好，因為這將加速復原過程。如果下半身受傷，你可以專注在訓練手倒立或吊環上的肌力。在不阻礙受傷復原過程下，盡你所能運動弱點。不要因為受傷而喪失動機；讓它成為學習的經驗和機會，強化弱點，你就可以變得比以往更強壯。

找好的醫療專家

到了需要醫療專家的時候，你應該找好的骨科醫師、物理治療師或按摩師，可以確實傾聽情況並與人格連結。雖然有些按摩治療師和私人防護員對運動傷害知之甚詳，但這是例外。請找特別為運動員服務的專家吧。

每個醫療專家會研究不同的事物，特別是骨科醫師。有些運動特別常用下半身，有些使用上半

身。有肩部專家、膝蓋專家及其他類型的專家。不過，相較於找針對確切受傷部位的專家，為運動員工作並擁有好名聲的專家反而更重要。基於受傷的嚴重性，最好找在大學或高中運動團隊工作，有廣泛骨科受傷知識和治療方式的專家。針對選擇一位合格的醫療專家，有以下3點建議：

- 詢問家人和朋友有沒有推薦的人。運動員朋友通常可以建議好的醫師、物理治療師，或者其他醫療專家們。
- 聯繫當地學校和大學，詢問為他們運動團隊工作的醫師和治療師。他們擁有充足的運動知識，如同他們有服務運動員的經驗。
- 如果你認識任何醫療專家，詢問為他們服務的醫師或物理治療師名字。大部分保健醫師知道他們領域的頂尖專家，甚至也認識。「醫師的醫師」或「物理治療師的物理治療師」，有更好品質保證。

好的醫療專家應該不只是說明他們執行什麼特別的治療，也可以說明背後的原理。如果你對特定治療有任何的問題，直接詢問他們。學習有關身體判斷的思考。

好／不好的運動及如何批判性思考

歡迎來到運動的世界，每個人對每件事都會有不同的意見。學習如何辨別「好」和「不好」的運動，跟隨以下這些步驟：

‧「好」或「不好」總是相對的，詢問細節。

例如，若是肩部受傷，單臂反握引體向上相較於負重引體向上是潛在「不好」的運動。因為在前者中，你必需控制扭轉動作，而在雙手引體向上中是不用的。如果不能適當地控制力矩，會導致肩部旋轉肌群功能障礙、肌腱炎，或者類似的受傷。

某件事情「不好」，必需和別的事情比較。如果某人說特定運動不好，他們應該要建議更好的運動讓你代替。同樣地，「好」必需與具體目標有關。如果不能用某些運動來訓練單臂反握引體向上，就用其他運動替代。不只有一種方法能達成目標，而運動落在好、不好及任何範圍之間。

‧「不好」或「更差」暗示潛在受傷的機制。

使用上述的例子，潛在受傷機制和肩部力矩是相關的。任何運動你都必需控制力矩。更準確地說，沒有有效控制或充足準備就執行單臂反握引體向上是「不好的行動」，而非將單臂反握引體向上貼標籤，說它是不好的。像是圓背蹲舉，圓背可能會增加受傷風險，因為椎間盤流體會將後面的壓力施加在分層纖維，可能導致椎間盤鼓脹或疝氣。然而，可在受傷風險最小的前提下執行圓背蹲舉或硬舉動作。

有一些傳聞證據和經驗累積。教練告訴我們關於病患在做某個動作時無意地傷害到手臂的故事即是數據之一。不過如果有100人在做這個運動時手臂都受傷，這個勸告傾向可信。研究也是如此，如果有100人以同樣方式造成手臂受傷，可以大膽地判斷這個運動方式是「不好」的。

讓我們這樣說，你只知道少數人執行擺盪式引體向上時受傷（沒有很多經驗），也沒有很多研究顯示擺盪式引體向上將肌力放在肩部（沒有很多數據）。然而嚴重疲勞的身體是受傷機制之一，掉到底部的寬握引體向上動作會導致肩部旋轉肌群甚至肩盂唇受傷。執行擺盪式引體向上比標準引體向上的受傷機率更高。即使你沒有足夠經驗或研究支持，依然可依邏輯推導出結論，擺盪式引體向上比標準引體向上有更高的受傷機率。好的教練應該勸告初學者或那些容易發生受傷的人，在開始訓練時避免擺盪式引體向上。這不代表擺盪式引體向上是不好的運動——不過對某些人而言確實不好，例如初學者（因為他們還沒學習適當技巧）、過去肩部受傷的人和疲勞的運動員。

運動總是要評估成本效益，有可能執行世界上最危險的運動卻從未受傷。把運動視為工具進行成本效益評估。鏈鋸是個好工具，但使用它比使用電鋸或手鋸危險。所有運動都帶有風險和回饋，如果你判斷運動是「危險」的，請避免執行，直到你更有經驗。

檢查事實。某個受傷機制可能聽起來合乎邏輯，但其實是錯的。有一段時間科學上認為麩質過敏是麥麩不耐症，但最近發現麥麩不耐症是不存在的。根據這個結論，人們可能疑惑，為什麼吃麩質對那些沒有麥麩不耐症的人是有害的？

這個答案部分呈現在別的研究上，像是FODMAPs——可發酵寡糖、雙醣、單醣類和多元醇。從飲食消除FODMAPs的人，由於大腸激躁症和其他腸胃道問題，也會明顯產生不適。縱使「麩質不敏感」可能用詞不當，但並不表示其他食物不會造成這個症狀。小麥和其他含有有大量果糖、半乳糖和多元醇的糧食產物，也可能刺激腸道。

複習：

- 「不好」是相對的，特別在設定目標時。尋找替代方案，這可以讓你學習有用和「好」的運動。如果一個人沒有建議更好替代方案就加以批評，他們可能只是在表達個人偏好。
- 真正「不好的」運動會展現出受傷的潛在機制。如果沒有說明受傷機制，而教導你去反對運動，就像是滔滔不絕說著「祕技（broscience）」（也就是所謂的「誇大其辭」）。是的，祕技這個詞進入了這本書。
- 區分傳聞、經驗和研究是很重要的。
- 總是檢查事實。Google、Wikipedia和WebMD是便利的工具，但也要請教該領域的專家。這在一些領域可能很難做到，像是營養學。

Chapter 15　摘要

健康與傷害管理

　　不管是急性或慢性傷害的發生，過度使用、疼痛位置、組織質量、姿勢定位與生物力學皆扮演關鍵的角色。即使你對傷害很有研究，也需要合格的醫療專家來檢查。

　　醫療專家的診斷，是一般評估傷害相關情況的最好結論。讓你可以直接了解傷害的原因，讓恢復更快速。如果不容易判斷處理辦法，「等待及觀察」是很重要的，雖然這不是首選的辦法。

　　在組織的發炎、增殖及重塑階段，按照時間順序來治療傷害，以預防肌力萎縮、改善動作範圍和肌力等。

　　特定傷害復健的特殊負荷量、反覆次數和組數，需要處理每個傷害對身體功能的干擾。大部分類型的傷害可以用輕的、可控制的和離心運動來處理，而高反覆次數運動往往效果更好。

　　進行肢體內動作、相對肢體動作及在未受影響範圍內運動，可以有效並安全地避免傷害。在不受影響的範圍內進行肢體內動作，可以幫助維持未受傷組織的肌力與活動性。以交叉訓練理論輔助相對肢體動作，在不受影響範圍內運動可以協助血液流動並使通體舒暢。

　　藉著規劃其他類型的替代補償運動，為傷害**執行復健**工作而不是逃避傷害。

　　在非嚴重傷害情況下，新的MEAT方法比傳統RICE方法有效，包括尋求好的醫療專業方法以及運用批判性思考來分析好或不好的運動。

CHAPTER 16

生活型態因素

LIFESTYLE FACTORS

生活型態因素雖然不是本書的主要內容，但它對訓練而言非常重要。

睡眠品質

降低發展肌力和肌肥大進程的絕對方式是忽略睡眠。睡眠對於恢復相當重要，當你睡覺時，身體會準備好下一次訓練，睡眠是身體一天中合成代謝的時間。

每晚所需的睡眠時間會因人而異，大約是6－8小時不等。大多數人只需要睡7.5小時至9小時就可以讓一整天精力充沛。事實上，睡眠週期通常是1.5小時，所以7.5小時或9小時的睡眠時間，比起普遍流傳的8小時睡眠時間更有益。你的睡眠週期可能更長或更短，但請確認一件事：評估最適合自己的睡眠時間，因為在睡眠的中期醒來，將會使你感到更昏昏欲睡。另一件重要的事情是，比起在淺眠中醒來，更不好的是在深層的睡眠中醒來。你可以透過手機應用程式，簡單地追蹤自己的睡眠週期；有些程式甚至還有鬧鐘的功能，會在最合適的時間內喚醒你。除此之外，還有很多方式可以改善睡眠品質。例如：

- 為電腦或手機設定F.lux或其他類似的調光應用程式，它會在天黑後發出紅光，以避免晝夜節律混亂。
- 睡前1－2小時，限制使用電子設備，利用這段時間閱讀或冥想。
- 移除靠近床邊的電子設備、插座和插頭。
- 睡在有遮光窗簾的漆黑房間，或者使用眼罩。
- 消除所有聲音：根據個人需求使用耳塞。另外，有些人會因為自然噪音（雨聲、風扇聲等）睡得更好，而不一定是完全靜音。
- 睡在涼爽、乾燥的房間。（如果可以，濕度大約在60－65之間）
- 最好的情況是，能睡到自然醒，並試著在晚上10點之前就寢。
- 保持睡眠習慣是一致的，即使晚一些也無所謂，避免生理作息混亂。（例如：第一天晚上

10點，第二天凌晨1點，第三天晚上11點）

- 睡前避免使用咖啡因和其他興奮劑。
- 睡前避免使用酒精和其他抑制劑，雖然酒精可以幫助你更快入睡，但會影響睡眠品質。

有一些運動和技巧可以改善睡眠品質：

- 單腳站立直到筋疲力盡，之後換腳站立，這會使髖部肌肉疲勞，從而改善睡眠品質。
- 睡前進行著名體態教練Esther Gokhale's所發明的脊柱伸展動作。當你躺下時，從坐姿轉向伸展脊柱。
- 藉由身體活動耗盡自己的能量。例如：徒步健行、籃球、舉重或跑步等。
- 深層呼吸訓練。
- 深層組織按摩。
- 輕度伸展或滾筒按摩。
- 長時間熱水淋浴。（但對一些人來說，冷水淋浴會更有效）
- 計畫任何運動，特別是高強度運動，越早越好。

這些方法能提高睡眠品質，使用上述或其他方法進行實驗，直到找出最適合自己的方式。也可以攝取營養品，但優先考慮上述列出的方法。如果你已經嘗試了許多上述的方法，那麼下面的補充列表也可以幫助改善睡眠，不過他們是屬於補充劑，在使用這些之前一定要先諮詢專業醫療人士。

- 攝取中長鏈三酸甘油酯，例如：椰子牛奶。
- 攝取鎂。口服會有效，特別是透過瀉鹽或其他鎂鹽浴會有更好的局部吸收。
- 攝取褪黑激素。
- 攝取磷脂醯絲氨酸，為一種抗腐蝕補充劑。
- 攝取血清素，也稱為5-HTP，為色胺酸的衍生物。
- 攝取茶胺酸。
- 攝取纈草根。

睡眠是一個麻煩的問題，最後告訴你2個訣竅，第一個比較偏向調整心理的技巧——臥室只用來睡覺和從事性行為。另外，如果你在房間裡一直打混摸魚、看電視、玩會使你腎上腺素上升且情緒亢奮的遊戲，或是在緊張的狀態下閱讀，會使你很難入睡。

第二個提示是我個人使用的技巧。首先，躺在一個舒適的躺椅上，然後進行深呼吸循環（透過鼻子吸入，從嘴巴呼出），配合6／3節奏——透過鼻子吸氣6秒鐘，之後透過嘴巴呼氣3秒鐘。現在，將眼神聚焦，彷彿已經從睡夢中醒來，最後，開始想像——構築你的夢想或希望成真的事情。這可以防止思緒混亂及感到沮喪，並提升睡眠品質。

Andrew Weil有一種類似的技巧，4－7－8呼吸法，要進行這個方法必需透過鼻子吸氣4秒鐘，

之後保留空氣在體內7秒鐘，最後用8秒的時間將空氣呼出嘴巴。重複這樣的循環，直到你能放鬆入睡，延長吸氣，並配合屏住呼吸，這有助於放鬆神經系統及降低心率。

營養

本書並非營養書，因此唯一的建議是：請大量地攝取營養豐富的食物，並避免食用易導致過敏的食物。這種方法適用於大多數的人，並可以成功地避免現在流行極化營養的飲食建議。

營養豐富的食物不外乎是：水果、蔬菜、堅果、種子、肉、鳥禽、魚、蛋、奶製品和穀物。優質的食物會含有你需要的所有維生素和營養素，而且熱量相對較低，可以幫助你保持身材。碳水化合物主食通常是固體，只要你不會對它過敏：馬鈴薯、地瓜、稻米、山藥和各種穀物（這類穀物在傳統上會利用浸泡來加工）。動物的肉尤其是動物器官，往往是獲得蛋白質的最佳途徑。你也可以從其他的食物種類中獲得優良的脂肪，例如：堅果、魚及奶製品。

如果你發現自己對某些特定食物會過敏，那麼請盡量避免食用，同時盡可能嘗試從其他食物中獲得你所需要的營養物質。根據過敏程度或反應，有時可能需要諮詢營養師。有些過敏測試是為了要檢測這些敏感性和過敏反應。

研究表示，許多運動員將每日蛋白攝取量增加至每磅0.7克（每公斤約1.5克），如果你正在進行肌肥大肌力訓練，建議你攝入蛋白質，試驗並找出最適合自己的方式。

這裡有4項個人總結性的陳述，摘錄了大多數運動員需要學習的核心概念。如果你有體重增加或減輕的目標，可能需要做一些修改。

- **飲食調節體重**。營養是控制體重的主要途徑，如果你消耗的卡路里比你身體實際使用到的卡路里多，那麼體重會增加。相反地，如果你消耗的卡路里比你身體實際使用到的卡路里少，那麼體重會減少。燃燒脂肪，減少能量攝取。
- **運動調節身體組成**。運動是可以使身體獲得肌肉和／或使用脂肪來獲得能量的方式。若採取低熱量飲食，你每日所攝取的卡路里會少於消耗的卡路里。當運動員為了減少脂肪而上減肥課程時，他們仍然需要訓練並補充足夠的蛋白質，以維持肌肉量。很顯然地，飲食一定程度上是可以調節身體組成，肥胖的人減少50－100磅的脂肪將會改善身體組成。
- **營養質量與健康和部分體重有關**。營養價值與健康高度相關，你吃的食物營養成分越高，表示越健康，除非身體本身已經存在代謝功能障礙相關疾病（如甲狀腺疾病），否則不管是高熱量或低熱量的營養品，都會影響人們的減重速度。
- **運動強度促進身體組成改變的速度**。高強度訓練，如短跑衝刺，透過槓鈴或自身體重進行的肌力和肌肥大訓練及循環訓練等，都會提高身體組成變化的速度，而不像有氧運動，如騎自行車和其他耐力運動。不過，將高強度和低強度運動混合是最快的減重方式。

「*腹肌是在廚房裡製造的*」這句話千真萬確（儘管訓練也有幫助）。不過像「以高反覆和低重量來達到緊實」，這就是錯誤的（緊實僅僅是脂肪量減少）。最簡單快速的方式是控制飲食、減輕體重及進行肌肥大專項訓練，以增加肌肉質量。

- 攝取卡路里＝你吃什麼
- 消耗卡路里＝每日消耗總能量（TDEE）＝基礎代謝率（BMR）＋活動量

攝取卡路里是很簡單地概念，因為它記錄你吃了什麼，而消耗卡路里只是略微複雜一些，每日消耗總能量（total daily energy expenditure，TDEE）的概念是基礎代謝率（basal metabolic rate，BMR），這是生理學術語，用於表示休息狀態的基礎活力。身體大部分的能量都耗費在保持體溫和器官運作上，活動量説明你燃燒的其餘卡路里，考慮到這2點，我們可以開始談論體重減輕或增加的部分。

減重

如果你有肥胖問題，請改變飲食習慣，攝取低卡路里和營養價值高的食物（如：蔬菜），這樣自然能夠減肥。現代標準飲食（standard American diet，SAD）的問題在於：每1卡路里的營養素含量很低，像是薯片和炸薯條的營養素含量就很低，但卡路里的含量卻很高。另外，大多數的含糖食物也是如此，像是義大利麵條和麵包等，儘管在幾10年前並沒有加工，但現今他們都是加工食品。不過已經慢慢減少這些常見的美國食物，並以攝取更多的水果和蔬菜，以及應用傳統方式（浸泡、慢煮）準備當地穀物為主。

有鑑於飲食調節體重，你必需攝取比消耗更少的能量。攝取食物直到產生飽足感（7、8分飽），但不是10分飽。與此同時，盡可能消減空腹時的能量，特別是液體。以水、茶和黑咖啡取代果汁、蘇打水及拿鐵。

追蹤攝取卡路里的多寡會解決許多問題，因為大多數的人都低估了他們每天實際消耗的卡路里，特別是約有150－180卡路里的液體。最好在1週內進行2次追蹤，並記錄你每日攝取的食物，FitDay這類應用程式是好選擇。另外，日記也能幫你分析每天消耗的卡路里量。如果你想要減肥，則要在接下來的幾週內消耗大約200－500卡路里的熱量。或者，你可以利用網路尋找每日消耗總能量（TDEE）的公式，以便你估算基礎代謝率（BMR）和所需消耗的卡路里。這些數據將能成為減肥大概的標準，從這個基準開始減少卡路里吧！

體重增加

如果你想增加體重，非常簡單：像瘋子一樣狂吃。但為了在保持肌肉質量的情況下增重，你需要進行以下3件事情：

- **高強度刺激**：舉重、徒手運動和短跑衝刺等，這是強迫身體適應增加肌肉質量所必需的。
- **超量攝取熱量**：這是產生肌肉所需要的能量。
- **足夠的蛋白質**：一般來說，每天需要達到的目標為0.7－1克／磅。如果你體重為150磅，想要增加至200磅，那麼你每天所需的蛋白質含量為200克／磅。

和減肥唯一不一樣的地方在於，你是要增加攝取的卡路里，而非減少卡路里。

讓我們來談談同時失去脂肪和獲得肌肉的情況。一般常見的是，體內多餘的脂肪也可以作為被身體代謝的能量來源。因此，若體重過重，當攝取低於自己所需的卡路里並進行舉重時，身體會將多餘的脂肪作為額外的能量以轉換成肌肉。隨著身體組成的脂肪不再那麼多的時候，你將無法輕易地做到這一點。這是身體特殊的能力之一，也是為什麼相較於有氧及高反覆次數運動，大家會偏好選擇舉重運動進行減肥的原因。因為擁有較高比例脂肪的人，較容易因降低脂肪量而同時獲得肌肉質量。

運動營養

運動營養是一個特殊的例子，若在訓練前1到2個小時吃一次，可能會對訓練產生積極或消極的影響。腸道中的食物可能會引起副交感神經系統活化，進而干擾運動所需的最佳交感神經系統輸出。然而，實際上這些都取決於個人，許多運動員喜歡在運動前進食，但你應該嘗試2種情況，並選擇較合適的執行。

肌肥大訓練專家Brad Shoenfeld最近的一篇統合分析文章為〈The effect of protein timing on muscle strength and hypertrophy〉。其中提到，蛋白質攝取的時間幾乎和每天攝入蛋白質的總量無關，在接近訓練之前或訓練之後飲用高蛋白飲品，會幫助人們累積當日所需要的總蛋白質量。蛋白質的合成會在它進入身體約3小時內發生，，如果有更多研究證實，則這個時間將會確定。如果你想要增長肌肉且有最好的效果，那應該將蛋白質攝取分為一次30克，每2到3個小時服用一次。

在運動後攝取液態補充劑而不是進食確實有所幫助，液態補充劑雖然能快速地提供營養給肌肉，但它並非絕對必要。巧克力牛奶是訓練飲食最佳的選擇之一，因為它包含了能夠提供能量的天然乳清、酪蛋白和碳水化合物。

增補應該只是補充營養，目前已經被證實有效的主要補充劑為乳清、肌酸、酪蛋白及支鏈胺基酸。但利用一些基本的判斷能夠得知，儘管研究一直都指出他們含有多種維生素和礦物質，卻不可能像真正的食物那樣有效，因此我們還是盡可能地多吃一些營養豐富的食物比較好。另外，要確保你能從陽光和魚油中獲得足夠的維他命D。如果你在各方面都不足，補充劑肯定會對你有幫助，不過你需要透過自我診斷，目前還沒有足夠數據能說明長期補充維生素和礦物質的效果。有關補充劑相關的最新研究可以至https://examine.com網站上查詢。

生病的時候進行訓練

在你生病的時候是否應該進行訓練存在著爭議性。高強度的訓練會對身體造成更大的壓力，也可能會加劇病情，同樣的免疫系統會協助從訓練中恢復生理性傷害，以及抵抗感染及病原體。如果身體為了從高強度訓練中復原而花費更多的時間，則可能很難從疾病中恢復。

一般來說，當你生病或正在從疾病中恢復時，不建議你進行阻力訓練、高強度間歇訓練、循環訓練及短跑。應該要讓身體完全專注在恢復上，而不是分散免疫系統去復原你在運動後的肌肉損傷。若仍然決定要進行訓練，並假設這些訓練對肌肉造成的損傷很小，那麼可選擇進行一些低強度的阻力或肌力訓練。只要總負荷量不要太高，進行一些高反覆次數耐力訓練也是可以接受的。而會造成嚴重肌肉損傷的訓練類型為中等重量訓練及中等反覆次數訓練，次數大約介於6－12次，上述這些情況應該要注意和避免。

大多數的人認為，如果只是感冒，那麼應該可以進行訓練。只要保持在低強度訓練，其實以上論述可以成立。但是如果症狀是發生在喉嚨、胸部或下半身，那就不應該進行訓練；如果症狀是發燒，更不該進行訓練，因為當身體處於脆弱的狀態時，就更應該讓身體完全休息來抵抗感染。

像是肺炎和支氣管炎這類的胸腔疾病比感冒更嚴重，醫生們會希望當你正在從疾病恢復時，盡量待在床上休息。但是，這可能會對運動員造成困擾，因為完全的休息和不動（亦即臥床休息）雖然可以進一步促進恢復的條件，但當你在醫院臥床休息時，反而有可能發生院內細菌感染的風險。在這個時候，除了一些不能負荷的實際訓練外，身體會需要一些其他形式的運動。假如咳嗽的症狀較明顯，可以試著起床散步來促進血液循環，或者做一些深呼吸，這都比躺在床上什麼都不做來得好。

如果你認為自己必需進行一些訓練，那麼請保持頭腦清晰，也許可以進行一些簡單地恢復跑或例行性暖身，不過記得要隨時注意自己的狀態，並且記錄在訓練日誌裡。若暖身完畢之後，發現身體有漸漸疲勞的感覺時，那在你完全康復之前，應該要避免再進行訓練。

進行訓練後，感覺應該要比訓練前好，當你開始慢慢地感覺到疲勞，就應該立即停止訓練，並利用剩餘的時間休息。切記，唯獨休息才能使身體和肌肉恢復至良好狀態，這是讓你從疾病中痊癒最好的辦法。

Chapter 16　摘要

生活型態因素

睡眠品質和營養攝取對身體有很大的影響，所以你應該盡可能確保獲得充足的睡眠時間，以及能從食物中攝取足夠的營養。

一般來說，膳食調節體重，運動調節身體組成。**營養成分和健康是息息相關的，也有一部分是與體重有關，而運動強度可以提高身體組成變化的速度。**

體重的增加或減少是卡路里變化的結果。對於運動員來說，每天的蛋白質攝取量為0.7－1克／磅。根據體重和肌肉的增減來修改卡路里攝取量，以滿足自己的需求。

補充劑通常不被建議作為習慣性使用，因為直接從食物中獲取大部分的營養好處更多。然而，如果你在某方面出現缺陷，可以利用補充劑加以協助。特別重要的是，必需藉由太陽光和Omega-3（像是魚油）來確保身體能獲得足夠的維他命D。如果你生病了，請停止訓練；如果你仍然選擇要進行訓練，那麼請保持清醒。

4

執行計畫
PROGRAM IMPLEMENTATION

CHAPTER 17

無訓練基礎初學者：動作結構與進程

UNTRAINED BEGINNER:
ROUTINE CONSTRUCTION AND PROGRESSION

前言

本書囊括各種動作的用意是要建立一個概念，讓你了解建構個人動作應有的輪廓。不必一字不漏地照抄，取而代之的應是將這些動視作為指引並加以修正，使其符合自己的目標、恢復需求，甚至留有多餘空間納入自己喜愛的活動。《超越重力》的目的即是要幫助你建立有效訓練動作，並一步一步朝個人目標邁進。若只是照本宣科將錯失本書精髓——學習如何規畫適合自己生活型態的訓練。切勿盲從——只有你最理解自己的需求！

部分運動員常是由於柔軟度或技巧不足而前來尋求協助，而非缺少執行高技巧性動作所需要的肌力（尤其是手倒立類型動作），這是舉重背景或參與高度競技運動員確實經歷的現象。並非所有人都能練就如同書本上所呈現肌力與柔軟度的黃金標準。

如果對各種訓練發展面向皆投入相當時間，目前所缺乏的能力可能將是創造最多成長的部分。增強肌力固然是好事，但加強虛弱的部分也同樣重要，增進柔軟度將可確保推與拉動作的操作技巧一致，也能避免受傷。假如有較大的雄心壯志，也可利用較困難的技巧，或肌力與技巧兼具的動作，例如手倒立與慢舉手倒立來訓練直臂等長肌力，堅持到訓練後期效益就會慢慢浮現。

由於個人能力或身體特徵（如肢段長度）不同，可能會發現某些特定技巧或運動進步的速度比其他更快，可透過減少整體訓練量或利用優勢解決這個問題，確保整體結構性的平衡。

本章節所提供的素材，將揭示出如何修正前述章節所呈現一系列適合訓練的動作，聚焦重點是協助如何選擇合適的運動類型、頻率、訓練量與反覆次數組合。試著將前述章節想像成拼圖的各個碎片，而接續4個章節則是將碎片拼湊起來形成清晰的圖案。

關於標記法——訓練動作範例將以多種不同方法表示，由於不同教練與運動員所慣用的標記法不盡相同，有時會以運動：**組數×反覆**表示；有時則以**某項運動操作多少組數與幾次反覆**表示，方法種類繁多。

無訓練基礎初學者：建構訓練動作

重點回顧，下列是無任何經驗或基礎初學者的一般需求：

- 認識各項基礎運動並多加訓練這些動作。
- 一般來說，利用較高反覆次數可幫助鞏固動作模式，同時加強周邊相連組織的強韌性。
- 應特別注意本身已呈現較為虛弱的部分。舉例來說，假如平常都久坐辦公桌前，可能會因為較差的固有姿勢而導致受傷，如果錯誤姿勢一直沒有矯正，未來也有可能衍生其他問題。大部分坐式生活者活動性與柔軟度較差。
- 大致上，平衡的訓練動作通常以高反覆次數開始，再轉向傳統的肌力訓練類型。

當能力尚未建立前，應將目標專注於提升基礎肌力，強化關節穩定並增加活動性，為接下來的訓練做好準備，尤其是肩關節區域、背部與髖部。大部分無訓練基礎初學者可能是首次進入健身的世界或長期沒有接觸運動。其他可能被歸類為該族群的運動者則有高齡者、因受傷而停止訓練或因生活繁忙無法安排太多時間運動的人。

若是首次嘗試有組織的運動，或許需要一項動作協助緩慢起步，讓身體準備好迎接後續的激烈訓練。下方是由CHAPTER5訓練動作範例所列出的各項目標，這些假定的任意目標範例，主要呈現如何利用訓練動作來持續加強，必需選擇適合自己的目標。

目標範例

- 10次手倒立
- 5次吊環硬拉
- 5秒俄式撐體
- 5秒單槓前槓桿
- 10次單腳蹲踞
- 10次V型撐體
- 5秒吊環十字懸垂

以上為欲達成目標，初學者應想方設法盡可能達成。在此階段，級數較高的目標例如單槓前槓桿、後槓桿、俄式撐體或其他等長動作應排除，眼下應著重於建立基礎肌力，操作高反覆次數並配合活動性訓練為關節與其相連組織做好準備。

肌力與技巧進度表內，操作當前階段的運動與進階技巧，級數1－4的範圍內，只有少數運動才被歸類較初級數1－2。在此級數範疇，主要聚焦上半身的基礎運動，諸如倚牆手倒立、簡易L型撐體變化動作、伏地挺身、引體向上、臂屈伸與划船。訓練動作應反映出這些要素（參閱肌力運動）。

熱身

- 肌肉血流：波比操10－20次（Burpees）、60秒爬行（或各種距離，例如100公尺）。
- 活動性：15次腕關節繞環、肩關節繞環、蹲踞或其他各處需要熱身的關節；60秒撐體（雙槓、吊環或椅子／平臺）；5次貓式懸垂／德式懸垂。
- 姿勢性訓練：30－60秒的俯臥撐、兩側側臥撐、仰臥撐、人體搖椅及俯臥躬身。

先來談談熱身中肌肉血流的部分，對於無訓練基礎初學者，如果波比操內所包含的伏地挺身動作（由站立姿勢開始、下蹲、伏地挺身準備姿勢、操作伏地挺身、回復蹲踞姿勢再以跳躍結束）強度顯得過高，則可能需先從熱身運動中移除，蹲踞跳躍可能是提升心跳率與肌肉血流的較佳選項。假使對運動是完完全全毫無頭緒，抑或是身體狀況不盡理想，目前無法達成級數1的要求，建議可先利用不同型態的運動開始，例如跳繩、開合跳或輕鬆慢跑。

活動性的運動應根據個人需求與目標量身訂製，目前活動性部分的熱身運動範例包含腕關節繞環、肩關節繞環、自身體重蹲踞、60秒的撐體與5次德式懸垂，這些活動性運動對於沒有基礎或體態不佳的人來說有可能是不足的，假如目前有關節活動範圍的問題或曾遭遇傷害，則可能需要針對這些區域操作額外的活動性運動。另一方面，若是因經常久坐電腦前從事打字工作，與／或曾經歷受傷而導致腕關節較緊張，則可能需要其他針對腕關節部位的熱身，例如：

- 將手掌伸直攤平，以手指指向各個方向旋轉伸展腕關節。兩手分別操作，來回移動5－10次。
- 手背貼緊地板，手指指向各個方向旋轉伸展腕關節，兩手分別操作，來回移動5－10次。
- 以掌心平貼地板，利用手指拍打地板將掌心抬起。
- 將單臂掌平貼地板，以另一隻手將每根手指頭分別向上抬起，藉此訓練每根手指的活動性。

上述只是單獨針對手腕活動性的熱身運動，其他還有各式各樣活動性運動可供手肘、肩部、肩胛、背部與腿部操作，端視你身體感到緊張的部位為何。在休息日進行一些輕度的活動性運動或伸展動作流程對初學者來說助益良多，由於活動性運動可能極耗時，假如完成關節所需的活動性運動占用每次訓練太多比例，不妨直接將其視作一項例行訓練改至休息日實施。此舉可降低訓練日操作活動性運動量，騰出更多時間專注於技巧訓練。

謹記活動性運動的效益長時間累積下來即會浮現，較差的柔軟度與關節活動度，將使關節傾向移動到動作範圍終點時無法抵抗太多重量，而這些活動將幫助關節準備後續承受更大的負荷，是運動進階至下個級數的關鍵能力（例如從一般手倒立轉變為單臂手倒立）。

姿勢性訓練的助益同樣也是聚沙成塔，可幫助操作較困難的運動時仍能保持正確姿勢。此時正是實施姿勢性訓練的最佳時機，由於目前技能需求處於較低的階段，因此有足夠時間讓身體習慣動作轉換時仍保持肌肉張力，這對於後續正確操作其他進階徒手運動非常關鍵。當身體變得更

強壯或對技巧更熟練時，將姿勢性訓練從例行訓練中移除或許無傷大雅，但訓練初期是不可或缺的。俯臥撐、側臥撐、仰臥撐（腹部朝上）與人體搖椅／俯臥躬身都是學習調整身體正確姿勢的良好工具。假如正在學習一項運動或訓練是強調身體特定姿勢（像武術或舞蹈），此時也是訓練這些特定姿勢的絕佳時機。

技巧訓練

• 5－10分鐘的倚牆手倒立訓練

這是我唯一建議無訓練基礎初學者嘗試的技巧訓練，除非正在從事的運動或訓練要求更多技能。上述運動時間也將休息時間包含其中。剛開始幾組或許只能維持手倒立狀態5－10秒。若組間休息為1至2分鐘，10分鐘下來累積的手倒立總時間可能只介於30－45秒。當身體漸趨結實，時間或許可延長為60秒或更久。

手倒立訓練對手腕來說頗為吃重，尤其是當過去並無太多機會訓練以手腕支撐身體重量。或許可實施一些額外活動性運動來緩和，若手腕仍感到無法負荷，則可能要考慮減少手倒立訓練的訓練量。在手腕建立足夠肌力以承受更多訓練之前，初期幾個月的運動可能操作完30秒的手倒立就已收工。沒有關係，不必擔心因為手腕或其他關節限制而導致手倒立或其他運動的訓練進度緩慢，保持身體良好狀態循序漸進才是穩健的做法，如果預防與復健動作過度施加關節壓力就得不償失。緩慢建立的基礎是未來突飛猛進的基石。

肌力訓練

• **跳躍引體向上**：3×5→15 次反覆，組間休息3分鐘，以50×0的節奏完成
• **跳躍臂屈伸**：3×5→15次反覆，組間休息3分鐘，以50×0的節奏完成
• **吊環划船**：3×5→15次反覆，組間休息3分鐘，以10×0的節奏完成
• **伏地挺身**：3×5→15次反覆，組間休息3分鐘，以10×0的節奏完成
• **蹲踞**（單腳或加入槓鈴）：3×5→15次反覆，組間休息3分鐘，以10×0的節奏完成
• **深蹲登階**：3×5→15次反覆，組間休息3分鐘，以10×0的節奏完成
• **團身L型撐體**60秒，完成所需組數即可，不必操作至力竭
• **加壓訓練**3×10秒

以上是一系列增進垂直、水平推撐與垂直、水平上拉或後拉肌力訓練的基本動作範例，也同時訓練肩部區域肌肉間的平衡，聚焦整體性的肌力提升。你可能會注意到上述動作將CHAPTER5所呈現的範例做了幾項修改，原因是如此較符合無訓練基礎初學者的需求，修改部分如下：

- 所有運動皆調整至正確的難易度級數，訓練細節可能看起來如下：也許會先操作臂屈伸3次反覆、引體向上5次、伏地挺身8次、划船9次並接續完成剩下動作，每項運動的操作都不同是正常的；你也會透過後續的訓練不斷精進這些能力。
- 加入時間較長的5秒離心收縮，有助於提升肌力並全面增進跳躍、伏地挺身與臂屈伸動作，包含雙腳輔助的向心動作。

反覆次數增加的範圍可介於8至15次，在大幅度進階之前，無訓練基礎初學者應利用較多反覆次數來增加相連組織的強韌性。就初學者而言，高反覆次數跟進階操作、肌肥大或增加肌力並不衝突，依然能獲得肌肥大效果，由於所有肌纖維皆具備肌肥大的訓練空間，而且初學者的神經連結路徑仍舊不足（缺乏肌纖維徵召與同步），代表並非只能透過低反覆次數的訓練增加肌力，高反覆次數亦可。

下一個部分將演示這些元素如何互相搭配形成一組訓練、週與週之間的進程及解答常見問題。

預防訓練、單關節運動、柔軟度運動與緩和

- 3×1分鐘的掏米訓練（針對腕關節）
- 3×10次反覆的肱二頭肌彎舉
- 3－5×30秒的分腿支撐
- 3－5×30秒的德式懸垂
- 3－5×20秒的仰撐
- 1分鐘深呼吸（鼻子吸氣嘴巴吐氣）

終於，我們將談到預防訓練部分。如果本身是無訓練基礎初學者，可依照個人需求增加或減少訓練量，操作手倒立動作時若感到以手腕支撐身體重量有些不適或困難，此時即可增加額外的手腕訓練（活動性訓練之外）。加入倚牆滑臂與肩部伸展，藉此改善兩臂無法呈現手倒立時垂直上舉過頭的動作，也可藉由特定肩胛運動，例如後縮或下壓加上肩旋轉肌群運動保持肩關節健康。背部與腿部柔軟度運動可能也需要增加，若需要大幅度增加下半身活動性與／或柔軟度的訓練量，瑜伽或皮拉提斯也是不錯的選擇。

一般而言，還不至於需要用到單關節運動來強化較弱的肌群連結，除非是希望透過單關節運動增加特定肌肉的肌力或肌肥大，像是肱二頭肌。做複合性動作則需要特別留意，以確保初期的粗糙動作能夠持續獲得改善。

假如你是一位無訓練經驗但本身具備相當程度肌力的初學者，可考慮將幾項靜態等長收縮運動加入訓練流程，此時訓練將著重於增進倚牆手倒立或手倒立、L型撐體甚至是肘撐平衡（假如此為目標之一）的動作。其他運動或訓練所需的技巧也可於現階段加入。當能力達到級數3－4的水準，建議將運動擴展至更廣泛的動作組合與等長運動，由下表所列運動項目為代表：

- 倚牆三角手倒立伏地挺身
- 單槓後槓桿
- 單槓前槓桿
- 俄式撐體
- 吊環硬拉
- 吊環伏地挺身
- 臂屈伸與L型臂屈伸
- 引體向上與L型引體向上
- 划船

應同時根據短期與長期訓練目標選擇個人訓練方向，或許期望上述動作最終都能信手拈來，但一次兼顧所有面向並非理想的訓練方式，讓自己分身乏術可能會帶來反效果。取而代之，挑選2項推撐與2項上拉或後拉動作設為目標，據此建立相應的訓練動作。最好是選用「主題性」較為明確的，許多人將操作靜態等長收縮動作設為主要目標，若目標為此，動作內容將圍繞促進等長收縮肌力來設計。另一方面，假如目標是希望針對某項特定運動進行訓練，編排內容將更趨向動作中的肌力表現，當各種關節角度的肌力皆獲得提升之後，才開始加入靜態等長收縮動作的訓練。要記得，訓練的方法並沒有標準答案，重要的是必需先決定欲學習的目標並逐一列出優先順序。

針對等長運動進行訓練的動作選項：

- 倚牆三角手倒立伏地挺身
- 單槓後槓桿
- 單槓前槓桿
- 俄式撐體
- 吊環硬拉
- 划船

針對整體肌力的選項：

- 倚牆三角手倒立伏地挺身
- 吊環硬拉
- 吊環伏地挺身
- 臂屈伸與L型臂屈伸
- 引體向上與L型引體向上
- 划船

動作中的熱身、技巧訓練，以及預防訓練／柔軟度／緩和部分皆維持原樣，唯一的差異是肌力訓練部分，可參考下方2項訓練動作的肌力訓練部分範例，套用至自己的動作當中：

- 跳躍引體向上：3×5→15次反覆，組間休息3分鐘，以50×0的節奏完成
- 跳躍臂屈伸：3×5→15次反覆，組間休息3分鐘，以50×0的節奏完成
- 吊環划船：3×5→15次反覆，組間休息3分鐘，以10×0的節奏完成
- 伏地挺身：3×5→15次反覆，組間休息3分鐘，以10×0的節奏完成
- 蹲踞（單腳或加入槓鈴）：3×5→15次反覆，組間休息3分鐘，以10×0的節奏完成
- 深蹲登階：3×5→15次反覆，組間休息3分鐘，以10×0的節奏完成
- 團身L型撐體60秒，完成所需組數即可，不必操作至力竭
- 加壓訓練3×10秒
- X秒的蛙立或直臂蛙立（俄式撐體）

- X秒的團身後槓桿或進階團身後槓桿
- 3×5→15次反覆的倚牆三角手倒立或吊環硬拉
- X秒的團身前槓桿或3×5→12次反覆的進階寬划船
- 蹲踞（單腳或加入槓鈴）：3×5→15次反覆，組間休息3分鐘，以10×0的節奏完成
- 深蹲登階：3×5→15次反覆，組間休息3分鐘，以10×0的節奏完成
- 團身L型撐體60秒，完成所需組數即可，不必操作至力竭
- 加壓訓練3×10秒

請參考等長訓練表，依據個人的最大支撐時間決定應操作Y組與支撐X秒，而單純動態訓練動作的可能規畫如下所示：

- 臂屈伸與L型臂屈伸3×（3→15）次反覆，組間休息3分鐘，以10×0的節奏完成
- 引體向上與L型引體向上3×（3→15）次反覆，組間休息3分鐘，以10×0的節奏完成
- 吊環反轉伏地挺身3×（3→15）次反覆，組間休息3分鐘，以10×0的節奏完成
- 划船3×（3→15）次反覆，組間休息3分鐘，以10×0的節奏完成
- 蹲踞（單腳或加入槓鈴）：3×5→15次反覆，組間休息3分鐘，以10×0的節奏完成
- 深蹲登階：3×5→15次反覆，組間休息3分鐘，以10×0的節奏完成
- 團身L型撐體60秒，完成所需組數即可，不必操作至力竭
- 加壓訓練3×10秒

其他可能替代動作：

- 正確的硬拉或輔助操作3×（3→15）次反覆，組間休息3分鐘，以10×0的節奏完成
- 倚牆三角手倒立伏地挺身3×（3→15）次反覆，組間休息3分鐘，以10×0的節奏完成

在此級數階段，或許可以不用像先前的訓練每次都操作15－20次反覆，至多不超過12次反覆可能是較有幫助的做法。然而，一旦周邊相連組織開始感到痠痛或因過度使用而潛藏受傷風險，在不超過肌肉負荷下，維持高反覆次數的訓練來加強相連組織。

無訓練基礎初學者：動作進程

完整的動作內容應該看起來如下：

熱身準備

- **肌肉血流**：波比操10－20次（Burpees）、60秒爬行（或各種距離，例如100公尺）。
- **活動性**：15次腕關節繞環、肩關節繞環、蹲踞或其他各處需要熱身的關節；60秒撐體（雙

槓、吊環或椅子／平臺）；5次貓式懸垂／德式懸垂（skin the cat）。

- 姿勢性訓練：30－60秒的俯臥撐、兩側側臥撐、仰臥撐、人體搖椅及俯臥躬身。

技巧訓練

- 5－10分鐘的手倒立訓練，倚牆操作

肌力訓練

- 跳躍引體向上：3×5→15次反覆，組間休息3分鐘，以50×0的節奏完成
- 跳躍臂屈伸：3×5→15次反覆，組間休息3分鐘，以50×0的節奏完成
- 吊環划船：3×5→15次反覆，組間休息3分鐘，以10×0的節奏完成
- 伏地挺身：3×5→15次反覆，組間休息3分鐘，以10×0的節奏完成
- 蹲踞（單腳或加入槓鈴）：3×5→15次反覆，組間休息3分鐘，以10×0的節奏完成
- 深蹲登階：3×5→15次反覆，組間休息3分鐘，以10×0的節奏完成
- 團身L型撐體60秒，完成所需組數即可，不必操作至力竭
- 加壓訓練3×10秒

預防訓練、單關節運動、柔軟度運動與緩和

- 3×1分鐘的掏米訓練（針對腕關節）
- 3×10次反覆的肱二頭肌彎舉
- 3－5×30秒的分腿支撐
- 3－5×30秒的德式懸垂
- 3－5×20秒的仰撐
- 1分鐘深呼吸（鼻子吸嘴巴吐）

常見阻礙

下述可能是無訓練基礎初學者經常遭遇困難。

規畫姿勢平衡的訓練：假如目前姿勢並不理想，可額外納入水平後拉動作以增加背部的肌力與肌肉量，如此一來將有助於姿勢平衡，這對於長期久坐導致姿勢不佳的人而言特別重要，另外也有其他伸展動作有助於改善姿勢。雖然姿勢不佳並不一定會直接導致傷害發生，但改善姿勢能讓外觀與自身感覺獲得提升，增進技巧學習的有效性，增加動作的活動範圍而不會感到受限或不適。

加入額外的水平後拉運動是有幫助的，由於常見的姿勢不良皆牽涉頭部與肩部前移弓起。然

而，假如生活背景包含較多的後拉動作而非前推（例如游泳、拔河與攀登），此時不平衡姿勢將是相反方向，需要加入的即為水平前推運動。失衡現象也可從個人的訓練進度表看出端倪。一般而言，推撐動作要比後拉動作來得強壯，所以推撐動作的進度會微幅超前，但假使推撐動作領先後拉動作1至2個進度以上，或是後拉動作與推撐動作保持相似進度甚至超越，表示失衡現象可能已產生，而需要給予修正。

動作的長度：當動作本身囊括如此大量的內容，可能要消耗初學者大量的時間來執行，全身訓練動作是當前級數階段較為建議的種類，原因是動作也包含休息日。可將非肌力訓練項目移至休息日操作，藉此縮短整個動作期間。

動作將包含簡短熱身、技巧訓練與肌力訓練。利用休息日執行額外活動性運動、預防訓練、單關節與柔軟度運動。這對於每天都希望訓練的個人是很好的調整方式。

節奏修正：假如你對於正確操作10×0節奏的×部分（加速）感到困難，修正為1010可能是較佳的替代方案，藉由一致的動作模式精進技巧，會比勉強操作10×0節奏模式有效得多。

肌力進展：就當前階段，線性增加反覆次數（5－5－5→6－6－6→7－7－7）是最佳的典型進階方式，可預見這個方式將幫助你及大多數初學者將級數提升至5級。然而，有時可能需要採取額外的反覆次數（5－5－5→6－5－5→6－6－5→6－6－6）或其他進階方法，也就是當運動發生停滯，特別是當某項運動持續有效推進像是伏地挺身，但臂屈伸則遭遇瓶頸。假如狀況確實發生，繼續以線性方式提升伏地挺身，臂屈伸則改用修正的進階方式。下方是實際範例：

- **伏地挺身：**5－5－5→6－6－6→7－7－7→8－8－8
- **臂屈伸：**5－5－5→6－5－5→6－6－5→6－6－6

這是完全正常的現象，甚至也有可能發生於牽涉相同肌群的不同運動。其中可能包含多種因素，像是某些運動的進度比其他運動更快；由伏地挺身累積的疲勞可能減緩臂屈伸的進度。該階段重點並非是要補齊落後（無論是實際上或感覺上）的部分，只要能持續推進即可。

有些人必需持續訓練伏地挺身，有些人則不必，即可達成操作單臂伏地挺身或更高級數的俄式撐體。要理解每個人都不相同，對另一個人的有效方法可能對自己並不奏效。徒手訓練領域並沒有一體適用的原則，這就是為什麼認識自己對訓練的反應如此重要。因此，切勿鞭策自己追趕其他人的進度。

紙上談兵：許多剛接觸運動的初學者，都亟欲獲得如葵花寶典般的完美動作，我們現在必需要打破這個觀念。最完美的動作並不存在。再次強調：最完美的動作就是你正在執行的那一個。當初學者縱身投入訓練時，有些人會花費數週的時間思索如何建構一套完美動作，甚至尋求經驗豐富的運動員或教練的建議。但若延後尋求建議將獲得數週的領先，動作或許未必完善，但是實

際被執行。開始動身訓練，從做中學。學習如何適當建立一套堅實動作，也包含理解身體對不同運動如何反應，這是無法從他人建議當中習得的。一旦動作開始執行，才是尋求後續修正建議的最佳時機。

動作狂熱：建構動作心態上的另一種極端，則是某些運動者傾向建立一項動作，進行初步嘗試，然後立即拋棄。這些人可能會公開討論自己的新動作並尋求指教。幾週後，「全新動作」又再度出現。這絕對百害而無一利，由於肌力提升與肌肥大效果需要持續地超負荷才能顯現，意即同一組運動必需不斷地執行並確實從中提升。維持原始動作按部就班，會比只操作2週就轉換「全新與改良」的動作創造更多進步。初期，一項動作的最短期間應至少4週，如果確實執行，這段時間將可看到實際的成長。中週期則應介於4－8週。無訓練基礎初學者或許可看到2或3項運動些微進步，但體態或肌力方面的提升基本上需要3－4週。按照動作確實執行是很重要的，因為動作後段將讓你對自己的身體有所認識，並了解身體如何對運動訓練產生反應。

過度使用的修正：無訓練基礎初學者基本上是針對浮出檯面的問題進行修正。一項常見問題是發現進階速度太快，導致周邊相連組織難以承受。假如該狀況發生，將反覆次數增加為15至20次或許有幫助。除此之外，無訓練基礎初學者也應考慮將更多預防訓練與活動性運動整合納入動作中。

由於每個人都截然不同，要針對預防訓練、活動性與柔軟度運動提出具體訓練量是不切實際的。要將此類型運動有效套用至動作中，你必需先了解下列觀念。舉例來說，假如感到手腕已過度使用，可遵循以下2個步驟：

- 移除、降低訓練量或替代動作。
- 針對特定範圍額外增加需要的預防、單關節運動、活動性或柔軟度運動。

移除、降低訓練量或替代動作的做法相當直截了當。假如操作手倒立動作讓手腕的不適加劇，先行移除直到手腕已加強準備再次應付手倒立動作。與此同時，操作某些手腕輔助運動像是撐體或俯臥撐，有助於維持手腕的功能而不至於施加太多壓力。針對特定範圍額外增加需要的預防、單關節運動、活動性或柔軟度運動，本章前段所提及關於手腕的各種運動，當中某些項目或許特別有幫助，可增加像是啞鈴腕彎舉或掏米訓練的運動。如果無法確定或感到這一切太複雜，可以向專業醫療人員尋求協助，例如運動領域的骨科醫師或物理治療師，也轉向比你目前更高級的教練或運動員諮詢，甚至是詢問網路上的資深前輩。我個人建議可搜尋Reddit網站上的討論串：www.reddit.com/r/bodyweightfitness 與 www.reddit.com/r/overcominggravity。

避免傷害：長期下來，根據身體如何反應來學習如何修正自己的訓練動作——尤其是潛在過度使用傷害部分——將是訓練範疇你所能學習到的最重要面向。傷害即將發生的指標就是之前的傷害，了解何時需要放慢腳步並修正動作，都將是未來幾十年——不論是指導或訓練方面極有價值的資訊。

CHAPTER 18

具訓練經驗初學者：動作結構與進程

TRAINED BEGINNER: ROUTINE CONSTRUCTION AND PROGRESSION

具訓練經驗初學者：動作結構

　　來自重量訓練、各種競技訓練或其他有組織競技活動的具訓練經驗初學者，首次進入徒手訓練的世界。他們目前可能位於級數2－6的任何一點——有些人級數較高或較低，但這是大多數人所處的範圍。假如你目前屬於級數2－4的區間，建議參考上一章節無訓練基礎初學者，對目前級數的訓練進程會較有幫助。本章節將特別聚焦級數5－6的範圍。

　　一位具訓練經驗初學者的需求非常簡單：

- 強調訓練連續性。連續訓練幾乎是創造進步的最重要因素，除非遭遇潛在過度使用傷害或緊急狀態，否則最好不要缺席。有句諺語這麼說：*最完美的動作就是你正在堅持的那一個*。確實中肯。
- 專注於確實具備肌肉適能與肌力建立的訓練，特別是反覆次數介於5－8次之間。
- 確保訓練動作推與拉類型運動之間的平衡。
- 若不平衡現象開始產生，增加運動以維持結構平衡。尚未接觸徒手訓練之前，過去若大多從事推撐類型的運動，則代表必需增加更多的水平後拉動作。
- 讓身體對肌力訓練進行調適，使相連組織或其他相關身體結構（例如關節與骨骼）得以適應。

　　此階段需要訓練理念的轉變，由於徒手倒立（freestanding handstands）幾乎都已學會，此時重點應轉為操作慢舉手倒立、吊環、肩手倒立與手倒立。下表揭示出其他各種可開始訓練的技巧，例如吊環前滾翻撐體（forward roll to support）與吊環蹬足上（屈伸上）（kip to support）撐體。由於吊環的肌力與相關技巧訓練開始逐漸加重，因此應將等長運動的團身或進階團身動作，轉換為分腿或直體的動作型態。

　　由於需要學習的技巧變得更廣泛，確保訓練動作依然聚焦是首要任務。若能讓運動都朝向具體訓練目標，整體推進的速度將會更快。限制自己聚焦2或3項目標，一次專注與達成1項目標，總

比一次嘗試多個目標但最後全都落空要來得實際。初步達成幾項目標後，即可發展其他新目標但同時仍須維持已習得的技能。

　　就目前來說，全身訓練動作仍是最有效的。然而，假如有時間上的限制或單純只為尋求變化，第一個階段能做的就是分段訓練。假如所選擇的是全身訓練方法，動作應每週執行3－4次。為了分段訓練，前述所建議的各種運動皆為可行項目——推／拉、直臂／屈臂與上／下半身。目前要避免分3部分的分段方式，例如推／拉／腿，腿部本身就能完整包含推／拉的組合動作——蹲踞與單腳蹲踞屬於推撐動作，硬舉與深蹲登階則是上拉動作。選擇分段訓練（假如只選擇一項）須依據個人訓練流程與任何所從事的競技運動項目，假如偏好某項運動或訓練包含大量下半身動作，那麼上／下半身的分段訓練會是最有效的。

　　切勿遺忘針對直臂支撐的訓練，並結合手倒立及L型／V型撐體／高抬臀撐體的技巧進階訓練。在此階段，前述的技巧訓練相當重要。

　　回想一下我們的訓練目標，此時訓練動作可能如下：

目標範例

- 10次徒手倒立
- 5次吊環硬拉
- 5秒俄式撐體
- 5秒單槓前槓桿
- 10次單腳蹲踞
- 10次垂直V型撐體
- 5秒吊環十字懸垂

　　所需的熱身準備與技巧訓練加上預防訓練、單關節與柔軟度運動也應補充至動作中，可參考無訓練基礎初學者部分加以調整。

　　強調靜態運動的訓練動作看起來如下：

- X秒的團身或進階團身俄式撐體
- X秒的分腿或半直體後槓桿
- X秒的進階團身前槓桿
- 3×5→15次的吊環硬拉，組間休息3分鐘，以10×0節奏操作
- 3×5→15次的蹲踞（單腳進階或加入槓鈴），組間休息3分鐘，以10×0節奏操作
- 3×5→15次的深蹲登階（若需要可增加重量），組間休息3分鐘，以10×0節奏操作
- 60秒的L型分腿撐體或吊環反轉伏地挺身，操作所需組數，勿操作至力竭
- 加壓訓練3×10秒

或者，也可選擇強調動態運動的訓練動作，包含3種推撐與3種後拉或上拉的運動：

- 3×3→15次的團身或進階團身前槓桿引體向上，組間休息3分鐘，以10×0節奏操作
- 3×3→15次的團身俄式撐體伏地挺身，組間休息3分鐘，以10×0節奏操作
- 3×3→15次的吊環硬拉，組間休息3分鐘，以10×0節奏操作
- 3×3→15次的弓箭手吊環划船，組間休息3分鐘，以10×0節奏操作
- 3×5→15次的蹲踞（單腳進階或加入槓鈴），組間休息3分鐘，以10×0節奏操作
- 3×5→15次的深蹲登階（若需要可增加重量），組間休息3分鐘，以10×0節奏操作
- 60秒的L型分腿撐體或吊環反轉伏地挺身，操作所需組數，勿操作至力竭
- 加壓訓練3×10秒

欲以特定手倒立變化動作來替換運動，可嘗試操作下列幾項：

- 團身與進階團身前槓桿引體向上
- 團身俄式撐體伏地挺身
- 倚牆或徒手倒立伏地挺身
- 直臂慢舉手倒立的雙腳下放或雙腳上舉階段
- 屈臂慢舉手倒立

每週4次的推／拉分段訓練若預設為每週一／二／四／五，推撐類型運動可能是週一／四操作，週二／五則為後拉或上拉類型運動。下方實際有效範例是由一位運動者根據上一版本書籍所建立。

週一

- 推撐預防訓練：手腕伏地挺身1×10次、啞鈴手指彎舉1×10次與直臂啞鈴旋轉1×10次
- 手倒立：10分鐘的徒手倒立
- 8×5秒的團身俄式撐體
- 3×5次的吊環臂屈伸
- 3×30秒的斜體俄式撐體
- 3×5次的地板俯臥腿後肌彎舉
- ＋腿部動作（蹲踞變化動作）

週二

- 後拉或上拉預防訓練：手腕伏地挺身1×10次、啞鈴手指彎舉1×10次、直臂啞鈴旋轉1×10次、外轉或古巴推舉與倚牆伸展（面向牆壁雙手前臂套上彈力帶）
- 手倒立：與週一相同
- 16×8秒的進階團身前槓桿

- 5×3次的進階團身前槓桿引體向上
- 4×3次的假手柄上拉
- ＋腿部動作（硬舉變化動作）

週四

- 推撐預防訓練：與週一相同
- 手倒立：與週一相同
- 5－6×5秒的進階團身俄式撐體，雙腳向後延伸
- 4×2次的手倒立伏地挺身（腹部朝向牆壁，使用俯臥撐支撐架）
- 3×30秒的斜體俄式撐體
- 3×5次的地板俯臥腿後肌彎舉
- ＋腿部動作（蹲踞變化動作）

週五

- 後拉或上拉預防訓練：與週二相同
- 手倒立：與週一相同
- 5×5秒的前槓桿下放
- 3×6－8次反覆的單臂划船
- 4×3次的假手柄上拉
- ＋腿部動作（硬舉變化動作）

以下為運動員對於上述動作的回饋：

「我的身高是5呎8寸，體重215磅，體脂率約8%，同時也是第一型糖尿病患者，血糖控制在99百分級數，平時恪遵原始人飲食法（Paleo　diet）。本動作是屬於基本的推／拉分段循環加上手倒立運動，也包含相當量的預防訓練。

我的推撐訓練原始動作版本是使用團身俄式撐體、吊環反轉靜態撐體及吊環反轉伏地挺身／手倒立伏地挺身。隨著循環持續進行，我開始放棄多餘的靜態動作。在後拉或上拉訓練日，則是採用進階團身前槓桿、加入單腳向後延伸（最終進階為身體完全伸展的前槓桿）、前槓桿划船與部分單臂啞鈴划船，維持固定節奏下重量採用1/4的體重（粗估約55磅）。

這絕對連完美動作的邊都勾不著，我開始在手倒立過後訓練L型撐體，但並未連續。該動作的核心要素是要維持週與週之間的連貫性，但我的目標是希望能夠增進俄式撐體與前槓桿。儘管如此，我開始在某些週中嘗試不同動作，感到狀態不佳時移除部分訓練，現在我希望能夠維持這

樣的相似模式，因為我感到壓力減輕且精力比以往更充沛。關於手倒立，我會先以腹部面牆維持手倒立，再以腳趾將身體推離牆壁並盡可能維持平衡。循環初期我僅能維持5秒，當循環接近尾聲時，我已經可以支撐10至15秒的時間。

相較之下，當時我所使用的Killroy70訓練模組，就推／拉分段訓練來說，初期所包含的腿部與後槓桿訓練都較少。在獲得建議並簡化我的訓練之後，成效棒極了。每週我以低訓練量高強度的方式執行一次額外訓練，現在我變得更精實，更強壯。預防訓練動作長期以來一直讓我的身體健康維持最佳狀態，現在訓練對我來說更為容易，尤其是有了運動強度表的幫助。最後，作為這項全新循環與徒手訓練效益的補充說明：平時我與所指導的頂尖複合式健身（CrossFit）運動員共同競爭，但我比他們任何人都強壯，儘管我並未與他們一同訓練，但我著實讓他們吃足了苦頭，除了空槓訓練技巧之外，我所操作的負重引體向上比其他大部分人都重。幾週前當我的體重是215磅時，我的分腿挺舉重量已達到260磅。我將這一切都歸功於一系列的體操訓練。」

雖然這位運動員所選擇的訓練並不理想，且運動與運動間的反覆次數與訓練量明顯搖擺不定，但這名提出問題的運動員，確實利用自己建立的動作創造明顯進步。*建立專屬個人動作的重要性勝過盲目使用現成範本*，相信已不辯自明。你可以自行發掘哪些訓練是對自己有效或無效，只要確保過程是遵循建立動作的基本原則。這位運動員所套用的基本架構即為典型針對體重較重個體的修正動作。

對於體重超過200磅的個體，每週操作4次，包含2項推撐與2項後拉或上拉的運動動作似乎是最佳配置，上／下半身與直臂／屈臂的分段也同樣有效。每週執行3次全身訓練動作可能太過吃重（尤其當訓練內容包含像是俄式撐體類型的運動）。假如你選擇執行每週4次的直臂／屈臂分段訓練，可安排為週一／二／四／五，直臂訓練為每週一／四，屈臂訓練則是每週二／五。

直臂

- X秒的團身或進階團身俄式撐體
- X秒的分腿或半直體後槓桿
- X秒的進階團身前槓桿
- 3×（3－10）次的直臂慢舉離心向上／加高直臂支撐
- 吊環反轉撐體
- ＋腿部動作

屈臂

- 3×（3－10）次的倚牆手倒立伏地挺身或徒手倒立伏地挺身
- 3×（3－10）次的團身或進階團身前槓桿引體向上

- 3×（3－10）次的團身俄式撐體伏地挺身
- 3×（3－10）次的吊環硬拉
- 3×（3－10）次的弓箭手吊環划船
- ＋腿部動作

交替的直臂／屈臂訓練動作，感覺上是一種混合靜態與動態運動的訓練方法，雖不必刻意將2種訓練分開不同訓練日操作，但也有些人偏好強調這2種看似不同的肌力訓練；不過將兩者分開則能更聚焦其中一種訓練。

上半身與下半身的分段訓練就不再多作說明。

具訓練經驗初學者：動作進程

本階段最主要強調的是持續性，希望你已跳脫紙上談兵與動作狂熱的階段。此時，能夠堅持自己的訓練排程，將是決定能否從中獲得進步的最大因素。如同我們熟知：最完美的訓練動作就是你正在執行的那一個！目前持續性的意義更甚其他。2週內完成6項預設訓練比完成其中5項更重要，不論那5項發揮得多麼淋漓盡致。同樣地，4週內完成12項預設訓練，重要性更甚中途轉換一個更好的訓練動作，以新動作取代剩下的循環。

持續的訓練，久而久之即可養成未來訓練會用上的良好習慣。持續性意謂著，無論今天的感覺是多麼筋疲力竭或心情不美麗，你依然會仿效充滿幹勁的一天執行訓練。這代表將從學校與家庭的義務當中騰出時間來訓練。若有時間上的限制，或許可調整或移除部分活動性或柔軟度運動，但建立長久且有助於達成目標的良好習慣仍是第一要務。

由持續訓練所培養的心理韌性與素質將長伴左右，協助個人應付家庭劇場，緩衝工作截止期限所帶來的壓力，因應蠟燭兩頭燒且休息時間被壓縮到所剩無幾的窘境。堅持與紀律更是一項生活技能，透過訓練過程學習這些技能也能為生活各面向帶來正面影響。

反覆次數：將反覆次數減少為5－12次並維持在該範圍內，假如身體特定範圍開始感到不適，為加強周邊相連組織讓運動繼續進階，可能有時也需讓反覆次數回升至15－20次之間。除此之外，5－12次反覆仍是建立肌力與肌肥大的關鍵方法。進入該階段後，假如希望更聚焦促進肌力的訓練，則將範圍設定為3－8次反覆。

規畫姿勢平衡的訓練：截至目前，自己的姿勢與技巧應已漸入佳境，若無此情況發生，請持續修正由先前訓練或運動所造成的不平衡。再次回顧：

若有姿勢不良問題，藉由增加額外水平划船動作提升背部的肌肉質量與肌力，尤其是針對長

期在辦公桌前久坐的人。改善姿勢能讓個人的外觀與自身感覺獲得提升,增進技巧學習的有效性,增加動作的活動範圍而不會感到受限或不適。

加入額外的水平後拉運動對大部分人都有幫助,主要由於常見姿勢不良皆牽涉頭部與肩部前移弓起。然而,假如過去所從事運動包含較多後拉動作(游泳或攀登等等)而非推撐,此時可能需要加入額外的推撐運動。失衡現象也可能從個人的訓練進度表看出徵兆。一般而言,推撐動作要比後拉動作來得強壯,但假使推撐動作領先後拉動作1個進度以上,或是後拉動作與推撐動作保持相似進度,表示失衡現象可能已產生。

一旦良好姿勢已經養成,下一個目標就是維持推與拉動作之間的平衡,就目前階段,最簡單的方式就是維持推撐與後拉運動項目數量上的平衡,假如選擇操作2項上半身推撐運動,那麼也應選擇2項上半身後拉的項目實施,以此類推。如此做法不僅有助於維持身體組織健康,也能陸續揭示出身體需要加強的特定虛弱區域。

關於動作的長度:針對無訓練基礎初學者的建議也能套用至具訓練經驗初學者身上。此時,應已了解如何根據需求修正自己的動作。假如有時間上的限制,可將技巧訓練、柔軟度、單關節運動或預防訓練動作移至休息日操作,讓全身的訓練日皆聚焦肌力訓練是極有幫助的。

額外技巧訓練:此刻,在休息日(訓練日亦同)增加額外技巧訓練或許是不錯的,對於無訓練基礎初學者,每週訓練6-7天的手倒立可能會讓手腕不堪負荷;要進階成為具訓練經驗初學者的階段,可能會耗費1-12個月。相信現在對於自己的手腕、肩部與其他相連組織所能承受負荷應該都心裡有數,通常會隨著手腕與肩部的活動性與預防訓練持續進行,逐漸增加技巧訓練的訓練量,因此休息日即可操作額外的技巧訓練。

若決定要增加技巧訓練,先從每週增加一天開始,至少持續2週,接下來若希望追加,可再額外增加一天。以此模式作為額外增加技巧訓練的方法。關鍵是再度追加負荷前,容許身體有2週或更多的緩衝時間來適應。假如操之過急一次增加太多,身體將感到極度痠痛不適。換句話說,如果踩著每2週增加一次的穩健步伐,加入額外技巧訓練後,可注意到自己的訓練效率日漸增長;額外訓練的成效將立即浮現。

肌力進展:一旦進入具訓練經驗初學者的層級,很有可能開始遭遇線性(以5磅、10磅與15磅操作5-5-5)提升或線性反覆次數(5-5-5→6-6-6→7-7-7)提升上的挫敗。組數增加與末組力竭的修正方法與替代動作同樣有效。

- 組數增加:6-6-6接續6-6-6-6,最後7-7-7
- 末組力竭:5-5-5至5-5-6至5-5-7至6-6-6

其他例如反覆次數增加、節奏變換與訓練密度改變都可成為有效方法,不過組數增加與末組

力竭仍是具訓練經驗初學者最能成功的方式。當利用此2種進階方法的階段已完成，接續應學習如何操控訓練密度及利用累加（accumulation）／強化（intensification）作為新的進階模式。上述方法將有效協助個人從具訓練經驗初級蛻變為中級訓練者。

雖然，現階段應該使用簡單動作間的進階方式，但你也很可能發現自己被這樣的方式拖累了。不論是利用腳踝負重的負荷增加方式，提升前一階運動的難度，或是利用彈力帶輔助方式降低下一階運動的難度，都是初學者最直覺的訓練作法，但混合組仍是大部分人填補階段之間空隙的最有效方法。下方為一組範例：

- 3組10次反覆的引體向上
- 3組（1次寬握引體向上，接續6次引體向上）
- 3組（2次寬握引體向上，接續4次引體向上）
- 3組（3次寬握引體向上，接續2次引體向上）
- 3組（4次寬握引體向上，接續0次引體向上）

假如希望先暫別困難訓練並以稍微沒那麼累的訓練提升訓練量，此時能利用較簡單運動附加額外重量的混合組來實施。在此階段，要學習如何有效利用此類進階方法。如果發現自己進階過程陷入困境，要留意將使用的進階模式在訓練日誌或進度表上顯示的細微變化，如此才能發掘對自己身體有效的方法。部分進階方法會比其他更有效果。

過度使用的修正：無訓練基礎與具訓練經驗初學者的過度使用傷害是類似的。經過一陣子訓練，過度使用的修正間隔將更長，直到進入部分中級和高級運動。假如相連組織開始出現痠痛、不適或疼痛，請牢記下列兩項有效的修正作法，確保活動性及預防訓練持續進行：

- 移除、降低訓練量或替代動作。
- 針對需要特定範圍增加額外預防訓練、單關節運動、活動性或柔軟度活動。

移除、降低訓練量或替代動作是最直接且已廣泛討論的做法。若要尋找可增加的預防訓練、單關節運動、活動性或柔軟度活動，可再次回顧前述章節所討論的各項運動。假如感到毫無頭緒或困惑，記得尋求專業醫療人員諮詢，像是運動領域專業的骨科醫師或物理治療師。詢問教練、高級運動者甚至是網路上的建議。Reddit網站上的討論串已有許多實用建議：www.reddit.com/r/bodyweightfitness與www.reddit.com/r/overcominggravity。

避免傷害：避免傷害的訊息值得反覆重申。學習如何根據自己的反應修正動作——尤其是潛在過度使用傷害——應可說是訓練範疇「最」重要的學習課題。傷害發生的頭號預測因素就是舊傷，洞悉徵兆、降低訓練與必要時予以修正。

CHAPTER 19

中級運動者：動作結構與進程

INTERMEDIATE:
ROUTINE CONSTRUCTION AND PROGRESSION

中級運動者：動作結構

　　進入中級運動者的領域後，各式各樣的個人需求開始浮現，確立自己的目標——是肌力、肌肥大或肌耐力？根據這些目標，訓練內容將截然不同且更具體。大部分情況下，全身訓練動作的效果漸趨減少，不單是發生於肌力、肌肥大與肌耐力的訓練，也包括技巧、特定運動技巧、柔軟度、活動性、預防與復健的訓練。下方為部分範例：

- 若目標是肌耐力，首先會以較低的訓練量來訓練肌力，目的是要維持運動的高效率，朝向特定的肌耐力運動進行訓練。
- 若目標是肌肥大，則會從全身的訓練動作轉換至各種類型的分段訓練。
- 若目標是肌力，基本上會以避免過度訓練或過度使用為前提，盡可能提高訓練頻率。

　　在本階段必需完成對訓練的頻率、運動量及強度產生的適應，以持續進階。也必需學會如何設計更複雜的訓練動作。

　　現在可開始進入更高級數的肌力動作或等長支撐動作，非運動員可能會認為本階段要達到的肌力程度是有點令人望而生畏甚至無法觸及。然而，只要努力不懈並持之以恆，大部分運動者都能達到此技巧級數，大約花費1到3年的時間不等，視個人情況而有所不同。若本身具備競技運動或肌力訓練背景，或許能以更短的時間達成——但也可能因為訓練不連貫或各種五花八門的因素像是營養不足、睡眠品質不佳、忙碌的學校行程、龐大生活壓力或甚至是基因，而延長達成的時間。

　　在本階段若主要是以肌力為目標，反覆次數應該介於3－8次。然而，假如也希望持續保有肌肥大的效果，則5－15的反覆次數將一路跟隨你到下個階段。除了可能額外增加訓練日之外，這是本階段唯一變更的訓練哲學。

　　在中級運動者階段的中期或末段，可能會需要使用每日高低起伏的週期設定，但目前還言之過早。其他規模較小的週期型態，例如累加或強化應該會發揮不錯成效。同樣地，安排輕與重訓

練日一樣有效。根據你的身體，一些簡單動作內與動作間的進程仍然要練習。然而，此時線性反覆次數進階方法就不太可能依然發揮效用。

每週操作3－5×次的全身靜態運動動作可能如下：

- X秒的進階團身或分腿俄式撐體（亦可以吊環操作）
- X秒的直體後槓桿或後槓桿回拉
- X秒的直體前槓桿
- 3×（3→8）次的分腿前槓桿划船
- 3×（3→8）次的進階團身俄式撐體伏地挺身
- 3×（3→8）次的自由站立慢舉手倒立伏地挺身或環帶慢舉手倒立伏地挺身
- 蹲踞（單腳進階或加入槓鈴）：3×5→15次，組間休息3分鐘，以10×0節奏操作
- 深蹲登階：3×5→15次，組間休息3分鐘，以10×0節奏操作
- 夾角100度V型撐體共60秒，完成所需要的組數，勿操作至力竭
- 加壓訓練3×10秒

每週操作3－5×次的動態肌力訓練動作可能如下：

- 3×（3→8）次的直臂分腿或直臂屈體慢舉手倒立
- 3×（3→8）慢舉手倒立伏地挺身或環帶手倒立伏地挺身
- 3×（3→8）次的分腿前槓桿划船
- 3×（3→8）次的進階團身俄式撐體伏地挺身
- 3×（3→8）次的單槓硬拉或前槓桿硬拉至俄式撐體變化動作
- 3×（3→8）次的單臂吊環划船（操作兩側以較弱側先開始）
- 蹲踞（單腳進階或加入槓鈴）：3×5→15次，組間休息3分鐘，以10×0節奏操作
- 深蹲登階：3×5→15次，組間休息3分鐘，以10×0節奏操作
- 夾角100度V型撐體共60秒，完成所需要的組數，勿操作至力竭
- 加壓訓練3×10秒

其他依據目標或許可加入的運動：

- 單臂伏地挺身
- 單臂划船
- 進階單臂反握引體向上
- 負重撐體
- 吊環反轉前傾臂屈伸
- 爆發引體向上
- 負重引體向上

可注意到上述動作都包含3種上半身推撐動作與3種上拉或後拉動作，這對於時間有限或尚無法承受如此訓練量的人來說可能難以招架。在中級運動者階段，也許可利用分段訓練動作像是推／拉、上／下半身或屈臂／直臂來安排全身的訓練動作。

　　一項推／拉或屈臂／直臂的分段訓練會遵循類似的變化模式。基本上會是每週4次的訓練，確保一週內操作一項動作各2次。如A／B／休息／A／B／休息／休息或A／B／休息／A／休息／B／休息。也能以隔週交替的方式操作每週5次，如A／B／休息／A／B／A休息，下一週則以B／A／休息／B／A／B／休息來平衡。

　　由於具訓練經驗初學者章節已討論過推／拉動作分段的訓練動作，接下來將呈現相同訓練量的上／下半身與屈臂／直臂全身訓練動作。首先是上／下半身的分段訓練：

上半身

- X秒的進階團身或分腿俄式撐體（亦可以吊環操作）
- X秒的直體後槓桿或後槓桿回拉
- X秒的直體前槓桿
- 3×（3→8）次的分腿前槓桿划船
- 3×（3→8）次的進階團身俄式撐體伏地挺身
- 3×（3→8）次的慢舉手倒立伏地挺身或輔助帶吊環慢舉手倒立伏地挺身

下半身＋核心

- 蹲踞（單腳進階或加入槓鈴）：3×3→8次，組間休息3分鐘，以10×0節奏操作
- 深蹲登階：3×3→8次，組間休息3分鐘，以10×0節奏操作
- 俯臥腿部彎舉（雙腳固定沙發或其他穩定重物下方）：3×5→15次，組間休息3分鐘，以10×0節奏操作
- 夾角100度V型撐體共60秒，完成所需要的組數，勿操作至力竭
- 加壓訓練3×10秒

　　接下來為屈臂／直臂分段訓練；

屈臂＋腿部

- 3×（3→8）次的分腿前槓桿划船
- 3×（3→8）次的進階團身俄式撐體伏地挺身
- 3×（3→8）次的單槓硬拉或前槓桿硬拉至俄式撐體變化動作
- 3×（3→8）次的單臂吊環划船（操作兩側以較弱側先開始）
- 蹲踞（單腳進階或加入槓鈴）：3×3→6次，組間休息3分鐘，以10×0節奏操作
- 深蹲登階：3×3→8次，組間休息3分鐘，以10×0節奏操作

直臂＋核心

- 著重手倒立的訓練
- X秒的進階團身或分腿俄式撐體（亦可以吊環操作）
- X秒的直體後槓桿或後槓桿回拉
- X秒的直體前槓桿
- 3×（3→8）次的直臂分腿或直臂屈體手倒立
- 夾角100度V型撐體共60秒，完成所需要的組數，勿操作至力竭
- 加壓訓練3×10秒

核心納入腿部的上／下半身分段訓練，主要由於推／拉分段多強調上半身的運動大於腿部，而核心加入腿部訓練日也能保持訓練時間平衡。

在屈臂／直臂分段訓練，組合屈臂與腿部，以及直臂與核心的原因，主要還是由於直臂與核心結合的動作模式。因為許多直臂動作都需要大量核心協助，這樣的分段可以創造更強的核心刺激，使肌力與肌肥大的效果提升。如同直臂等長運動，使用槓鈴的腿部運動似乎對於神經系統刺激頗為強烈，而這些運動也被特別用於促進恢復。

這些動作的建構並不是因為誤打誤撞或巧合而建立，若對於如何以特定方法建立動作有所困惑或想更加了解，一項重要原則是動作永遠都要能反映訓練目標。在此情形下，將刺激神經系統的運動特意分離出來促進恢復，可預防由於恢復不足造成潛在的訓練高原期。核心運動與槓桿及直臂動作的分段能夠同時增強兩者的效果。

假如對於訓練慾望強烈，可嘗試推／拉／腿部的分段訓練。Madeleine Leander是一位使用推／拉／腿部分段訓練而有效增進中級與高級訓練階段能力的女性運動者。她目前仍參與街頭健身競賽。她所從事一系列的訓練，部分包含側桿動作（human flags）、前槓桿、分腿後槓桿、吊環硬拉及其他街頭健身技巧，可參考以下連結：www.youtube.com/watch?v=agGluK1YNQ8。

第一天──推撐

- 4×10秒的俄式撐體訓練。進階團身俄式撐體盡可能延長操作時間，再接續團身俄式撐體
- 其他自選額外技巧運動（如：虎蹲屈背（tiger bends）或肘槓桿）
- 4×（5－10）次的倚牆手倒立伏地挺身
- 4×10次的彈力帶輔助俄式撐體伏地挺身
- 5次分腿慢舉手倒立
- 4×（5－15秒）的L型撐體
- 60秒的前傾俄式撐體

第二天──上拉

- 4組前槓桿支撐，以10秒支撐開始，並以分腿與單腳彎曲開始動作
- 2×（3－5）次單臂引體向上的離心階段
- 3×（3－5）次彈力帶纏繞腳底輔助的單臂引體向上
- 操作幾組側桿動作與側桿引體向上
- 2×（2－4）次的虛握慢速吊環硬拉
- 3×（5－10）次的吊環硬拉
- 5×5次的爆發引體向上（拍掌、腳趾觸槓等等）
- 3×10次的團身前槓桿引體向上

第三天──腿部＋硬舉

- 4×10 次高抬跳
- 4×10 次硬舉80－100公斤
- 3×（5－8）次的單腳蹲踞

第四天──推撐

- 15次分腿直臂慢舉手倒立
- 10次L型撐體至屈臂手倒立
- 4×6秒團身俄式撐體支撐
- 4×（3－5）次的40公斤負重撐體（80%的體重）
- 3×（3－8）次的倚牆手倒立伏地挺身
- 各種伏地挺身變化動作（弓箭手、吊環、菱形或拍掌等等）共100次反覆

第五天──上拉

- 4×（15－20秒）的彈力帶輔助前槓桿支撐
- 3×（3－5）次的單臂引體向上，另一手抓握彈力帶輔助
- 4×3次的爆發硬拉加入自由變化動作例如硬拉拍掌
- 4×6次的弓箭手吊環引體向上
- 4×（3－5）次的20－35公斤負重引體向上（假如無法完成3則降低重量）
- 3×（3－5）次的慢速吊環硬拉
- 3×10次的龍旗運動（適合與前槓桿操作）

第六天——腿部

- 4×10次的55－70公斤蹲舉
- 3×20次的屈背運動
- 4組弓步變化動作（負重、跳躍或行走）

第七天——側桿日＋其他技巧訓練

- 特定的側桿動作熱身，緩慢進入側桿動作
- 8－10組側桿變化動作（支撐、行走或引體向上等等）
- 4組以彈力帶纏繞腳底輔助的撐體動作
- 額外技巧訓練（不侷限任何形式，自由發揮加入動作例如硬拉越槓）

Madeleine是一位極為強壯的女性運動者，她成功利用上一版的《超越重力》協助自己了解最合適的最佳方法。下方是她的評述：

「我每天的熱身準備幾乎都千篇一律，每次操作4－5分鐘並根據自己的感覺調整。不記得確切的組數但記得包含下列動作：高抬跳、德式懸垂、腕關節熱身、伏地挺身與手倒立（若為上拉訓練日則以引體向上取代手倒立）。同時，每天大部分都是以伸展動作結束運動，如同我所想要達成的分段目標。

那休息日呢？我只有感覺需要的時候才休息，休息日並未納入動作當中，當感到極度痠痛才休息。大約每隔2星期需要休息1天。

我的身高是5呎2寸，體重110磅，訓練基本上對我來說是一件有趣的事情，而我的問題是有時候想訓練得更多。除了上述所看到的動作之外，我每3天就會有2天訓練手倒立。我強迫自己的上拉訓練日不再操作額外手倒立訓練，使手腕能獲得一些休息，而在工作時、家中或任何我想的時候訓練手倒立。

以系統建立動作，我的訓練量比先前（每天都是訓練日）要來得少，但反而獲得意想不到的結果。過去總是感到前臂不適，主要由於我將上拉運動分散至各天進行，導致進步窒礙難行。

數年來我已執行數種具體目標，而我個人較偏好設定長期目標。舉例來說，以L型撐體進入直臂手倒立，時間則是設定1年。針對每一個長期目標，過程中也設立一些短期目標來適應訓練，就目前目標為例，短期目標包含了蛙立至手倒立、團身俄式撐體、分腿慢舉手倒立、屈體慢舉手倒立與屈臂L型撐體至手倒立。再根據每個短期階段目標，設計有助於進階至下個層級的運動項目，其中也包含許多《超越重力》的書中動作。

少數幾項我仍持續操作的負重運動，其中之一即為硬舉，因為發現自身體重運動的下背肌力訓練效果其實有限，我也喜歡操作負重的蹲舉與單腳蹲舉訓練。可注意到我將後槓桿從本動作中完全移除，在我建立動作前已對操作後槓桿動作有些問題且感覺不是很好，因此決定讓身體暫不

執行這個動作幾週。另外，我也不是心肺運動的頭號粉絲，為了能夠持續感受訓練的樂趣，因此決定跳過。」

推／拉／腿部分段訓練，是能給予運動肌群間都有72小時間隔休息的良好訓練量分配方法，即使不刻意安排休息日，運動者依然能獲得充足休息。這也呈現出一位運動者能設定多高訓練量的範例。

在中級運動者階段的中期至末段（大約級數7－9），可能會需要轉換為累加與強化，或是輕／重負荷型態的訓練動作。下方是部分全身訓練的動作範例，也能夠套用各種分段訓練方式，讓我們來檢視一下累加與強化動作的範例。第一階段為累加階段：

累加

- 3×（8→12）直臂分腿或屈體慢舉手倒立
- 3×（8→12）手倒立伏地挺身或輔助帶吊環手倒立挺身
- 3×（8→12）分腿前槓桿划船
- 3×（8→12）進階團身俄式撐體伏地挺身
- 3×（8→12）單槓硬拉或前槓桿硬拉至俄式撐體變化動作
- 3×（8→12）單臂吊環划船（操作兩側並以較弱側開始）
- 蹲踞（單腳進階或加入槓鈴）：3×8→12，組間休息3分鐘，以10×0節奏操作
- 深蹲登階：3×8→12次，組間休息3分鐘，以10×0節奏操作
- 夾角100度V型撐體共60秒，完成所需要的組數，勿操作至力竭
- 加壓訓練3×10秒

累加階段強調高訓練量的訓練，如同傳統俄式中週期內，針對肌肥大的小週期。所選擇的運動反映出以8－12次反覆操作的進階方式，目的是為了累積訓練量。額外的運動像是增加推撐與上拉或後拉運動，也能夠加入週期中用來提升訓練量。密度訓練（density training）的休息時間減少方法，也能夠套用至累加階段。

強化

經過1－2週的累加訓練後即可進入強化訓練週期，此時的運動將轉為較少運動項目、低反覆次數但是高強度的訓練，而強度也直接反映所能操作的反覆次數。可利用動作的進階變化或加入重量增加運動困難度。上述這些調整都將引導每項運動的操作接近力竭。

- 3×（3→6）分腿前槓桿划船
- 3×（3→6）進階團身俄式撐體伏地挺身
- 3×（3→6）單槓硬拉或前槓桿硬拉至俄式撐體變化動作
- 3×（3→6）單臂吊環划船（操作兩側並以較弱側開始操作）
- 蹲踞（單腳進階或加入槓鈴）：3×3→6，組間休息3分鐘，以10×0節奏操作

- 深蹲登階：3×3→6次，組間休息3分鐘，以10×0節奏操作
- 夾角100度V型撐體共60秒，完成所需要的組數，勿操作至力竭
- 加壓訓練3×10秒

此時組數看起來必定參差不齊。舉例說明，為了以較低的反覆次數範圍獲得更高的訓練量，可能會以3×6操作分腿前槓桿划船，而進階團身俄式撐體伏地挺身則操作4×4或5×3。同樣地，若對8次反覆的單臂吊環划船感到輕而易舉，但現階段還不足以跳升至下個級數，則可能需要考慮穿著負重腰帶增加運動的難度，或可選擇揹上裝滿書的後背包。

由於反覆次數範圍受到限制，可能需要發揮訓練的創意增加效率。此時就是離心運動、彈力帶、重量及其他動作變化的使用時機，調整難易度將是接下來訓練的重要角色。創建一套滑輪系統訓練——實際上比名稱要簡單得多——能夠為訓練帶來極大效益，由於只需簡單增加或減少重量即可調整運動的難易度。

接下來討論稍微不同的分段方法——輕／重負荷。輕／重負荷最簡單的套用方法就是直接以強化訓練來調整累加訓練。最基本的輕／重負荷分段運用看起來就如同累加訓練的第一天，沒有額外的推撐與上拉或後拉運動加入其中，至於第二天則由強化訓練所構成。輕／重負荷的配置，輕負荷為降低強度（以較簡單運動操作高反覆次數），重負荷則為增加強度（以低反覆次數執行較高難度運動）。若狀況允許，確實遵守反覆次數範圍。

1. 3×8→12　　　　2. 5×3→5

一旦開始第二天的輕負荷／累加訓練，目標就是增加運動的困難度，反覆次數的推進方法會看起來如下：

1. 3×8　　　　2. 5×3　　　　3. 3×9
4. 5×4　　　　5. 3×10　　　　6. 5×5

這是很基本的週期化型式，你的進展與其他訓練一致：3×8→3×9→3×10與5×3→5×4→5×5互相穿插。同樣地，也能固定反覆次數，但使用增加負荷的方式提升運動困難度。

中級運動者：動作進程

離心與密度訓練：在本階段的訓練，加入離心元素將會更有效果。離心訓練可有效增進單臂反握引體向上（one-arm　chin-up，OACs）。手倒立懸垂也能有效提升前槓桿；緩慢操作離心階段進入懸垂。假如感到進步幅度漸趨緩慢或停滯，上述事實是可以好好利用的。另一項可能獲得不錯成效的方式，即為某些型態的密度訓練。嘗試看看：將接下來幾項運動的組間休息時間減少30秒，隨著身體能力提升增加運動的反覆次數或困難度。

　　再簡單不過的進階方法：當以單一運動或利用不同運動達成進階的基本方法逐漸失效，累加與強化，以及輕／重負荷會是再度創造進階的極有效方式。假如對於尋找能夠持續創造進步的單一運動或不同運動進階方法感到困難，或許可趁此機會先減輕負荷並重新評估自己的訓練動作，若重新審視的結果，進度遲滯並不是由其他因素造成（營養、睡眠品質、學校行程與生活型態等等），此時就是學習如何套用更複雜的進階方法時機。

　　確認開始日常波動週期（DUP）之前，已有嘗試過輕／重負荷方法的經驗。典型的DUP流程，在回復之前會強迫適應3項運動，並增加第4項運動的重量，輕／重負荷都是每項或每3項訓練增加重量的類似模式。

　　若是要尋找微調訓練內容即可增加進步幅度的機會，其實並不需要大幅或全面性的調整，像是從全身訓練轉為DUP流程，解決方案單純，只需利用離心階段、些微調整運動與運動之間的休息時間，或是以高反覆次數操作一項運動再以低反覆次數操作下一項的輕／重負荷方法。假如進度停滯不前，稍微修改就能幫助再次提升，待微調已無法持續產生效果時再使用大幅修改的方法。

　　目標：到目前為止你應該多少已達成某些初步目標，恭喜！2項較常見的例子會是後槓桿與前槓桿。每當達成一項目標後，將這些運動挪動至熱身程式的最後段來幫助維持，這些能力只需少量的訓練量即可保持，原有訓練動作就能以其他目標的運動來替換。

　　當目標越具體，訓練獲得提升的速度就越快。假如一開始的目標是操作等長收縮的俄式撐體，其他槓桿推撐的運動例如俄式撐體伏地挺身、簡易俄式撐體伏地挺身、負重伏地挺身或其他相似型態運動像是臂屈伸，都能大幅提升俄式撐體的能力。

　　在中級運動者的訓練階段，一次嘗試達成多項目標的多頭馬車效率極差。舉例而言，如果希望同時增進有氧耐力、代謝能力與肌力，成功的可能性相較同時只專注1項或2項能力要低得多。使用體操或徒手訓練，作為增進交叉訓練或複合式健身用途的運動者可能會注意到此一現象。在此情況下，轉向修正的週期化訓練系統可能較有助益，一方面維持已達成的能力，另一方面專注1或2項新的目標。一旦達成特定的目標技能，此時將焦點轉為保持該項技能，繼續有系統地增進下一項技能，將可發現整體進步的速度會比一次嘗試多項要快上許多。

　　反覆次數：該階段的反覆次數會依據所需建立能力而分類。假如訓練的目標是肌力，會希望反覆次數是介於3到8次之間。若是肌肥大，則會維持5到12次之間。最後，如果要增進肌耐力或相連組織的強韌度，可能會希望保持15至20次（或以上）的範圍。極高反覆次數例如20－50次反覆的運用對於相連組織強韌度的效益匪淺，由於肌力動作將對肌肉本身施加大量壓力。此時增加肌肉徵召與同步的做法已不如初級階段有效。

　　弱連結（weak links）：假如留意到某些運動即便訓練量充足但並未產生應有的效果，此時可能需要檢視身體是否存在弱連結。舉例來說，假若注意到訓練單臂引體向上的進階動作時，背部肌群

的肌力增加與肌肥大速度似乎比前臂與肱二頭肌更快，抑或是完全相反——背部肌群比肱二頭肌與前臂更慢。這些就是身體對於執行某些動作或技巧可能存在弱連結的信號，額外的特定訓練（若以上述為例，即為前臂訓練或肱二頭肌彎舉）將可彌補這些弱連結，因而提升成功操作單臂引體向上的能力。弱連結是運動者們操作等長肌力訓練時，像是前槓桿或俄式撐體遇上困境的罪魁禍首。

常見的弱連結可能會以痠痛或疼痛的形式出現，肩部不適加劇則傾向代表肩胛骨整體區域的肌力與穩定度不足。依據所操作的特定動作，可能需要加入肩胛內收（兩側肩胛骨向內收夾）、外展（兩手掌盡可能向外延伸）、抬高（肩胛骨向上移動）與下壓（肩胛骨向下移動）的額外運動。肩旋轉肌群的運動可能也需要加入。至於肌腱炎，則通常代表對側拮抗肌群虛弱與肌群過度使用。

修正、修正、再修正： 到此階段應該已對自己的身體瞭若指掌，清楚知道該如何根據自己的需求修正動作。一旦培養出良好的柔軟度與活動性（例如劈腿、或完美的屈體與分腿），額外的柔軟度訓練即可移除。如同訓練動作所設定的目標（像是後槓桿），達成後即可挪動至熱身或活動性訓練動作中加以維持，而不再作為主要的訓練目標操作。如此一來主要訓練即可騰出多餘空間加入新的動作。

除了能夠繼續將技巧訓練、預防訓練、柔軟度、活動性與其他訓練調整至休息日操作，另一項全面了解自己身體的好處是能夠將訓練分段拉得更遠，或許可選擇以早晨與晚間訓練取代一天當中的一次完整訓練，但並不建議初學者如此執行，由於初學者常會過度投入其中，然而身為一位中級運動者，應已具備足夠經驗依據身體的感受修正動作。假如想要操作1週7次以上的額外技巧訓練，這是極有效的方法。

肌力進展： 肌力修正方法較可能傾向移除單一運動或利用不同運動的進階方法，轉為更複雜的動作設計。基本的週期化方法例如強化、累加與輕／重負荷動作較可能創造明顯進步。

在此提供一項重要小提示：*盡可能保持簡單*。假如一次更改動作中太多面向但結果卻失敗，此時將無法釐清癥結點所在何處，而且也難以將動作拉回正軌。另一方面，一次進行1項或最多不超過2項的修正會讓狀況單純許多，也能獲得較多的回饋。假如其中1項修正不管用，仍有50%的機會知道一開始是哪裡出了問題。

此時記錄自己的訓練格外重要，由於任何細微的改變都有可能創造進步，一旦發現那些細微改變是對自己有效的，即可維持訓練穩定一段時間。基本上，中級運動者階段的有效運動只需少許微調即可套用至高級運動者階段（將於下一章節詳盡說明）。下列是簡單範例：若覺得輕／重負荷的修正方法對自己最有效，也知道2天交替的輕／重負荷分段訓練是可行方法，那麼分成3天的輕／中／重負荷（如同日常波動週期的3項運動）分段訓練方式，就會是下一層級的有效運動。

另一個範例是增加訓練頻率與訓練量之間的拿捏。假如起初的調整是將手倒立操作時間從5分鐘增加為10分鐘，但增進效果不盡理想，因此恢復變更內容，取而代之以每週額外增加2次技巧訓練來提高訓練手倒立的頻率，結果成效卓著，如此結果提供了極有用的片段資訊。針對自己的技巧訓練，增

加訓練回合要比增加每次的訓練量來得有用，這也代表自己對於適應新回合比適應增加每回合的訓練量更快。因此可了解對於任何額外技巧訓練，拆成多回合的額外訓練可能比延長每回合訓練有效。

過度使用的修正：中級運動者的過度使用修正建議，與無訓練基礎及具訓練經驗初學者是相同的。儘管如此，由於目前階段操作更多直臂動作與較高強度的進階運動，因而可能會遭遇過度使用傷害的徵候頻繁出現，例如相連組織或關節感到痠痛、不適或疼痛。若狀況確實發生，針對個別運動替代進階方案以調整相連組織適應。

舉例說明，假如目前操作的是分腿後槓桿，肘關節的相連組織狀態良好。然而，當進階至直體後槓桿之後肘關節相連組織開始出現過度使用的徵兆，自己也清楚了解這將會發展為真正的傷害，因此回復操作分腿後槓桿並加入肱二頭肌彎舉作為加強相連組織的運動。數週後，再次嘗試直體後槓桿訓練，發現不適感已消失。然而，進入第3次訓練時直體後槓桿再度出現相同狀況，可能需要再一次回到操作分腿後槓桿並繼續加強相連組織，如此來回調整需要經歷數次才能避免身體受傷。這樣的調整模式對絕大部分運動者是不可或缺的，應該嚴格遵守。要了解傷害所造成的退步，遠大於反覆來回緩慢調整動作但持續保持身體健康。

再次審視修正的準則：

- 移除、降低訓練量或替代動作
- 針對特定範圍增加額外預防訓練、單關節、活動性或柔軟度運動

移除、降低訓練量與替代動作是保護自己避免傷害的標準方法，前述章節已詳細討論執行流程。同樣地，針對需要增加額外的預防訓練、單關節、活動性或柔軟度運動，可翻閱前述章節的參考做法或運動選項。若仍感到困惑，也可向專業醫療人員諮詢，例如運動領域專業的骨科醫師或物理治療師，或是向教練、其他更高級的運動者，甚至是網路尋求建議，例如下列論壇：www.reddit.com/r/bodyweightfitness 和 www.reddit.com/r/overcominggravity

避免傷害：學習如何根據自己的反應修正動作——尤其是潛在過度使用傷害——應可說是訓練範疇「最」重要的學習課題。傷害發生的頭號預測因素就是舊傷，了解何時需要放慢腳步並修正動作，將是你未來幾十年不論是指導或訓練方面極有價值的資訊。

動作：可利用動作安排一系列的技巧訓練，或藉由結合各項目前正在操作的技巧來大幅縮減動作規模。應多方嘗試與學習不同的動作型態，可以對自己的肌力及肌耐力提供不一樣的挑戰。運動者經常訂定必需付出極大努力的動作目標來獲得滿足感，這是從事徒手訓練最具成就感的經驗之一。下方是肌力提升後所能整合的困難動作範例之一。一般來說，動作的建立並不困難，下列是有關吊環動作的基本動作：

- 硬拉
- 肩手倒立
- 向前或向後滾轉進入手倒立懸垂
- 德式懸垂回拉
- L型撐體
- 回復L型撐體
- 後槓桿進階
- 前槓桿進階

當肌力獲得提升後，可隨心所欲設計動作，假如想要增進前與後槓桿，動作可能如下：

- 懸垂上拉至前槓桿進階
- 後槓桿進階
- 前滾後直體
- L型撐體
- 慢速反向硬拉至懸垂
- 上拉至手倒立懸垂
- 硬拉
- 肩手倒立
- 慢舉手倒立

基本上，可以結合任何想操作的動作，以動能為本質的動作像是屈伸上（kipping）與後迴環（felge）技巧（前與後滾轉）原本是作為動作轉換用途，若將2種動作結合肌力訓練會非常炫目。

若要增進轉換動作，可能會想結合一系列的技巧與肌力動作並交替實施。另一方面，若單純只是利用各種划船的簡短動作純粹增進肌力，交替執行拉與推的動作應有相當幫助，舉例說明：

- 懸垂上拉至前槓桿
- 團身俄式撐體，後滾轉至吊環下方進入後槓桿
- 前槓桿硬拉至團身俄式撐體
- 後槓桿回拉，硬拉至慢舉手倒立

假如目前已學會如何操作吊環手倒立挺身，下列動作可能會讓人愛不釋手：首先盡可能地反覆操作吊環手倒立挺身。若操作的次數是4次，那麼接下來的動作皆操作4次反覆。

- 吊環手倒立挺身
- 吊環反轉臂屈伸
- 分腿前槓桿引體向上
- 進階團身俄式撐體伏地挺身
- 反向引體向上
- 引體向上

上述程序有助於建立肩部區域的肌力／肌耐力，若想嘗試一些較有趣的流程，也能以相反順序操作，只是最後一項吊環手倒立挺身的操作次數較難估計。

這裡提供一項小遊戲，能邀請同好一同參與；稱作雙槓累加（parallettes add-on），首先選擇由一項動作，例如L型撐體開始，下一位操作一次L型撐體與一次慢舉手倒立，最後再加入一項動作，持續加入直到其中一人無法完成。

訓練不必單調乏味，假如對於從事這些抽象的肌力訓練動作感到無趣，那就混合一下吧！為這些技巧與肌力動作增添一些樂趣。畢竟，這才是訓練的初衷——因為享受過程，而非只是單純想操作這些光鮮華麗的動作。

CHAPTER 20

高級運動者：動作結構與進程

ADVANCED:
ROUTINE CONSTRUCTION AND PROGRESSION

高級運動者：動作結構

進入高級運動者階段即開始面臨新的課題：

- 訓練將會更趨向具體的運動或訓練模式。

- 為了持續進階，補強弱連結將更重要。許多人的背部較容易產生弱連結，或假如平時傾向以背部動力鏈主導動作，則有可能產生於股四頭肌，此時特定的單關節訓練或許有效。舉例來說，若背部比手臂還要強壯，那麼肱二頭肌彎舉或其他肱二頭肌的運動應可有效彌補弱連結並增進整體肌力。適用於槓鈴上舉，如硬舉，可廣泛使用到腿部，臀部和背部。

- 由於睡眠品質、營養與移除壓力對每個階段來說都相當重要，在進階運動者階段確實掌控這些健康因素將會有極大幫助。當發現增加肌力與／或肌肉質量漸趨困難，即使是1%的推進都是進步。

- 了解身體對訓練如何產生反應是很重要的。在本階段，如同每一階段的訓練，準備一本訓練日誌隨侍在側。可向前回顧身體對於各項運動的休息期間、減量與強度／訓練量如何產生反應，可使接下來數週的動作安排較簡單。

高級運動者階段，動作設計重心將是令人敬畏的B級技巧動作轉換，同時也需要更複雜的設計。要學習如何完整運用DUP流程與其他推／拉運動的修正方法進入動作中，因為這是當前最有效的運動型態（不過傳統的動作設計也能繼續使用）。

下方是部分實際運用到訓練中的DUP流程，第一項動作是2006年的成功使用案例。後續的運動項目則揭示如何將相似反覆次數，但具備廣泛阻力負荷型態的運動加入DUP流程中（範例中，運動者以繩子附掛重量，提供額外阻力來自製簡易重量腰帶；也能以重量背心作為替代方案）。

每週操作3×次的日常波動週期動作（注意：該運動員由於無法每日進行訓練，因此間隔時間的安排不如傳統週一／三／五動作一致）。

由於目標是吊環十字懸垂，因此主要聚焦十字懸垂上拉動作。

週一

- 3×10十字上拉
- 3×10分腿前槓桿划船
- 3×10單腳蹲踞
- 3×10弓箭手划船
- 3×10懸垂腿部上拉

週三

- 3×7十字上拉＋15磅
- 3×7分腿前槓桿划船＋15磅
- 硬舉1×7＋110磅，1×7＋170磅與1×7＋200磅
- 3×7弓箭手划船＋15磅
- 3×7懸垂腿部上拉＋6磅

週六

- 3×4阻力訓練帶十字上拉
- 3×4弓箭手划船＋25磅
- 3×4單腳蹲踞＋15磅
- 3×4分腿前槓桿划船＋25磅
- 3×4懸垂腿部上拉＋10磅

週一

- 3×10十字上拉＋10磅
- 3×10弓箭手划船＋15磅
- 3×10分腿前槓桿划船＋15磅
- 3×10單腳蹲踞＋15磅

週四

- 3×7十字上拉＋20磅
- 3×7單腳蹲踞＋20磅
- 3×7分腿前槓桿划船＋23磅
- ＋體能訓練

週五

- 3×4十字上拉＋30磅
- 3×4弓箭手划船＋40磅
- 單腳蹲踞1×4＋30磅，2×4＋40磅
- 3×4分腿前槓桿划船＋40磅
- 3×4吊環臂屈伸＋40磅

週二

- 3×10十字上拉＋20磅
- 3×10吊環臂屈伸＋40磅
- ＋體能訓練
- 3×10吊環臂屈伸＋40磅
  - 1×10分腿前槓桿划船＋30磅

與先前10RM、7RM與4RM訓練重量增加模式比較，上述根據能力逐漸增加重量但維持運動的反覆次數一致（維持穩定的刺激）。此舉可允許接續幾週大幅增加每項運動的重量：十字上拉、弓箭手划船與分腿前槓桿划船以3×10操作下，1週後皆增加10－15磅（從第一週的星期一至第二週的星期一）。這是最紮實的肌力增加過程。

由於該運動員2週後出現營養不佳的狀況，導致進步幅度轉移（因此並未呈現完整的週期）。最後，十字上拉所達成的附加重量為50磅（數月後的另一項週期也使用相似方法）。

下方是每週至少2天的輕／重負荷訓練（十字懸垂仍為最終目標）。

* 週二——十字上拉＋10磅：3×10
* 週五——十字上拉＋15磅：3×5
* 週六——各種運動訓練
* 週二——十字上拉＋15磅：3×10
* 週五——十字上拉＋25磅：3×5
* 週二——十字上拉＋20磅：3×8
* 週五——十字上拉：1×8自身體重，4×4＋35磅
* 週二——十字上拉：1×8自身體重，3×8＋25磅
* 週四——滑輪十字制動：4×5，設定為6
* 週二——十字上拉：1×8自身體重，1×5 20磅，3×4 40磅
* 週五——十字上拉：1×8自身體重，1×4 25磅，2×3 47.5磅，1×3 50磅
* 週二——十字上拉：1×8自身體重，1×4 25磅，3×3 50磅

留意10RM與5RM交替的訓練量操弄方法，隨著週期持續推進，訓練開始朝向8RM與4或5RM的交替，此時更偏向肌力為主的訓練。最終，進入3RM的訓練。這樣的修正也能夠以輕／重負荷或DUP流程來執行，與典型的肌肥大、肌力與爆發力訓練週期相似。與其遵守10RM、7RM與4RM的方法，不如以一開始操作肌肥大方案再逐漸轉向肌力動作來取代。如此操作極有效的原因，是由於現今DUP流程維持能力的效果優於傳統週期化方法。加入此動作用意是要強調以肌力為目標的訓練流程，以因應即將到來的十字懸垂訓練。

接下來是另一項訓練動作的實際範例，其中加入負重撐體動作。這並非本動作中唯一的推撐運動，但可作為如何以單一運動創造進階的範例。

標記法以重量×反覆次數×組數呈現。若只呈現2項數字則代表重量×反覆次數。若反覆次數後方標示英文字母「F」，則代表操作至力竭的反覆次數。

* 5／27——體重×10，60×5，80×5×4
* 5／28——體重×10，60×5，80×5，100×5×3

- 5／30──體重×10，60×5，80×3，120×4×3
- 5／31──體重×10，20×3，80×3，120×3，130×3×3
- 6／2 ──體重×10，60×5，80×3，120×3，140×3×3
- 6／3──體重×5，60×3，80×3，120×4＋1（短暫休息），130×4×3
- 6／4──體重×5，60×3，120×3，180×1×7（離心）
- 6／7──體重×10，60×5，120×3，130×5×3
- 6／9──體重×10，70×3，130×3，150×3×2，160×2（PR）
- 6／11──體重×5，55×3，110×3，140×2，160×1F，160×1，165×1F
- 6／14──體重×5，60×5，120×3，150×3×3
- 6／16──體重×5，70×3，90×3，130×2，150×1，165×1F，165×1（PR），170×1（PR），175×1F

上方所有運動都是以自身體重135磅操作，135磅的運動者最後又再加上170磅的重量。初期1RM的重量是自身體重再加上155磅，主要由於該運動員負重撐體的訓練已有數月時間未執行，經過上述3週動作漸增負荷，最後負重撐體動作的原始負荷再額外增加15磅重量。此為動作有效性的證明，在高級級數的肌力階段，並非所有人都能夠撐起如此明顯的負荷（甚至還未考慮如此短促的漸增期）。

可注意到幾乎每次運動都會降低反覆次數與增加重量。下述最大反覆次數（RM）的進階方法是以日為單位操作：5，5，4，3，3，4，重負荷的離心動作（類似1－2RM）：5，2，1，3，1。降低重量與增加反覆次數可作為增加訓練量的方法，有助於強迫身體適應。接下來可以將目標鎖定在嘗試最大重量與刷新個人紀錄，即使目前已是高級肌力級數。

另一方面，這絕非完美的動作。以如此快速與大量消耗的方式漸增至1RM，並無法提供刺激肌力增長所需的訓練量。較佳的進階方法應是由較多反覆次數開始再進入2－3RM。例如以8RM開始，下降至6RM、4RM最後進入2－3RM。然而，這樣的反覆次數方法仍舊隱藏缺陷，高級肌力級數的DUP混合系統方法則已被清楚證實其潛能。

另一個範例則是推／拉分段系統與輕／重負荷訓練的結合，藉由分離推撐與上拉或後拉的運動增加額外訓練量，此進階系統主要強調週與週之間的成長。由於額外訓練量，該系統對於肌肥大特別有效。每週操作4－5×次的推／拉分段訓練基本會以週一／二／四／五來安排，推撐動作為週一／四，上拉或後拉則分配週二／五。下方呈現範例：

- 週一：重負荷推撐
- 週二：輕負荷上拉或後拉
- 週三：休息
- 週四：輕負荷推撐
- 週五：重負荷上拉或後拉
- 週六：休息
- 週日：休息

重負荷訓練日的運動維持反覆次數3－5次，輕負荷則為5－8次，也可藉由降低反覆次數範圍使動作更趨向肌力的訓練。輕與重負荷訓練日的反覆次數分別為3－6次與1－5次。若目標為肌肥大，單純只需將反覆次數朝反方向調整，此時輕與重負荷訓練日的反覆次數分別為6－12次與3－8次。每週轉換訓練目標是完全可接受的，若訓練的高原期出現則更建議如此做法。

重負荷推撐

- 3×4分腿俄式撐體伏地挺身
- 4×5 90度吊環反轉臂屈伸
- 3×5吊環慢舉手倒立伏地挺身
- ＋腿部

輕負荷上拉與後拉

- 3×8－10分腿前槓桿引體向上
- 3×8滑輪輔助（20磅輔助）單臂反握引體向上（或十字懸垂變化動作）
- 3×6德式懸垂回拉
- ＋腿部

輕負荷推撐

- 3×10進階團身俄式撐體伏地挺身
- 3×7 90度吊環反轉臂屈伸
- 2×7吊環慢舉手倒立伏地挺身
- ＋腿部

重負荷上拉與後拉

- 3×3直體前槓桿引體向上
- 3×4滑輪輔助（10磅輔助）單臂反握引體向上（或十字懸垂變化動作）
- 3×3德式懸垂回拉＋1磅腳踝負重
- ＋腿部

上述動作使用許多不同的輕／重負荷變化。就部分運動來說，像是俄式撐體，較難有效增加負重。解決方案有幾種，最簡單的是穿戴各種形式的負重腰帶、負重背心或其他自製器材增加阻力。另一種做法，使用彈力帶輔助降低下一階運動的強度。即使未附加重量，輕／重負荷、DUP或其他動作本身就可以製造足夠的訓練刺激。

假如重負荷訓練日操作分腿俄式撐體可支撐約5至6秒，但輕負荷訓練日也無法支撐更久的分腿俄式撐體來達到有效的刺激，此時就可下降至前一階輕負荷訓練日所操作的項目（進階團身俄式撐體為本範例的項目）。因此，輕負荷訓練日以此運動支撐20秒。若平時以地板或俯臥撐支撐架操作俄式撐體，當輕負荷訓練日選擇降階時可改為以吊環操作，甚至也可當作補充訓練。

由上方所呈現的動作設計可發現，許多因素可用來區別輕與重負荷訓練日，這些訓練主要依據手邊可使用的器材來設計，要發揮創意！

- 吊環手倒立挺身與吊環反轉臂屈伸的輕與重負荷訓練日轉換方法，減少組數並增加每組的反覆次數。
- 當俄式撐體伏地挺身由重負荷訓練日進入輕負荷訓練日時，從較高的進階項目（分腿俄式撐體伏地挺身）轉為較低的進階項目（進階團身俄式撐體伏地挺身），同樣變化方法也能套用至前槓桿引體向上。
- 關於德式懸垂回拉與單臂反握引體向上，重訓練日時可利用重量來增加難度；減少每組的反覆次數即可。

倘若目前正在使用輕、中與重負荷的DUP流程，為維持有效的進階，每日之間的調整也可依照上述步驟來實施。一旦進入較高層級的高級運動者階段，過去以DUP流程或許每週皆可產生明顯進步，但接下來可能減弱為每2週才出現1次。不必為肌力耗費一整個週期只出現微幅成長而感到沮喪，在此階段若希望肌力能夠持續進階，可能需要將動作設計的複雜度往上提升。此時，訓練的安排更趨於直覺，因為到目前為止所建立的驚人肌肉量與大量經驗及知識，應已清楚了解最適合自己的方法。

自動調節與訓練風格反映每個人如何開始訓練的風貌，如同前述動作設計章節所提及，每個人都希望擁有具品質的訓練。要了解自己的身體如何因應壓力，清楚知道訓練需要增加或停止。在本階段，訓練中根據自身感覺增加或減少運動或組數是必要的。RPE系統是最適合用來追蹤一項運動對身體所造成的影響，過度疲勞與過度訓練章節已詳細討論。當運動與運動之間的進步幅度已不如以往明顯，追蹤運動當下的感覺變得格外重要，勿太依賴自己的記憶，記錄下來，經年累月將成為極有價值的參考資訊。

本階段的訓練，終於可以嘗試輕／重負荷或DUP的減數方法。輕／重負荷分別從12／6的反覆次數設定開始。每週持續調整輕與重負荷訓練的反覆次數，直到週期最後減少至1RM。第一週為12／6RM、第二週10／5RM、第三週8／4RM、第四週6／3RM與第五週以4／1－2RM的個人最佳紀錄（personal record，PR）結束。組數應穩定維持3組，假如訓練量可接受，重負荷訓練日可再增加組數。

每週操作4×次推／拉分段系統的DUP混合動作看起來如下：

第一週

重負荷推撐

- 3×6分腿俄式撐體伏地挺身
- 3×6 90度吊環反轉前傾臂屈伸

- 4×6吊環慢舉手倒立伏地挺身
  - ＋腿部

輕負荷上拉與後拉

- 3×10分腿前槓桿引體向上
- 3×10滑輪輔助（20磅輔助）單臂反握引體向上（或十字懸垂變化動作）
- 3×10德式懸垂回拉
- ＋腿部

輕負荷推撐

- 3×10進階團身俄式撐體伏地挺身
- 3×10 90度吊環反轉臂屈伸
- 3×10吊環慢舉手倒立伏地挺身
- ＋腿部

重負荷上拉與後拉

- 3×6直體前槓桿引體向上
- 3×6滑輪輔助（5磅輔助）單臂反握引體向上（或十字懸垂變化動作）
- 3×6德式懸垂回拉
- ＋腿部

第二週

重負荷推撐

- 3×4分腿俄式撐體伏地挺身（＋5磅負重背心或腳踝負重）
- 4×4吊環慢舉手倒立伏地挺身（＋5磅負重背心或腳踝負重）
- 3×4 90度吊環反轉前傾臂屈伸（或改為進階動作，例如臂屈伸直體慢舉手倒立）
- ＋腿部

輕負荷上拉與後拉

- 3×7直體前槓桿引體向上
- 3×7滑輪輔助（5磅輔助）單臂反握引體向上（或十字懸垂變化動作）
- 3×7德式懸垂回拉
- ＋腿部

輕負荷推撐

- 3×7吊環進階團身俄式撐體伏地挺身
- 3×7 90度吊環反轉臂屈伸
- 3×7吊環慢舉手倒立伏地挺身
- ＋腿部

重負荷上拉與後拉

- 3×4直體前槓桿引體向上（穿著負重背心）
- 3×4無輔助單臂反握引體向上（或十字懸垂變化動作）
- 3×4德式懸垂回拉（腳踝負重）
- ＋腿部

在第二週，輕負荷訓練日的運動安排與前一週重負荷訓練日相似，根據每週之間進步幅度，可將運動調整較困難或較簡單，但目的仍為創造進步。

第三週

重負荷推撐

- 5×3分腿俄式撐體伏地挺身（＋10磅負重背心或腳踝負重）
- 5×3吊環慢舉手倒立伏地挺身（＋10磅負重背心或腳踝負重）
- 3×3臂屈伸直體慢舉手倒立
- ＋腿部

輕負荷上拉與後拉

- 3×5直體前槓桿引體向上（穿著負重背心）
- 3×5無輔助單臂反握引體向上（或十字懸垂變化動作）
- 3×5德式懸垂回拉（腳踝負重）
- ＋腿部

輕負荷推撐

- 3×5分腿俄式撐體伏地挺身（＋5磅負重背心或腳踝負重）
- 3×5吊環慢舉手倒立伏地挺身（＋5磅負重背心或腳踝負重）
- 3×5 90度吊環反轉前傾臂屈伸（或改為進階動作，例如臂屈伸直體慢舉手倒立）
- ＋腿部

重負荷上拉與後拉

- 3×3直體前槓桿引體向上（＋10磅負重背心）
- 3×3德式懸垂回拉（腳踝負重）
- 3×3單臂反握引體向上（＋5磅）
- ＋腿部

目標是希望第二與三週之間，也能看到如同第一與第二週之間的進步。這是即使高級運動者級數也能明顯創造週與週之間進階的動作範例。

高級運動者：動作進程

修正動作：有時訓練的效果並未如想像中發展，進階的速度可能慢於或快於預期。這受到實際訓練時諸多周遭因素所影響。在較高的級數階段，獲得足夠經驗之前其實很難斷定動作會如期發揮成效。然而，由於到目前為止已從事長久的訓練，應有相當經驗可以「感覺」動作會如何發展，假如需要調整反覆次數來提升或降低運動的難度，應有足夠理由相信自己的決定是正確的。只要確保輕與重負荷訓練日涇渭分明，這是輕／重負荷動作的最關鍵部分。

隨著刺激強迫身體適應提升，訓練量隨之而升，要當心的是訓練過多比訓練過少更容易發生。此情況部分可藉由規畫數週的減量訓練來排除，但仍要小心身體由於經年累月的訓練而持續累積疲勞，即便進步還持續發生。

過量訓練與過度訓練：經過數年的持續訓練，規畫一段數週至數月期間的延長減量期。過程中並不需要完全停擺，只是放鬆！享受一下與家人相處的時光、安排趣味活動或許學習一項新的運動。假如已確實持續訓練數年，減量造成全面性的大幅退步其實很少。反之整體疲勞將逐漸消逝，讓身體恢復並準備好再度投入訓練。

一位運動者的做法值得注意，他已持續訓練4年並配合正確的休息期間，而目前大約位於級數11-12的範圍。他規畫一段為期2個月的延長休息，這段時間內依然感受到身體持續改變，肌肥大隨著「恢復」越多而增加。雖然休息前的進度都很穩定，但他其實並不知道自己的身體更需要這段延長休息。

有時當我們的能力如火箭般突飛猛進，往往容易忽略其他對於保持訓練有效的重要素質。人生並非一場誰才是最強的競賽，我們應該熱愛自己所做的事情，但有時也意味著要適時休息。休息有助於重拾因日復一日訓練而消磨殆盡的熱情。返回訓練時，如此全新視角將是獲得成功的墊腳石。

運用週期化：不要害怕失敗，就算失敗也已盡力嘗試！剛進入中級運動者階段會嘗試許多不同的週期與動作設計方案，即使是高級運動者階段初期也稀鬆平常。然而，這些經驗將能夠幫助自己了解身體如何對各種運動與週期方法產生反應。只有經驗獲得提升才能分析自己的動作並進一步修正來改善有效性，也將了解努力試探學習對自己有效的訓練方法是很重要的，特別是進度遇上阻礙的時候。

假如你是一位教練，這些方法將對你指導的運動員大有助益。要具備彈性，由於運動員不是教練，教練也不是運動員。為了了解哪些方法對於所從事的競技項目有幫助，部分通用與基礎知識是教練必需學習的，這些基礎知識對於大部分運動員都適用。然而，一位傑出教練的過人之處，在於如何從基礎上依據運動員的訓練特質，創造與剪裁適合每位運動員的方法。不像千篇一律的動作，《超越重力》最重要的目標，就是要傳授如何辨識對自己有效的方法，再依此建立專屬個人的動作。

目標：在高級運動者的訓練階段，目標必需更具體。除了維持目前已達成的肌力目標之外，同時針對一項推撐或上拉、後拉的目標進行訓練。這能夠使所有推撐、上拉或後拉運動完全聚焦

一項具體目標，單一目標的針對方法將大幅提升進步速率。

其他因素考量：留意自己的睡眠品質、營養與壓力狀態也是相當重要因素。忽略這些因素而遭遇阻礙會是必然的。最簡單範例是David Brailsford與英國自行車隊所使用的方法，在1908到2002年期間只獲得過2面金牌，但從2003到2013年之間已獲得58面世界錦標賽金牌，並贏得2008／2012奧運8面金牌。基本上，Brailsford教練所運用的是邊際效益原理（marginal gains theory），目標是追求每位運動員每個面向1%的成長。

假如訓練、睡眠品質、營養、壓力狀態與其他因素都分別增進或改善1%，微小改變的累積最終可創造大幅成長。透過各項因素的微幅調整使表現增進0.01秒看似微不足道，但假如能夠累積10項類似的改變，將是等於0.10秒，在游泳、田徑與自行車項目中，0.10秒可以是第1名與第4名的差別。

訓練日誌：保留與持續記錄RPE，追蹤每天的表現與訓練當下感受，一本手寫日誌可用來檢視自己是否訓練不足還是過度訓練，這是本階段的重要參考指標。由於高級運動者階段，訓練量、頻率與強度的有效範圍逐漸限縮，必要時運用訓練日誌的資訊來修正動作。

弱連結：高級運動者的進階過程，弱連結會開始越來越明顯，每隔幾週重新檢視自己是否需要針對特定範圍增加額外訓練。善加利用訓練日誌。高級運動者階段的困難動作，會對所訓練區域施加大量壓力，或許可從這些運動中辨識弱連結的存在。舉例來說，已知道單臂反握引體向上或十字懸垂的訓練區域是背部，假如訓練效果無法顯現，可能考慮針對一或二處著重加強。背部肌群可能由於訓練量不足而缺乏足夠刺激。另一方面，也有可能是肱二頭肌或其他區域產生弱連結而阻撓進步，或許需要加入某些單關節運動來加強產生弱連結的區域。嘗試、記錄與發掘能夠幫助進階的做法。

過度使用的修正：面對極困難的徒手訓練動作，身體通常自然而然就會告訴自己一項運動的強度對於肌肉或相連組織是否太高，仔細傾聽身體傳達的訊息，由於較高強度的運動更容易造成傷害，尤其是疲勞的時候。假如感到特定範圍逐漸緊張，絕對不要再強加訓練至疲勞。作為再次提醒，下方是前述章節提及的修正方法：

- 移除、降低訓練量或替代動作。
- 針對特定範圍需要時增加額外的預防訓練、單關節、活動性或柔軟度運動。

避免傷害：要謹記，傷害發生的頭號預測因素就是舊傷。先行降低訓練量並根據身體的反應修正動作——尤其是潛在過度使用傷害。受傷運動者的進步速度永遠比預防傷害暫緩訓練要更慢！

未來訓練：超越級數12之後，每位運動者欲達成目標與各自創造的經驗都極不同。本書雖然包含大量範疇，但仍然未著墨太多有關縮短訓練的特殊技巧，像是運動的分段方法或各種廣泛分段訓練。假如對相同領域依然存有疑問，網路也是絕佳的資源，你所提出的問題甚至能夠幫助另一位運動者！若感到完全迷失方向或單純想繼續討論，可至Reddit討論串提出：www.reddit.com/r/overcominggravity。

5

損傷／預防資源與徒手運動

INJURY／PREHABILITATION RESOURCES
AND BODYWEIGHT EXERCISES

CHAPTER 21

常見徒手訓練損傷

COMMON BODYWEIGHT TRAINING INJURIES

本書並不是為了診斷任何類型的損傷。如果存在潛在的損傷，請與醫生、物理治療師或醫學專業人士預約。在這本書或任何其他書中，都要聽醫學專家的建議。這些章節是為了資訊的目的，但還是得諮詢專業醫療人員後才能使用。

本書涵蓋了範圍較廣的主題，不會探究更深入的生理學細節。本章所包含的資訊將以一種概念性的方式呈現。請記住，雖然討論的傷害可能是最常見的，但因為你所描述的經歷和受傷區域中並不一定具有功能障礙。本章的目的是拓展你對常見問題領域的知識，以便使能夠使用正確的預防措施。這些資訊不能用於替代預防操作，預防操作需要根據身體的特定信息量身訂做，而不是根據在這裡所提供的一般資訊。

肌腱炎

病因

肌腱炎是一種過度使用的損傷，在這種情況下，肌腱維持工作負荷的能力是不夠的。它有很多可能的形成方式，包括肌肉不平衡、普遍的過度使用、不充分的恢復，甚至是突然的傷害。肌腱炎通常是因為結締組織比肌肉更慢適應而發生。當你變強壯時，快速發展或大量的訓練對於結締組織會造成負擔，即使目前的肌肉能夠承受工作負荷，但隨著時間推移，就可能會帶來負面影響，包括肌腱炎。

科學文獻聲稱肌腱結構的任何疼痛和功能失調都是「肌腱病變」，但是否存在程度之分，則有一些爭議。如果有程度之分，也都是屬於一般程度。

- 肌腱炎的第一階段是「炎症」，如果在這個階段沒有得到治療，過度使用是很嚴重的，一週內會感到痠痛或不舒服。如果持續的鍛鍊加劇了這一區域的惡化，那麼這個階段可能會

持續1個月或2個月，或者進展到第二階段。

- 第二階段稱為肌腱病性（tendinosis），其特點是慢性變性。在這個階段，炎症會隨著疼痛和不適的發展而逐漸消失。雖然疼痛通常發生在運動期間，但也可能在休息時出現。
- 肌腱病變的第三階段，是肌腱變性過程，將會導致肌腱的弱化，可能出現肌腱部分或者全部斷裂。

身體從肌腱的疼痛和不適到全身疼痛的敏感化通常是連續的，而不是分期可測量的。你不能確定自己是否得了腱鞘炎或者肌腱炎，除非你進行活體檢視，並能在顯微鏡下觀察肌腱。因此，你應該把階段當作一個連續過程，逐步預防至健康狀態。

訊息和徵候

- **第一階段**：要尋找的是疼痛、痠痛、隱隱作痛、壓痛，以及其他在運動過程中或運動後出現的主觀感受。這些症狀隨著消除額外的運動外加移動與預防行為而明顯改善。腱病也可以在沒有疼痛的情況下發生，但是由於沒有辦法檢測到它，所以沒有理由討論。如果你感覺很虛弱，無法確定原因，請諮詢醫生。
- **第二階段**：在這個階段，受傷的肌腱和周圍的肌肉組織會變得僵硬，尤其是在不活動的時候（比如早晨醒來時）。運動中的疼痛會有變化，但即使不運動也會造成傷害。有時疼痛會在肌肉和肌腱因熱身運動後開始逐漸消失，讓你覺得可以做更多。運動中疼痛可能消失的事實具有欺騙性，因此應該維持較低的作業能力，以便獲得適當的恢復。
- **第三階段**：在這個階段，你應該去看醫生或請教醫學專家。

典型發生部位

以下是一些最常見的肌腱炎在進行徒手訓練時可能發生的部位：

- 內側的上髁炎或高爾夫球肘（肘內側）是由於過度的高強度伸展訓練引起的。
- 肱骨外上髁炎或網球肘（肘外側）是由於腕部的過多延伸運動而引起。
- 肱三頭肌肌腱炎（肘）是由於過度的高強度運動引起的。
- 肱二頭肌長頭肌腱炎（肘）是由高強度運動或肩部補償引起的。
- 手腕肌腱炎（手腕）是由過度使用電腦或過度屈伸腕關節引起的。如何區分這2種手腕的傷害，會放在以後的討論中。
- 肩袖肌腱炎（肩）通常是由於過度的運動或低強度的急拉動作引起的。

矯正措施

對於肌腱炎，合適的矯正措施通常會結合預防訓練，列在一般衛生保健和傷病管理部分進行。

避免加重訓練使肌腱炎惡化：如果你繼續過度訓練，肌腱炎會惡化。不斷加重的傷害會明顯阻礙訓練。避免傷害加重的訓練將解決95%的潛在過度使用傷害。請把違規運動替換為另一個或降低難度，當身體狀況改善時，再回復原本的訓練。

活動訓練：最近研究表示，在肌腱炎的情況下，動態練習要比完全休息的效果好。動態操作將促進癒合，因為你正在移動受傷的區域。肌腱將稍微工作，不會使他們進一步惡化。這將產生肌腱損傷部位所需的修復，並防止廢用性萎縮的發生。

1－2週的活動訓練應該能清除輕微的肌腱炎，因為最初的炎症會促進癒合，但這並不意味著你必需停止鍛鍊，只是避免過度使用那些肌腱炎區域。如果情況好轉，從40%的強度開始，每週增加10%的量，重新開始鍛鍊。注意，這也很容易使敏感區域再度惡化（這便是為什麼每週只增加10%的量）。如果出現惡化跡象，將把事情弄得更糟，應立即退回前一個強度。保守一點總比發展成慢性狀態要好。

不幸的是，慢性肌腱炎可能不會對動態操作和移除違規的運動做出積極反應。如果肌腱炎在幾週內還沒有清除，可能就會惡化。這需要與輕度肌腱炎分別處理：需要復健運動來刺激炎症過程，以及配合按摩來促進癒合。任何其他加重影響受傷區域的運動都予以消除。

自我按摩：按摩經由身體的自然炎症過程，釋放和重組組織，改善組織品質，同時也可以分解任何潛在的可能，會限制影響區域或周圍區域正常運動的疤痕組織或黏連。根據目前的研究，增加血液流向肌腱的概念是錯誤的。

雖然你不應主動地按摩肌腱區域，但是一些按摩療法可能會有所幫助。交叉摩擦（Cross-friction）按摩和肌筋膜放鬆是兩種常用的技術。交叉摩擦按摩是垂直於肌腱的，而肌筋膜放鬆是與肌腱平行的。如果你能準確定位與肌腱銜接的肌肉，可以嘗試用這兩種按摩技巧來放鬆它。我們的目標是放鬆肌肉組織，這樣張力就不會一直放在肌腱上，張力若一直存在，可能會加劇肌腱炎的惡化。

為了確保周圍的肌肉系統正常工作，不會給該區域造成過度的壓力，在周圍的關節部位應用交叉摩擦按摩和肌筋膜放鬆技術。例如，肱骨內上髁炎，按摩肩部和手腕之間的所有肌肉。髕骨肌腱發炎時按摩腳踝和髖部之間的肌肉。如果你希望的話，可以輕輕按摩肌腱以便觀察是否會產生長期的影響。因為肌腱較敏感，所以開始的時候要放鬆力道。軟組織過度地工作將會進一步加重損傷。

使用其他的手法按摩可能會有所幫助。刮痧按摩（Graston technique）、深層按摩（ART）、指壓按摩（trigger-points therapy）、滾筒按摩（foam rolling）和高爾夫球／網球滾動按摩（golf／tennis ball rolling）是一些可以考慮的方法。建議你諮詢專業的醫學人員找出哪個適合特殊的情況。

如果既定目標為清理產生的炎症，你的醫生每天將進行5到30分鐘的按摩，而且大部分專注於

肌肉按摩。如果你發現周圍肌肉組織中有緊密的肌肉黏連，請關注這些區域。執行這個任務的時間並不重要，如果需要的話，你可以將其分成幾個部分。

熱水浴或冷水浴：在CHAPTER15中討論MEAT與RICE的問題，並給出了各種理由，說明為什麼冰敷不再被認為是最佳治療扭傷的方法。如果有過度的腫脹，需要使用加壓包紮或消炎藥。

從冰敷到熱水浴和冷水浴的實際操作中顯現了一些效果，每天可以進行2到5次，每次15分鐘的轉換操作。對於冷熱浴，你可以選擇每分鐘在冷水或冰水與熱水之間交替，每分鐘做5到8個回合。

輕度伸展：雖然研究表示，伸展不能預防傷害，但在受傷前的預防項目及受傷後的復健中可以有效地利用它。這在肌腱炎的情況下尤其重要，因為肌腱部位的肌肉可能過度緊繃，運動範圍也很有限。疼痛會導致肌肉收縮，所以伸展運動通常是有用的。

伸展運動應該針對的是主動肌——銜接到肌腱的肌肉——他們會因為疼痛和過度使用而變得緊繃或縮短，這可能會導致肌腱的過度緊張。最重要的是，當一側有明顯的過度使用時，通常會出現肌肉不平衡，這就給關節、肌腱及韌帶等支撐結構造成了壓力。將不平衡的肌肉組織和鬆弛的肌肉組織聯繫起來，有助於組織的正常運行。

將伸展運動集中在與肌腱相連的主動肌上，把肌力集中在相反的肌肉上。如果你正在處理肘關節的內上髁炎，伸出前臂屈肌來加強前臂伸肌的工作。對於髕骨肌腱炎，伸展股四頭肌加強腿後肌的肌力。

輕度的離心運動：現有研究一再證明，離心運動是預防肌腱炎最有效的策略。進行離心運動可以增加膠原蛋白的形成，並使功能失調的肌腱結構正常化。記住，有時受傷關節的肌肉由於疼痛代償而不能正確地執行運動功能。如果是這樣的話，離心運動也有助於重新訓練神經系統，使之正確誘發。

從一個非常輕的重量開始，緩慢、準確地進行離心運動。這個離心運動需要5到7秒的時間。當身體明顯改善時，你可以加入向心部分，注意不要過度使用。正如CHAPTER15所述，這往往是5121節奏。向心運動應控制（但不是很快）在運動結束範圍內暫停，離心運動應更長。在你增加重量或強度前，從每次重複20次開始增加到每次重複30到50次。這樣可以使身體適應工作負荷，從而降低受傷或再次受傷的危險。謹慎而為，以免加重現有的傷害。

一般來說，在確定你是否做得太多時，疼痛不是一個準確的指標。預防可以在有或無疼痛情況下完成，這是所有的預防措施都應該與專業醫療人員進行協商的主要原因之一。

早期的肌腱炎復健傾向使用40%1RM（最大反覆）重量的開放鏈訓練，如對於肘肌腱炎採用離心彎曲腕關節的運動，對於膝關節肌腱炎則採用離心伸腿的動作。對於向心部分，你可以使用另一隻手臂或另一條腿來幫助受傷一側復健。這種方式很容易使關節負重減輕（以啞鈴或踝負重的形式）它也允許你微幅地增加重量，以保持安全的進展。在進程中，你可以將運動形式轉為更

封閉的鏈式運動，比如緩慢地走下樓梯或反向引體向上（negative pull-ups）的離心運動。閉鏈運動傾向於大部分使用自身重量，所以過早的使用將會加重損傷並中斷癒合過程。

其他方法：在科學文獻中，離心運動是唯一具有「強而有力的證據」證實其實用的介入手段。這意味著多個隨機對照試驗已經證實了他們的有效性。其他方法可能沒有證據、證據不足或者不充分的證據支援他們在復健計畫中使用。「不充分的證據」意思是雖然有潛在的機制，有動物研究和／或試驗和／或個案研究。但是，沒有隨機對照試驗（RCT），或在隨機對照試驗中收集的證據是相互矛盾的。「適當的證據」是所進行的實驗、個案研究、調查的結果與1到2個隨機對照實驗結果的一致性。從相互矛盾的證據、沒有證據到不充分證據的一些方法，包括：

- 針刺療法
- 針灸療法
- 體外衝擊波療法
- 超聲波
- 電刺激
- 低強度鐳射治療(LLLT)
- 富含血小板的血漿(PRP)
- 自體血液注射
- 增生療法或其他硬化劑
- 貼紮
- 外科手術

現有一些應用的適當證據，諸如體外衝擊波療法、不同的增生療法或其他硬化劑、以及某些類型的富血小板血漿治療法（PRP）。介入措施如糖皮質激素和消炎藥如甾體抗炎藥，可能在短期內有幫助但是產生長期的負面效果，這就是為什麼他們被排除在這個名單之外。

這項研究的一大問題是，對身體某些部位的介入可能對其他部位無效。例如肱骨外上髁炎的研究就是一個噩夢，因為即使一些離心運動和一般的物理療法都能產生短期療效，但縱向和後續研究表明幾乎沒有長期效果。對跟腱炎和髕腱炎有用的方法，不一定適用於肩部或肘部肌腱炎。

這裡沒有列出其他的方法，如服用補充劑。只有相互矛盾的證據，沒有證據和／或可能有不充分的證據來證明使用補充劑會產生一定的效果。即使產生某種作用，也可能是在個人層面上。

- 氨基葡萄糖和硫酸軟骨素（分別按3：2的比例混合）
- 甲基磺醯基甲烷（MSM）
- 白粉藤屬
- 腺苷蛋氨酸（SAMe）
- 魚油
- 維生素C
- 透明質酸
- L－賴氨酸及其他膠原蛋白和肌腱成分

擬定預防訓練課程

與常規的訓練方法是相同的：用相似或更簡單的移除加重訓練來取代過度訓練，以此改變日常習慣。如果你需要進一步修改，可以使用整個肢體（intralimb）、前臂、身體其他部位訓練的概念來完成訓練。如果運動需要使用受傷的肢體，只有在不加重損傷的情況下才可以進行。另外，必需確保相應的組織有足夠的熱身運動。以下是關於如何構建預防效果的基本指南：

- 動態練習（局部的熱身運動）
- 伸展（5－10分鐘）
- 自我按摩（5－15分鐘）
- 輕度離心運動（以1－2個動作開始，每組重複次數為15－20次，1－2組）
- 熱水浴與冷水浴（10－15分鐘）

這裡以肘部的肌腱炎為例，為受傷的特定肌腱完成以下操作：

1. 手腕繞環和其他運動、旋內和旋外及曲肘和直肘。
2. 20－30秒非常輕度的伸展（對於每個手腕姿勢），隨關節的直肘和曲肘動作旋內和旋外。
3. 輕輕按摩肌肉及周圍的肌腱。
4. 手腕繞環完成最大重複次數的40%1RM，以5121的節奏，每組20次重複動作（最多到50次）1－3組。另外，肌肉鞏固和伸展訓練應完成如下步驟：加強肌腱的拮抗肌（1－2個訓練動作，15－20次／組，1－2組訓練）
5. 熱敷受傷的肌肉和肌腱10－15分鐘。

在整個過程中，熱敷可以靈活使用，在伸展的前後進行均可。熱敷可以有效地使組織升溫，進行伸展、按摩或鍛鍊，特別是你感到僵硬或疼痛時。

儘管你可以在休息日裡完成這項工作，但不能將預防過程從日常生活中分離出來。相反地，將這些部分結合起來，按熱身、離心運動、按摩、伸展的順序，以此來縮短預防的時間。

如果你正在替日常訓練增加一些預防效果，這並不意味著你需要完全休息而忽視其他方面的訓練。即使你受傷──如果你有肘部肌腱炎──你仍然可以完成腿部動作、核心訓練、某些技巧訓練及身體受傷區域的靈活性／柔軟度訓練。

需要注意的是，當在「穩定關節」如肘關節出現肌腱炎時，手腕和肩部會出現靈活性或肌力的限制，這可能會增加肘部的壓力。同樣的情況發生在膝關節肌腱炎，腳踝和髖部的靈活性或肌力受限。因此，如果在肘關節或膝關節處發生肌腱炎，你應該努力改善它周圍兩個關節的柔軟度和靈活性。

隨著身體狀況的改善，慢慢從絕對的高重複訓練轉變為輕強度的複合型運動。如此，你可以慢慢恢復到高強度運動。一個好的經驗法則是，在你受傷後的每一個月裡，你需要1週的時間來進行復健。如果你已經進行了1年之久，你可以預期大約需要12週的時間才能完全恢復到你再次使用大重量或高強度的程度。

肌肉拉傷

過度勞累而拉傷、過分用力而拉傷、撕裂傷和破裂傷是描述同一肌肉損傷的不同名稱，唯一的區別在於受傷程度。過度勞累而拉傷、過分用力而拉傷不如撕裂傷和破裂傷嚴重。為了簡單起見，拉傷這一術語將根據這一點來使用。

病因和評估

當施加在肌肉上的肌力大於肌肉產生相反肌力的能力時，就會發生肌肉拉傷。這通常發生在高速運動，然而，它也可以發生在持續收縮時。它往往發生在訓練快結束的時候，此時肌肉感到疲勞，無法產生如鍛鍊開始時那麼多的肌力。肌肉拉傷在以下幾種情況發生頻率較高：

- 有勞損的地方，因為此處肌肉虛弱。
- 靜態伸展之後，當你開始進行積極的活動時，因為肌肉肌梭的靈敏度降低可能會使肌肉的長度比它應有的長度要長得多。
- 老年人，因為隨著年齡的增長，肌肉的柔軟度下降。
- 柔軟度和靈活性較差的肌肉，因為肌肉沒有延展就無法被拉得很長，尤其是疲勞的時候。
- 在訓練結束時，因為肌肉維持足夠力量輸出的能力較小，當疲勞增加時得以預防拉傷。
- 虛弱人群，因為脆弱的肌肉更容易拉傷。
- 撞擊時，運動神經的輸出減少，導致肌肉產生的肌力減少。

肌肉損傷——特別是與延遲性肌肉痠痛有關的因素——是由肌肉收縮引起的。同樣的事情也發生在肌肉拉傷上，他們發生在肌肉的離心收縮過程中。即使在某些情況下，在向心收縮的過程中也會出現拉傷，它實際發生在離心收縮期間（正好在轉換期）或當力量太大而撕裂肌肉時。

絕大部分肌肉拉傷——除了毀滅性的拉傷——均發生在離心運動中。腿後肌拉傷發生在膝關節向前移動或腳接觸地板時腿後肌被拉長。背部的拉傷發生在硬拉過程中，因為背部是圓的，豎脊肌也被拉長。肱二頭肌或肩部的拉傷發生在引體向上的下降階段。在踢球時，拉傷發生在非常用力踢球之後，因為腿在前面並且向前移動。

　　了解增加拉傷的潛在因素很重要。如果你較容易拉傷，就必需在執行高強度運動時小心謹慎。具有已知醫學問題或之前存在拉傷的運動員需要積極主動，當你進行高速度、高強度的訓練時，一定要有充分的準備活動並在運動後進行靜態伸展。唯一例外是如果柔軟度會影響正確的技術動作，就應該在訓練之前解決這些問題，以確保訓練期間的安全。

　　當拉傷確實發生時，有一些跡象可以幫助你識別正在發生的事情：

- 肌肉拉長和收縮都會疼痛。
- 拉傷往往伴隨著突然而劇烈的疼痛發生。
- 拉傷往往發生在肌腹部位和肌肉的軟組織。
- 如果拉傷是嚴重的，腫脹和／或瘀傷可能存在。
- 如果是撕裂傷，在肌肉中可能出現凹陷、間隙或者完全撕裂分開。

拉傷按一至三級分級：

　　一級拉傷由輕微的肌肉撕裂傷組成。幾乎沒有腫脹，也沒有瘀青，但疼痛存在於軟組織中。疼痛的程度是可變的，取決於人們如何感知它。疼痛可能只在離心運動而不是向心運動中發生，當壓力施加於拉傷區域時，你不太可能感到劇烈的疼痛，但是你可能感到不適或輕微的疼痛。

　　二級拉傷是肌肉的部分撕裂。可能會有一些腫脹，瘀傷是可變的但很可能是暫時的，因為組織的損傷和破裂足以導致血液流出。離心運動和向心運動都會造成傷害，對受傷部位施加壓力會引起疼痛。受傷的肌肉運動範圍是有限的，開始的時候為了保護受傷的組織肌肉將會變得很緊。

　　三級拉傷是肌肉幾乎或完全斷裂。將會出現腫脹和瘀青，肌肉撕裂的部分很可能出現凹陷或間隙。如果發生這種情況，使用加壓包紮及立即就醫是非常重要的。

　　如果發生了三級撕裂傷，直接去急診室救治。（在第二級的撕裂傷中也應該這樣做，然而不是所有的情況都需要這樣做。以下資訊是針對一級或低於二級撕裂傷的情況：

預防訓練——急性炎症期

　　拉傷不同於肌腱炎。隨著拉傷的出現，實際的損傷已經發生了。像肌腱炎這樣的過度使用損傷可能會表現為疼痛或不適，而不會產生任何組織破壞。拉傷的預防將從組織重建階段開始，而不是跳過這個特殊的預防訓練階段。

　　如果身體虛弱，不需要變得更強壯。如果你肌肉非常緊繃，在訓練之後你必需經由靜態伸展和／或神經肌肉本體感覺促進伸展來增加肌肉的柔軟度。如果你年紀大了，在每次鍛鍊前適當熱身是很重要的，你應該在訓練後進行所有的靜態伸展，除非身體需要它來幫助保持正確技術。

*最重要的是始終保持正確的技術。*如果你正在進行定時訓練，最重要的是強調技術，而不是在更短的時間內完成。不斷地鑽研技術是每一項運動和體育事業成功的關鍵。為了讓自己看起來更好或感覺更好而走捷徑，不會給自己帶來任何好處，只會增加受傷的機會。

所有損傷急性期的特點是組織損傷引起的肌肉炎症反應。腫脹和瘀青可能或不可能出現；但是，如果這兩種情況都存在，你就需要採取正確的措施促進組織的癒合。

- **使用熱敷**：如果沒有腫脹，你可以立即熱敷，這對該區域的血液流動是有益的。對於直接熱敷急性損傷部位存在一些爭議，如果你想堅持標準的規程，可以只用冰敷。如果有腫脹，你應該使用加壓包紮。
- **消炎藥**：首先要和醫生談談，對於一級和二級拉傷，大多數醫生會給你開具布洛芬脂類非甾體抗炎藥物的處方，遵循醫生的指導用藥，要知道長期使用非甾體抗炎藥會導致胃病。
- **保持運動而不引起疼痛**：保持身體部分活動是很重要的，這樣可以防治肌肉收緊，抑制神經系統對疼痛的敏感。不要以會引起疼痛的方式移動，拉傷部位不應該被伸展，因為這通常是他們最初受傷的原因。
- **自我按摩**：如果有過度腫脹，用手做向心推，這樣有助於清除傷口，加速癒合的過程。這個階段的自我按摩應注重輕／淺地按摩皮膚的表面，向心臟移動，不要用力往組織內部推。

修復和重塑期

這些階段通常是分開的，但是如果肌肉被妥善照顧，修復和重塑可以同時發生。

在這個階段，身體正在修復可以修復的受傷組織，分解無法修復的組織形成疤痕，並建造新的組織，這一階段在受傷後的48－96小時內開始。當腫脹開始減輕，組織在運動中感覺良好的時候，可視為你已經度過了急性期而進入了這個階段。宜保守估計才不會重新損傷拉傷部位，可採取以下步驟：

- **繼續使用熱敷**：這有助於增加血液迴圈、放鬆繃緊的肌肉、增加運動能力，可以讓你在沒有疼痛的情況下，盡可能地多些運動。
- **繼續使用消炎藥**：疼痛和過度炎症都需要使用。
- **保持自我按摩**
- **增加移動性訓練**：將注意力轉移到放鬆緊繃的肌肉，這樣你就可以進行深層的按摩，前提是不會感到疼痛。增加移動性訓練後，可以幫助你擴大運動範圍。最好是伸展到不適範圍內，但突然疼痛時要停止，因為這樣會加重損傷，上述不包含頻繁移動受傷的部位。

這個階段的程序可以遵循以下步驟：

- 熱敷受傷的肌肉（10－15分鐘）
- 按摩受傷的肌肉（10－15分鐘）
- 完成移動性訓練，重點是維持與輕微提高運動範圍（5－10分鐘）

恢復訓練：像肌腱炎，從較輕的重量開始，以便控制運動，這將確保你不會重新拉傷肌肉。*要非常緩慢地進行：因它很容易加重相應的受傷部位。*

在不使病情加重的情況下獨立完成工作。持續低重量並且只完成幾組，每組包含15－25次重複動作的運動，目標圍繞5121節奏（類似於肌腱炎時的使用方式），以較慢的離心運動，控制向心運動與停頓。現在不是增加重量的時候，如果肌肉有任何類型的刺痛，立即停止。你想用高強度的重複訓練來增強耐力，當你疲勞的時候，組織也會變得非常脆弱。任何損傷不能被孤立（如下背部拉傷），用大量的等長收縮。非負重下蹲、背部伸展或輕度硬拉／負重屈訓練可以產生效果。對於背部的拉傷，反向的過度伸展會有所幫助，但要慎重使用。

在大多數情況下，只要你保持低強度鍛鍊，第二天感覺良好，就可以獨立完成相應的運動。保持高強度的鍛鍊和運動，不要以很快的速度進行。需要額外提醒的是：如果再次肌肉拉傷，將需要更多的時間來恢復。

透過增加強度慢慢地從等長運動中進步。一旦你強化了這個區域，就可以回到輕複合運動，從中提高複合運動的強度。在這一點上，你將用自己的方式回歸整個訓練。由於個體差異，進步會有所不同，但是不要害怕，慢慢來。

預防測量：如同先前的討論，如果之前有扭傷的肌肉，更容易出現拉傷。這裡有一些可以做的事情，以此來防止再次拉傷。

提高肌肉的柔軟度和靈活性，這項工作應融入熱身和（劇烈運動後）恢復正常體能狀態中。增加一些軟組織訓練，如泡棉滾筒和／或自我按摩。在正確的時候進行動態和靜態的伸展動作。

接下來，讓肌肉對損傷有更強的抵抗力。如你所知，運動中發生的大部分損傷都是肌肉在進行離心運動時發生的。然而，肌肉本身經由重複的離心運動獲得了對損傷的抵抗力。發生這種情況的模型是肌節爆裂（popping sarcomere）理論。該理論認為離心運動拉長肌肉時，單一肌節因擴張而形成損傷。特定部位的過度或明顯肌節膨脹是屬拉傷，但是在癒合過程的炎症階段，身體微損傷的反應是增加額外的肌小節。隨後，肌肉就會對損傷產生更大的抵抗力。

這意味著大部分的預防訓練應該集中在緩慢的離心運動上，如果日常活動或運動需要爆發性動作，情況更是如此。例如，一個大腿或腹股溝拉傷的短跑選手要專注於無間歇高重複的離心大腿屈曲的動作。這將使運動員恢復對損傷的抵抗力，同時使受傷的肌肉完全康復。

你可以在後續的預防訓練進展至6－10秒的離心運動再混合舉重部分，像硬拉、負重屈訓練、過伸、羅馬尼亞硬拉及相似的運動。目標是在回復爆發性運動之前恢復這種肌力和動力。不要過度地增加重量，嚴格地注意保持你的方法。

結語

從一級和低於二級的拉傷恢復並不難，高於二級的拉傷可能需要更多關注。使用同樣的方法處理他們，只知道急性期、修復期和重塑期，將會花費更長的時間。如果你有三級拉傷，需要到一個合格的醫療診所就醫。

如果你有肌肉拉傷，最難的是透過上面提到的方案有耐心地照顧好自己的身體。要自律，不要把身體視為理所當然。把這次當作你不想重複的學習經歷吧，進行正確的移動性操作、預防訓練、復健，並注意保持正確的技巧，緩慢進行。

緊張性頭痛

緊張性頭痛的發生有以下幾個原因。如果頭痛（或靠近顱底的疼痛）只發生在運動和／或運動後不久，很可能的原因是在運動中不正確的技術或肌肉過度緊張。伸長或彎曲顱底部肌肉的動作可能會導致抽筋，這是導致緊張性頭痛的原因之一。或者肌肉緊張可能會限制血液流向大腦，也會導致頭痛。（注意，如果頭痛或疼痛發生在鈍傷或意外事故之後，和／或疼痛看起來不尋常，你應該去看醫生，這可能是更嚴重的症狀。）

很多人在進行深蹲、硬拉、引體向上的時候會出現緊張性頭痛。在運動過程中，他們通常會用力保持背部挺直，這可能會導致頸部彎曲或伸長脖子，尤其是在引體向上試圖把下頜抬到器械之上。這可能發生在手倒立俯臥撐或任何頭部過度伸展的動作中。

這種過度的頭部伸展運動很重要，因為它減少了輸出力。椎骨之間有間隙，神經便從肌肉進入到四肢。當你拱頸或吊頸時，椎骨之間的間隙減少了，並壓縮這些神經，這可能會因為暫時的撞擊而減少肌肉肌力的輸出。想像肢體睡著了，失去了協調，要麼是神經的撞擊，要麼是血液流向神經的阻塞。正確的頸部姿勢不僅能預防傷害，還能讓你有效地表現能力與肌力。

除了修復技術，有多種方法能使身體正常運作。熱敷和按摩可以放鬆頸部肌肉，移動性動作（例如在運動前後，透過非疼痛的運動來鍛鍊頸部）也是有效的。如果你運動特別緊張的肌肉，那麼進行更多的靜態伸展是有益的。將這4種修復方法結合會解決大部分的問題。如果緊張性頭痛持續下去，你可能需要看物理治療師或按摩師。有的特殊按摩技術，如鬆弛枕部，可以有效緩解緊張性頭痛，讓你可以再進行有效的鍛鍊。

肋軟骨炎（痛性非化膿性肋軟骨腫脹）

肋軟骨炎往往表現為疼痛、不適和／或疼痛沿著胸骨或肋軟骨的地方進入到胸腔中部區域。（如果疼痛出現在胸腔深處，請去看醫生。）

這種傷害往往在那些之前沒有使用吊環、雙槓的人身上，或者是在入門階段開始進行徒手訓練，它通常發生在胸肌劇烈使用的時候。像吊環外轉支撐訓練（RTO support work）、吊環挺身（rings pushups）、吊環臂屈伸（rings dips）和其他任何類型的推壓動作，導致胸骨區域的疼痛或不適。它通常會表現在運動的最後部分，當肘部在身後，手在腋窩水平位置，仰平衡和俯平衡可能加重這種情況，如引體向上和單臂引體向上。

胸肌附著在胸骨上，部分附著在肋軟骨上。如果你以前在耐力訓練中沒有使用過胸部，結締組織就不會很強壯。因此，當你做一個大幅度的動作（如點頭）你會伸展胸肌，可以把肋軟骨起源的肌肉拉離胸骨的肋面。這會導致一些腫脹、痠痛、不適和疼痛。

- 如果你經歷了這種損傷，請休息並讓它癒合。立即從日常生活中去除那些違規的訓練，用不加重病情的訓練取而代之。
- 讓肌肉保持在不負重和不疼痛的運動範圍，這樣他們就不會緊繃，這種運動也有助於刺激血液流動。
- 按摩可以舒緩相應部位，防止肌肉緊繃和伸展。
- 熱敷可以用來刺激血液流動，一旦受影響部位開始感覺好轉就能促進復原。
- 消炎藥、非甾體類抗炎藥可減少炎症，促進癒合，特別是傷勢嚴重時。魚油在任何情況下都是很好的選擇。

在1週或2週內，再次嘗試違規訓練並確定你是否準備好讓他們重新回歸日常生活。請注意，如果你的情況惡化，恢復的時間將會更長。所以請慢慢地回到訓練。

胸椎／肩胛骨／肋骨

肩胛骨／肩部區域的任何疼痛都應該由物理治療師或醫學專家檢查。如果胸椎、肩胛骨和肋骨有慢性疾病，就須格外重視。肩部問題可能是其他部位，如你正在經歷疼痛和不適的地方引起的。

頸部：如果疼痛發生在頸部脊柱兩旁1寸內，並且難以在一個或多個方向上移動頸部，則可能有椎骨面或肋骨問題。不良睡姿或快速移動身體會導致這種情況發生。只要你伸展任何緊繃的肌肉，不停地移動，這個問題就會很快地解決。按摩、熱水浴和熱敷對降低疼痛和增加運動範圍非常有效，要在非疼痛範圍內以大量活動為目標。

　　如果問題在幾天內解決不了，或者變得更糟，就須立即向按摩師或物理治療師尋求協助。如果你不及時處理這個問題，頸部組織會變得非常緊繃，它可能需要你多次就醫，而不僅僅是1、2次，這會花費你寶貴的訓練時間。

　　肩胛骨：不適、刺激和／或肩胛周圍疼痛（即肩胛骨）的發生有多種原因，最常見的是不良姿勢的組合，背部肌肉薄弱、常規的不平衡（通常來自拉得不夠），較弱的肩胛內收肌。

　　對於肩胛骨不適，一種標準的治療方法是使用曲棍球或網球，將球放在緊繃／痠痛的區域上滾動，直到他們放鬆為止。泡棉滾筒和伸展運動，涵蓋手臂和肩胛骨包裹胸部的所有肌肉、前後肩部、背部和闊背肌都是不錯的選擇。

　　肩關節的雙側出現問題往往表示姿勢或結構問題。如果問題是單方面的，原因可能是技術、過度使用、慣用與非慣用邊，甚至是脊柱側凸。因為每個人都不同，所以不推薦自我診斷。請就醫。

　　這是一種緩解疼痛和不適，以及肩胛骨周圍緊張的有效訓練動作，如下圖所示，需要一條彈力帶和一面牆的訓練。你可以使用2種方法進行這個訓練：

- 你可以使用彈力帶強行收回肩胛骨，如上圖。
- 另一種方法是平行面對牆，把手放在牆上，往外伸展。手肘在身體後面，向外伸展，迫使肩胛骨進入收縮狀態。

　　一旦你進入這個位置，有3個步驟可幫助你更好地保持姿勢，釋放壓力，打開胸腔，減少背部肌肉的緊張感。所有這些一起進行，可以減輕疼痛、不適和／或緊張的頸部和肩胛處的張力。

1. 從深呼吸開始。用鼻子吸氣4秒鐘，然後用嘴吐氣8秒鐘。如果你願意，可以屏住呼吸5秒鐘，然後鼓起胸部，讓周圍的肌肉產生張力。這樣做的目的是經由收縮肌肉來增強緊張感，並在呼氣時讓肌肉放鬆，這樣應該可以放鬆肩部的前面。
2. 肩胛骨收縮。肩胛骨用力回縮，收縮肌肉，盡可能地將肩胛骨拉向脊柱，保持10秒鐘，每

個肩胛骨重複3到5次。這有助於放鬆任何緊張，使肌肉適應更好的姿勢。

3. 最後，再把肩胛骨一起靠攏。慢慢地聳聳肩，直到肩胛骨最大地抬高和下降。運動的範圍應該是4到6英寸。當你把他們向上移動到耳朵和向下到下背部，在上部和下部各自暫停3到5秒，以獲得良好的肌肉收縮。

這個訓練之後，看看姿勢。鍛鍊可以打開胸部，減少肩部前側肌肉的緊繃感。在絕大多數情況下，它也能緩解肩胛骨的不適感和緊張感。當你站直時，你會感覺好多了。如果肩胛骨有張力，這個訓練尤為有益。

這個訓練過分誇大了相應的標準，從而使你在以後的活動中進入更中立的範圍。深呼吸有助於放鬆肌肉，釋放緊張感。抬高和壓低動作會使肌肉重新調整到正確的休息長度，消除緊張感。這個訓練對體操、跑酷來說很有效，對於那些挺舉的奧林匹克舉重運動員來說也是如此。

試一試，如果1週後功能障礙沒有改善，需要去看專業的醫生。

下背部

通常，當下背部受傷了，伴隨著疼痛而來的是一些力學議題，這種機械性問題通常可以在一定程度上解決。即使它是永久性的，也不可能致殘。（研究表示，即使是非運動員也會有腰椎間盤膨出／突出，不會造成疼痛或損害他們的功能。）受傷和伴隨的疼痛都會引起功能紊亂的過程，導致背部肌肉痙攣。這就造成更多的疼痛和緊張，加重了傷害，並且產生負反饋迴圈。疼痛「關閉」了脊柱周圍的節段穩定肌，這導致了核心肌肉活化時間的紊亂，尤其是腹橫肌。身體的補償方式是打開核心區的「整體肌」（如豎脊肌）來保持穩定，從而加劇負反饋回路。這就是為什麼整體肌在背部受傷後會感覺非常緊，為什麼滾筒按摩或按摩不能解決問題——這實際上是穩定性問題。解決方案是對深層肌肉片段穩定肌執行穩定性作業來修正核心活化時間。這種預防方法自然會減輕腰背部的緊繃感。

在預防訓練過程中使用的許多訓練都是幼兒在學習走路時所做的動作，認識這一點很重要。一個蹣跚學步的孩子的動作訓練了一個神經系統，這個神經系統還沒有學會如何正確地協調，像是滾動與爬行等基本動作及控制頭部。例如，分段滾動（嬰兒首先學習如何滾動的方式）是以正確的時間啟動核心肌肉，並驅使椎骨之間的穩定肌正確地啟動，因為所有的分段都是獨立移動。一旦重新學習整體動作型態時，運動員的復健訓練有助於肌肉正確啟動和時機的排序。

物理治療的預防步驟，首先讓肌肉在正確的時候啟動，然後穩定受傷部位。你可以利用這些強化的基本運動模式獨立操作，然後是複合運動，按照原先的方式對之前的受傷部位進行復健。

在舉重運動員和非舉重運動員中，背部疼痛和受傷都是很常見的，有很多因素會導致更低的

背部問題，包括你穿的鞋子的類型、坐的方式、舉起重物、姿勢不良、生物力學因素。將這些錯誤的動作和糟糕的技術結合在一起，運動傷害的機率將會猛然增長。如果你在訓練下半身，用蹲坐、舉重和其他一致的複合運動，你可能在下背部的某一點出現問題。這些問題可能不會在做徒手訓練時發生（如果基於正確的技術動作），但是他們經常在伸展的時候在背部大範圍地出現。

在接下來的章節中提到的不同類型的下背部損傷需要特別關注。在某些情況下，你可以自我糾正這個問題；其他的情況，或當你有所懷疑時，就需要去看專業的醫生。

在做舉起動作時，彎曲損傷發生在背部較低的位置。當它呈現自然彎曲的時候，背部的肌力是最大的，圓背使椎間盤處於易受傷的位置。

下面是3種最常見的下背部損傷：

- 椎間盤膨出或突出
- 骶關節滑動或旋轉
- 肌肉拉傷

如果損傷伴隨著軟弱無力的疼痛或神經系統症狀，如感覺或運動功能障礙，請立即就醫。運動功能障礙是非常重要的，你可能需要直接去急診治療。此外，如果你懷疑損傷不屬於上述任何一種，請請教醫學專家。

椎間盤膨出或突出會在脊柱本身或脊柱周圍引起疼痛。你會感覺它在你背部的正中間。如果這個問題存在於脊柱較低的位置，它可能刺穿脊神經根。這就導致了脊柱或下肢的放射性疼痛，這是本章後面討論的問題。最常見的神經根病是坐骨神經痛，它通常表現為髖部周圍的放射性疼痛，可能會延伸到腿上，甚至還會一直延伸到腳部。

行動步驟：最好是去看骨科醫生，利用核磁共振成像，他們能夠評估損傷的程度。在那裡，可以確定正確的治療方法。在做任何手術或注射類固醇之前，你經常會被引薦給物理治療師，他們可以幫助你復健，但是你必需注意不要加重損傷，因為這可能會導致永久性的疾病。伴隨疼痛而來的是炎症，這些症狀可以經由正確的動態操作得到緩解。

因為每個人都是不同的，鍛鍊的方式也會有所不同。一些運動會使疼痛加重，一些會幫助減輕疼痛，一些則會起到中性的效果。下面清單的許多動作都是你在蹣跚學步時學到的基本動作。可以嘗試做一些動作，找出什麼對你來說是最有效的動作。

- 仰臥，膝關節彎曲，把膝蓋從一邊轉到另一邊
- 爬行（為了核心穩定性）
- 分段滾動（Segmental rolling）

- 貓式拱背運動（Cat-Camels）
- 鳥狗式屈伸（Bird-Dogs）
- 曲膝橋式（Glute Bridges）
- 側橋式（Side Bridges）
- 麥肯基氏運動（McKenzie）
- 反向過伸

反向過度伸展（如上所示）特別適用於再造下背的肌力、穩定性及肌肥大。這些可以用於復健前的預防治療，然後再回到傳統的鍛鍊，如深蹲、硬拉。這個訓練動作的成功率很高，輕重量的壺鈴擺盪動作也可以有效地使用。

一般來說，在此應用加重練習方法。在復健過程中，疼痛往往不是準確的指標，除非在最初受傷的幾天內，改善功能可能伴隨著疼痛或沒有疼痛。

不能誇大非疼痛的動態操作價值，在這種情況下，避免疼痛的主要原因是為了避免引起周圍肌肉收縮的敏感化。當身體開始癒合，沒有疼痛的運動範圍應該增加。在這一過程中，非加重的動態操作將會有很大的幫助。集中精力在於恢復腳踝和髖部的靈活性和肌力，尤其是提高膝蓋、足弓和下背部的核心肌力和穩定性。

髂關節問題：在不正確的抬舉或彎曲情況下，肌肉可能一側比另一側更早失能。（我們每個人的身體都有占主導作用的一側）如果重量沒有立即被載入或者肌肉沒有出現拉傷，骶髂關節可能會滑動或旋轉，因此導致疼痛。如果對一條腿的影響要比另一條腿大，比如在體操、跑酷、武術等方面的不平衡降落，可能會引起疼痛。

骶髂關節的問題往往在**骶骨裂**的上方，在任何一側都有1英寸或2英寸的位置顯示疼痛，這取決於哪一個關節已經下滑或旋轉，它類似於較低的椎間盤問題。因此，一個滑動的骶髂關節也可以表現為坐骨神經痛或任何其他形式的神經根病。

手從肋骨到骨盆往下，你會碰到第一個骨突出，被稱為**髂骨脊**，位置與腰椎4至5椎間盤之間平齊。如果你用手沿著髂脊向後（它向下傾斜），就會碰到**骶髂關節**，位於骨盆與骶骨的銜接

處。關節大約有4英寸長，所以疼痛可能在它的任何地方，如果疼痛在這個區域，你可能患有骶髂關節問題。

滑動的**骶髂關節**可以在一條腿上表現出功能性縮短，當你的**骶髂關節**一側比另一側高，這可能是　髂關節滑脫的跡象。另一方面，旋轉的**骶髂關節**可能不會在腿部長度的差異中表現出來。如果疼痛是1）離脊椎有1到2英寸的距離；2）比髂脊低1到2英寸；3）感覺就像在骨盆的骨區——你可能患有**骶髂關節**問題。

行動步驟：最好向按摩師或物理治療師尋求協助，他們能夠用各種技術方法來解決這個問題。

如果**骶髂關節**滑動或旋轉，有些肌肉將會比平時更長或更短。當損傷發生時，你身體的自然反應是鎖住肌肉以防止進一步的傷害；在這種情況下，這並不是一個好消息。你應該盡快找按摩師或物理治療師來糾正這個問題，在等待就醫期間，透過按摩來保持肌肉的放鬆。你可以熱敷（只要確保沒有直接熱敷在　髂關節上）。可以把一個加熱墊放在下背部和／或髖部肌肉上，而不是**骶髂關節**上。

很少有人可以正確地解決自己的問題，除非你有一定的經驗，否則不推薦這樣做。從長遠角度來講，不正確地使用「修復」技術會讓情況更糟。如果你堅持自我治療**骶髂關節**問題，請注意，任何技術都應該嘗試1到3次糾正存在的問題。如果沒有糾正目前存在的問題，並繼續使用技術（如重擊背部）重複多次，將會嚴重損害身體。

如果腰部以下的疼痛低於肋骨，並且在**骶髂關節**上方，你很可能患有肌肉拉傷。*拉緊下背部的肌肉將會使肌肉組織的肌腹定位在脊椎任何一側的肌肉組織上*，拉傷通常會發生在提升過程中的豎脊肌（髂骨肌、最長肌、棘肌），但也會發生在股四頭肌和其他肌肉中。

如果是肌肉扭傷或拉傷，並不需要看醫生，除非損傷非常嚴重。大多數醫生會給你開止痛藥的處方，然後要你休息。如果組織變成了黑色和藍色，你覺得需要服用止痛藥時，請就醫。

行動步驟：前面已經討論過肌肉拉傷的原因與復健的方法。然而，其他損傷表面與拉傷相似，因為受傷部位周圍的肌肉通常會收緊或抽筋。如果你遵循了治療方案，但是問題仍然持續，那就去看物理治療師。

傷口離脊椎有2英寸遠，並且位於肌肉的肌腹而不是在**骶髂關節**區域，那很可能是肌肉拉傷。如果疼痛是放射性疼痛並位於脊椎的2英寸之內，它可能是椎間盤突出。疼痛不那麼嚴重（在髂棘和臀裂之間）和輕微的偏移時，很可能是**骶髂關節**問題。

如果你感到擔心，請到醫學專家處就醫，你就醫的類型取決於受傷類型，請遵照之前的建議。

前不穩定

前不穩定是肩部問題，伴隨著疼痛和感覺肩部會隨時「彈出」（脫臼或半脫位）。這通常是由不平衡和虛弱引起的——肩部前面的肌肉過度發達，後部肌肉很弱，而肌腱和其他穩定組織較弱。當你完成的推動訓練大於拉動訓練時，它得到了發展，反之亦然。就像足球運動員，他們經常臥推，在日常訓練中缺乏一致的推動動作訓練，或是登山／游泳運動員，他們的運動重點在推拉。

你通常可以透過檢查你在肌力進度表上的巨大差異來判斷這是否是一個問題。如果推動動作超過了拉動動作的水準（或者相反），你可能有了不平衡，好消息是，要解決這個問題非常簡單：

* 完成高重複的肩袖運動，沿著3－5×50的線，按照強度提高到5－12次最大重複次數。
* 包括大量的肩胛骨運動，如肩部運動（LYTPs）（在下一章中討論）。
* 增加大量的不平衡訓練，例如，如果你在伸展訓練時做了太多，那麼你就可以調整2：1或3：2的拉力與推動訓練的比例。

這個策略應該能很快地糾正大部分的肩不平衡和肌力薄弱，你應該看到推和拉訓練的水準是相等的。使用肌力進度表來解決可能出現的任何新的不平衡。針對之前失衡的區域進行訓練時，失衡會獲得到修正，你會感覺到肩膀更加穩定。

肩部撞擊

當軟組織（肌肉、肌腱、囊、筋膜還有其他部位）被肱骨的大結節壓迫到肩峰（位於肩胛骨上）的時候，肩部撞擊就發生在肩峰下方。疼痛位於淺層－肩部深層疼痛很少是撞擊所致－並且通常位於肩部正面或側面的最外層身體結構（肩峰）下方。它通常是指游泳者肩部的痛弧綜合症，撞擊只發生在當手臂上抬舉過頭頂的一定範圍內（70－120度，如果0度手臂在體側，180度手臂直接在頭頂上）。

撞擊通常發生在違反肩部力學或不恰當的抬舉時，它也可能因過度使用的刺激而引發。當你把手臂舉過頭頂，手臂通常要外轉，以防肱骨頭與肩胛骨的肩峰摩擦。如果不這樣做，就可能發生撞擊。

某些訓練，如硬舉高拉或直立划船動作（肱骨在內部旋轉，向上移動）為撞擊創造了理想的條件。如果肌肉緊繃或「向下」，那麼肩胛骨就不能向上旋轉，這也可能發生撞擊。這些運動本身不一定會造成傷害，但他們比其他運動更有風險。肩袖肌群保護了肱骨頭，並保持在窩內，當這些肌肉疲勞時，骨骼就會向上移動並擊碎組織進入肩峰，造成撞擊。

由於遺傳因素與較差的技術和某些「危險的」訓練結合在一起，通常會加重肩部撞擊。遺傳因素不是你該擔心的事情，但是你可以控制其他的因素：你所做的運動類型及技術。

進行任何形式的過頭推壓——尤其是手倒立——應該格外小心並使用正確技術。肘關節越「外展」，運動的風險就越大——尤其是當你感到疲勞時。基於這個原因，不建議初學者練習手倒立。

所有大幅度抓握和後頸訓練，比如寬握式的引體向上，頸後的引體向上及十字懸垂，會使肩關節承受更大的風險。因為寬握的動作會讓肩部處於同樣脆弱的位置，就像肘關節一樣。潛在的移動問題會導致不當的技術，而這些會導致旋轉肌更快疲勞。

此外，任何一種可使肱骨內部旋轉的拉／壓運動都會導致肩部撞擊，所以不適合用於大部分的徒手訓練，除了背部槓桿式引體向上。

最後三段提及的任何一個練習動作都不具潛在的危險性；他們只是可能導致肩部撞擊出現的危險運動。如果在運動過程中多加注意，確保使用適當的技術，這些動作就可以安全地完成。

如果你懷疑肩部撞擊正在發生，那就移除有問題的訓練，然後用獨立的訓練來替代他們，慢慢回到複合訓練中。在日常生活中，有很多情況會增加肩袖的運動，像預防訓練前完成的特定肩部運動（LYTPs）。對於肩袖的運動，首先要做的是耐力訓練，從30－50次重複次數開始。當你感覺更好的時候，在5－12次範圍內，交替進行耐力和肌力訓練。執行無疼痛的移動性作業後也會想要休息，甚或利用冷熱浴。如果撞擊是嚴重的，你可能要服用魚油補劑和消炎藥比如NSAIDs。

肩鎖（AC）關節問題

肩鎖關節問題與徒手訓練相比更容易發生撞擊傷。然而，那些肩鎖關節鬆動或負傷的人，以及有興趣進行爆發性運動的人，會發現這一章節的內容很有幫助。

肩鎖關節經由鎖骨將肩胛骨銜接到你身體的其他部位。這些關節應該是相對固定的，但他們確實會移動扭轉，讓肩胛骨上升，手臂可以到達頭頂。然而，肩鎖關節因過度運動造成的扭傷和撕裂傷的撞擊，很容易加重這個區域的損傷。

這裡有幾個實用的步驟來解決肩鎖關節問題。根據受傷的嚴重程度，每一個單獨的步驟需要花費1－4週的時間完成。很可能需要更長時間，這取決於身體恢復情況。總的來說，治癒最重要的因素是保持健康的飲食和充足的睡眠。

- 休息。按摩受傷部位周圍的肌肉，防止他們繃緊及增加血液流動。如果需要的話，可以服用魚油和／或消炎藥物，如NSAIDs，並熱敷受傷部位。
- 一旦肩鎖關節感覺良好，就可以透過無痛的移動性操作來擴大運動範圍並加強肩袖的肌力以改善肩部的穩定性。
- 如果肩鎖關節較鬆散，你會注意到肩袖肌肉有緊繃感，因為在這個多關節處相對的不穩定。不斷伸展他們，以保證內部運動範圍和外部的伸展旋轉。

- 接下來是整個特定的肩袖訓練動作。內轉和外轉訓練3－5組30－50次的最大重複次數，沒有失敗就是好的開始。
- 最後，開始慢慢恢復複合運動。

注意：這個建議是針對將會在肩鎖關節處引發炎症和／或疼痛的特定問題。肩鎖關節的下方、關節處疼痛或腫脹看起來是肩鎖關節的問題，但實際上是完全不同的問題。有許多神經、血管和肌肉在肩鎖關節下運行。如果你所處理的問題沒有在肩鎖關節上表現出來，最好請教醫學專家，尤其是出現輻射痛時更該如此。

手臂的神經根病／輻射痛

神經根病沒有具體的症狀，而是一組神經由於撞擊或炎症而引發的神經過敏。這將會使你虛弱、麻木、難以控制某些肌肉、放射痛。這些情況可能發生在神經系統的任何地方，神經問題可能來自脊髓、神經根（從椎骨穿過，出口於胸廓）、臂叢神經周圍任何分支，以及任何沿著神經分支的地方向下進入手臂、前臂和手。手部疼痛的問題，實際上可能是由腕部或頸部出現問題所導致的。

這是你應該與醫學專家討論的事情，畢竟神經系統混亂對你來說是件壞事，應立即就醫。如果醫生或物理治療師建議你「休息」，那你應該將一些存在爭議的運動從日常生活中移除。

神經滑動／神經動員運動（Nerve Gliding／Neural Flossing Exercises）：就像肌肉一樣，神經會受到瘢痕組織的緊縮和束縛。神經滑動和神經動員運動可以幫助調動和改善血液流動。他們本質上是神經的伸展運動。神經滑動是一個很好的鍛鍊方式，可以幫你伸展和調動神經，即使你沒有手臂神經根病的問題。

首先，讓我們簡單地看一下這些訓練的生理學原理。臂神經叢包含頸5－胸1神經根，5個不同名稱的神經，支配手臂運動和感覺功能。5個神經中2個分別止於肩部和手臂附近——腋窩神經和肌皮神經。3個主要的神經——正中神經、橈神經、尺神經——支配手臂的運動技能和感覺功能。他們太長了，因此更成為令人傷腦筋的事情。

在組織緊繃的部位重複創傷或重複訓練，將會產生疤痕組織，並且形成黏連，將會束縛神經。這種神經運動的限制會在手指上出現疼痛、刺痛、麻木或感覺冷等症狀。研究表示，神經滑動和神經動員運動可以幫助那些神經損傷的運動員避開手術療法。

神經滑動和神經動員是相似的：

- 滑動：移動一端（只是手或頸部）伸展神經到特定的一側。
- 動員：移動兩端（即手和頸部）以便使神經在組織中得到「動員」。

執行神經滑動

- 找到一個可以導致張力或症狀的位置。
- 釋放緊張的張力，直到症狀減輕。
- 「滑動」神經的同時將其中的一側神經向脊柱靠近，而另外一側則向遠離脊柱滑動。例如，對於正中神經的滑動，隨著頭部移動的同時手移動到中間位置。然後你可以在向後轉動頭部的同時再次彎曲你的腕部。
- 維持低於症狀閾值的來回擺動。這與你伸展時的不適感很相似，但痛苦程度較低。

執行神經動員

- 找到一個可以導致張力或症狀的位置。
- 釋放緊張的張力，直到症狀減輕。例如，在頸部後仰的同時在手上增加一些張力。
- 在一端增加張力的同時使其在另一端釋放。在上面的例子中，這需要同時移動頭和手。
- 重複並完成相反的動作。

有幾種不同的神經滑動訓練做法。如果你喜歡，你將在下面找到關於結束位置的說明。注意，如果需要的話，你可以移動頭部以增加張力。如果你在接近結束動作前感到張力和／或症狀，應該從那裡開始繼續使用神經滑動／動員。

這是分別對正中神經、尺神經、橈神經終止位置的觀察。

正中神經滑動

- 手臂後移直到外展90度，然後稍微向後移動肘關節，手掌向前。
- 把手腕往後拉，直到感覺到張力。
- 如果你沒有感覺到任何張力，試著把頭向一側彎曲，保持臉部向前。

尺神經滑動

- 手臂外展至肩部水準屈肘。
- 伸腕以便讓手掌連同手指向頭部彎曲。
- 充分彎曲肘部，手指指向耳朵。
- 如果你可以到達耳朵並且沒有任何張力，試著做「眼鏡」技術動作。要做到這一點，外轉肩部直到拇指和食指形成一副「眼鏡」，遮住眼睛。
- 如果你沒有感到任何張力，試著把頭向一側彎曲保持臉部向前。

橈神經滑動

- 手置於體側，手掌向後。
- 朝向地板方向，盡可能地從肩部向下推動手指。
- 腕部彎曲以便展開手掌——像一個侍者等待消費一樣。
- 如果你沒有感到任何的張力，試著把頭向一側彎曲保持臉部向前。

最好是在一個安靜的地方慢慢地做這些訓練，你有足夠的時間放鬆、完成練習及注意任何你經歷過的感覺（張力、症狀等等）。這些訓練大約完成2組，每組最大重複次數為10到15次。這樣的運動每天1次，直到你能觀察到身體在第二天的反應如何。如果他們對身體有益，可以考慮每天增加1次訓練。如果有必要的話，可以每天增加3到5次。在這些訓練中，非常重要的一點是，不要過度伸展你的神經。在做這些訓練動作時，感到張力是好事。如果你感覺到有症狀（疼痛、刺痛、麻木感或手指發涼），那就退回原有訓練狀態，直到你只感覺到張力。

你感覺到的張力，可能從頸部延伸到手部，或是這條沿線上的一部分。一些證據表示，胸部、後背，甚至是腿部也會感覺到張力。如果你在坐骨神經上進行滑動操作，手臂也會感到張力。

除了這些訓練，你還可以用任何類型的伸展和按摩來治療神經根病或從脊椎開始移動性操作，然後移動到問題所在之處。對姿勢進行分析也是一個不錯的方法。記住，結果會因人而異。如果你有任何問題或擔心，請就醫。

腕管綜合症是常見的問題，大多數人對其有一定的了解，所以我們將其作為一個例子來說明。腕管綜合症是最常被誤診的腕部／手部問題之一，有很多原因會引起疼痛、刺痛和／或麻木的症狀。

緊繃的肌肉會影響神經系統的功能，引起首先出現在腕管上的腕部問題。特別容易引起誤診的肌肉包括胸小肌、闊背肌、肩胛下肌及旋前圓肌。然而，頸部、手臂和前臂上的其他肌肉也能產生這種效果。例如，肩部的前傾動作會引起類似腕管綜合症的症狀，因為肩部附近的多個肌肉組織不協調與不平衡，會影響該部位的神經系統功能。

為了矯正肩部的問題，你可以使用泡棉滾筒滾動、利用曲棍球的球和／或其他軟組織運動來

改善胸椎的姿勢。你可以把這些方法與下面的方法結合起來，增加手腕的靈活性：熱敷→按摩→伸展手腕的屈肌（按照這個順序）。這將放鬆手腕屈肌，但如果是肌肉肌力不均衡影響了手腕，你需要加強肌力訓練。下面是一個可以用來同時完成所有事例的方案：

* 10－15分鐘的熱敷
* 10－15分鐘的按摩
* 10－15分鐘的手腕伸展訓練
* 10－15分鐘的手腕屈伸訓練和移動性操作

你可以原封不動地使用上面的方案，或者進行修改以滿足需求。一旦你選擇了計畫，每天做1到3次，每週3到5天，這樣將產生最佳的效果。

在每個個案中，很多因素必需被評估以確定到底發生了什麼，並進行相應的治療。在你試圖自我治療神經／手腕問題之前，請與醫生或物理治療師預約。在等待預約的時間裡，你可以使用上述的方法。這樣的操作可以阻止傷害的發展並讓你走上復健之路。

腕部問題和前臂夾板

在徒手訓練中，手腕的健康是至關重要的，因為在許多運動中，手腕支撐著整個身體的重量。如果你沒有一定的競技運動背景，在腕關節施加大量的重量，很容易造成過度使用。最常見的手腕部疼痛／不舒服的位置在小拇指的位置。這一部位的肌腱過度使用就會發生這樣的情況，這將會使三角纖維軟骨複合體惡化。三角纖維複合體的作用就像膝關節上的半月板，它有助於保持正常的關節活動與功能；然而，過度使用或不穩定的運動將會惡化這種情況。

如果手腕嚴重受傷，不能在腕關節位置彎曲，另一個選擇是手腕中線技術，像是支撐，尤其使用伏地挺身架與吊環特別有幫助。如果你開始經歷腕痛，這有一組三部曲幫助你復健並走向正軌：

* 去除過度運動，完成小強度的移動性操作，根據需要進行熱敷和按摩。此外，持續使用消炎藥，直到你能夠在沒有疼痛的情況下移動手腕。參見第CHAPTER11的預防訓練。
* 透過移動性操作來放鬆緊繃的手腕伸肌和／或屈肌，重新加強手腕的肌力，增加它的活動範圍。掏米訓練（張開與閉合手指；旋轉腕部）及坐姿屈伸是2種特別有效的訓練動作，也可以做手腕俯臥撐和手腕彎曲。另外，推薦對伸肌進行特殊鍛鍊，因為屈肌通常要比他們自身需要的肌力強大。不要進行複合運動，除非你可以無痛完成。
* 重新開始做複合訓練。在腕關節恢復肌力後，要重新評量爆發力／肌力訓練，並需特別謹慎。

每一階段需要幾天或者幾週的時間，這取決於受傷的程度。不適的情況應該作為行動指南——不要超越閾值而進入疼痛，因為這可能會使你明顯退縮。如果你需要進行第一和第二階段的訓練，請參見下一章。下頁為未受過訓練的初學者提供一些簡單的手腕訓練方法：

275

- 平掌伸腕，掌心向下，五指張開，每隻手分別完成各個方向進出移動5－10次。
- 平掌伸腕，掌心向上，五指張開，每隻手分別完成各個方向進出移動5－10次。
- 手掌平放在地，掌心向下，用手指支撐，手掌從地板上抬起。
- 將一隻手的手掌平放在地板，用另一隻手每次只提起一根手指，每根手指單獨調動。

如果腕關節的疼痛在2週後沒有好轉，那麼就必需就醫。一般過度使用帶來的傷害應該在這段時間內解決。有可能你遇到了更嚴重的問題，需要專業的護理。

前臂夾板通常表現為在運動或等長收縮後的前臂骨骼或肌肉的疼痛。當你正在做動作時，你不會感到疼痛；然而，當你完成動作並離開地板、雙槓或吊環時，會有明顯沿著骨骼的劇烈疼痛。這意味著前臂肌力薄弱或不均衡。通常是屈肌肌力太強，而伸肌的肌力太弱。可以透過「掏米訓練」、「手腕屈伸」和其他針對這些弱點和／或不均衡的訓練來糾正這個問題。這種情況也能在肩部或短跑運動員的外脛炎中表現出來。

關節扳響，爆破音，滴答聲，啪啪聲和嘎吱聲

關節扳響和爆破音：關節扳響和爆破音理論是由於腔的存在。當關節「破裂」時，關節腔內的體積經過伸展作用增大。當這種情況發生時，滑液內的壓力——潤滑關節的液體——下降，導致少量的空氣在液體中溶解，形成氣泡，然後自行坍塌。這些經由腔室形成氣泡，經由氣泡的破裂引起了扳響和爆破音。

關於這個問題，有許多相互矛盾的研究。其中一項研究是一位醫生進行50年的病例研究，記錄了他每天扳響指關節時發生了什麼，他最終沒有罹患關節炎，大多數文獻資料都支援這種說法。但是，另一項研究表示，關節動作（如快速移動指關節、背部等）可能會損傷關節軟骨，這可能會導致相應部位過早出現關節炎。另一項研究表示，指關節扳響與關節腫脹和肌力減弱有關，但咬指甲、吸菸和飲酒也會造成這種情況。因此，可能會有一些潛在的混淆因素影響那些扳響關節的人。很可能是某些人有一定的性格特徵、壞習慣及高壓力程度，導致易患關節炎、恢復能力差和韌帶鬆弛。其他的研究都沒有得出關節扳響有顯著影響的結論。

特別有趣的是腫脹和握力的喪失。基因決定了關節囊和韌帶的鬆緊度，如果你的關節特別鬆弛——是雙關節——那麼扳響關節可能不是一個好主意。這也會因性別而異，例如，孕婦體內會有更多的鬆弛素。這種激素增加了韌帶鬆弛。因此，如果妳懷孕了，最好不要扳響手指。

關節鬆弛通常與較低肌力和更大潛在骨科傷害有關，由於鬆散的結締組織導致關節不穩定將會減少身體產生的力。鬆散的關節在需要較好移動性的運動中很常見，比如韻律體操。因為這種移動性操作可以極大地伸展關節囊，那些關節囊鬆弛的人應該避免將扳響關節當作預防措施。這絕對是真的，如果關節被「伸展」，關節就可以在每次扳響時進一步移動，這是事實。

在一定程度上，你可以透過肌力訓練來補償鬆散的關節。如果是雙關節或一般鬆弛關節，有組織的肌力鍛鍊可以幫你避免受傷。

如果在關節處發生了變性，並且在無意中出現了裂縫，就會發出咿軋聲（扳響或爆破聲）。如果你懷疑關節在退化，最好不要故意扳響他們。

從長遠來看，扳響往往會導致關節不穩定。雖然沒有明確證據顯示扳響其他關節會有負面的影響，但一般來說，放鬆某些部位比收緊它要容易得多。如果你擔心受到影響，就不要扳響關節。

Jonas Thelin等人有一項非常有趣的研究，發現膝關節受傷會導致膝關節炎的風險增加，但與關節扳響和爆破聲無關。研究還發現，在體重、身高、基因、職業和吸菸等因素的影響下，膝關節炎的唯一原因是膝蓋受傷。傷害導致關節炎，這是另一個要小心及慢慢來的好理由。

關節滴答聲：在大多數情況下，如果你沒有經歷疼痛，則無需採取任何措施。特定關節總是滴滴答答，但沒有引起疼痛，這經常發生在關節鬆弛的人身上。鬆弛的關節在膝蓋、髖部、肘部和／或肩部出現滴答聲，可以經由正確的肌力訓練來解決，運動時正確的技巧將確保關節的強壯和平衡。

如果關節不會經常出現滴答聲，但會在舉重、競技運動或其他活動中急性發作，花點時間檢查活動，確認滴答聲不會導致更嚴重的問題。在大多數情況下，關節發出滴答聲的原因在於：

* 姿勢
* 生物力學
* 靈活性
* 失衡

當這些方面受損時，尤其在肢體關節（腳踝、膝蓋、髖部、腕部、肘部和肩部），有可能是以扳響或爆破聲開始，當症狀不斷發展時，滴答聲表示變得更嚴重。沒有惡化的慢性滴答，不足以擔心。

扳響常見的部位是膝蓋和肩部。在股骨和脛骨之間，有2塊額外的軟骨，叫做半月板。在運動過程中容易撞擊這個軟骨組織，當動作或技術略微不當的時候出現滴答聲是非常常見的現象。如果滴答聲總是存在，可能不是嚴重的問題，但是你需要請醫學專家檢查，以防萬一。

在發展可動性過程中，姿勢和運動生物力學對肌肉的失衡和缺陷有很重要的影響。這些有可能將「膝蓋滴答聲」變成軟骨的磨損。

在辦公室工作和久坐的文化中，常見的不平衡現象之一被稱為股四頭肌支配或腿後肌無力，這可能會導致關節本身出現發音問題。當滑膜關節相對移動時，他們必需同時激發正確的滑動和滾動功能。當移動受到肌肉緊張或失衡的限制時，運動的生物力學就會改變。在這種情況下，如果在行走或蹲踞時，腿後肌沒有正確地運動，那麼脛骨上的股骨可能會出現過度前滑，大大增加了髖股複合體的轉距，不佳的多重原因如下：

- 股骨的過度前滑可能會影響到內側和外側半月板的前半部分，引起滴答聲。在這種情況下，半月板和關節軟骨會更快磨損，導致骨關節炎。
- 股骨的過度前滑使膝關節韌帶的壓力增大。
- 增加了髕股複合體的力矩，使股四頭肌變得更活躍，從而加重了股四頭肌—腿後肌比值的不平衡。
- 增加了髕股複合體的轉距，可能會導致病態軌跡的出現。

其他可能導致膝關節功能失調的潛在損傷機制是虛弱和腳踝及髖部的移動性下降。同樣地，手腕部的功能障礙也會影響到肩部，反之亦然。肘部也可能影響到周圍其他關節，損傷很少是孤立存在的，通常是多因素對他們造成影響。

這就是為什麼提高靈活性和不均衡的同時，學習正確的姿勢和生物力學是很重要的。你可以用蹲姿來幫助抵消四頭肌的主導優勢；重點強調正確的坐姿，以此來增強腿後肌和髖部肌肉肌力。這就改變了蹲姿的重量分布，使小腿保持直立，減少髕股複合體上的轉距。腿後肌將抵消你股骨的向前滑動，並且能教會你正確的蹲的運動模式。

肩部是第二個常見滴答聲的位置，雖然它沒有像膝蓋這樣有額外的2部分，但它比身體其他任何關節有更多的靈活性和更大的活動範圍，這使得它很容易因姿勢、生物力學、靈活性和肌肉失衡等問題而變得不穩定。

如果這個問題是由於肌肉緊繃引發的，那麼許多情況下，肩部的滴答聲和有限的靈活性可以消除。例如，如果滴答聲在肩部前面，就意味著肩部前的肌肉或關節囊本身是緊密的，透過減少肱骨上關節唇向後滑動的限制來消除在肩部前面的伸肌和關節囊的滴答聲。換句話說，向前鎖住肩部的同時也防止肩部向後移動。如果肩膀特別不靈活，並且開始發出滴答聲的聲音，這很可能就是肩部出現了問題。

啪啪聲和嘎吱聲：如果組織正在摩擦或發出啪啪聲，就意味著你受傷了。這種情況通常發生在組織不應該移動的地方，例如髂脛束摩擦症候群及三頭肌症候群，儘管類似的問題可能出現在身體的其他部位，例如神經和跟腱的斷裂，以及脫離原來位置發出的啪啪聲與爆裂聲。

它可能與姿勢、生物力學、靈活性和／或肌肉失衡有關，類似關節滴答聲的場景。消除疼痛和啪啪聲的方法包括軟組織按摩和用消炎藥物來放鬆組織。然而，為了徹底解決這個問題，共有4個要點——姿勢、生物力學、靈活性、肌肉失衡——必需查出問題並加以解決，這通常需要醫生或物理治療師的診斷。

例如，如果在一次意外中，三頭肌肌腱套在一起的結締組織丟失，對上述4個屬性進行糾正是沒有用的，你可能需要手術治療。同樣地，嘎吱聲也預示著關節軟骨不能正常工作或已經損傷。你需要就醫，以查明情況。

以下是這部分的「摘要」，供將來參考：

- 關節扳響和爆破聲不會增加罹患關節炎的機率。
- 如果關節鬆弛，應該盡量避免扳響或爆破聲出現，以避免因潛在的關節不穩定而引起問題。專注於提高肌肉及相連肌腱的肌力，注意觀察關節是否隨著時間的推移變得越來越鬆弛，是非常必要的。
- 如果一直都有無痛的滴答聲，通常表示關節沒有問題。
- 滴答聲可能會演變成為一個大問題。姿勢、生物力學、靈活性和肌肉的失衡應該經由正確的肌力、靈活性和軟組織的操作來了解和認識。
- 啪啪聲和嘎吱聲意味著受傷，必需小心謹慎。請請醫生或物理治療師診斷。

肌肉痙攣

大多數肌肉痙攣會發生在你進行柔軟度操作時，比如加壓鍛鍊。例如，主動的跨壓或L型撐體，將會導致四頭肌、髖部屈肌或腹肌的痙攣。同樣地，高難度的V型撐體和高抬臀撐體可能會導致三頭肌及上述區域的痙攣。其他導致肌肉痙攣的常見動作是跨（在臀肌）、推（在肱三頭肌）及拉（在肱二頭肌）。

當肌肉被移動到一個短距離、強收縮的範圍內時，很可能會出現肌肉痙攣。當ATP用來將肌擬蛋白頭脫離肌動蛋白，以及抽回鈣離子進入肌漿網時，在缺少三磷酸腺苷（ATP）的情況下引起肌肉持續、強烈地收縮，導致肌肉開始痙攣。持續的肌肉收縮削減了血液流動和接下來的氧氣利用率。

如果你繼續使用痙攣的肌肉，痙攣就會自然消失，就像你繼續鍛鍊時，肌肉疼痛一般會消失一樣。當你出現肌肉痙攣的情況，試著用泡棉滾筒滾動、靜態伸展和按摩方法。大多數情況下，缺少柔軟度的運動員更容易出現肌肉痙攣。對於初學者來說，肌肉痙攣是相當常見的事情，但隨著進步，發生的次數會減少。

如果你在鍛鍊以外的時間出現肌肉痙攣，可能是一個完全不同的問題，需要特別注意。你應該檢查一下，確保飲食中有足夠的水分，並攝取足夠的維生素和營養，特別是鎂、鈉、鉀。因為鎂是肌肉放鬆的關鍵元素，你可能需要補充營養，因為現代飲食中這種礦物質尤其缺乏。

即使在收縮的時候，也可以進行主動的加壓。身體可能會習慣於短時間內收縮，從而導致痙攣次數減少。如果需要的話，你可以在2組運動之間按摩肌肉，以消除任何存在的痙攣，完成相應操作，你將幾乎不會出現肌肉痙攣的困擾。

Chapter 21　摘要

常見徒手訓練損傷

這一章討論了幾種常見的徒手訓練損傷。記住，《超越重力》並不是為了診斷任何類型的損傷，這應該由專業的醫護人員來完成。與醫生、物理治療師和按摩師預約就診，以確定在身體裡究竟發生了什麼事。在那之後，再參考這一章節的建議。

本章所提出緩解疼痛的方法皆經過實踐且效果良好，但是所有身體都是獨特的，損傷也是獨特的，而未被診斷出的損傷可能會因某些訓練或復健技術而進一步惡化。如果你想修復，那就一定要去看醫生。

本章內容僅供參考，實施任何矯正措施都是有風險的。

CHAPTER 22

預防、靈活性、柔軟度方法
PREHABILITATION, MOBILITY, AND FLEXIBILITY RESOURCES

一般的失衡

如果你懷疑肌肉發生了失衡，首要之務是確定原因何在。那些訓練太多「海灘肌肉」的人，通常會過度發展背部肌肉，導致肩部肌肉發展失衡。手腕部的不平衡通常是由於在伸肌沒有運作的情況下進行握力訓練而造成，這些只是幾個例子。你應該可以透過進度表，或是簡單地觀察身體對鍛鍊的反應來找出什麼是不平衡，有一長串的訓練動作和軟組織鍛鍊可以用來矯正失衡，這已經在《超越重力》的其他章節講述過，概括如下：

* 根據你不平衡的方向，終止所有壓或拉的動作。
* 如果相反方向不平衡，可以做很多水平拉和划船動作，但不要做垂直划或水平推的動作。
* 在大多數情況下，你只需要加強肩部的外轉肌肌力。如果外轉肌肌力強於內轉肌（如胸肌和闊背肌），你可以忽略加強內轉肌肌力，這將平衡你肩部的穩定性肌力。
* 用泡棉滾筒或長曲棍球／網球滾動胸椎，如果需要採取更深層的行動來幫助擴展，把1個或2個45磅重的板子放在胸前，吸氣，同時將手臂舉過頭頂。
* 在肩胛骨、肩部前面和其他任何緊繃的部位完成軟組織訓練及按摩。
* 用熱敷來放鬆緊繃的肌肉。
* 使用彈力帶和牆壁滑行來改善肩部的運動範圍。
* 用籃球在胸部滾動，尤其是胸小肌。如果這個動作不適合你，那就用手來按摩這個部位。
* 根據需要使用消炎藥物。
* 執行神經滑動。詳情參見CHAPTER21的「神經根病」章節。
* 對上半身的深層組織進行按摩，直到前臂。
* 利用肩部運動（LYTPs）來加強肌肉肌力的恢復，在291－292頁有很多細節部分。
* 後側關節囊伸展、睡眠者伸展、外轉伸展。
* 對於胸大肌，可借助牆角進行伸展。雙手向上，手臂外展90度，面對牆壁的凹角，讓肘部

接觸到牆壁的一邊。然後向前挺身，伸展你前面的肩部。也可使用泡棉滾筒或球訓練闊背肌，利用一側躺在上面。

下面是訓練的具體例子：

門口伸展外加 2 種不同的牆角伸展

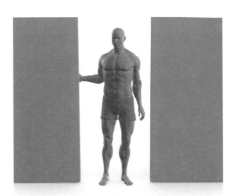

後側關節囊伸展、睡眠者伸展、外轉伸展

無論你是否在運動範圍內緊繃或受限，都應該使用後3種伸展運動。關節活動度受限，通常需要伸展運動，雖然緊繃也沒關係。如果身體很緊，但活動不受限制，可能是姿勢欠佳或不穩定的問題。

姿勢

「正確的姿勢」用詞不算恰當，在現實中，沒有「完美」或「正確」的姿勢。研究表示，糟糕的姿勢，比如缺乏伸展，與受傷機率的增加沒有直接關係。然而，好的姿勢絕對能讓人更輕易地表現肌力和技巧，它也會讓你看起來更有自信。它可以減少肌肉緊張，防止潛在肌肉失衡進一步發展。姿勢是非常重要的，儘管正確術語應該是「校正姿勢」，因為沒有通用的「最佳姿勢」。

大多數用於改善姿勢／調整的訓練都集中在把肩部向後拉和縮頸。這些訓練都很好，但是如果身體其他方面都沒有被正確地定位，他們也不會有什麼幫助。

正如你所看到的，挺胸這個姿勢可以更容易保持良好的方位。在考慮上半身的方位時，最好能從中心部位向上考量。以下是一些讓你保持精確位置的提示：

- 站在鏡子旁邊或使用牆壁來幫助提示。
- 像往常一樣站著。
- 兩腳分開，與肩同寬，腳趾張開，腳尖稍微向前或向外。
- 找到正確的骨盆位置，你想讓你的骨盆前部指向前方。許多人會用前骨盆傾斜來代替。你可以經由稍微擠壓髖部，使骨盆傾斜到正確的位置來矯正這個問題，學會保持這個姿勢。
- 不要專注於拉回肩部或改變頸部位置。一些教練會告訴你要「把肩部後拉」、「把下頜向後拉」來糾正上交叉綜合症，它是頭向前傾，肩膀等高對齊，但是這樣做會導致想放鬆的位置出現緊張。
- 相反地，將注意力集中在胸骨底部並向上傾斜，直到你開始感覺到腹部有輕微的拉伸感。如果腹肌不太緊繃，就應該施加20%－30%的壓力。這是「凸胸型」姿勢（或軍姿），保持這個姿勢，能緩解整個上半身的僵硬。
- 當你胸骨底部傾斜或挺胸時，肩胛骨將會自動被拉起，收回頸部回到原來的位置。這比將注意力集中在肩胛骨和頸部要容易得多，而且也有助於提高核心穩定性。
- 如果需要的話，把下頜向後拉（就像你有雙下巴）。

如果你在照鏡子，從側面看你自己。你應該會看到重心集中在身體上的這些標誌點：

- 足部：足舟骨區域，直接在脛骨前面。
- 膝關節：外側股骨髁，位於膝關節正中。
- 大轉子：突出於髖臼附近的髖骨位置。
- 肩部：肱骨頭，在肩部中間位置。
- 頭骨：乳突，頭骨在耳後／耳下的骨部分。

如果你想利用牆壁找到身體的界標，請使用銳角區域比較容易找得到。這是一種改善線條的「牆面策略」：

- 把腳後跟放置在離牆1英寸或2英寸的地方，用尺與牆形成45度角，然後把尺放在腳後跟的後面。
- 確保重心稍微在腳踝前面，但是分布在腳上。
- 伸直腿部，髖部應該貼在牆上。
- 稍稍收緊髖部肌肉，這樣髖部最突出的部分就會貼在牆上。如果您正在使用角落，請找出骶骨最突出的位置，並將該區域放在角落。
- 背部的中間位置應該平貼牆面。如果你使用這個尖角，它應該在肩胛骨之間與身體接觸。
- 挺胸，達到一個較好的軀幹位置，然後收回頭部。
- 如果手指放在頸後部中間位置，並向上延伸到頭髮，你應該會碰到一個大的腫塊——枕外隆凸，這應該是倚牆或牆尖角的位置。

雖然枕外隆凸倚牆相當困難，但當你使用這個方法的時候，會發現骨盆和背部在肩胛骨之間的校正相對容易。這是因為在辦公桌前和／或電腦桌前工作，使頭部向前傾斜，使你頸部後面的肌肉縮短，以至於脖子不能準確地定位到一個新的正確位置。你可以用像收下顎這樣的動作訓練來加強頸後部肌肉的肌力。你應該在頸後部伸展以下的肌肉：斜方肌、肩胛提肌、斜角肌和夾肌。另外，你需要做一些枕骨下肌肉的放鬆運動。

當第一次使用這個策略時，可能會覺得自己一直努力維持新的線條，這是正常的。在你調整身體的幾週內，會感到疼痛和疲倦。你可能會發現身體頻繁地恢復到原來的狀態，須花費15到60分鐘重新調整姿勢。保持校正姿勢的時間越長，它就會變得越容易，直到最終會變得毫不費力。

上面所示彈力帶和牆的訓練動作可以幫助緩解95%的疼痛、不適和／或在肩胛骨周圍的緊張感。有2種方法可以用來設置這個訓練：

- 使用治療彈力帶，強行收回肩胛骨，如上圖所示。
- 與牆平行站立，手臂倚牆，向外伸展。
- 向牆壁靠近，迫使肩胛骨收縮，同時將肘部保持在身體的後面。

在你進入這個位置後，可以採取3種不同的步驟來促進更好的線條，釋放壓力，打開胸部區域，並減少背部肌肉的緊張。當你完成這些操作的時候，頸部和肩胛骨的疼痛、不適或緊張應該會減少：

1. 首先深呼吸。用鼻子吸氣4秒鐘，用嘴呼氣8秒鐘。如果你喜歡的話，可以屏住呼吸5秒鐘，然後鼓起胸部，讓周圍的肌肉產生緊張感。這樣做的目的是透過肌肉的收縮來增強緊張感，讓它在呼氣時釋放。這應該能放鬆你肩部的前面。

2. 保持肩胛骨收縮。當肩胛骨被強行縮回時，肌肉盡可能向脊柱收縮，保持10秒鐘，每個肩胛骨重複3到5次，這有助於放鬆你肩胛骨上的任何張力，使他們更協調。

3. 最後，一起擠壓肩胛骨，慢慢地聳聳肩，直到肩胛骨在最大範圍內提升和下降。運動的範圍應該在4到6英寸之間，把他們向上移動到耳朵處，向下移動到下背部，在頂部和底部停頓5秒鐘，讓肌肉收縮。

在完成這個訓練後，檢查校正方式。胸部區域現在應該是開放的，你應該感覺到肩部前面的緊繃感下降了。肩胛骨後面的任何緊張感／不適感也應該減輕了，你應該很容易站起來，並感覺更舒適。

這個訓練已經被用於體操、跑酷、攀登，甚至是奧運會的舉重運動（頭頂位置）。過度校正線條，之後很容易進入中線範圍。深呼吸有助於放鬆肌肉，釋放緊張感，有或沒有抬高和下降的肩胛骨縮回有助於消除緊張，讓肌肉恢復到休息時的長度。

髖部

髖部的靈活性和彈性對徒手訓練是至關重要的。很多進展（像直臂的手倒立）專注於髖部的靈活性。大多數出現在髖部的問題，都需要提高整體的靈活性。硬舉和深蹲這樣的肌力訓練是基於總體的腿部肌力。理想狀況下，這將導致深蹲的發展，這是一項基本的人體動作，反過來也降低最佳髖部活動所需的作業量。下面你將看到手倒立式的轉換姿勢，這需要髖部的靈活性和彈性。

為了靈活地鍛鍊，你可以使用傳統的伸展方法，本體感覺神經肌促進術（PNF）伸展或負重伸展，在CHAPTER11中詳細描述了整個程序。壓縮跨坐和屈體姿勢可以增加柔軟度。完成更高級

別的動作時，像直臂手倒立，需要更佳的柔軟度才能完成被動姿勢，身體也需要大範圍的移動性和肌力來完成主動姿勢。下面分別是完全貼地的跨坐和併腿屈體姿勢：

進行標準的跨坐伸展，以及3個方向——左、中、右——達到上圖所示的跨坐位置。這些工作很容易完成，經由正劈腿，把跨坐姿勢自胸部到地板結合在一起是最常見的，這些動作很好組合。

分別是左右劈腿

在跨坐和屈體的位置，盡可能地拉直背部，然後以髖部作為樞紐。你通常會首先感覺到腿後肌的伸展，自此你可以旋轉背部，因為它沒有任何負荷。這些伸展運動也可以在站立時進行。試試傑佛遜捲曲——你站到高處，慢慢把背部往下滾，直到你摸到腳趾然後恢復直立。這可以迅速增加你的靈活性，尤其是在運動時施加重量。不過要小心，因為在負重拱背的情況下，你容易傷到自己。

劈叉的技巧很簡單，你需要關注的最事是保持股四頭肌（位於你腿的前面）指向地板。當你伸展的時候，髖部很容易被轉動，腿也會旋轉，這可能提供了一種錯覺，即柔軟度正在提高，但實際上應該避免這種情況。如果需要的話，你應該盡可能保持軀幹直立，前膝靠近胸部，以讓腿後肌獲得更多伸展。

考慮結合柔軟度和主動柔軟度運動，以建立更高級技能所需的壓縮腹部和髖屈肌肌力。下面是一個例子，說明如何將柔軟度和主動壓縮動作結合在一起：

- 伸展腿後肌／內收肌30秒。
- 雙臂伸直，雙手置於膝關節兩側。
- 把膝蓋拉向臉部，盡可能地用力擠壓腹肌。
- 保持10秒鐘。如果你開始就有痙攣感，就代表做對了。
- 重複這些步驟5次。

　　理想的情況是，你想在屈體的位置姿勢上讓膝蓋靠近臉部。對於跨坐的姿勢，最好是將胸部接觸到地板。在這個運動過程中，你會經歷髖屈肌和股四頭肌痙攣。如果出現這種情況，按摩他們後再試一次。回顧CHAPTER21中關於如何處理肌肉痙攣的部分。

　　如果你運用槓鈴，有一些好的運動可以提高靈活性和柔軟度，分別是羅馬尼亞硬舉和負重蹲舉訓練。如果你遵守正確動作及使用適度負荷，這些訓練可以用來伸展腿後肌。閉鏈運動——腳與地板接觸的地方——特別有效。你也可以使用弓步姿勢訓練。

　　要伸展腿後肌，首先要使軀幹保持直立（如上圖所示）。慢慢地將彎曲的腿伸直。挺胸，背部處於正常的腰部彎曲位置，在重複之前要維持幾秒鐘。一旦前腿伸直，你可以前傾調節腿後肌力量，這可以使你在放棄之前盡可能地伸展，使其容易留在不適區域而不會超過疼痛閾值。

　　這可以兼作肌肉的熱身運動，因為它和動態伸展非常相似。運動可以使肌梭向神經系統提供更多的回饋資訊，使他們更牢固。

　　對於股四頭肌和髖屈肌，從屈腿的弓步開始，軀幹保持直立。將後腿——右腿如上圖所示，在左邊的圖像中——放在一個凸起的物體上，如沙發或椅子。然後擠壓右臀，推動右臀向前。如果你想讓股四頭肌有更大幅度的伸展，用左手抓住後腿（如上頁右側圖片）。

　　你應該會感覺到股四頭肌和腿上的髖屈肌區域（在後面）伸展。這個訓練可以有效地將這些肌肉獨立出來，盡可能根據需要調節肌力，使他們有效地伸展。深呼吸對於放鬆肌肉也很有幫助，因為一些髖屈肌（如腰大肌）起源於腰椎，而這個區域的結締組織與膈膜部分結合在一起。

　　堅持做蹲到底的動作（如上圖所示）可以有效地提高屈腿臀肌、大腿以及整個腿部的柔軟度。你可以將體重轉移到每一隻向前和向後移動的腳上——伸展小腿。你也可以把體重來回轉換到每一條腿上，然後旋轉他們，以此增加髖部和大腿的伸展幅度。

　　左右蹲（上圖所示）尤其有效。在每條腿之間來回轉換移動，可以鍛鍊很多肌肉，如果你能適應深蹲的話，可以幫助伸展腿部的多條肌肉。這項練習對手槍射擊和其他腿部運動來說是極佳的熱身運動，藉由向上或向前轉動直腿來調整伸展。

　　蜘蛛俠伸展（左頁下圖所示）是對整個髖部彈性有益的鍛鍊方法。從俯臥撐動作開始，用腹肌和髖屈肌使一條腿向前。將腳放在手的內側或外側（你可以把腳放在不同的位置來改變伸展的程度）。把體重轉移到腳上，以獲得更好的伸展。透過嘗試各種不同的手和腳位置，充分利用這個訓練。

背部

　　在《超越重力》訓練中，完成任何動作技術時，頸椎都應保持在中線。在運動過程中伸長脖子將影響神經系統功能，它將減少完成肌力訓練時的肌力輸出，或避免在完成動作技能時造成不正確的運動模式。

　　觸及到所有胸椎和腰椎的運動被稱之為「橋」，是體操的主要內容。下面我們來看看這個運動：

　　以仰臥平躺開始，雙手放在耳朵兩側，肘部指向天花板。然後，向上推到橋的位置。當你到達這個位置後，試著把腳上的重心推到肩部。保持雙臂伸直，這將幫助肩帶獲得完整的過頭動作。經由訓練，你可以讓腳離手更近一些，然後再把腿伸直，以加強胸椎和腰椎的伸展（如圖所示，右側圖）。這是一個非常困難的運動，如果你想取得進展的話，需要每天訓練。如果你到達這個位置有困難，就在嘗試運動之前，把腳放在一個凸起的物體表面上。

　　另一個好的訓練方法是橋牆走（上圖所示）。從離牆大約3英尺的距離開始，臉部背向牆面，手慢慢地向後、向下沿著牆面移動。那些膝蓋有問題的人應該意識到這項技術對膝蓋的要求是嚴格的，所以要非常謹慎。這個伸展動作將增加整個上半身的靈活性，而不僅僅是下背部。大多數的人在上背部和肩部都有靈活性限制，而不僅限於下背部，這個運動可以帶來比橋動作更迅速的改善。

如果橋的動作太困難以至於無法完成，試著做海豹伸展（上圖所示）。開始的時候以腹部的一側著地趴在地上，手臂用力撐直到手臂伸直。讓背部向後彎曲，感覺到腹部和髖部伸展。如果你有背部問題，這是比橋更好的選擇。轉換到另一側位置，這與側平板支撐位置的原則相同，它允許你伸展特定的肌肉來增加整個軀幹的靈活性。這個運動對上背部的柔軟度沒有太大的幫助，所以不會幫助你的手臂伸到頭頂上。

那些在辦公桌前工作或是在電腦桌前花費大量時間的人，胸椎部位可能會有不良的姿勢，這將使他們很難做出良好的手倒立姿勢，也會限制肩胛骨的活動。進行胸廓伸展移動練習，應該能夠儲存肩帶完全過頭彎屈的能力。同樣地，完成軟組織操作像泡棉滾筒滾壓、使用網球／曲棍球的球，能放鬆脊椎和肋椎（肋骨－脊柱）關節。

上面的例子顯示背部滾筒滾壓的操作。用泡棉滾筒或網球／曲棍球來對軟組織進行操作，它可以在你平躺或倚牆時進行。在運動的過程中，試著將胸椎伸展成拱形，你也可以用扭動的方式來移動身體，增加運動範圍。胸椎是為了扭轉而設計，他們賦予所有椎骨最大的旋轉運動量。

如果需要額外動員胸椎，在滾動的時候擴大伸展你頭頂的手臂。你可以在吸氣的時候將脊柱拱起，或者將一定重量（45磅或稍輕重量）放在胸部，當進行泡棉滾筒伸展動作時（上方右側圖），後者會對深層肌肉施加更大壓力，促進其靈活性的增加。

用泡棉滾筒放鬆闊背肌（上圖所示），這對打開肩部、釋放張力非常有幫助。在這一章的下一部分，還會討論很多其他的胸肩移動動作。

肩部

肩部是上半身的關鍵部位，也是最靈活的部位。這也就意味著肩關節的損傷機率可能要比上半身的其他部位大。實施高抬臀撐體和水平拉的動作，可分別平衡肩部壓迫與垂直拉力，達到肩部的保健。在多數情形下，這樣操作已足夠，只是肩部問題仍有可能發生。

這種單獨的訓練方式能有效提升肩關節後方的肌力並糾正一些不平衡，這些訓練就是肩部運動（LYTPs）。在Dave　Draper的網站（DaveDraper.com）上有個很好的訓練列表。LYTPs特別針對菱形肌、斜方肌的中下部、肩胛骨後的肌肉及其他肩部深層經常被忽視的肌肉。下斜方肌在Y字動作中的特定作用，對於建立直臂推舉所需的肌力和肌肉組織非常有用。

下面所有的動作都可以俯臥在桌子上完成，你可以用啞鈴、其他重量或不加任何重量完成他們。

在LYTP中的L動作（也被稱為I）是將手臂從直臂懸垂拉到髖部口袋的位置（上圖所示）。這是一種特定的後三角肌運動，須避免讓肩胛骨往耳朵方向上抬，這是常發生的補償現象。

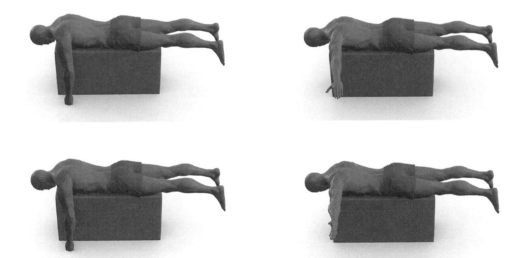

在LYTP中的T動作是斜方肌中部和菱形肌鍛鍊。以直臂開始，然後手掌向下水平外展伸出。（如果你兩臂同時做，身體就會形成一個T形。）盡可能地將手遠離身體，不讓身體離開桌面，然後在頂部收回肩胛骨。當你做這個掌心朝下的時候（上圖第一排），它將會碰撞菱形肌。當你做這個握拳的時候（上圖第二排），它將會撞擊斜方肌中部。

　　在LYTP中的Y動作是斜方肌下部鍛鍊。以直臂開始橫向伸展，然後手掌向下伸展。如果你兩臂同時做，身體就會形成一個Y形。然後手臂向上移動，拇指在頭／軀幹和肩部成110度夾角時相對。盡量使手遠離身體。隨著手部舉起，肩胛骨自然而然地同時收縮和下降。專注於肩胛骨的收縮，以便取得最好的訓練成效。這也許是LYTP4個運動中最重要的運動，因為斜方肌下部通常是三角形肩胛穩定肌中最弱的部分，它包括前鋸肌、斜方肌上部、斜方肌下部。加強訓練這部分有助於保持肩部健康。

　　在LYTP中的P動作是中心點俯臥姿勢，它可以在地板上完成。以形成一個箭形開始，使用雙臂及將身體作為箭的中心形成箭形（上圖左側）。然後，幾乎要一直彎曲肘部，即手臂呈現W位置，就像上圖右側所示。接下來嘗試旋轉手部，手背相對。這將啟動你肩部的外迴旋肌，同時也啟動其他大部分的肩胛肌肉。此動作能為背肌提供強壯的收縮肌，有效地執行單關節動作。

　　而如果肩部無法在俄式撐體動作中保持延展，這個動作會特別有幫助。完成這個訓練的關鍵是把手盡可能遠離身體。從一個直體姿勢開始進入俯臥撐，讓肩部沉下去，肩胛骨就會突出來。然後，將手推離身體，同時保持手臂伸直，這將直接撞擊到前鋸肌，並且幫助你做十字懸垂時找到正確的肩部伸展位置。

　　大多數人在把手臂完全舉過頭頂（手倒立）和向後（高抬臀撐體）時，胸肌、闊背肌、大圓肌及其他肩部肌肉都存在一定的限制。大多數靈活性和柔軟度操作都是為了提高這方面的靈活性。以下訓練大量使用到彈力帶：

　　肩胛骨的牆壁滑行訓練（上圖所示）是一個極好的方法，肩胛骨的回縮連同升降動作，可以調動組織。為了完成這項訓練，須直立，背部倚牆。用手背靠著牆，完全彎曲肘關節，形成一個W姿勢。放鬆並將手臂舉過頭頂，同時保持背下部、肩部和手臂靠著牆。先從肩胛骨完全下降開始，然後經由上移運動收縮他們──當你到達頂部時，他們應該會從後縮轉換為上升。當手臂伸到頭頂時，背部可能從牆上拱起，手臂也會從牆壁上移開。堅持訓練，直到達到開始時不能到達的位置。

　　彈力帶（上圖所示）對於肩部的靈活性來說是另一個好的選擇。這個訓練動作可以伸展你所有肩部前面的肌肉和肩關節囊。為了完成彈力帶訓練，使用彈力帶將手臂舉過頭頂，讓手臂向後旋轉。或者你可以使用長棍、掃帚或其他相似物體來保持手部的位置。當你把手臂舉過頭頂時，提升了肩胛骨的位置並且使手臂外轉。如果操作正確，從胸部到肩部前方應該會強烈感受到大範圍而無疼痛的伸展。相反地，用手從身後開始，然後重複這些步驟。作為一個挑戰，你可以把手靠近一點。

　　彈力帶牆壁滑行（上圖所示）是一種很好、相當於牆壁滑行的方法。開始的時候面對牆壁，在頭後持有一條拉緊的、與肩同寬的彈力帶，如上圖左側所示。屈臂到兩側（好像你在做牆壁滑動），讓彈力帶沿著背部一直向下滑動直到肘部伸直。這個訓練動作的重點是胸部和肩胛骨的收縮，但是當彈力帶伸展，手臂側向伸展的時候，手腕會很費勁。為了抵消這一點，當你完成這個動作時，肩胛骨的整個運動要集中在提升、收縮然後下降。

　　你可以用手在頭頂持有一條彈力帶，然後手往兩側滑出，直到手部垂直於身體。在做這個動作的時候，讓肩胛骨收縮以便收緊肩部的肌肉。這是一項很棒的技術，可以幫助你進行肩部的熱身運動，啟動背部所有的肌肉。（見上圖）

有許多類型的訓練是為了被動地訓練肩部柔軟度，包括：用一把椅子做伸展（左頁下圖最左側），使用彈力帶將雙手鎖在一起，同時利用表面凸起將手臂向後伸展，利用引體上槓做懸垂。正如上方第二、三張圖所示，你可以將手掌向內放置於槓上做引體向上；或手掌向外做引體向上的姿勢。然後，腿部經由手放鬆而伸展。這個訓練也可以在吊環上完成。（左頁下圖最右側）

手掌向內引體向上為肘部提供了良好的條件，抬下巴的姿勢提供雙肘良好的訓練，這在許多直臂等長收縮的動作中不可或缺。操作時，若感受到拉力，則手肘應朝後或朝下。在這個姿勢當中保持放鬆時，可能會在肘關節處感受到壓力，因此切記保持手臂伸直，並收縮肱二頭肌，如此才會有張力穿過手肘。

另一個放鬆肩部的好方法是懸掛在單槓上。就像德式懸垂一樣，有正握（手掌向外的引體向上）和反握（手掌向內的引體向上）。反握懸垂有特別的益處，它可以是肱骨外轉，從而保護其不受撞擊，這也伸展了你肱骨的內轉肌。如果肩部可以承受這種強度，也可以使用一隻手懸掛在單槓上。這可以和加入重力概念的PNF動作結合，動作是聳肩並且保持5到15秒的時間，然後放鬆，並使肌肉進一步伸展。此外，你可以在動態操作之間，使用泡棉滾筒、長曲棍球的球或網球進一步放鬆胸部與闊背肌。

肘關節

肘關節是相當單純的關節，不需要考慮太多可動性與柔軟度的問題。不過正確實施預防性動作很重要，因為手肘特別容易受傷。需要注意的是因過度使用而引起的肌腱炎或壓力。吊環動作對於肘關節來說非常艱難，就像那些高水準的拉動作如單臂引體向上及十字懸垂架。

從手臂和前臂有幾塊肌肉銜接著肘部，可以說，這些肌肉很容易變得「黏連」，為關節和肌腱帶來額外的壓力。保持這些部位的健康是至關重要的。在某些病理狀態下，您可以實施肌腱炎的治療，並在屈臂和直臂姿勢下按摩這些肌肉。

最受歡迎的技巧是用右手的拇指和食指抓、推或緊握肘部上方和下方的肌肉。然後，彎曲和伸展左側肘部並增加反握和正握的前臂旋轉動作來放鬆肌肉組織。（上面的圖就是這樣顯示的；反過來，這個訓練很容易在另一隻手上操作。）

它可以幫助按摩肱二頭肌和肱三頭肌，尤其是手肘內和外側的肌肉。當你用手指推動這些肌肉的時候，應該能夠輕鬆地移動他們。如果發現緊繃或疼痛的區域，就拉長按摩他們的時間。你也可以使用CHAPTER21肌腱炎部分提到的技術，如交叉摩擦和肌筋膜放鬆。交叉摩擦按摩法是垂直於這些組織，而肌筋膜放鬆法是平行於這些組織，這些方法將影響筋膜組織及肌肉本身。

上圖你會看到一個用前臂完成的簡單旋轉訓練，拳頭與地板相對。這個訓練是肩部的內轉與外轉、肘關節的反握與正握的組合，並經由手腕支撐。它可以幫助你在重量支撐運動中做好正握和反握動作。你可以將雙手平放在地上，或將手背或手的前面相對。這將伸展你肘部周圍的組織，為德式懸垂和吊環支撐運動做準備。

值得注意的是，許多「肘問題」實際上是腕部問題。例如，高爾夫與網球肘等型式的肌腱炎，最好加入手腕柔軟度與可動度的動作來促進復健。

腕部

手腕是非常重要的關節，在徒手訓練的每一個訓練中都會用上。當開始追求徒手訓練時，很容易感覺痠痛或繃緊，因為手腕之前沒有這樣被頻繁地使用。特定的專項領域會使用特定的動作，如武術會使用手腕俯臥撐來訓練手腕，以因應技擊類與衝擊性活動的需求。從可動度和術前復健計畫來說，手腕俯臥撐固然是不錯的動作，但並不是訓練手腕可動度唯一的終極手段。

　　手腕俯臥撐（如上圖所示）是以屈腕方式讓手腕活動到全部的動作範圍，但未造成手腕的移動。這個動作本身就非常有用，因為平衡了前臂的伸肌與手腕屈肌，而這些肌肉一般在徒手運動中都是屈曲的。此外，手腕俯臥撐加強和伸展了伸肌，由於長時間彎曲和用於抓握，他們往往是脆弱的和緊繃的。手腕俯臥撐是武術家的主要動作之一。

　　想操作手腕俯臥撐，要先從地板的俯臥撐姿勢開始。當你進入俯臥撐的下降階段，將手腕轉動，讓手背與地板接觸，然後當你在俯臥撐上升時手重新回到起始位置。

　　任何可以伸展手腕可動度／柔軟度的動作，就像任何能強化手腕肌力的動作一樣好。手腕俯臥撐的缺點之一是，它很難成為你進入各種更高級別的標準。手腕不能長時間地支撐體重，可用膝蓋或倚牆減輕壓力。

　　如果你需要對手腕加壓程度較低的可動度運動，上圖所示的動作就是不錯的選擇，也就是將手一起向後或向前伸展。不過這些動作有許多不同的操作變化：你可以把手改成向上與向下、旋轉前臂使手指指向不同方向，或將其中一隻手的手指更用力推以增強伸展強度等等。因為相較於與地板對抗，採用手掌相互施力較不穩定，因此這些訓練動作能各自從不同的方式訓練到雙手與手腕。

　　另一個加強手腕肌力的簡單訓練是掏米訓練。桶中裝滿大約12英寸高的生米，把手伸進米內，然後順時針和逆時針旋轉手腕，肘關節保持靜止不動。這個訓練動作可以迅速動用你前臂的每一塊肌肉，並且預防肘部損傷，因為前臂很多肌肉起源於此處。記得在兩隻手腕都要操作這個訓練動作。

　　與掏米訓練很像，另一種強化與訓練手腕的方式是使用腕部訓練器。你可以上網購買或自己用掃帚柄、PVC管或類似的物件來製作。

　　把繩子固定在滾筒中間，把重物放在繩子的末端。相當容易操作：簡單地把它放在面前，用手腕把它捲起來，同時保持手臂不動。你也可以使用槓鈴、伸蹲架或其他器材設備，對手腕加強鍛鍊，特殊的抓握動作（有助於發展肌力）也可自行參酌使用。

　　上圖的手腕靈活性訓練可以在任何地方進行。首先，雙腿伸直坐在地上；然後，把手放在地上，輕輕地放在身後，指尖靠近髖部；接下來，伸直手臂以伸展前臂和手指的屈肌，然後你可以把手指彎曲成球狀，讓手腕形成拳頭並向前滾動。保持這個動作直到你到達運動範圍的末端，並且感覺到深度的伸展。一定要把肘部內側盡量前傾。從這裡開始你可以稍微彎曲手肘，使手腕伸直，從一邊搖擺到另一邊，調動你所有的肌肉。想對手背肌肉進行更深層的伸展，也可以張開與握緊雙手。為了增加肌力，可採反向操作同樣的動作，方式是將指關節埋入地板的同時伸展手腕。

　　這訓練動作比手腕俯臥撐更棒的地方在於，因為手腕動作較柔和，手腕的角度和手指的壓力相結合可幫助調整關節，使手腕處於更自然的位置，這樣當你伸展肌肉以增加運動範圍時，感覺會更好。

　　以下是一些增加腕關節靈活度的訓練：

- 手掌朝向地板，五指張開，伸展手腕，在不同的位置來回移動手指5到10次。
- 手背朝向地板，五指張開，伸展手腕，在不同的位置來回移動手指5到10次。
- 使手掌平貼地面，接下來推撐手指讓手掌離開地面，之後再下降復位，但手指不離開地面，重複操作。
- 手掌平放在地上，用另一隻手單獨拉起每一根手指（一次一根），以讓前臂深度伸展。

冷熱浸浴和淋浴

在進行體重鍛鍊時，雖然手腕沒有多少血液流動，但通常要支撐全部的體重，因此很容易感

到痠痛，此時可用冷熱浴減緩。只用冷水就能使血管收縮並舒緩發炎，但冷熱浴的效果更進一步：減輕發炎，並透過水溫交替迫使血液來回進出受傷區域。

冷熱浴很簡單。把2個桶子裝滿水，一個桶應該盡可能的冷（你可以加冰）；另一個桶應該是可以承受的熱。試著裝半桶溫水，然後在上面加入熱水，只是要非常小心，不要燙傷自己。你應該把手／手腕放在每個桶裡大約1分鐘，然後放到另一個桶內。為了獲得最好的結果，開始和結束時手／手腕都浸在冰水桶內。來來回回地進行5到10次／節，每天2次，每週4到5天。

當你在進行冷熱浴浸泡手腕時，可以移動手指，在不同的位置伸展和調動手腕，並且做很多運動——這對肌腱、肌肉和關節都有好處。

不僅僅是針對手／手腕，身體其他部位也可以使用冷熱浴。關於完全沉浸式冰浴或淋浴的科學文獻，有很多相互矛盾之處。許多研究表示，冷熱浴對於減少痠痛或提升動作表現並無益處。然而，他們在很多情況下都是有效的，就算只是一種安慰劑效應。如果它能起作用，為什麼不試一試呢？許多訓練人員持續使用冷熱浴來放鬆，他們認為這對整個身體組織有好處，儘管很輕微。總是以冷水作為開始和結束，一開始可能不有趣，但是很多人一旦習慣了就會覺得耳目一新。

胼胝（老繭）和開裂

若老繭變得太大就產生惱人問題，因為他們很容易被撕裂。有很多方法可解決，但要注意安全。

- 洗個長時間的熱水浴，當老繭變白時，可以把他們刮掉。
- 用溫水浸泡老繭部位，一旦老繭變軟變白，就可以把他們刮掉（用剃刀／刀把他們除去。）
- 另一種選擇是用指甲刀去除老繭。

有裂縫或脫開一半的皮，都令人苦不堪言，因為手上任何地方都可能發生。徒手訓練本身並不會造成這種情況，但如果讓繭長得太大、做很多擺盪動作，或任何在手部施加巨大壓力的動作，就有可能會造成皮膚裂開。

就治療而言，第一件事是使用指甲刀或剪刀去除多餘的皮膚。可以用手指撕掉他們，但是很可能會不小心撕掉更多的皮。如果你決定用手撕掉皮膚，一定要確保把皮膚「扯下來」。一旦討厭的「破皮」不見了，下一步就是＝＝到健身房或訓練時做些處理。可將白粉塗在受傷的區域，然後輕輕摩擦，因為這樣可以加速新皮膚的生長。實際上，唯一能重建老繭發生問題的地方只有新生的皮膚。當你運動時，達到疼痛可以忍受的程度，但不要讓皮膚進一步撕裂和流血。當你回到家時，一定要伸展手指，經由伸展手指的脈衝式運動，確保新的皮膚有足夠的彈性，這樣當手指向各個方向伸展的時候，它就不會撕裂。當傷口在癒合的時候，也應該適度保濕，這樣皮膚才不會裂開，造成更嚴重的狀況。除此之外，不需要額外做什麼事，身體會自然地痊癒。

Chapter 22　摘要

預防、靈活性、柔軟度方法

本章討論如何在保持身體健康的前提下將預防、靈活性和柔軟度整合在一起。

其中的一些重點是分析靈活性和柔軟度如何與受傷和疼痛聯繫起來。急性和慢性疼痛的治療方法有很大的不同。同時都使用肌肉骨骼和神經肌肉的技術代表了最好的「標準方法」。（記住，那些對一個人有效的技術，對另一個人可能沒有好的效果。）

具體的復健、靈活性及柔軟度訓練方法／技術會用在5個關鍵部位：髖部、背部、肩部、肘關節、腕部。同時也討論了冷熱浸浴和冷熱淋浴，以及如何治療胼胝（老繭）和開裂的方法。